Helmut Alexander

Der „rote" Bischof

Band 15 der Reihe
Geschichte & Ökonomie

herausgegeben von Josef Nussbaumer
ISSN 1022-2308

Helmut Alexander

Der „rote" Bischof

Paul Rusch und Tirol – Aspekte seines sozialen
Engagements und gesellschaftspolitischen
Selbstverständnisses

StudienVerlag

Innsbruck
Wien
Bozen

© 2005 by Studienverlag Ges.m.b.H., Erlerstraße 10, A-6020 Innsbruck
E-Mail: order@studienverlag.at
Internet: www.studienverlag.at

Gedruckt mit Unterstützung durch das Bundesministerium für Bildung, Wissenschaft und Kultur in Wien, die Kulturabteilungen der Länder Tirol und Vorarlberg, die Diözesen Feldkirch und Innsbruck, Dr. Manfred Scheuer (Bischof der Diözese Innsbruck), das Kulturamt der Stadt Innsbruck, die Tiroler Industriellenvereinigung und die Bank für Tirol und Vorarlberg (BTV).

Buchgestaltung nach Entwürfen von Kurt Höretzeder
Satz: Studienverlag/Tommi Bergmann
Umschlag: Kurt Höretzeder
Umschlagbilder (v.l.n.r.): Porträt des jungen Bischofs Paul Rusch (Stadtarchiv Innsbruck); Bischof Rusch mit DemonstrantInnen bei der Schlusskundgebung des KAJ-Pfingstkongresses 1971 (Erinnerungsalbum, ABSZ); Bischof Rusch anlässlich seines 40-jährigen Priester- und 35-jährigen Bischofsjubiläums 1973 (Erinnerungsalbum, ABSZ).

Gedruckt auf umweltfreundlichem, chlor- und säurefrei gebleichtem Papier.

Bibliografische Information Der Deutschen Bibliothek
Die Deutsche Bibliothek verzeichnet diese Publikation in der Deutschen Nationalbibliografie; detaillierte bibliografische Daten sind im Internet über <http://dnb.ddb.de> abrufbar.

ISBN 3-7065-1919-4

Inhaltsverzeichnis

Vorwort

Als es mir vor vielen Jahren gelang, meinen Freund Helmut Alexander dazu zu überreden, eine Biographie über den „roten" Bischof Paul Rusch zu schreiben, konnten wir beide nicht erahnen, wie viele Jahre ins Land ziehen würden, bis diese Arbeit endgültig fertig gestellt sein sollte. Im Nachhinein war es ein Glück, dass der Autor selber im Voraus nicht richtig abschätzte, wie viel Recherchearbeit nötig sein würde. Er hätte sonst wohl nie damit begonnen. Ein weiteres Glück ist, dass Helmut Alexander noch in der Zeit vor dem UG 2002 auf der Universität „sozialisiert" wurde, denn er fühlt sich nicht nur einer „Evaluierung nach Punkten" verpflichtet.

Helmut Alexander kann man wohl zu Recht als *einen,* wenn nicht *den* Spezialisten für Tiroler Kirchengeschichte der neueren Zeit bezeichnen. Er ist selber kein Theologe und auch kein „Funktionär" einer kirchlichen Organisation, war selber von keiner Entscheidung von Paul Rusch positiv oder negativ betroffen. Das erkenntnisleitende Interesse für dieses Buch war somit weder eine Lobeshymne noch eine „Abrechnung", ganz im Gegenteil: Die ungezwungene Distanz ermöglichte es ihm, eine sehr sensible Materie zwar kritisch, aber immer mit der nötigen Fairness und auch dem nötigen Respekt zu behandeln. Der Leser wird sich davon selber überzeugen können. Um das eben Gesagte nur mit einem Beispiel zu untermauern: Auf Grund der Quellenlage und des relativ weit in die jüngste Gegenwart hereinreichenden Themas (Rusch starb erst 1986) sind in den Quellen zu den diversen Streitfällen noch heute lebende „Zeitzeugen" genannt. Alexander nennt die Akteure, zeigt aber nicht mit dem Finger auf sie.

Die vorliegende Monographie stellt in der Tat viel mehr als nur eine bloße Lebensbeschreibung eines Menschen dar. Sie ist zugleich auch ein wichtiges Glied der Zeit- und Gesellschaftsgeschichte Tirols, beginnend vor allem mit den Wirren der 1930er und 1940er Jahre und dann dem großen „Wertewandel" der 1950er bis 1970er Jahre. Versucht man die Zeitgeschichte Tirols zu „personifizieren", dann wird man an den Namen Paul Rusch und Eduard Wallnöfer nicht vorbeikommen. Allerdings wies die politisch gesellschaftliche Linie der beiden in der schwierigen Zeit zwischen 1938 und 1945 wohl nicht immer in dieselbe Richtung.

Weil auf Anweisung Hitlers keine katholischen Bischöfe des Deutschen Reiches verfolgt bzw. verhaftet werden durften – mit ihnen sollte nach dem „Endsieg" abgerechnet werden –, wurde 1944 der Stellvertreter von Bischof Rusch, der Provikar der Apostolischen Administratur Innsbruck-Feldkirch, Dr. Carl Lampert, von den Nazis enthauptet. Diese traurige zeitgeschichtliche „Fußnote" sollte nicht völlig vergessen werden. In den 1960er und 1970er Jahren ziehen Rusch und Wallnöfer dann aber an einem Strang, um Tirol in der „richtigen" Bahn zu halten. Während bezüglich Rusch mit der vorliegenden Biographie eine große Aufklärungsarbeit geleistet wurde, steht eine ähnlich umfassende und profunde Biographie über Eduard Wallnöfer noch aus.

Es steht den „Spätergeborenen" nicht zu, Urteile zu fällen, sehr wohl aber ist es deren Pflicht, das Vergangene sauber zu dokumentieren und bisweilen kritisch zu hinterfragen. Nicht mehr, aber auch nicht weniger hat Helmut Alexander mit der vorliegenden Monographie versucht. Als Herausgeber bin ich der festen Überzeugung, dass ihm dies zutreffend gelungen ist, wie wohl das letzte Wort die hoffentlich sehr zahlreichen Leser dieses Bandes haben mögen.

Was wäre eine Biographie über einen Kirchenmann ohne abschließenden Hoffnungsbeitrag für die Zukunft und was bietet sich dabei mehr an als eine Stellungnahme des dritten Nachfolgers von Paul Rusch, des derzeitigen Bischofs von Innsbruck, Manfred Scheuer. In einem Gespräch mit dem „Tirol-Kurier" zu Weihnachten 2004 meinte dieser bezüglich des sündhaften Handelns der Menschen in Geschichte und Gegenwart, er hoffe dennoch sehr, „dass die Hölle leer ist". Dieser Wunsch möge für alle in Erfüllung gehen: für die in diesem Buch Genannten, für Autor und Herausgeber und letztendlich auch für die Leser. Aber Vorsicht: wissenschaftlich abgesichert ist dieser Hoffnungssatz nicht!

Innsbruck, im Sommer 2005   Josef Nussbaumer

Vorbemerkung

Erinnern? Vergessen ist wohltuender. Je mehr
erinnert wird, umso größer wird die Konfusion
in unseren geschichtlichen Kenntnissen. Man
sollte in unseren Archiven die Mäuse züchten
und nicht fangen. Wie glücklich sind die Völker,
die nichts aufschreiben und denen das Ereignis
von gestern schon morgen zur Legende wird.
[Franz Blei, Erzählung eines Lebens, Wien 2004, S. 16.]

So verlockend das Vergessen gestriger Ereignisse auch sein mag, zum Preis einer
Legendenbildung sollte dies allerdings nicht geschehen. Da ist es wohl besser, der
Vergangenheit ins Antlitz zu schauen, ihre Akteure auftreten zu lassen, sie aus der
Nähe zu betrachten und beim Namen zu nennen. Solcherart verschwinden oft sehr
schnell glänzende Gloriolen oder entstellende Stigmata und übrig bleibt ein Mensch,
der – wie es Erich Kästner einmal ausgedrückt hat – „in natürlicher Größe" und gar
nicht so groß erscheint. „Nicht einmal aus der Nähe. Gerade aus der Nähe nicht."

Da stimmt dann plötzlich wieder die Augenhöhe und fordert dazu auf nachzu-
fragen, weshalb zuvor dieser Mensch als etwas außergewöhnliches, als bedeutend,
groß oder gar übermächtig erschienen ist. Die Antwort wird dann möglicherweise
auch bei sich selbst zu finden sein, bei den eigenen Maßstäben und Werten, mit
denen andere, deren Auftreten, Handlungen und Taten gewichtet, gemessen oder
eingeschätzt werden. Und zum Nachfragen wird das Hinterfragen hinzukommen,
das in Frage stellen von scheinbar Selbstverständlichem, vermeintlich Unzweifel-
haftem, Alltäglichem und Eindeutigem. Vieles davon wird sich auflösen, wird mehr-
deutig, vielschichtig, komplex werden und je genauer hingeschaut und nachgedacht,
je mehr erinnert wird, umso größer wird die Konfusion in unseren geschichtlichen
Kenntnissen. – Vielleicht gibt es aber auch da und dort Klarheit, ein Verstehen von
Zusammenhängen und Einsichten in Hintergründe, die bisherige offene Fragen
durch die Geschichte beantworten und somit die Erinnerung von einer Last der
Vergangenheit loslösen. Verbunden mit Erkenntnis kann Erinnerung Verständnis
erwecken und Toleranz erwirken, möglicherweise sogar versöhnen, zumindest aber
Schatten des Erlebten in der Geschichte verschwinden und die Gegenwart freier und
ungetrübter für die Zukunft erscheinen lassen.

Die vorliegende Arbeit baut auf geschichtliche Kenntnisse, auf bekannte, vorhandene, und setzt ihnen neue hinzu. Sie erhebt nicht den Anspruch, eine umfassende,
sämtliche Lebenswinkel und Denkhorizonte ausleuchtende Biographie des Menschen und Bischofs Paul Rusch zu liefern. Sie möchte lediglich markante Prägungen
aufzeigen und Eckpunkte seines Wirkens darlegen, das hauptsächlich unter gesellschaftspolitischen Gesichtspunkten betrachtet werden soll. Viele Aufgaben und Facetten seines Episkopats werden nicht näher behandelt, vor allem diejenigen, die

im engeren Sinne eine administrative, theologische bzw. pastorale Ebene betreffen. Dafür gibt es viele und gute Gründe. Andere Aspekte sind bereits aufgearbeitet und in der Literatur ausführlich behandelt worden.

Im folgenden werden hauptsächlich der familiäre Hintergrund und der schulisch-berufliche Werdegang Paul Ruschs bis zur Bischofsweihe näher ausgeleuchtet, die ersten Jahre seines Episkopats eingehender betrachtet sowie seine Reflexionen über die Arbeiterfrage, sein sozialpolitisches Engagement und seine gesellschafts- und kulturkritischen Positionen ausführlicher vorgestellt. Außerdem werden einige kontroversielle Auseinandersetzungen in Augenschein genommen, in denen das bischöfliche Konfliktmanagement auch außerhalb der Diözesangrenzen große Aufmerksamkeit erfuhr.

Paul Rusch war nicht unumstritten, kein pflegeleichter Zeitgenosse, einer, der uneingeschränkte Zustimmung ebenso erhielt wie heftigste Widersprüche erntete. Und auch für ihn gilt, was Friedrich Schiller über Wallenstein geschrieben hat: „Von der Parteien Gunst und Haß verwirrt, schwankt sein Charakterbild in der Geschichte."

Auf den folgenden Seiten sollen jedoch keine wie auch immer gearteten Leidenschaften oder Emotionen den Blick auf Bischof Rusch lenken; vielmehr sollen vorwiegend seine eigenen Überlegungen und Einschätzungen seine Handlungsweisen und die von ihm getroffenen Maßnahmen beleuchten, wobei freilich auch die Perspektiven anderer Akteure oder solche von Betroffenen in Betracht gezogen werden. Dafür wurden für die vorliegende Arbeit neben der einschlägigen Literatur hauptsächlich Unterlagen aus der Amtszeit Bischof Ruschs verwertet, die im Diözesanarchiv Innsbruck verwahrt werden. Für ihre Einsichtnahme und Benützung danke ich dem vormaligen Bischof von Innsbruck und jetzigen Erzbischof von Salzburg, H.H. Dr. Alois Kothgasser SDB sowie H.H. Kanzler Dr. Hermann Steidl, der die biographischen Arbeiten zu Bischof Rusch mit großem Interesse begleitet und maßgeblich gefördert hat. Optimale Arbeitsbedingungen und vielfältigste Unterstützung hat mir Diözesanarchivar Dr. Josef Franckenstein gewährt – dafür ein großes und nachhaltiges Dankeschön!

Eine Anfrage auf Einsichtnahme in Akten der Österreichischen Bischofskonferenz wurde bedauerlicherweise mit dem Hinweis beantwortet, daß eine solche „aufgrund der Archivsperre leider nicht möglich ist"; ich erspare mir, an dieser Stelle andere Forschungsarbeiten aufzuzählen, für die erfreulicherweise die genannte Archivsperre aufgehoben werden konnte.

Zahlreiche private Schrift- und Bilddokumente stammen aus einem liebevoll angelegten Fotoalbum, das im Mutterhaus der Barmherzigen Schwestern des hl. Vinzenz von Paul in Zams aufbewahrt wird; für die Benützung und Verwendung dieser Unterlagen, besonders jedoch für das mir entgegengebrachte Vertrauen, danke ich ganz herzlich der Ehrw. Mutter Dr. Maria Dominika Moosbrugger. Großen Dank möchte ich auch Frau Cornelia Albertani vom Vorarlberger Landesarchiv, Herrn Mag. Thomas Klagian (Stadtarchiv Bregenz) und Herrn Univ.-Doz. Dr. Peter Goller (Universitätsarchiv Innsbruck) aussprechen, die sich an meiner Stelle mehrfach auf die Suche nach wichtigen Unterlagen gemacht und solche auch aufgefunden haben, wodurch manche Frage beantwortet und zahlreiche biographische

Lücken in Bischof Ruschs Leben geschlossen werden konnten. Dazu haben ebenfalls folgende Helferinnen und Helfer sowie Ämter und Institutionen, unbürokratisch und sehr zuvorkommend, in vielfältiger Weise beigetragen: Univ.-Prof. P. Dr. Raymund Schwager SJ + (Dekan der Katholisch-Theologischen Fakultät der Universität Innsbruck, 1999-2003), Univ.-Prof. P. Dr. Hans Goller SJ (Institut für Christliche Philosophie an der Theologischen Fakultät der Universität Innsbruck), Regens P. Hans Tschiggerl SJ (Collegium Canisianum, Innsbruck), P. Emerich Coreth SJ (Jesuitenkolleg Innsbruck), Msgr. Prof. Bernhard Hippler (Universitätspfarre Innsbruck), Mag. Roland Kubanda (Stadtarchiv Innsbruck), Mag. Dr. Rudolf Fallmann (Innsbruck), Prof. Mag. Dr. Richard Gohm (Innsbruck), Gustav Sonnewend (Innsbruck/Ranggen), Bernhard Linhofer (Völs), Elisabeth Engelmann (Erzbischöfliches Konsistorialarchiv Salzburg), Primar Dr. Hanno Pall (Landeskrankenhaus Zams), Carmen Reiter (Stadtarchiv Bludenz), Hans Schöpf (Stadtarchiv Hohenems), Alfred Willam (Pfarre St. Karl, Hohenems), Walter Amann (Katholischer Arbeiterverein Hohenems), Heiner Stauder, M.A. (Stadtarchiv Lindau am Bodensee), P. Dr. Thomas Neulinger SJ (Archiv der Österreichischen Provinz der Gesellschaft Jesu, Wien), Margot Fuchs M.A. (Historisches Archiv der Technischen Universität München), Dipl.-Archivarin Ursula Lochner (Archiv der Ludwig-Maximilian-Universität München), Stadtarchiv der Landeshauptstadt München, Archiv des Erzbistums München und Freising, Katholisches Pfarramt Ellingen, Alters- und Pflegeheim „Jesuheim" der Barmherzigen Schwestern Zams in Lochau, Reha-Klinik Walenstadtberg (CH), Bundesarchiv Berlin. In die Reproduktion zahlreicher Bildvorlagen und ihre Bearbeitung hat Mag. Andreas Fischnaller sehr viel Zeit und fotografisches Können investiert, wofür ich ihm ebenso herzlich danke wie Mag. Hans Oberhofer und Mag. Dr. Florian Schaffenrath, die meinen Übersetzungen aus dem Französischen und Lateinischen den letzten und entscheidenden sprachlichen Schliff gegeben haben.

Die Bearbeitung der Archivalien, von Zeitungsartikeln und relevanter Literatur zog sich aus vielerlei Gründen länger als erwartet hin und wäre ohne die beharrliche Geduld meines Freundes und Kollegen Josef Nussbaumer wohl gar nicht erst begonnen, mit Sicherheit jedoch nie fertig gestellt worden. Er gab die Anregung zu dieser Monographie und stellte auch in Aussicht, sie in die von ihm herausgegebene Reihe „Geschichte & Ökonomie" aufzunehmen, was für mich Ansporn und Verpflichtung war. Sein Verständnis, wenn manch produktiver „Rusch-hour" immer wieder eine mehr oder weniger lang andauernde „Hush-hour" folgte, ermöglichte mir eine Beschäftigung mit dem gewählten Thema, ohne zeitlichen Druck und frei von sonstigen Zwängen. Dafür ein großer und besonders herzlicher Dank!

Viel Freizeit geopfert, Geduld und Verständnis aufgebracht hat auch meine Partnerin Lioba, besonders wenn ich anstatt ins Wochenende an meinen Schreibtisch und zu den Archivalien entschwunden bin und deshalb manches gemeinsame Vorhaben immer wieder verschoben werden mußte. Dessen ungeachtet übernahm sie ganz selbstverständlich das Lektorat der von mir produzierten Texte, verhalf etlichen Formulierungen zum sprachlichen Durchbruch und auch der Grammatik an vielen Orten zu ihrem Recht. Somit hat sie nicht nur maßgeblich zum Zustandekommen, sondern im wesentlichen auch zur Lesbarkeit der folgenden Seiten beigetragen, wofür ihr mein Dank nicht nur in Worten sicher ist.

Bleiben zu guter Letzt nur mehr die angenehme Pflicht, auch dem Team des Studienverlags, allen voran Frau Mag. Elisabeth Wagner zu danken, die aus einer Reihe von Text- und Bilddateien das vorliegende Buch geschaffen haben, und der Wunsch, daß es zahlreiche LeserInnen finden möge.

Innsbruck, im August 2005 Helmut Alexander

Elternhaus und Familie

Paul Rusch kam in München zur Welt, besaß aber im vorarlbergischen Bludenz das Heimatrecht,[1] was davon herrührte, daß sein Vater Johann Jakob dort am 23. November 1857 geboren wurde.[2] Dieser erlernte nach dem Besuch der Unterrealschule in Feldkirch den gleichen Beruf wie sein Vater,[3] den eines Zimmermanns, arbeitete danach als Geselle bei einem Züricher Architekten sowie als Bauführer bei diversen Hochbauten in der Schweiz. Von 1877 bis 1880 leistete er als technischer Soldat in Bosnien seinen Militärdienst ab, baute sich danach ein eigenes Wohnhaus in Bludenz, ging wenig später jedoch nach Wien, um dort in den Jahren 1881/82 den zweiten und dritten Kurs der k.k. Staatsbaugewerbeschule zu besuchen. Anschließend fand er eine Anstellung als Bauführer bei einem Bauunternehmen in Wiener-Neudorf und sammelte hier Erfahrungen bei Bauarbeiten an der nördlichen Staatsbahn, der vormaligen „Kaiser-Ferdinand-Nordbahn". Wieder in seine Heimat zurückgekehrt, beaufsichtigte er 1883/84 bei seinem neuen Arbeitgeber den Bau des Schmiedtobel-Viadukts, eines der größten gewölbten Objekte der Arlbergbahn,[4] war danach bis 1885 beim Stadtmagistrat in Bludenz für die Beaufsichtigung diverser öffentlicher Bauten angestellt und unterrichtete von 1884 bis 1886 auch als Lehrer in der Zeichenschule in Schruns. Hier meldete er im Jahr darauf ein Baumeistergewerbe an, nachdem er die Konzession dafür unter Umgehung der notwendigen Prüfungen lediglich aufgrund seiner großen Erfahrung – u.a. erbaute er ein Montafoner Haus für die Landesausstellung in Bregenz 1887 – erworben hatte. Gleichzeitig betrieb er ein im Januar 1887 gekauftes Sägewerk in Tschagguns, das er sechs Jahre später jedoch wieder aufgab, um im November 1893 zum „Studium" nach München zu gehen.[5] Dort wurde in den folgenden Jahren aus dem Baumeister ein Architekt und aus dem ledigen Junggesellen ein verheirateter Familienvater.

Seine Frau lernte Jakob Rusch durch seinen Arbeitgeber kennen, bei dem sie als Bürokraft arbeitete. Emilie Franziska Reichelmeyr stammte aus einer bayerischen Beamtenfamilie und wurde am 29. März 1868 in Ellingen, wo ihr Vater kgl. Landgerichtsassessor war, geboren.[6] Sie besuchte späterhin in München eine damals ganz neu entstandene höhere Handelsschule für Mädchen und arbeitete dann in einem Architektenbüro, in das Jakob als Mitarbeiter eintrat.[7]

Im Juli 1897 erhielt Jakob von der Bezirkshauptmannschaft Bludenz das Ehefähigkeitszeugnis ausgestellt und knapp drei Monate später gaben sich die beiden am 2. Oktober in der Kirche St. Johann Baptist in München-Haidhausen das Ja-Wort. Im gleichen Stadtteil bezog das junge Paar eine Wohnung in der Weißenburgerstraße Nr. 27, wo Jakob Ende August 1897 bereits ein Holzarchitekturbüro eröffnet hatte. Diese Gewerbeunternehmung gab er im April 1901 wieder auf. Möglicherweise nahm er neuerlich eine Anstellung in einem Planungsbüro oder in der Bauwirtschaft an oder vertrat als „höherer Beamter" der k.k. Eisenbahnen „die österreichischen Interessen im bayerischen Eisenbahnministerium" für den Streckenteil Lindau – Grenze Bayern/Vorarlberg, der nach seiner Eröffnung am 24. Oktober 1872 der österreichischen Staatsbahn pachtweise überlassen worden war.[8] Im Juli 1905

Emilie und Jakob Rusch,
die Eltern des Bischofs.
[Erinnerungsalbum, ABSZ]

Paul, Sofie und Wilhelm
Rusch, um 1906.
[Erinnerungsalbum, ABSZ]

meldete Jakob Rusch wieder ein selbständiges Gewerbe an, und zwar ein Bauunternehmen, das – zumindest auf dem Papier – bis März 1909 bestand.[9]

Unterdessen hatte die Familie am 24. August 1898 mit der Geburt von Wolfgang Wilhelm auch Nachwuchs bekommen und am 16. Februar 1900 wurde Tochter Sofie geboren. Dies machte möglicherweise den Umzug in die Wörthstr. 23, ebenfalls in Haidhausen, im Juni 1900 notwendig. Hier im zweiten Stock lebte die seit 4. Oktober 1903 mit der Geburt von Peter Paul[10] auf fünf Personen angewachsene Familie bis zu ihrem Umzug nach Bregenz im Januar 1906.

Weshalb die Familie nach Vorarlberg an den Bodensee übersiedelte und dort einen Neuanfang wagte, ist schwer zu ergründen, zumal die dafür in Frage kommenden Ursachen allesamt nicht sehr schlüssig sind. Falls die Wahl des neuen Wohnorts beruflich motiviert war, stellt sich die Frage, ob sich dem damals knapp 50jährigen Jakob Rusch dafür in seiner Bludenzer Heimat nicht bessere Chancen geboten hätten. Die Nähe zu den Schweizer Lungensanatorien könnte ein Grund für den Umzug nach Bregenz gewesen sein, sofern Emilie Ruschs Lungentuberkulose bereits in München bekannt gewesen ist, was weder bestätigt, noch verneint werden kann. Sie wäre aber im Krankheitsfall sowohl in München wie auch im vorarlbergischen Landesinnern zweifellos besser aufgehoben gewesen, als im eher feuchten, östlichen Bodenseegebiet mit seinen hohen Niederschlagsmengen. Bleibt noch die schulische Ausbildung der Tochter und der Söhne, doch dürfte hierfür in der Hauptstadt des Königreichs Bayern mit Sicherheit ein breiteres Bildungsangebot vorhanden gewesen sein als im gesamten Westen Österreichs. Freilich kann es natürlich auch Gründe gegeben haben, die außerhalb unserer heutigen Vorstellungswelt liegen und uns mangels authentischer Zeugnisse verborgen bleiben.

In der Vorarlberger Landeshauptstadt suchte Jakob Rusch sogleich um eine Baumeisterkonzession an und erhielt im Jahre 1908 auch das Architekten-Dekret durch die Bezirkshauptmannschaft Bregenz.[11] Ob und wie erfolgreich er beruflich in der neuen Umgebung Fuß fassen konnte, bleibt dahingestellt. Über seine Tätigkeit und eventuell von ihm durchgeführte Bauten konnte nichts in Erfahrung gebracht werden, doch ist bekannt, daß er in den Jahren 1914 und 1915 neben seiner beruflichen Tätigkeit auch als Obmann des „Vereins der Bau- und Maurermeister von Vorarlberg" fungierte und das von diesem herausgegebene Halbmonatsblatt „Die Bauhütte" initiiert und als verantwortlicher Redakteur geleitet hat.[12]

In den Beiträgen, die Jakob Rusch für diese Zeitschrift verfaßt hat, sind eine wirtschaftsliberale Gesinnung und eine deutschnationale Haltung des Autors deutlich erkennbar. Letztere zeigt sich vor allem in einem Artikel zum Ausbruch des Krieges im August 1914, für den er keineswegs Begeisterung empfinden konnte. Vielmehr drückte er mit sehr deutlichen Worten aus, was auf die kriegführenden Staaten zukommen werde. „Es wird voraussichtlich ein Schlachten werden, wie es die Weltgeschichte noch nie verzeichnet hat."[13] So entsetzlich auch die Folgen des Krieges sein werden, so wenig Grund gäbe es jedoch zu zweifeln „an dem Glauben, daß die deutsche Kultur diesmal an den niederen Leidenschaften des Großslaventums zerschellen müßte. Und wenn auch alle Slaven im Verein mit Frankreich und England das Deutschtum bedrohen, niederringen werden sie es doch nicht, trotz allem Haß und Neid und allen übrigen gemeinen Leidenschaften, welche die unmittelbaren Triebfedern dieses Schlachtens waren. Wir haben die ernste Pflicht, in diesen schweren Zeiten, an die germanische Kraft felsenfest zu glauben und auf dieselbe zu bauen, in diesem Glauben zu verharren und ihn in die Gemüter unserer Kinder zu pflanzen. Eines Tages wird die Frucht unseres Glaubens zur Saat reif sein und das Deutschtum wird neuerlich wie ein Phönix aus seiner Asche verjüngt erstehen und schöne Tage, befruchtet von der Arbeit Segen werden wieder kommen."

Nationales Gedankengut dürfte den Rusch-Kindern vertraut und keineswegs fremd gewesen sein, wie sehr sie dadurch in ihrem gesellschaftliches Bewußtsein und politischen Denken geprägt wurden und wie es sich auf ihre Weltanschauung ausgewirkt hat, muß allerdings offen bleiben.

Die Artikel von Jakob Rusch verschafften ihm zweifellos einen landesweiten Bekanntheitsgrad, die kritischen Untertöne darin – auch den eigenen Standesgenossen, den „Feinden im eigenen Lager"[14] gegenüber – brachten aber sicher nicht ausschließlich Zustimmung. Sein Engagement für die Interessen seines Berufsstandes fand Achtung und Anerkennung, ob und wie sehr dieses jedoch eine Integration in die Vorarlberger Gesellschaft gefördert hat, muß wohl bezweifelt werden. Dies wie auch die Lage der Bauwirtschaft, die in den Jahren vor dem Ersten Weltkrieg nach eigener Aussage „kaum mehr als lebensfähig zu bezeichnen möglich" war,[15] trugen mit dazu bei, daß sich der Baumeister in Bregenz nicht sehr wohl gefühlt hat und sich die wirtschaftliche Situation der Familie nicht zum besten entwickelte. Der Verfasser eines Nachrufs auf Jakob Rusch mutmaßte, daß die Übersiedlung in die Bodenseestadt „vielleicht ein recht unglücklicher Zug" gewesen sei, denn er [Jakob Rusch – H.A.] „paßte nicht wohl mit seinem weiten Blick, seiner geraden, offenen und grundbiederen Art in die enge Welt. Diese hat ihn nicht verstanden und ihn wenig oder nichts gelten lassen. […] Eine Nachwelt wird ihm vielleicht gerechter sein, als eine Mitwelt war und dies wäre leicht, wenn sich jemand die Mühe nähme, aus seinen Plänen und Entwürfen den regen und strebsamen Geist zu spüren."[16] Die Wohnungswechsel in Bregenz könnten darüber hinaus die Annahme erhärten, daß die Familie Rusch zu deutlichen Sparmaßnahmen genötigt war. Zunächst lebte sie bis Juli 1914 in der „Villa Fünfland" des Architekten Georg Baumeister in der Wolfeggstraße 15, zog dann in ein Zweifamilienhaus in der Römerstraße 30 und später in ein Wohnhaus mit mehreren Mietparteien in die Römerstraße 14.[17] Dazu kamen private Schicksalsschläge, die innerhalb von zehn Jahren die fünfköpfige Familie auf zwei Personen reduzierten!

Die Erkrankung von Emilie Rusch erforderte 1910 eine stationäre Aufnahme in der Lungenheilanstalt Walenstadt-Berg, die im nahegelegenen Schweizer Kanton Chur am 14. November 1909 eröffnet worden war.[18] Von dort kehrte sie jedoch nicht mehr zurück, denn sie erlag am 30. Januar 1911 knapp 43jährig ihrem langjährigen Lungenleiden. Sie wurde nach Bregenz überführt und fand hier am städtischen

Das Grabdenkmal für Pauls Mutter; Entwurf: Josef „Sepp" Piffrader. [Erinnerungsalbum, ABSZ]

Friedhof ihre letzte Ruhestätte.[19] Der aus dem Südtiroler Klausen stammende Bildhauer Josef Piffrader schuf ihr zum Gedenken ein berührendes Grabdenkmal aus Bronze, auf dem der Tod Kindern und Ehemann die Mutter und Gattin gnadenlos entreißt und unerbittlich ins Jenseits entführt. Die zurückbleibende Familie verharrt niedergeschlagen in tiefer Trauer und der Kleinste – Paul – wendet sich erschrocken und hilfesuchend dem Vater zu.[20]

Paul war damals sieben Jahre und ein paar Monate alt und schon Halbwaise. Aus seiner eigenen Feder haben sich keine Zeugnisse erhalten, in denen er von seiner Mutter berichtet, von ihrer Zuneigung zu den Kindern oder davon, wie er und seine Geschwister ihren Verlust bewältigt haben. Jedoch können in den Ausführungen, die er später über ein neugeborenes Kind und dessen erste Lebensjahre gemacht hat, zweifellos autobiographische Bezüge hergestellt werden. „Tritt das Kind in die Welt, dann ist es noch so arm. Seine seelischen Kräfte müssen erst entwickelt werden. Und steht ihm in den ersten Lebensjahren kein sorgender Mensch zur Seite, dann lernt es nicht sprechen. Dann verkümmert sein kleines Seelchen und bleibt leer. Dann wird es gar kein richtiger Mensch; bleibt seelisch immer darunter. Wenn aber die Mutter ihm zur Seite steht, dann weckt sie mit ihren Worten, mit einem leisen feinen Lächeln, mit einem Liede seelische Empfindungen in dem Kinde, die es fortan immer begleiten werden. Manch einer weiß in späteren Jahren nicht, warum gerade in ihm – bei anderen ist es nicht so – ein leises Rühren erwacht, wenn er diese Melodie hört; warum gerade in ihm ein feines Verstehen sich regt, wenn jemand über seine Worte den Hauch der Schönheit zu gießen versteht – ein anderer merkt das nicht –, aber es war, ach immer wieder, die Mutter, die seine Seele so formte. Und jetzt, wenn er dieses seelische Leben spürt, dann lebt eigentlich etwas von seiner Mutter in ihm. Jetzt noch, obwohl längst gestorben, bestimmt die Mutter sein innerstes Denken und Fühlen mit."[21] – Der Verlust der Mutter hatte mit Sicherheit traumatische Auswirkungen auf Pauls Gemüt und möglicherweise hat er ihn lange Zeit oder auch nie wirklich überwunden.

Zehn Jahre später folgte Jakob Rusch seiner Ehefrau ins Grab. Nach „längerer Krankheit" verschied er in Bregenz am 23. Februar 1921 an Lungentuberkulose,[22] betrauert von seinen beiden Söhnen Wilhelm und Paul, denn zu diesem Zeitpunkt lebte auch ihre Schwester nicht mehr.

Sofie hatte die Mädchen-Privatschule des Frl. Anna Waldner in der Bregenzer Belruptstraße besucht, nach dem Ende ihrer Schulzeit im Jahre 1914 offenbar keinen Beruf ergriffen, sondern höchstwahrscheinlich den Haushalt der Familie geführt. Vor „längerer Zeit" sei sie erkrankt, hieß es in der „Todfallmeldung" der Vorarlberger Landes-Zeitung, und sie hätte sich davon „nie mehr ganz erholen" können. Knapp 20jährig ist sie am 21. Januar 1920 ebenfalls an Tuberkulose gestorben.[23]

Paul und sein Bruder Wilhelm wurden innerhalb kurzer Zeit von schweren Schlägen getroffen, die ein bestehendes soziales Gefüge zerrissen und die sie bereits in jungen Jahren zwangen, für sich selbst zu sorgen. Beide konnten zwar eine abgeschlossene höhere Schulbildung vorweisen, hatten ein Dach über dem Kopf, zumal sie zunächst beide, späterhin Wilhelm nur mehr alleine, die Wohnung in der Römerstraße behalten konnten, doch dürfte darüber hinaus die unmittelbare Zukunft den beiden wohl keine verlockenden Aussichten geboten haben. Dies galt in beson-

Sofie Rusch (1900-1920)
[Erinnerungsalbum, ABSZ]

derem Maße für Wilhelm, der körperlich massiv gehandicapt war. Er war nach dem Besuch der Volksschule mit dem Schuljahr 1909/10 in das k.k. Staatsgymnasium in Bregenz eingetreten, wurde jedoch im Mai 1916 mit anderen seiner Mitschüler des Jahrgangs 1898 zum Kriegsdienst einberufen.[24] Am Ende des Schuljahres 1916/17 wurde auf Grund „ministerieller Ausnahmebestimmungen unter Rücksichtnahme auf die außerordentlichen Verhältnisse" die Erlangung der Jahres- bzw. Reifezeugnisse ermöglicht,[25] wodurch Wilhelm „mit Stimmeneinhelligkeit" des zuständigen Lehrerkollegiums am 1. August 1917 ein Maturazeugnis ausgestellt bekam.[26]

Seit 1. Juli 1916 diente Wilhelm als Jäger bzw. Oberjäger beim 1. TKJR, aus dem er im Dezember 1918 als Fähnrich d. Res. entlassen wurde.[27] Schwerstbehindert von der Front heimgekehrt, soll er in München ein Jus-Studium begonnen haben, das er jedoch Mitte der 1920er Jahre wieder hätte aufgeben müssen, weil immer wieder notwendige Operationen an seinen erfrorenen Füßen vorgenommen werden mußten. Die Invalidität von Wilhelm war aber offenbar so gravierend, daß er tatsächlich kein Studium aufnehmen konnte, denn er ließ sich weder in den Münchner noch in den Innsbrucker Universitätsmatrikeln für den in Frage kommenden Zeitraum nachweisen. Späterhin führte er eine Trafik in Bregenz,[28] mußte sich am 12. August 1940 jedoch zur dauernden Betreuung und Pflege in das „Jesuheim" der Barmherzigen Schwestern in Oberlochau begeben, wo er dann über dreißig Jahre bis zu seinem Tod am 15. August 1973 gelebt hat.[29]

Schulische Ausbildung
und berufliche Erfahrung

Seine ersten beiden Lebensjahre verbrachte Paul Rusch in München, „in der Pfarre St. Johannes, in den Isarauen, im kleinen Vorgarten des Elternhauses" – wie einer seiner Biographen zu berichten weiß.[30]

Paul und seine Schwester Sofie, um 1905.
[Erinnerungsalbum, ABSZ]

Ähnlich wie hier dürfte er auch in Bregenz im Kreise der Geschwister und Nachbarskinder aufgewachsen sein und seine Kindheit dürfte sich wohl kaum von der anderer Söhne aus dem bürgerlichen Mittelstand unterschieden haben. Vater Rusch hatte als Freiberufler zweifellos nicht immer nur lukrative Aufträge zu bearbeiten, doch gibt es zumindest für die ersten Jahre in Vorarlberg keine Anhaltspunkte für eine wirtschaftlich prekäre Situation der Familie. Vielmehr dürfte von Vater und Mutter eine häusliche Idylle geschaffen worden sein, die in der Villa Fünfland Wohnung und Arbeitsplatz, Beruf und Familie unter einem Dach vereinte. Sie wurde allerdings durch die Krankheit der Mutter getrübt und schließlich durch deren Tod zerstört. Paul war damals gerade sieben Jahre alt und besuchte in Bregenz die städtische Knaben-, Volks- und Bürgerschule in der Kaiserstraße.

Auf ausdrücklichen Wunsch des Vaters sollte Paul eine Schule im Ausland besuchen[31] und so trat er im September 1914 in die „Königliche Realschule Lindau" im benachbarten Königreich Bayern ein. Dieser sechsklassige Schultyp verfolgte den Zweck, „eine höhere bürgerliche Bildung auf sprachlich-historischer und mathematisch-naturwissenschaftlicher Grundlage zu gewähren und zu religiös-sittlicher Tüchtigkeit zu erziehen." Damit bot er – wie es in einem Jahresbericht hieß – „eine geeignete Vorbereitung für diejenigen, welche sich der Industrie, dem Handel oder der Landwirtschaft zuwenden wollen".[32] Künftige Priesteramtskandidaten zählten also nicht unbedingt zur Zielgruppe dieser gemischtkonfessionellen Schule, – in Pauls Klasse gehörten rund ein Drittel seiner Mitschüler der evangelischen Glaubensgemeinschaft an.[33] Der Schwerpunkt des Unterrichts wurde auf die Vermittlung von

Paul Rusch (hintere Reihe in der Mitte) in der 1. Volksschulklasse in Bregenz, um 1910.
[Erinnerungsalbum, ABSZ]

mathematischen und naturwissenschaftlichen Kenntnissen sowie moderner Sprachen gelegt, wobei in den Oberklassen im Hinblick auf eine spätere Berufsausübung zusätzliche Qualifikationen erworben werden konnten. Paul entschied sich für den Besuch des Handelskundeunterrichts.

Pauls Unterrichtsfächer und Noten[34]						
	1. Kl.	2. Kl.	3. Kl.	4. Kl.	5. Kl.	6. Kl.
Religion	1	2	1	1	1	1
Deutsche Sprache	2	2	2	1	2	2
Französische Sprache	1	2	2	2	2	2
Englische Sprache	-	-	-	-	2	2
Arithmetik u. Mathematik	2	2	2	-	-	-
Mathematik	-	?	-	2	2	2
Physik	-	-	-	1	1	1
Naturbeschreibung (-kunde)	1	1	1	1	2	-
Chemie	-	-	-	-	2	2
Geschichte	-	-	1	1	1	1
Geographie	2	1	1	1	2	1
Zeichnen	1	1	2	2	2	2
Handelskunde	-	-	-	1	1	2
Turnen	2	2	3	2	1	2

In allen seinen Jahreszeugnissen wurden ihm lobenswertes Betragen und großer Fleiß bescheinigt, was sich auch in seinen Leistungen niederschlug, die über die Jahre hin kontinuierlich und durchwegs mit „gut" und „sehr gut" beurteilt wurden.

Sein Fleiß deutet darauf hin, daß Paul sich seine Noten erarbeitet hat, daß ihm das Lernen möglicherweise nicht sehr leicht fiel, wofür es zweifellos viele Gründe gegeben haben mag. Der tägliche Aufwand, um mit Dampfer oder Bahn nach Lindau zu gelangen, die Zeitumstände im und nach dem Ersten Weltkrieg,[35] aus dem sein Bruder mit 20 Jahren als Invalide zurückgekehrt war, die häusliche und familiäre Situation lasteten zweifellos auf dem jungen Realschüler, der darüber hinaus mit dem Tod seiner Schwester noch von einem weiteren schweren Schicksalsschlag getroffen worden war. Das war ein halbes Jahr vor seinen Abschlußprüfungen. In seinem Schlußzeugnis vom 15. Juli 1920 wurde dem knapp 17jährigen Paul zwar bescheinigt, daß sein Betragen wiederum „stets sehr lobenswert war" und er ein „gewissenhafter Schüler" sei, mit recht erfreulichen Erfolgen während des Jahres wie bei den Schlußprüfungen. Allerdings erfahren wir auch, daß er „sich bei seinem großen Fleiße so überarbeitet hatte, daß er die Schlußexamina „nur teilweise mitmachen konnte".[36] – Hier wird ein Schüler erkennbar, der seine Prüfungen keineswegs auf die leichte Schulter genommen, sondern ein immenses Arbeitspensum bewältigt hatte, um zu einem erfolgreichen Abschluß mit sehr guten Noten zu gelangen. Dafür hatte er sich nichts geschenkt und seine Kräfte maßlos überfordert. Vielleicht wußte er oder ahnte zumindest schon, daß die Zukunft der Familie, vor allem deren wirtschaftliche Existenz, wesentlich von ihm abhängen würde, von einer gut bezahlten Arbeitsstelle, die er in der wirtschaftlich angespannten Nachkriegszeit – wenn überhaupt – nur mit einer soliden und vorzeigbaren Schulbildung erhalten konnte. Diese Situation bedrückte Paul Mitte 1920 zweifellos in ungeheurer Weise, trug er doch die Verantwortung für den invaliden Bruder wie den damals bereits schwer erkrankten Vater.

In der Kgl. Realschule in Lindau; zweite Bankreihe, erster v.l.: Paul Rusch
[Erinnerungsalbum, ABSZ]

Nach dem Abschluß der Realschule in Lindau trat Paul bei der Bank für Tirol und Vorarlberg in Bregenz ein, – der genaue Zeitpunkt ist leider nicht mehr feststellbar, dürfte aber im Sommer oder Herbst 1920 anzusetzen sein.[37] Hier arbeitete er für die nächsten Jahre, wobei er weniger Schalterdienste versah, sondern mehr im internen Bereich, vor allem in der Buchhaltung eingesetzt wurde.[38] Ihm, Paul, sei aber damals schon klar gewesen, daß der Bankbeamte nicht sein Lebensberuf sein würde.

Paul Rusch während der Zeit als Angestellter bei der BTV. [Erinnerungsalbum, ABSZ]

„Ich hatte" – so Bischof Rusch Mitte der 1970er Jahre – „nach einem geistigen Beruf gestrebt, war mir aber nicht klar über meinen Lebensberuf."[39] Daß sein Berufswunsch, einmal Lehrer oder Priester zu werden,[40] schon vor oder während des Krieges entstanden sei, läßt sich aus der Wahl des Schulorts, des Schultyps und der tatsächlich eingeschlagenen Schullaufbahn nur hinsichtlich des Lehrberufs überzeugend begründen. Dafür bot das Realschul-Schlußzeugnis zumindest in Bayern eine Chance;[41] und selbst wenn damit in Österreich der Besuch einer Lehrerbildungsanstalt möglich gewesen wäre, – die Voraussetzungen für ein Theologiestudium in Österreich waren damit jedoch auf keinen Fall gegeben! Dafür hätte Paul einen gymnasialen Schultyp wählen müssen, wofür 1914 oder auch noch in den folgenden Jahren aber kein Anlaß bestand. Vielmehr habe erst die Nachkriegszeit, „der Kontakt zu den Menschen in der Not" – wie der Bischof später selber bekannte – bei ihm zu einem „innerseelischen Erlebnis"[42] geführt, das dann seinen Entschluß gefestigt hatte, Priester zu werden. Er habe deshalb bereits nach der Realschule mit dem Theologie-studium beginnen wollen, doch fehlten ihm zunächst „die finanziellen Mittel dazu".[43] Das von seinem Vater hinterlassene Vermögen war zerronnen, zumal der österreichi-sche Staat, so Rusch, „das Geld entwertet hat und dem Bürger dafür nichts gab, wohl umgekehrt die Steuer erhöhte und vervielfältigte auf das Zwanzig- und Dreißigfache, so daß das Erbe des Vaters durch die Erbschaftssteuer aufgezehrt war".[44]

Hier ließ die Erinnerung den Bischof ein wenig im Stich, denn die Erbschafts-steuer fraß lediglich 5,4 % des väterlichen Vermögens auf. Dieses hätte aber auch ohne staatliche Abgabepflicht auf keinen Fall als finanzielle Basis für ein Studium dienen können. Laut Verlassenschaftsabhandlung vom 19. Dezember 1921 erbten die beiden Brüder 242.160,44 K, wovon nach Abzug der Erbschaftssteuer in der Höhe von 13.000 K und 182 K an Gebühren noch 228.978,44 K übrig blieben.[45] Für dieses Geld konnte man sich damals während der grassierenden Hyperinflation nicht einmal drei Herrenanzüge kaufen![46]

Um sich seinen Berufswunsch erfüllen zu können, mußte der Bankangestellte Paul Rusch also vor allem die finanziellen Rücklagen für ein mehrere Jahre dauern-des Theologiestudium schaffen und natürlich auch seine Matura nachholen.

Zunächst erarbeitete und ersparte sich Paul jedoch erst einmal ein finanzielles Polster, mit dem er die auf ihn zukommenden Kosten decken konnte. Sein Einkom-men als Bankangestellter ermöglichte es ihm, kontinuierlich bestimmte Beträge auf ein Sparkonto einzuzahlen, wodurch er am Ende seiner Tätigkeit bei der BTV ein kleines Vermögen von etwas mehr als 7.000,- Schilling besaß.[47] Mündlich ist auch überliefert, daß Rusch eine Abfindung bekam, als er seinen Job bei der Bank auf-gab[48], und tatsächlich ist am 31. August 1926 in seinem Sparbuch eine Einlage von 3.000,- Schilling vermerkt. Nach diesem Zeitpunkt ist an Zugängen nur mehr eine einzige Einzahlung in der Höhe von 500,- Schilling am 20. August 1927 erfolgt, die möglicherweise auf einen Förderungsbeitrag oder eine einmalige Leistungsprämie nach bestandener Matura hinweisen könnte; ansonsten sind nur mehr die jährlichen Zinsen als Zuwächse eingetragen.

Neben dieser Eigenvorsorge für die nächsten Jahre, habe ihn auch sein Vetter Pfarrer Ulrich Jehly,[49] damals Pfarrer in Gisingen, sehr unterstützt. In ihm habe Paul einen „großen Freund und Gönner" gefunden, der ihm das Theologiestudium bezahlt hätte, – „ob zur Gänze oder zum Großteil, kann niemand sagen. Auf alle Fälle hat er ihn sehr gefördert".[50] Wie dem auch sei, auf jeden Fall ist an Hand des Einlagenstandes auf dem Sparkonto der BTV klar erkennbar, daß Paul bis zum Ende seines Studiums immer eine solide finanzielle Reserve besaß, die bis November 1935 die Summe von 3.000,- Schilling nie unterschritten hat. Diese Tatsache schließt al-lerdings nicht aus, daß er nicht auch aus anderen Quellen finanzielle Zuwendungen bekam, sei es aus Stipendien oder eben von seinem Vetter Pfarrer Jehly, in dessen Kirche in Lech a.A. Paul später seine Primiz feiern wird.

Doch bevor es so weit war, holte Paul die für das Theologiestudium notwendige Hochschulzugangsberechtigung nach. Dafür meldete er sich am Bundesrealgymna-sium in Bregenz an und legte nach einer „Studienunterbrechung von sechs Jahren"[51] zu Beginn des Schuljahres 1926/27 die erforderliche Aufnahme- bzw. Einstufungsprüfung in die achte realgymnasiale Klasse erfolgreich ab. Das heißt, daß er sich neben seinem Beruf in der BTV den Lernstoff der einzelnen Prüfungsfächer angeeignet hat, – eine Leistung, die ohne Zweifel nur mit einem großen Arbeitsaufwand und einer immensen Selbstdisziplin zu erreichen war, die Paul bereits während seiner Schuljahre in Lindau gezeigt hatte. Den Unterricht der achten Klasse besuchte er dann regelmäßig als Privatist und unterzog sich am Schuljahresende den Maturaprüfungen, die er allesamt souverän bestand. Dabei erstaunt es, daß er auch solche Unterrichtsgegenstände bravourös meisterte, für die er in Lindau keine Vorbildung genossen hatte. Die philosophische Propädeutik bereitete ihm hierbei höchstwahrscheinlich die geringsten Schwierigkeiten, hatte er sich doch offenbar seit langem schon mit Fragen der Philosophie wie der Theologie intensiv beschäftigt. Dafür spricht nicht nur, daß er jenes Unterrichtsfach als Wahlfach gewählt hatte, sondern auch das diesem Prüfungsgegenstand zugerechnete Thema seiner Hausarbeit, „Die Geschichtsphilosophie des hl. Augustinus nach seiner Civitas Dei".[52]

Beim (Nach-)Erlernen der lateinischen Sprache, die in Pauls Unterrichtsgegenständen an der Lindauer Realschule überhaupt nicht vertreten war, konnte er zweifellos die Hilfe seines Bruders beanspruchen, vielleicht wurde er dabei auch von Prof. Dr. Anton Vonach, seinem Prüfungslehrer in diesem Fach am Bundesrealgymnasium, unterstützt.[53] Bei allfälligen Lernproblemen in der Mathematik bzw. solchen der darstellenden Geometrie oder der Physik konnte er sich mit Sicherheit an Prof. Dr. Arnulf Tammerl wenden, der im gleichen Haus wie die Ruschs wohnte und der Paul in diesen Fächern am Gymnasium auch geprüft hat.[54] Bei der Reifeprüfung ließ Paul „außerordentliche Begabung erkennen"[55] und so wurden seine Anstrengungen letztlich von ausgezeichnetem Erfolg gekrönt.[56]

	Privatisten-Semestralausweis, 23.2.1927	Abschluß- und Reifezeugnis, 7.7.1927
Religionslehre	sehr gut	sehr gut
Deutsche Sprache	sehr gut	sehr gut
Lateinische Sprache	gut	sehr gut
Französische Sprache	sehr gut	sehr gut
Geschichte u. Geographie	sehr gut	
Geschichte		sehr gut
Mathematik	sehr gut	sehr gut
Darstellende Geometrie		gut
Naturgeschichte	sehr gut	
Naturgeschichte u. allgemeine Erdkunde		sehr gut
Physik u. Chemie	sehr gut	
Physik		sehr gut
Chemie		sehr gut
Philosophische Propädeutik	sehr gut	sehr gut

Paul wurde zum Hochschulstudium für „reif mit Auszeichnung" erklärt und am 7. Juli 1927 erhielt er das Abschluß- und Reifezeugnis des Bundesrealgymnasiums in Bregenz. Zu Beginn des Wintersemesters 1927/28 trat er in Innsbruck sein Studium an.

Studienjahre und Seelsorgeeinsatz

Am 4. Oktober 1927 trat Paul in das von den Jesuiten geleitete Theologische Konvikt Canisianum in Innsbruck ein und wenige Tage später immatrikulierte er sich zunächst an der philosophischen Fakultät der Leopold-Franzens-Universität, da Absolventen von Realgymnasien und Reformrealgymnasien „zum Studium der Theologie nur nach erfolgreicher Ablegung einer Ergänzungsprüfung aus dem Griechischen im Ausmaß der Forderungen eines humanistischen Gymnasiums zugelassen"[57] wurden. Paul belegte also in den ersten beiden Semestern die erforderlichen Griechischstunden, besuchte jedoch auch Lehrveranstaltungen, die ihm für das – für Theologiestudenten obligatorische – zweijährige Philosophiestudium bzw. den dreijährigen Doktorandenkurs am Institutum Philosophicum Oenipontanum angerechnet wurden.[58]

In den ersten beiden Semestern inskribierte er jeweils fünf Lehrveranstaltungen, wobei er für diese zunächst noch insgesamt 16,- Schilling an Kolleggeldern bezahlen mußte.[59] Danach wechselte er nach Ablegung der Ergänzungsprüfung aus Griechisch am 9. Juli 1928 und dem drei Tage später mit „bonum cum laude"[60] erworbenen Baccalaureat an die theologische Fakultät, als deren Mitglied er „nach Ablegung des vorgeschriebenen Gelöbnisses"[61] von Dekan Franz Pangerl SJ und Rektor Hermann Wopfner am 9. Oktober 1928 eine dementsprechende Bestätigung erhielt.

Im Collegium Canisianum, Innsbruck, um 1931.
Hintere Reihe links außen: Bruno Wechner, 6. v.r.: Paul Rusch, 4. v.r.: Heinz Huber.
[Erinnerungsalbum, ABSZ]

Mit Beginn des dritten Semesters war Paul von der Zahlung der Kollegiengelder befreit und mußte fortan nur mehr Beiträge für die Auditorien, eine Unfallversicherung sowie für die Benützung der Bibliothek entrichten.

In den ersten drei Studienjahren standen für Paul also außer Griechisch vor allem Lehrveranstaltungen mit vorwiegend philosophischen Inhalten auf dem Programm:[62]

P. Franz Dander: Theodize mit phil. Übungen (WS 1928/29); Ethik mit phil. Übungen (WS 1928/29, SS 1929), Thomaslesung (WS 1929/30, SS 1930).

P. Josef Donat: Kosmologie mit phil. Übungen (WS 1927/28, SS 1929), Psychologie mit phil. Übungen, phil. Proseminar (WS 1928/29, SS 1929).

P. Lorenz Fuetscher: Quaestiones selectae mit phil. Übungen, Conversatorium (WS 1929/30, SS 1930).

P. Alois Gatterer: Experimentale Psychologie (WS 1928/29, SS 1929), Grenzfragen der Biologie und Philosophie, Aufbau des Atoms (WS 1928/29), Einführung in die Abstammungslehre (SS 1929), Grenzfragen der Chemie und Philosophie (WS 1929/30),

P. Josef A. Jungmann: Pädagogik (WS 1929/30, SS 1930).

Prof. Dr. Ernst Kalinka: Griechisch (WS 1927/28, SS 1928).

P. Josef Santeler: Logik und Metaphysik mit phil. Übungen (WS 1927/28), Kritik mit phil. Übungen (SS 1928).

Nach erfolgreichem Besuch dieser Lehrveranstaltungen und dem am 16. Juli 1929 mit „bonum cum laude" erworbenen Licentiat[63] trat Paul ein Jahr später am 10. Juli

Patres und Konviktoren im Collegium Canisianum, Innsbruck. Vorne, 3. v.l.: Regens P. Michael Hofmann SJ; 2. v.r.: P. Josef Andreas Jungmann SJ. Mittlere Reihe, 4. v.l.: Paul Rusch; 3. v.r.: Bruno Wechner. [Erinnerungsalbum, ABSZ]

zweifellos sehr gut vorbereitet vor den Professoren Donat, Santeler, Fuetscher und Dander zu den einzelnen Teilprüfungen aus der christlichen und scholastischen Philosophie an und bestand dieses „examen ex universa philosophia" mit der Gesamtbeurteilung „cum laude".[64] Damit hatte er die letzte Hürde für die Verleihung des kirchlichen Titels eines „Doctor Philosophiae Scholasticae" genommen, nachdem er bereits zuvor eine wissenschaftliche Arbeit im geforderten Umfang von „wenigstens 32 Seiten"[65] mit dem Titel „Versuch einer Theorie der synthetisch-notwendigen Urteile"[66] verfaßt hatte. Das diesbezügliche Verleihungsdekret für den kirchlichen Doktortitel wurde in Rom am 14. Juli 1930 ausgestellt und vom General des Jesuitenordens, P. Wlodimir Ledòchowski unterzeichnet.[67]

Als Dr.phil. setzte Paul sodann sein Studium fort und bewältigte den Fächerkanon der Theologie in folgenden Lehrveranstaltungen:[68]

P. Emil Dorsch: Fundamentaltheologie mit Übungen (WS 1930/31), De ecclesia (SS 1931).

P. Paul Gächter: Arabisch (WS 1930/31), Einführung in das Neue Testament, Exegesis (WS 1931/32, SS 1932), Exegesis Evangelii secundum Ioannem. (WS 1932/33).

P. Michael Gatterer: Homiletisches Seminar (WS 1930/31, SS 1931), Katechetik, Homiletische Übungen (WS 1931/32, SS 1932), Homiletik, prakt. Liturgik für Weihekandidaten, moraltheologische Übungen (Casus) (WS 1932/33, SS 1933), Casus (WS 1933/34).

Prof. Dr. August Haffner: Syrisch (SS 1931).

P. J.A. Jungmann: Liturgik (WS 1930/31, SS 1931, WS 1931/32, SS 1932), Liturgisches Seminar (WS 1931/32, SS 1932).

P. Josef Linder: Einführung in das Alte Testament, Hebräisch (WS 1930/31, SS 1931), Exegesis sublimior in librum Daniel (WS 1932/33), In Psalmos (SS 1933), Exegesis sublimior in Genesim, Bibl. Seminar (WS 1933/34).

P. Franz Mitzka: Dogma – Christologie mit Übungen (WS 1931/32), De virtutibus infusis (SS 1932), De sacramentis in genere mit Übungen (WS 1932/33), De matrimonio (SS 1933), De Deo uno und Disputationes (WS 1933/34), De novissimis (SS 1934).

P. Josef Müller: Dogma – Soteriologie mit Übungen (WS 1931/32), Mariologie (SS 1932), Eucharistia mit Übungen (WS 1932/33), De sacrificio missae (SS 1933), De trinitate und Disputationes (WS 1933/34), De S.S. Trinitate (SS 1934).

P. Franz Pangerl: Kirchengeschichte, Kirchenrechtl. Seminar (WS 1930/31, SS 1931), Kirchengeschichte (1931/32, SS 1932), Dogmengeschichte (WS 1932/33).

P. Florian Schlagenhaufen: De religione in genere mit Übungen (WS 1930/31), De scriptura sacra (SS 1931).

P. Albert Schmitt: Moraltheologie – iustitia, (WS 1930/31, SS 1930), Moral – de principiis (WS 1931/32), Moral – de virtutibus (SS 1932), Pastoral (WS 1931/32, SS 1932, WS 1932/33, SS 1933), De castitate (SS 1933).

P. Arthur Schoenegger: Jus (WS 1931/32), Kirchenrecht – de personis, Kirchenrecht – de fontibus (SS 1932), De matrimonio, De religiosis (WS 1932/33), De poenis et delictis (SS 1933).

P. Johann Stufler: Dogma – De gratia mit Übungen (WS 1931/32), De gratia (SS 1932), Paenitentia mit Übungen (WS 1932/33), De ordine (SS 1933), De Deo creante und Disputationes (WS 1933/34), De praedestinatione (SS 1934).

P. Johann Umberg: Moraltheologie – de sacramentis mit moraltheolog. Übungen (WS 1930/31, SS 1931), Moral – de praeceptis mit moraltheolog. Übungen (WS 1931/32, SS 1932).

Noch während seines Studiums legte Paul die „sieben Stufen zum Altar", d.h. zum Priesteramt zurück:[69] am 16., 17. und 24. Januar 1932 erhielt er in der Kirche des Canisianums zu Innsbruck von Bischof Sigmund Waitz die Tonsur sowie die vier niederen Weihen,[70] denen sich im nächstfolgenden Jahr am 23. und 25. Juli die Ordination zu Subdiakon und Diakon anschlossen.[71] Einen Tag darauf, am 26. Juli 1933, erfolgte dann in der Jesuitenkirche die Priesterweihe und Ende des Monats, am 30., feierte der Neupriester seine erste Messe in Lech am Arlberg.

Primizfeier in Lech a.A. am 30. Juli 1933.
[Erinnerungsalbum, ABSZ]

Das Jahr, das auf die Priesterweihe folgte, dürfte Rusch zum Großteil in Lech verbracht haben, das ihm eine „zweite Heimat"[72] war und wo er dem kränklichen Pfarrer Jehly als Frühmesser in der Seelsorge aushalf.[73] Außerdem bereitete er sich höchstwahrscheinlich auch auf die Rigorosenprüfungen vor, zumal seine Ende März 1933 eingereichte liturgiewissenschaftliche Dissertation über die „Wurzeln und An-fänge der allegorischen Liturgieerklärung in Morgen- und Abendland"[74], im Mai be-reits approbiert worden war. „Die Bedeutung der Liturgie für sein Glaubensleben"[75] sei für Paul bereits in den 1920er Jahren sehr groß gewesen, wobei die Benediktiner im Bregenzer Gallusstift „sehr seine Freude an der Liturgie im engeren Sinne ge-weckt"[76] hätten. Auch habe er sich damals vom Direktor der BTV eigens Sonderur-laub erbeten, um die Karwochenliturgie besuchen zu können. Später, während des Theologiestudiums, wurde dann sein „Interesse für Liturgie und deren volksnahe

Erneuerung" durch seinen Lehrer, den weitum bekannten Liturgiker Josef Andreas Jungmann SJ, gefördert, der ihn zweifellos auch zu seinem Dissertationsthema angeregt haben dürfte.

Jungmann begutachtete die von Rusch vorgelegte Arbeit und bescheinigte ihm, daß sie „als Ganzes durchaus den an eine Dissertation zu stellenden Anforderungen [genüge]; ja sie berechtigt zu schönen Hoffnungen".[77] Sie baue auf „gründlichem philosophischem Wissen" auf, zeige eine „bedeutende Fähigkeit ebensowohl zur Erfassung großer geschichtlicher Zusammenhänge wie zur kritischen Behandlung geschichtlicher Einzelfragen; dabei wusste", so das Gutachten weiter, „eine im ganzen gefällige, oft eigenwüchsige sprachliche Darstellung dem schwierigen Stoff eine angenehm lesbare Form zu geben". Gleichwohl findet Jungmann nicht nur Lob für Ruschs wissenschaftliches Erstlingswerk, sondern zeigt auch einige Schwächen auf. Dazu der Originaltext: „Freilich hat das ruhelose Vordringen des Verfassers [= Rusch] in die Vorgeschichte der allegorischen Liturgieerklärung zu einem offenen Zwiespalt in der Anlage geführt: die ersten Kapitel bieten nun eher eine Vorgeschichte der christlichen Allegorese überhaupt, während die Weiterführung eben nur mehr die Liturgie berücksichtigt. Unangenehm bemerkbar macht sich auch eine gewisse Eigenwilligkeit und Sorglosigkeit sowohl in der Form der Zitation, wie im Gebrauch, den der Verfasser [= Rusch] von derselben macht: die allzu summarische Weise, die Belege anzuführen, macht es oft schwer, zu erkennen, auf welche Materialien sich der Verfasser im einzelnen stützt und ob er im gegebenen Fall nur referiert oder aber eigene Gedankenarbeit leistet. Auch hat die Neigung zu aprioristischer Geschichtskonstruktion nicht immer ihr Gegengewicht in der vorsichtig weitertastenden Tatsachenprüfung gefunden."

Die Rigorosenprüfungen in Moral- und Pastoraltheologie – vier Mal „eminenter" – und Bibelwissenschaften – zwei Mal „eminenter", zwei Mal „bene" – legte Paul am 1. Juni 1933 bzw. am 9. März 1934 ab;[78] zur letzten schweren Prüfung am 6. Juli 1934 trat er vor den Dogmatikprofessoren Dander, Stufler, Müller und Ludwig Lercher an, von denen jeder einzelne ihm ein „eminenter" eintrug und die ihm „unanima cum applausu" das bestandene Examen bescheinigten.[79] Tags darauf wurde die Promotionsurkunde ausgestellt, mit der Rusch den Titel eines Doktors der Theologie verliehen bekam.[80]

Damit hatte Rusch seine akademische Ausbildung beendet. Es war kein geradliniger Weg, der ihn vom Bodensee über die Mittelschule in Lindau, die BTV-Filiale und das BRG in Bregenz nach Innsbruck geführt oder besser, den er selbst gewählt und den er mit eiserner Konsequenz und möglicherweise auch unter großen Entbehrungen beschritten hat. Die Ernsthaftigkeit und die ungeheure Selbstdisziplin, die er als Schüler in Lindau bereits erkennen ließ und mit der er sich neben seinem Job in der Bank auch für die Aufnahme ins Realgymnasium vorbereitete und schließlich die noch fehlende Matura nachholte, haben sein Studium in Innsbruck ebenfalls geprägt. Die Bilddokumente aus jener Zeit zeigen einen ausgesprochen ernsten, verkrampft wirkenden jungen Menschen, in dessen Gesicht und Körperhaltung keine Spur von Heiterkeit oder Frohsinn erkennbar ist.

P. Jungmann hatte in den ersten wissenschaftlichen Gehversuchen ein „ruheloses Vordringen" festgestellt, das auch während der vorangegangenen Jahre für

Während der Zeit des Theologiestudiums; Paul Rusch (2. v.r.) und links außen der nachmalige Bischof von Vorarlberg, Bruno Wechner. [Erinnerungsalbum, ABSZ]

Paul kennzeichnend war. Ruhelosigkeit oder auch Unermüdlichkeit ebenso wie das Suchen, das Streben nach Vervollkommnung im Christentum und dem Dienst am Menschen werden auch seine künftigen Triebkräfte und Leitlinien sein. „Ein frommer, durchaus männlicher und bescheidener Charakter, von dem man bei seinen intellektuellen und schönen Eigenschaften viel Gutes erwarten kann", bemerkte Regens P. Michael Hofmann,[81] als Rusch vom Canisianum „in die Seelsorge einberufen wurde".[82]

Paul blieb zunächst noch in Lech, wo er von der Apostolischen Administratur Innsbruck-Feldkirch während des Sommers 1934 ganz offiziell als „Pfarrsubstitut"[83] in der Seelsorge auszuhelfen hatte. Im September[84] wechselte er jedoch nach Hohenems, wo er fortan von Pfarrer Konrad Renn als Pfarrhelfer in der rund 5.500 Einwohner zählenden Kirchengemeinde sowie in der Krankenhausseelsorge eingesetzt wurde. Gleichzeitig fungierte er als Landespräses der katholischen Arbeitervereine in Vorarlberg,[85] und als solcher „trat er mit seinen sozialen Einsätzen stark ins Rampenlicht".[86] Daneben arbeitete Rusch an seinem ersten Buch, das dann im Herbst des darauffolgenden Jahres erschien.[87]

An seinem neuen Wirkungsort im Rheintal „hatten die Leute schon bald einen Spitznamen parat für den jungen Kaplan, der selber das Winterholz hackte, im Vorgarten Gemüse zog und aus seelsorglicher Notwendigkeit – der Bergweiler Reutte war mitzubetreuen – mit über 30 Jahren das Schifahren erlernte: Die Hohenemser nannten ihn ‚’s Dökterle'."[88] Rusch blieb insgesamt zwei Jahre in Hohenems und engagierte sich während dieser Zeit auch in der örtlichen Pfadfindergruppe. Für sie führte er auf deren Sommerlager im August 1936, gegen den anfänglichen Widerstand des Hohenemser Pfarrers, auch Exerzitien durch, was damals ein ausgesprochenes Novum bedeutete, zumal religiöse Übungen dieser Art zuvor nur in einem entsprechenden kirchlichen Rahmen abgehalten wurden.[89] Wenige Wochen später wurde Kaplan Rusch mit 1. Oktober 1936 ein neues Aufgabengebiet in Innsbruck zugeteilt.

War die Ausbildung des Priesternachwuchses nach der Errichtung der Apostolischen Administratur Innsbruck-Feldkirch im Priesterseminar der alten Bischofstadt Brixen in Südtirol erfolgt, wurde 1934 wegen des dortigen Platzmangels ein eigenes „Teilpriesterseminar"[90] für die Studenten des vierten und fünften Kurses in Innsbruck geschaffen, wo sie fortan die erforderlichen Lehrveranstaltungen an der Theologischen Fakultät in Innsbruck[91] besuchten. Untergebracht waren sie im Männerheim (Ledigenheim) in der Gutenbergstraße 16, dem der Dekan von Flaurling, Franz Schwarz, seit 1. Oktober 1934 als Regens vorstand.[92] Sein Nachfolger wurde zwei Jahre später Paul Rusch, womit Sigmund Waitz, seit 1925 Apostolischer Administrator von Innsbruck Feldkirch und von 1934 an auch Erzbischof von Salzburg, „ungeheuren Wagemut" bewies und „überragende[s] Vertrauen"[93] in den neuen Leiter des theologischen Internats setzte, der drei Jahre zuvor selbst erst zum Priester geweiht worden war.

Bei den Theologiestudenten war Rusch sehr beliebt, ebenso wie bei den Jugendlichen, die in den diversen katholischen Vereinen organisiert waren. Denn mit seiner Bestellung zum Regens wurde er auch Generalpräses der Tiroler Konkordatsjugend und Jugendreferent der Katholischen Aktion.[94] Waitz ernannte ihn außerdem zum Jugendkaplan und als solcher engagierte er sich wiederum vor allem in der Pfadfinderbewegung, der er als „Gönner" galt, „der nicht nur ,guten Willen' hat, sondern auch Taten zu setzen" wußte.[95] Er feierte gemeinsam mit ihnen Gottesdienste, hielt eindrucksvolle, zündende Reden, organisierte Zeltlager und leitete Führerschulungen, die großen Anklang fanden, wie das Logbuch einer Innsbrucker Pfadfindergruppe zu berichten weiß: „So etwas haben wir noch nicht erlebt. Der Sonntag war eigentlich viel zu kurz. Man hat da wirklich etwas gesehen und erlebt."[96] So ist es nicht verwunderlich, daß Ende 1936 Rusch von den Pfadfindern auch zu ihrem Landeskommissär/Landesfeldmeister gewählt wurde.

Paul Rusch als Landeskommissär/Landesfeldmeister bei der St. Georgsfeier der Tiroler Pfadfinder am 25. April 1937 auf der Ulfiswiese in Innsbruck.
[Privatbesitz: Bernhard Linhofer, Völs]

Doch seine Funktionen in der Jugendarbeit konnte Rusch nicht allzu lange ausüben, zumal im Mai 1938 die katholischen Jugendvereine und Pfadfinder sowie alle nicht rein religiösen katholischen Jugendgruppen aufgelöst wurden. Fortan erfolgte die katholische Jugendbetreuung nur mehr „in den zugelassenen Kongregationen und der Pfarrjugend, um die sich die Kirche durch verstärkte Seelsorgetätigkeit wie Jugendgottesdienste, Christenlehre, Exerzitien oder Einkehrtage kümmerte".[97] Auf diesen Gebieten entfaltete Rusch großes Engagement, wodurch er bei Jugendlichen im ganzen Land großen Anklang fand und sich hohe Sympathiewerte erwarb.

Dieses Kapital konnte er sich später in seiner neuen Position ebenfalls erhalten und sogar noch vergrößern, auch wenn er die Jugendbetreuung in vielerlei Hinsicht nicht mehr direkt an der Basis und unmittelbar ausüben konnte. Im Oktober 1938 wurde publik, daß Paul Rusch für neue und noch größere Aufgaben vorgesehen war.

Bischof in der Apostolischen Administratur – Kaplan im Gau Tirol-Vorarlberg

Als Erzbischof Waitz in seiner Funktion als Apostolischer Administrator für Innsbruck-Feldkirch 1935 noch einmal bestätigt wurde, geschah dies im Hinblick auf die vermeintlich noch kurze Zeit bis zur Errichtung einer selbständigen Diözese mit einem eigenem Diözesanbischof, wie sie im Österreichischen Konkordat vom 5. Juni 1933 vorgesehen war. Mit dem „Anschluß" vom Frühjahr 1938 rückten solche Hoffnungen jedoch in weite Ferne, zumal die nationalsozialistische Regierung das Konkordat nicht anerkannte und auch keineswegs gewillt war, das Erbe des „Ständestaates" in jener Hinsicht anzutreten.

Kardinal Theodor Innitzer inmitten von Repräsentanten des Österreichischen Ständestaates.
[Postkarte; Privatbesitz]

Ungeachtet dessen hatte sich aber auch gezeigt, daß sich die Leitung der Administratur in Innsbruck von Salzburg aus immer schwieriger gestaltete, weshalb Waitz im Mai 1938 den Bitten aus Tirol nachkam und beim päpstlichen Nuntius in Berlin um eine Regelung ansuchte, und zwar in der Art, „daß in Innsbruck ein Weihbischof bestimmt wird mit den Rechten eines Administrators".[98] Kandidaten dafür gab es einige, wie etwa den nachmaligen Provikar Dr. Carl Lampert, „den Waitz gerne als Nachfolger gesehen hätte", oder Propst Dr. Josef Weingartner, den der Tiroler Gauleiter Franz Hofer wegen seiner „etwas liberaleren Einstellung"[99] favorisierte. Ob Waitz in Rom einen Dreier-Vorschlag für die Ernennung eines neuen Apostolischen Administrators erstattete, läßt sich nicht erhärten und schon gar nicht, welche

Namen darin genannt wurden. Mit Sicherheit gehörte jedoch der Regens des Innsbrucker Diözesan-Seminars nicht zu den Favoriten. Vollkommen unerwartet kam deshalb im Oktober 1938 die Nachricht, daß sich Rom für Paul Rusch entschieden hatte, der mit seinen damals 35 Jahren der jüngste Bischof der katholischen Welt werden sollte. „Diese Ernennung kam für Waitz völig überraschend."[100]

Sigmund Waitz, Erzbischof von Salzburg und Apostolischer Administrator von Innsbruck-Feldkirch. 1936 bei einem Besuch im bischöflichen Gymnasium Paulinum in Schwaz.
[Archiv des Bischöflichen Gymnasiums Paulinum, Schwaz]

In Innsbruck wurde dieses „Resultat [...], so überraschend es war, fast allgemein mit großer Freude aufgenommen, denn man fühlte, daß nur eine junge, noch ungebrochene Kraft und ein optimistischer Mut der Sache gewachsen waren. Ganz besonders waren die jüngsten Herrn, die Dr. Rusch noch als Regens gehabt, für ihn Feuer und Flamme, und mit ihm auch die Laienjugend – ganz sicher eine sehr wichtige und ausschlaggebende Tatsache. Weniger allgemein wurde der Modus der Ernennung, das Spiel hinter den Kulissen gutgeheißen. Denn es war ein offenes Geheimnis, und wird auch von ihnen selbst nicht verborgen, daß das ganze von den Jesuiten gemacht worden war, die sich, von anderen Erwägungen abgesehen, von Dr. Rusch vor allem wirksamen Schutz für das bedrohte Canisianum erhofften."[101]

Wenn auch die Gründe für die Entscheidung des Vatikans nach wie vor im Dunkeln liegen, führen die Erklärungen für Ruschs Ernennung zum Administrator doch immer wieder zu den Jesuiten. Trägt man die Notizen zusammen, aus denen dazu etwas zu entnehmen ist, fällt recht häufig der Name P. Dr. Robert Leiber SJ.[102] So etwa auch in einem Interview mit Propst Dr. Heinz Huber, der erzählte, daß Paul Rusch gegen Ende seiner Studienzeit Pedell, also Studentensprecher, im Konvikt gewesen sei und als solcher die Thomaspredigt zu halten gehabt hätte.[103] „Die Theologen haben, um das Predigen zu lernen sowohl in Rom, wie auch im Canisianum, wie in den meisten Priesterseminaren, beim Mittagessen ihre Probepredigten gehalten."

Als er, Propst Huber, im Oktober 1931 ins Canisianum gekommen sei,[104] „war Paul Rusch noch in aller Munde wegen seiner Thomaspredigt. Er hat am 7. März, dem Fest des Thomas von Aquin, ex offo als Pedell über den hl. Thomas gepredigt und das soll eine so fulminante Predigt gewesen sein, die jedenfalls schicksalswendend war. Auf das hin sind die Berichte nach Rom gekommen: ‚Da wächst ein Supertalent heran, den müßt ihr im Auge behalten!' Und so ist es dann auch geschehen, daß die graue Eminenz von Pius XII.,[105] Pater Leiber, ihn zum Bischof gemacht hat, ohne daß der Sigismund Waitz es gewußt hat, ohne daß es der Weingartner gewußt hat, ohne daß es der Draxl gewußt hat und da war hier eine Befremdung, ohne daß der Tschann es gewußt hat, wieso da gegen alle Vorschläge [...]" Rusch zum Apostolischen Administrator ernannt wurde.

Eine etwas andere Begründung[106] lieferte Msgr. Bernhard Praxmarer, der vom damaligen Regens Rusch nach Rom geschickt worden sei, um die Verlautbarung des „Hirtenbriefes"[107] der Österreichischen Bischöfe zu verhindern. „Das ist ja übrigens", so Praxmarer, „der Grund, daß der Bischof so früh Bischof geworden ist. Er hat damals jemanden[108] hinuntergeschickt nach Rom zu Pater Leiber", von dem Rusch – wie der Bischof später selbst sagte – „die gute Bekanntschaft"[109] hatte. P. Leiber „war der Beichtvater dann des späteren Pius XII. und hat die Verbindung mit dem Papst hergestellt und von dort aus hätte sollen der Hirtenbrief unterbunden werden, die Verlesung des Hirtenbriefes. Und da ist man damals aufmerksam geworden auf den Bischof – damals war er ja noch nicht Bischof – und ich glaube, daß das wesentlich mit beigetragen hat, daß er dann Bischof geworden ist." Der Kontakt mit P. Leiber habe gut funktioniert und sie hätten „sofort einen Zugang" zu ihm gehabt, „ganz ohne Schwierigkeiten". Allerdings sei die Zeit ein wenig knapp gewesen und „bis von Rom der Befehl gekommen ist, den [„Hirtenbrief" – H.A.] nicht zu verlesen, war es zu spät". Die Initiative dazu sei aber vom damaligen Regens Rusch ausgegangen oder wie Praxmarer sagte: „Da war der Paulus dahinter!" – Davon schrieb Rusch in seinen Erinnerungen „Waage der Zeit", wo er ansonsten mit seiner Haltung gegen den Nationalsozialismus nicht hinter dem Berg hielt, allerdings keine einzige Zeile!

Bischof Rusch mit Dekan Bernhard Praxmarer (Ende der 1970er/Anfang der 1980er Jahre).
[Erinnerungsalbum, ABSZ]

Der Vollständigkeit halber sollen aber auch noch andere Bemerkungen zur Bestellung Ruschs angeführt werden, die zwar nicht verifiziert werden können, aber durchaus einen realen bzw. plausiblen Hintergrund besitzen. So sei Rusch als junger Seminarregens dem römischen Kardinalstaatssekretär Eugenio Pacelli, dem nachmaligen Papst Pius XII., aufgefallen, vor allem weil er Latein ebenso fließend wie Deutsch sprach und darüber hinaus einer der „bestbeschriebenen Alumnen des von P. Hofmann SJ zu Weltruhm gebrachten Canisianums an der Leopold-Franzens-Universität"[110] gewesen sei. Nachdem Papst Pius XI. den Standpunkt vertreten habe, daß Bischöfe bei ihrer Ernennung nicht älter als fünfzig Jahre alt sein sollten, griff er bei der Besetzung der Apostolischen Administratur auf den Kandidaten Pacellis zurück.

Ob die Aufmerksamkeit Pacellis vom Innsbrucker Canisianum aus direkt oder über P. Leiber auf Rusch gelenkt worden ist oder ob der nachmalige Papst Pius XII. sich auf eigene Erfahrungen stützen konnte, bleibt dahingestellt. Auf jeden Fall kam Pacelli in den Sommermonaten häufig ins Institut „Stella Maris" nach Rorschach und besuchte von hier aus auch öfters Bregenz und verschiedene Klöster, wie Mehrerau oder Riedenburg. Im Herbst 1934 kam er nachweislich auch ins Gallusstift,[111] wo Paul als Realschüler und Bankangestellter regelmäßig die Kirche aufgesucht hat und er später bei seinen Besuchen in Bregenz auch immer weilte.[112] – Eine persönliche Begegnung der beiden vor dem Herbst 1938 lag also durchaus im Bereich des Möglichen, etwa auch in Rom, wo Paul anläßlich einer Sonderaudienz im Frühjahr 1938 die Gelegenheit hatte, Papst Pius XI. und zweifellos auch dessen Kardinalstaatssekretär Pacelli zu sehen.[113] – Weitere Hinweise, die solche Vermutungen erhärten könnten, fehlen allerdings in der Erinnerungsliteratur des Bischofs.

Es kann wohl als gesichert gelten, daß die Jesuiten bei der Ernennung Ruschs eine aktive Rolle gespielt haben, und offenbar setzten sie auch später noch große Hoffnungen in den jungen Bischof. So wußte ein Lagebericht des Reichssicherheitshauptamtes in Berlin Ende 1939 zu melden, daß die Jesuiten in den vorangegangenen Wochen und Monaten eine „planmässige Stimmungsbeeinflussung des kath. Klerus der Ostmark erfolgreich betrieben"[114] hätten, und zwar dahingehend, daß der „alte Kardinal Innitzer [...] als Vertreter des österr. Gesamtepiskopates ausgebotet werden [soll]. Von den Jesuiten in den Vordergrund gestellt wird der neue, erst 35 Jahre alte Tiroler Bischof Dr. Rusch, der Jesuitenzögling ist und mit starker Aktivität, überlegener und gewandter Taktik sich als ausgesprochener Gegner des Nationalsozialismus benimmt. Die Jesuiten streben weiter an," fährt der Bericht fort, „den Metropolitanbischof von Salzburg, Waitz, in Pension zu bringen, um Rusch nach Salzburg zu versetzen. Auf alle Fälle handelt es sich bei dieser Planung um die Absicht, den kirchlichen Kurs der Ostmark gegenüber dem Staat zu verschärfen."

Dieser kleine zeitliche Vorgriff zeigt, daß der Einfluß der Jesuiten auf die kirchlichen Belange auch von den Nationalsozialisten sehr hoch eingeschätzt und Bischof Rusch dabei eine wichtige Rolle im Kalkül der Gesellschaft Jesu zugeschrieben wurde, um deren Position im Kirchenkampf zu stärken. Und ein weiterer Blick in die Zukunft rückt P. Leiber noch einmal in den Mittelpunkt. Als Papst Pius XII. in den ersten Nachkriegsjahren daran dachte, Rusch wegen dessen Krankheit zum Rücktritt zu bewegen, sei ein solcher Schritt nur durch die „energische Intervention von P. Leiber aus dem Jesuitenorden"[115] verhindert worden.

Rusch selbst hinterließ zur Rolle der Jesuiten bei seiner Bischofsernennung keine einzige Zeile. In einigen Interviews gab er zwar Antworten auf die Frage, wieso er so schnell Bischof geworden sei, doch erwähnte er in diesem Zusammenhang einen wie auch immer gearteten Einfluß der Jesuiten mit keinem Wort. Von seiner Ernennung habe er im Spätherbst 1938 erfahren. „Ich wurde nach Linz zum Nuntius Orsenigo gerufen, der" – so Bischof Rusch – „mir diese Sache übergeben hat mit der Weisung von Pius XI. – von dem ich noch ernannt bin – auch dieses Amt anzunehmen in dieser Zeit, weil man einen jüngeren Mann brauche".[116] Ein solcher sei deshalb notwendig gewesen, „weil man sich sagte, es kommen sehr harte und schwere Zeiten über Österreich, das von dem Deutschen Reich eingegliedert ist, es wird also einen Kirchenkampf geben, und man brauchte also einen jungen Mann, der all diese Situationen bestehen kann und bei diesem Kampf nicht nach wenigen Jahren unterliegt. So fiel die Wahl auf mich, weil ich das doppelte Doktorat hatte und nach kirchlichen Begriffen Doktorate eine Werterhöhung bedeuten."[117] Neben seiner Jugendlichkeit habe „zugleich eine gute Bildung", die er „gemäß seiner vorgelegten Zeugnisse usw. aufweisen"[118] konnte, den Ausschlag dafür gegeben, daß die Wahl zum Bischof auf ihn fiel und ihm neben seiner pastoralen Aufgabe auch – so die Interpretation Ruschs – eine bedeutende politische Rolle im Kampf gegen den Nationalsozialismus zugewiesen wurde. „Ja, und dann wurde natürlich sofort erklärt, ja dieser sogenannte Bischof Rusch wird von der deutschen Reichsregierung nicht anerkannt und ebensowenig natürlich von Gauleiter Hofer. Deswegen hatte ich auch nie Gelegenheit, ihn überhaupt persönlich zu treffen. Mir wurde also von Zwischenmännern mitgeteilt: ‚Er ist für Sie nicht zu sprechen.' Und ich habe infolgedessen auch nie darum angesucht, daß ich ihn sprechen könnte."[119]

Tatsächlich bestand während der NS-Zeit kein Kontakt zwischen dem höchsten weltlichen Herrscher im Gau Tirol-Vorarlberg und dem obersten Repräsentanten der katholischen Kirche in der Apostolischen Administratur Innsbruck-Feldkirch. Dies hing mit der Ernennung Ruschs zum Titularbischof von Lykopolis in der Thebais[120] und zum Apostolischen Administrator von Innsbruck-Feldkirch mit allen Rechten, Vollmachten und Funktionen eines Residentialbischofs zusammen, die das Dekret der Hl. Konsistorial-Kongregation vom 15. Oktober 1938 verfügte. Damit wurde Rusch faktisch jedem Diözesanbischof in der katholischen Welt gleichgestellt,[121] obgleich er – weil Innsbruck-Feldkirch keine eigene Diözese war – formalrechtlich „nur" Apostolischer Administrator war. Doch damit nicht genug!

Nach der Volksabstimmung über den „Anschluß" hatten die NSDAP in Tirol und Vorarlberg ihre Gegnerschaft zur katholischen Kirche und insbesondere Gauleiter Hofer seine extrem kirchenfeindliche und kompromißlose Haltung[122] durch zahlreiche Maßnahmen mehrfach offen zum Ausdruck gebracht. Die Kirche ihrerseits stand in einer klaren Gegnerschaft zum weitgehend unchristlichen Gedankengut und totalitären Machtanspruch des Nationalsozialismus, versuchte jedoch durch partielle Anpassung und mancherlei Kompromisse ihre Identität sowie im besonderen ihre Freiräume in der Seelsorge, der religiösen Erziehung und in sozialen Bereichen zu erhalten. Auf diesen Ebenen wehte ihr in Tirol und Vorarlberg jedoch ein besonders heftiger Wind von der Gauleitung entgegen, zumal große Teile der kirchlichen Agenden an diese Behörde übertragen worden waren. Die Machtanhäufung in den Händen des prononciert kirchen- und dialogfeindlichen Tiroler Gauleiters bekamen einzelne Geistliche, katholische Vereine, Ordensgemeinschaften und kirchliche Institutionen deutlich zu spüren.[123]

Im Herbst 1938 erfolgte die Ernennung Ruschs ohne vorherige Fühlungnahme und Abstimmung mit staatlichen Stellen, wodurch sich Gauleiter Hofer, der „generell sehr empfindlich auf die Beeinträchtigung seiner Kompetenzen reagierte,"[124] vollkommen übergangen fühlte. „Der Hofer war", so die Einschätzung von Msgr. Praxmarer, „einfach persönlich in seiner Eitelkeit getroffen, daß man ihn nicht fragt, wer Bischof wird. […] Er hätte sich als Gauleiter nun doch erwartet, daß man fragt, so wie man früher den Landeshauptmann gefragt hat."[125]

Gauleiter und Reichsstatthalter Franz Hofer, um 1944. [Privatbesitz]

Der Standpunkt der Kirche dazu war jedoch eindeutig und lautete, daß das deutsche wie österreichische Konkordat „bei der Bestellung eines Administrators eine Vormeldung an die Regierung nicht"[126] vorsehe, weshalb die Ernennung Ruschs in korrekter Weise erfolgte und von Nuntius Orsenigo mit Datum vom 11. November 1938 auch ganz offiziell dem Auswärtigen Amt in Berlin zur Kenntnis gebracht worden sei.[127] Dessen ungeachtet ignorierte die NS-Führung den neuen Bischof, strich sein Gehalt sowie das seines Provikars und zwei weiterer Sekretäre der Apostolischen Administratur,[128] schickte seine Eingaben an den „Kaplan von St. Jakob" zurück,[129] der im übrigen „natürlich geschnitten worden" ist, was ihm – wie Rusch später einbekannte – „recht weh getan hat".[130]

Die Mißachtung des Bischofs durch die staatlichen Behörden war eine unmittelbar nach dessen Ernennung praktizierte, späterhin von oben angeordnete Maßnahme, die Gauleiter Hofer am 10. Januar 1939 schriftlich allen seinen nachgeordneten Dienststellen im Lande zur Beachtung bekannt gab. In diesem Erlaß des Ministeriums für innere und kulturelle Angelegenheiten in Wien vom 24. Dezember 1938 wurde festgehalten, daß die Bestellung des bisherigen Seminarregens Dr. Paul Rusch zum Apostolischen Administrator „für den österreichischen Anteil der Diözese Brixen […] für den staatlichen Bereich als nicht vollzogen"[131] gelte. Daher haben alle Behörden und Dienststellen zu beachten, „daß ein dienstlicher Verkehr mit Dr. Rusch nicht stattzufinden" habe, sondern weiterhin mit dem Erzbischof von Salzburg gepflogen werden sollte. Der „persönliche Verkehr in dienstlichen Angelegenheiten" könne mit den Provikaren oder den Organen der Apostolischen Administratur ohne Bedenken aufrecht erhalten werden.

Mit dieser Verfügung wurde die Handlungskompetenz sowie das Aktionsfeld des Bischofs von seiten des Staates auf den innerkirchlichen Bereich beschränkt, d.h., daß ihm die staatliche Anerkennung versagt blieb und ihm den staatlichen Behörden gegenüber keine Parteienstellung eingeräumt wurde. Rusch hatte bereits am 15. Dezember 1938 Msgr. Dr. Carl Lampert, den er einen Monat später zu seinem Provikar für den Tiroler Teil der Apostolischen Administratur ernannte, in einem formlosen Schreiben die Vollmacht erteilt, seine „Angelegenheiten zu vertreten".[132] – Für den Gauleiter war und blieb der neue Bischof „sozusagen Luft, er wurde nicht zur Kenntnis genommen, konnte folglich auch nicht verhandeln".[133]

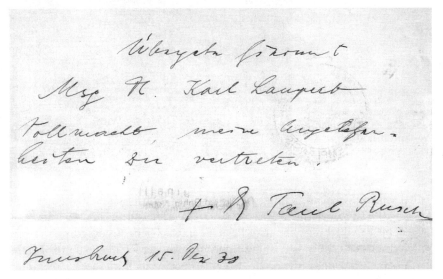

Formlose Vollmacht Ruschs für Provikar Lampert vom 15.12.1938
[DAI, NS-Akten, Mappe 6/5]

Innerhalb der Kirche war Ruschs Autorität jedoch mit den höchsten Weihen versehen, die ihm Erzbischof Waitz am 30. November 1938 in der Propsteipfarrkirche St. Jakob in Innsbruck, assistiert von den Weihbischöfen Franz Tschann und Andreas Rohracher als Konsekratoren erteilte.[134] Überflüssig zu erwähnen, daß offizielle Vertreter von Staat und Regierung ihre Ablehnung des Innsbrucker Oberhirten durch Abwesenheit bei den Feierlichkeiten zum Ausdruck brachten,[135] und die Nationalsozialisten dürften auch mit dem Leitspruch des neuen Bischofs – „Christo Regi vita nostra" – in keiner Weise einverstanden gewesen sein. Er könnte für sie sogar eine gewisse Provokation bedeutet haben, diente doch die bekannte Christ-König-Metapher „häufig als Ansatzpunkt: Der wahre Herrscher der Welt ist nicht Hitler, sondern Christus!"[136] Außerdem stand des Bischofs Motto in einem krassen Gegensatz zu Formel und Aussage des sogenannten Führereids.[137]

Bei der Weihe zum Bischof,
30.11.1938; im Hintergrund:
Provikar Urban Draxl.
[Erinnerungsalbum, ABSZ]

Bei seinem Kirchenvolk hingegen fand Ruschs Inthronisation damals großen Anklang.[138] Davon berichtete Msgr. Praxmarer im Rückblick: „Ich weiß nur, daß damals bei der Bischofsweihe natürlich eine unglaubliche Begeisterung war von Seiten der Jugend. Er ist ja sehr gut aufgenommen worden und auch von Seiten der Alten. Auch der alte Klerus hat ihn damals noch – muß ich sagen – ganz anerkannt, weil man froh war um einen mutigen Mann."[139] Ganz in diesem Sinne sah auch Rusch seinen Amtsantritt: „So wurde ich als junger Bischof hier angestellt und trat dann auch gleich die entsprechende Gegnerschaft des Gauleiters und der Geheimen Staatspolizei an, zu der ich wiederholt gerufen worden bin. Nicht zum Gauleiter, denn dieser hat mich überhaupt nicht akzeptiert."[140] Allerdings zeigte sich sehr bald, daß das Verhältnis von „Nicht-Akzeptanz" und „Gegnerschaft" zwischen Gauleiter und Bischof von antikirchlichen Maßnahmen begleitet wurde, welche die Priester bei der Ausübung der Seelsorge und an der Wahrnehmung ihrer religiösen Erziehungsaufgaben massiv behinderte. Dafür wurden jedoch nicht alleine die Nationalsozialisten verantwortlich gemacht, sondern auch Bischof Rusch, der sich mit seiner unnachgiebigen Haltung auch innerhalb des Klerus nicht nur Freunde schuf. Vor allem bei älteren Priestern fand die Amtsführung des jungen Bischofs bisweilen wenig Verständnis.[141] So hat er „dann allmählich seine Schwierigkeiten bekommen, beim älteren Klerus, weil man ihn … Es war schon so, daß des Bischofs wegen bei uns die Verhaftungswelle stark durchgeführt worden ist. […] Man kann nicht sagen, daß es nur auf das zurückgeht, vielleicht hätten sie in Tirol immer schärfer durchgegriffen. Aber jedenfalls haben sie es in dieser Art – propagandistisch in dieser Art – immer gedreht. Daß sie gesagt haben, das ist die Folge, weil der Bischof so stur ist usw. Die Verhaftungswelle war auch schon sehr groß."[142]

Rusch selbst blieb jedoch weitgehend unbehelligt, auch wenn „er auf Schritt und Tritt verfolgt und beobachtet wurde," so daß er oft nur „in Verkleidung und mit dem Fahrrad zu kirchlichen Veranstaltungen"[143] kommen konnte. Einem Journalisten gegenüber konnte er in späteren Jahren auf die Frage, ob er „von der NS-Zeit persönlich verschont geblieben" sei, „nur mit gewissen Einschränkungen mit einem Ja beantworten. Ich", so der Innsbrucker Bischof weiter, „wurde selbstverständlich, so wie viele meiner Mitbrüder, von der NS-Regierung bedrängt. Man hat mir zunächst einmal meine Wohnung genommen, dann nahm man mir das Auto und den Fahrer, und es war das Prinzip, mich persönlich möglichst zu bedrängen, mir meine persönliche Umgebung zu nehmen, durch Verhaftungen und dergleichen, mein eigener Generalvikar[144] ist wiederholt verhaftet worden, und schließlich wurde er in Halle an der Saale enthauptet. Man hat mir wiederholt gesagt, daß dies alles Absicht sei, weil man mich kaltstellen wolle. Ich habe alles einigermaßen überwunden, bis die Zeit wieder besser wurde."[145]

Nach der Bischofsweihe mit Weihbischof Franz Tschann (1872-1956), Erzbischof Sigmund Waitz und Weihbischof Andreas Rohracher.
[Erinnerungsalbum, ABSZ]

Bis die Zeiten aber besser wurden, nahmen die Schikanen der NS-Herrschaft gegen die katholische Kirche erst noch zu und die unerbittliche Vorgangsweise gegen einzelne Geistliche forderte bald auch erste Opfer. Dahinter steckte Methode und Absicht, „weil man" – wie Rusch richtig erkannte – „mich kaltstellen wolle".[146] Zu nennen ist hier etwa Pfarrer Otto Neururer, der einer jungen Frau seiner Pfarrgemeinde davon abgeraten hatte, einen geschiedenen und aus der Kirche ausgetretenen Nationalsozialisten zu heiraten. Wegen „Verhinderung einer deutschen Ehe"[147] wurde Neururer wenige Tage nach Beginn des Episkopats von Paul Rusch angezeigt, am 15. Dezember 1938 verhaftet, ins Innsbrucker Gefängnis gebracht, späterhin in die Konzentrationslager Dachau und nach Buchenwald verlegt, wo er an grausamer Folterung am 30. Mai 1940 verstorben ist.[148] Dazu Bischof Rusch:[149] „Wir haben dann eine Trauerfeier angesetzt, die Provikar Lampert hielt und haben auf die Todesanzeige den Satz gesetzt: ‚Sein einsames Sterben werden wir nicht vergessen.'

Sonst gar nichts, aber das war zuviel. Provikar Lampert wurde dann gleich – das war der erste Grund seiner Verhaftung –, also zwei Wochen in Haft genommen und dann wieder frei gelassen und zum Gauleiter zitiert, der ihm scharf sagte: ‚So etwas werden Sie nicht mehr machen, solche Sätze vertragen wir nicht.' Ich selber wurde natürlich auch zitiert. Es wurde mir damals gesagt, eigentlich wollten sie mich in Innsbruck längst schon verhaften." Die Drohung einer Verhaftung stand auch späterhin immer im Raum, wobei der Bischof, wie er selbst bemerkte, einmal nur knapp den Fängen der Gestapo entkommen sei. Der Hintergrund war ein Dossier über die nationalsozialistischen Übergriffe gegen die Kirche in Tirol, die Rusch im Auftrag des päpstlichen Nuntius in Berlin mit Provikar Lampert, Kanzler Kassian Lechleitner und Seelsorgeamtsleiter Michael Weiskopf am 2. März 1940 verfaßte.[150] Sie diente dem Vatikan als Grundlage für eine Radiosendung über die kirchlichen Verhältnisse in Tirol. Während Rusch diese Denkschrift persönlich in die deutsche Reichshauptstadt brachte und dort Nuntius Orsenigo überreichte,[151] wurden die Wohnung des Bischofs wie auch die Räume der Apostolischen Administratur durchsucht. Als Rusch mit dem Zug nach Innsbruck zurückfuhr, wurde er – nach eigenen Angaben – in Wörgl von Dr. Weiser mit den Worten „„Bitte raus, sofort! [...] Sie schnappen Dich""[152] aus dem Zug geholt. Er machte kehrt, fuhr nochmals zu Nuntius Orsenigo nach Berlin und nahm sodann nicht mehr den Rückweg durch das Inntal, sondern über Mittenwald nach Innsbruck, wo er am Höttinger Bahnhof – der „Hauptbahnhof wurde auch schon sehr bewacht gegen mich" – ausstieg und von einem Geistlichen nach Hause begleitet wurde. Am nächsten Morgen ging er dann „gelassen zur Gestapo", wo er mit dem Vorwurf des Landesverrats konfrontiert wurde, den Rusch jedoch mit Hinweis auf den Auftrag des Nuntius und mit dem Gebot der kirchlichen Pflichterfüllung zurückwies. Letztlich wurde der Bischof „ungnädig zwar – aber doch entlassen", obwohl „die meisten [...] schon gemeint [haben,] ich werde verhaftet, aber sie hatten keine Genehmigung von Berlin". Stattdessen wurden einige Tage nach der erwähnten Radiosendung jedoch Lampert, Lechleitner und Weiskopf in Haft genommen, nach kurzer Zeit allerdings ebenfalls wieder auf freien Fuß gesetzt.[153]

Während Rusch selber aus Staatsräson oder um ihn nicht „in den Augen der Gläubigen zum Märtyrer werden zu lassen,"[154] nicht verhaftet und der Versuch einer „Amtsentsetzung"[155] durch die Nazis offenbar wegen des Einsatzes von Nuntius Orsenigo für den Bischof nicht weiter verfolgt wurde, bekam an seiner Stelle Provikar Dr. Carl Lampert wegen seines mutigen Auftretens gegenüber der Gauleitung die nationalsozialistische Willkür bis zur bitteren Neige zu spüren.

Carl Lampert

Als jüngstes von sieben Kindern der Bauersleute Franz Xaver Lampert (1854-1910) und Rosina Amann (1853-1921) wurde Carl Augustin Lampert am 9. Januar 1894 in Göfis-Unterdorf geboren. Nach dem Besuch der Volksschule (1900-1906) und dem Staatsgymnasium in Feldkirch (1906-1914) trat er in das Priesterseminar in Brixen ein. 1918 zum Priester geweiht, wurde er Kaplan in Dornbirn, ging 1930 zum Studium nach Rom, das er 1935 mit dem Erwerb des Dr. iur. can. abschloß. Danach Aufbau und Leitung des kirchlichen Gerichts der Apostolischen Administratur Innsbruck-Feldkirch, von 1936 bis 1938 auch Präsident der Verlagsanstalt Tyrolia. Am 15. Januar 1939 wurde er zum Bischof Rusch zum Provikar für den Tiroler Anteil der Apostolischen Administratur Innsbruck-Feldkirch ernannt. Seit März 1940 mehrfach von der Gestapo festgenommen, erhielt er nach KZ-Aufenthalten in Dachau und Sachsenhausen-Oranienburg im August 1941 Gauverweis, worauf Lampert die Ostseestadt Stettin als neuen Aufenthaltsort wählte. Anfang

Provikar Dr. Carl Lampert um 1941
[P. Gaudentius Walser OFMCap, Innsbruck]

Februar 1943 wurde er neuerlich verhaftet, am 8. September 1944 wegen „Hochverrat, Spionage, Wehrkraftzersetzung, Feindbegünstigung und Verstoß gegen das Rundfunkgesetz" zum Tode verurteilt und am 13. November 1944 in Halle hingerichtet.[156] Er war der ranghöchste deutschsprachige Geistliche unter den Opfern der Nationalsozialisten, die jedoch, „wie der stellvertretende Gauleiter von Tirol einmal offen bekannte, in ihm den andern (den H. Bischof) treffen [wollten], an den selbst man nicht herankönne, solange noch der Befehl des Führers in Kraft sei, daß die Bischöfe nur auf seine besondere Anordnung ‚gepackt' werden dürften".[157] Lampert hat also „stellvertretend für Bischof Paulus"[158] sein Leben lassen müssen.

Vier Jahre nach seinem Tod wurden die sterblichen Überreste Lamperts im Rahmen eines feierlichen, von Bischof Rusch zelebrierten Pontifikalrequiems in Göfis am 13. November 1948 beigesetzt. – Die Predigt bei diesem Trauergottesdienst hielt jedoch der Pfarrer von Göfis! 1998 wurde durch den damaligen Vorarlberger Bischof Klaus Küng der Seligsprechungsprozeß für Carl Lampert eingeleitet.

Zeitweilige und längerfristige Verhaftungen von Geistlichen aus der Administratur standen bis Kriegsende mehr oder weniger auf der Tagesordnung; permanente Schwierigkeiten und Nachteile für die Kirche ergaben sich aus den materiellen Verlusten durch Zwangsverkäufe, Enteignungen oder Plünderungen von Kirchengut, den Einschränkungen kirchlicher Arbeit, vor allem auf dem Gebiet der religiösen Erziehung und Bildung, der Beschränkung des katholischen Ritus und religiösen Brauchtums, der Begrenzung seelsorglicher Tätigkeitsgebiete sowie durch alltägliche große und kleine Schikanen, mit denen Priestern und Ordensangehörigen das Leben schwer gemacht wurde. Der „Kampf gegen das Christentum und die Kirche im allgemeinen" zeigte nach Rusch seit 1941 zwar „keine neuen Entwicklungsphasen", da durch die „verunglückte Kriegsführung" manche Einschränkungen „eine gewisse Erleichterung erfuhren". Doch wurde „nicht ein einziger einmal gegebener Befehl [...] zurückgezogen. Dieselbe antichristliche Bewegung setzte sich fort, obwohl in einer gemäßigteren Form".[159]

Nichtsdestotrotz hatte die Kirche weiterhin auf nahezu allen Ebenen unter der NS-Herrschaft zu leiden, wobei neben der kirchenfeindlichen Haltung des Gauleiters Hofer auch andere Gründe eine ausschlaggebende Rolle spielten. Dazu zählte das Faktum, daß es in dem zu fast einhundert Prozent katholischen Land Tirol keine anderen ideologischen Gegner gab, wie etwa Sozialisten oder Kommunisten. Auch die sogenannte „Judenfrage" spielte keine große Rolle, so daß die Nationalsozialisten „nur" mit der Kirche als einer nicht zu unterschätzenden Gegnerin konfrontiert waren.[160] „Auch wenn die Kirche die Gegnerschaft zum Nationalsozialismus nicht suchte und in ein teilweises Oppositionsverhältnis geradezu gedrängt wurde, war ein Konflikt zweier ideologischer Systeme, die jeweils einen absoluten Anspruch an die Menschen stellten, von vornherein logische Konsequenz."[161] Die Konflikte zwischen Nationalsozialismus und katholischer Kirche waren also vorprogrammiert und unausweichlich, ihre Vehemenz damit jedoch noch nicht erklärbar. Sie erweckte den Eindruck, daß man in Tirol „im Sturm nachholen wollte, was man im Altreich während der vorausgegangenen fünf Jahre Schritt für Schritt an Boden gewonnen hatte. Partei und Gestapo hatten nun schon eine gewisse Erfahrung im Kirchenkampf. Und dann war man auch schon im vollen Besitz der Macht, brauchte nicht mehr Rücksicht auf weite Kreise des Volkes, auf Papst usw. zu nehmen, war auch nicht gebunden durch irgendwelche Konkordatsfesseln."[162]

Daher verwundert es auch nicht, daß die Kirche in Tirol „von allen österreichischen Gauen wohl am schwersten unter dem Nationalsozialismus zu leiden hatte"[163] und die meisten der verhafteten Priester aus der Apostolischen Administratur Innsbruck-Feldkirch stammten.[164] Aus dem Gebiet des Bundeslandes Tirol befanden sich 119 von 570 Priestern, also rund jeder fünfte mindestens einmal in Haft während der NS-Zeit, womit „dieser Stand wohl die höchste ‚Kriminalitätsrate' in der gesamten Bevölkerung aufzuweisen haben [dürfte]. Nimmt man die Ordensleute dazu, so erreicht die Zahl der Verhafteten in diesem Zeitraum mehr als 200. Davon wurden 13 in Konzentrationslager eingeliefert, und elf Tiroler Geistliche sind in der Haft gestorben oder ermordet worden."[165]

Priesterweihe in Matrei a. Br. am Karsamstag, den 23. März 1940. Bischof Rusch bei der Weihe des Kapuzinerpaters Hieronymus (Alfred) Wurzer aus Höchst in Vorarlberg (gefallen am 31.8.1942). Links im Bild: Provikar Carl Lampert. [DAI, Fotoalbum Rusch]

Unabhängig von den individuellen persönlichen Haltungen einzelner Seelsorger, stellt sich jedoch die Frage nach einem Widerstand der Kirche als Institution. Zwar wurde sie geradezu in ein „teilweises Oppositionsverhältnis"[166] zum Nationalsozialismus und zu seinen Repräsentanten gedrängt, doch gab es zwischen diesen und der katholischen Kirche auch häufig Werte- und Interessenskonkordanzen,[167] die die Kirche auf manchen Gebieten und zu zahlreichen Unrechtsmaßnahmen schweigen oder die falschen Worte finden ließen. Erinnert sei in diesem Zusammenhang etwa an den Hirtenbrief des Österreichischen Episkopats zu „Kirche und Bolschewismus" vom 27. November 1941, in dem wenige Monate nach dem Überfall auf die Sowjetunion eine Rechtfertigung für einen Vernichtungskrieg aus christlich-religiöser Sicht gegeben wurde.[168]

Sehr ambivalent erscheint auch das Hirtenwort Bischof Ruschs, das er nach dem ersten Luftangriff auf Innsbruck[169] an das Kirchenvolk gerichtet hat. In einem gewissen Sinne könnte sich der Inhalt dieser, am 2. Jänner 1944 bei den Gottesdiensten verlesenen Predigt, auch auf die Kriegsführung des „Dritten Reiches" und die Greueltaten seiner Soldaten bezogen haben. Vor dem Hintergrund der gerade erfolgten und von vielen erlebten Bombardierung der Tiroler Landeshauptstadt dürften die Worte „der Abwehr und der Ablehnung gegenüber dieser Methode der Kriegsführung"[170] jedoch wohl eher als gegen die Alliierten gerichtet verstanden worden sein. Das gleiche ist auch für die Feststellung anzunehmen, wonach es „wieder wahr geworden [sei], was Paulus von den heidnischen Völkern sagte: ‚Sie sind ohne Mitleid, ohne Liebe'."[171] Wenn solche Worte zu einem Zeitpunkt von den Kanzeln der Tiroler Kirchen zu hören gewesen wären, als das Land noch von unmittelbaren Kriegseinwirkungen verschont war und die Angriffe gegen unschuldige Völker und wehrlose Zivilisten durch die deutsche Luftwaffe (oder auch von anderen Waffengattungen) bereits zum täglichen Handwerk des nationalsozialistischen Vernichtungskrieges gehörten, dann wäre die antifaschistische Stoßrichtung der Bischofworte wohl für jeden erkennbar gewesen. Im Januar 1944 waren sie es auf jeden Fall nicht und auch die Nazispitzel konnten eine Kritik offenbar ebenfalls nicht erkennen, „denn die Predigten wurden", so Bischof Rusch, „fast immer abgehört" und viele „Mitbrüder wurden wegen ihrer Predigten immer wieder zur Gestapo zitiert und auch verhaftet".[172] Von einer Verhaftung oder Vorladung des Innsbrucker Oberhirten nach jenem Hirtenwort ist jedoch nichts bekannt!

In diesem Zusammenhang wird man auch an Paul Rusch als obersten Repräsentanten der Kirche in Tirol und Vorarlberg die Frage stellen müssen, welche Position er gegenüber dem Nationalsozialismus eingenommen und welche Akzente er gegen den allumfassenden Herrschaftsanspruch und die Unrechtsmaßnahmen des Nazi-Regimes gesetzt hat.[173]

Dazu ist einmal die objektive Situation zu betrachten, in der sich Rusch befand: von den Nazi-Behörden ignoriert, war er für sie kein offizieller Adressat in dienstlichen Angelegenheiten und hatte somit keine „amtlichen" Instrumentarien, gegen deren Maßnahmen vorzugehen; dies mußten Provikar, Kanzler oder in Vorarlberg der dortige Generalvikar leisten. Was hätte Rusch aber daran gehindert, auf amtliche Anfragen an Kanzler, Provikar etc., als Apostolischer Administrator und Bischof in seinem eigenen Namen zu antworten und sich somit „amtlich" gegenüber der Tiroler NS-Verwaltung zu behaupten? In Berlin musste er sich offenbar nicht behaupten, denn dort war er anscheinend „amtlich" anerkannt, trotz des Erlasses aus dem Ministerium für innere und kulturelle Angelegenheiten in Wien, wonach mit Rusch kein dienstlicher Verkehr zu pflegen sei. Dennoch zeigten seine eigenen schriftlichen Eingaben wie seine persönlichen Vorsprachen in der Reichshauptstadt, auch wenn ihm persönlich zum Teil Recht gegeben wurde, bei weitem nicht den erwünschten Erfolg, zumal Gauleiter Hofer in Innsbruck trotz allem recht selbstherrlich und mit Rückendeckung hoher Parteidienststellen seine eigenen Vorstellungen durchsetzte.[174] Diese Rückendeckung Hofers reichte jedoch nicht für eine Verhaftung Ruschs, denn Berlin wollte keinen Bischofsmärtyer.[175] Das heißt jedoch – etwas überspitzt ausgedrückt – daß der „Kaplan Rusch" gewissermaßen unter dem „Schutz" der zentralen Reichsstellen stand, und zwar als Bischof, als der er amtlich eigentlich nicht anerkannt wurde! – In dieser Grauzone von Widersprüchen hätte Rusch seinen Handlungsspielraum möglicherweise stärker ausloten, seiner Position und Amtsautorität deutlicher Achtung verschaffen und seinen Aktionsradius durchaus erweitern können. Was oder wer hätte Rusch eigentlich daran hindern können, das Requiem für Neururer anstelle seines Provikars selbst zu feiern und somit als Bischof und Apostolischer Administrator nicht nur die aufrechte und tapfere Haltung seines Priesters zu ehren, sondern durch seine Präsenz den Nationalsozialisten wie auch der Öffentlichkeit klar und deutlich zu zeigen, wo und wie er in seiner Kirche und damit gleichzeitig in und zu einem Unrechtsstaat steht?

Begräbnisfeierlichkeiten für Pfarrer Otto Neururer in der Pfarrkirche von Götzens am 30. Juni 1940.
[Diözesangericht Innsbruck, Neururer-Akten, Ordner 7]

Auch innerhalb der Kirche hätte er größeren Einfluß nehmen können, etwa im Hinblick auf ein gemeinsames Vorgehen des deutschen und österreichischen Episkopats gegen die Willkürherrschaft des Nationalsozialismus. In diesem Zusammenhang scheint Rusch jedoch eher blockiert zu haben, wie die Gespräche im Vorfeld zur Verlesung eines gesamtdeutschen Hirtenbriefes im November 1941 zeigen. In dem beabsichtigten Schreiben zur allgemeinen Lage der katholischen Kirche sollten die „Versprechungen der Nationalsozialisten ihren Taten gegenübergestellt" und im „Stil einer großen Abrechnung [...] nicht nur die Rechte der Kirche, sondern die Rechte der Menschen schlechthin eingeklagt" werden.[176] Obgleich ein diesbezüglicher Entwurf von über 20 Ortsbischöfen bereits gebilligt worden war – darunter auch Bischof Rusch[177] – sprach sich der Vorsitzende der deutschen Bischofskonferenz, Kardinal Adolf Bertram, gegen den Hirtenbrief aus. Der Münchner Kardinal Michael Faulhaber war darüber bestürzt, hoffte jedoch, „daß der österreichische Episcopat, der bereits mit H.Br. einverstanden war, fest bleibe" und damit eine Entscheidung für den Hirtenbrief herbeiführen zu können. Er mußte „aber erleben, daß auf Veranlassung von Bischof Rusch auch dieser Episcopat seine Meinung ändert[e]", sich auf die Seite Kardinal Bertrams stellte und statt des Hirtenbriefes eine „Eingabe, womöglich gemeinsam mit den Protestanten – gemeinsam wenigstens zeitgleich –, an den Führer und an die Reichsregierung" befürwortete.[178] Darüber hinaus ließ der österreichische Episkopat wenig später den ‚antikommunistischen Hirtenbrief' verlesen, der allerdings sehr wenig Eindruck machte, zumal ihm „geistiges Format und Größe" fehlten.[179]

Die Eingabe der Bischofskonferenz blieb seitens der Reichsregierung ebenfalls ohne Resonanz,[180] weshalb eine ganze Reihe von Bischöfen, darunter auch österreichische, es außerordentlich bedauerten, daß statt der Eingabe nicht der Hirtenbrief erschienen ist. Aus diesem Grund starteten die nord- und westdeutschen Bischöfe im Frühjahr 1942 neuerlich eine Initiative für einen gemeinsamen Hirtenbrief, der in einer einheitlichen Fassung und im wesentlichen mit den Inhalten des Entwurfs vom vorangegangen Herbst verlesen werden sollte. Kardinal Faulhaber unterstützte wiederum sehr massiv eine gemeinsame Vorgangsweise und trat nachdrücklichst dafür ein, daß der Hirtenbrief am 22. März 1942 – „falls der Klerus am Verlesen verhindert werden sollte" – „auf alle Fälle"[181] von den Bischöfen zu verkünden sei. In diesem Sinne besprach er sich auch mit den Bischöfen Rohracher und Rusch, die ihrerseits das Anliegen Faulhabers auf der österreichischen Bischofskonferenz am 13. März 1942 vertreten wollten. Tatsächlich setzten sich die beiden sehr für die Verlesung des Hirtenbriefes ein, doch zeigten Kardinal Innitzer und andere Bischöfe „sehr wenig Lust dazu". Bischof Rohracher forderte daraufhin, daß zumindest die einzelnen Bischöfe selbst den Hirtenbrief vorlesen sollten, wie es ihnen Kardinal Faulhaber persönlich aufgetragen habe. Rusch erklärte jedoch „plötzlich, sich nicht erinnern zu können, dies von Kard[inal] Faulhaber mitgehört zu haben," worauf die Bischofskonferenz ziemlich verunsichert war. Kardinal Innitzer, der von vornherein gegen die Verlesung war, ließ sodann Informationen in Breslau einholen, die ergaben, daß Kardinal Bertram „ohnehin gegen den H.Br. sei". Kardinal Faulhaber wurde daraufhin gar nicht mehr gefragt und Innitzer verständigte die österreichischen Bischöfe dahingehend, daß der Hirtenbrief nicht verlesen werde.[182] Damit versäumten die österreichischen Bischöfe eine wichtige Chance, um ein deutliches

Zeichen gegen die nationalsozialistische Willkürherrschaft zu setzen. Stattdessen blieb es hier erstaunlich still, während anderenorts mutige Bischofsworte den Beschlagnahmungen von Klöstern ein Ende gesetzt oder die Vernichtung sogenannten „unwerten Lebens" in heftigster Weise angeklagt haben.[183] – Etwas anders dagegen die Erinnerung Ruschs an eine zwar nicht näher genannte, aber von ihm als „einen scharfen Hirtenbrief"[184] bezeichnete Wortmeldung der deutschen Bischöfe, deren Verbreitung in Österreich sich recht abenteuerlich, ja geradezu phantastisch liest: „Er [der Hirtenbrief – H.A.] wurde dann auch in Innsbruck und in ganz Tirol verlesen und soweit in Österreich und überall herum und sie [die Nationalsozialisten – H.A.] waren nicht daraufgekommen [sic!]. Das hat man damals sehr geschickt gemacht. Da hat man junge Damen – die sind vornehm gekleidet worden, im Auto gefahren – um 5 Uhr morgens in die Pfarre geschickt und ähnlich mehr, daß niemand dahinter kam, da könnte jetzt etwas sein. Wir mußten solche kleine Hintertürchen gebrauchen, weil wir sonst nicht mehr zum Ziel gekommen wären."

Auf seine Art ist aber auch Bischof Rusch gegen die Durchführung nationalsozialistischer Gewaltmaßnahmen eingeschritten, indem er etwa allen kirchlichen Anstalten und Ordensangehörigen die Mitwirkung an der Unfruchtbarmachung, an den amtlich verordneten Zwangssterilisationen verboten hat.[185] So stellten sich vor allem die Klosterfrauen, die die Patienten betreuten, gegen solche Eingriffe, während Tiroler und Vorarlberger Ärzte sich für die nationalsozialistische Gesundheitspolitik instrumentalisieren ließen und auch an der Durchführung des Euthanasieprogramms „tatkräftig mitwirkten".[186]

Insgesamt gesehen hat Rusch während der NS-Zeit mehr im Hintergrund gewirkt und versucht, die innerkirchlichen Strukturen zu stärken sowie die Leitung der Administratur nach seinen Vorstellungen auszuüben. Seine Maßnahmen hierbei waren nicht unumstritten und sein Führungsstil keineswegs überall beliebt. So wurden etwa die Seelsorgeämter als Instrumente der Pfarrseelsorge geschaffen, die der Zeit entsprechend hierarchisch gegliedert und autoritär geführt waren. In Vorarlberg stieß diese Einrichtung nicht überall auf Begeisterung, zumal sie der direkten Leitung des Apostolischen Administrators und nicht dem Generalvikar unterstand. Allerdings diente sie auch dazu, Entscheidungen des Bischofs auf kurzem Weg umzusetzen, auch wenn sie zunächst nicht im Sinne der Betroffenen zu sein schienen.[187] Großen Anklang fand dagegen die kirchliche Jugendarbeit „im Untergrund",[188] die während der NS-Zeit von zahllosen engagierten jungen Priestern unter schwierigsten Verhältnissen und großer Gefahr aufrechterhalten bzw. zum Teil neu aufgebaut und im Sinne des Bischofs gestaltet wurde.

Daher ist der Einschätzung Josef Riedmanns zuzustimmen, wonach die „verbreitete latente Opposition der katholischen Bevölkerung […] sich primär an staatlichen Maßnahmen gegen äußere Erscheinungsformen des Glaubenslebens" konkretisierte, die „prinzipiellen ideologischen Gegensätze zwischen katholischer Kirche und Nationalsozialismus" dagegen „seltener Anlaß für eine oppositionelle Einstellung weiter Kreise in Tirol" bildeten. Aus diesem Grunde dürfte der „Schritt […] zum aktiven Widerstand im katholischen Lager eher selten gemacht" worden sein.[189] Mit anderen Worten gilt auch für Tirol, daß es „keinen katholischen Widerstand", sondern nur „Katholiken im Widerstand" gegeben habe.[190]

Bischof Rusch hat sich selber immer in einer widerständigen Position gegenüber dem Nationalsozialismus gesehen, die sich in vielerlei Hinsicht zwangsläufig aus der kirchenfeindlichen NS-Ideologie und den repressiven Maßnahmen von Partei- und Regierungsämtern ergab wie auch aus der Haltung des Tiroler Gauleiters und seinen nachgeordneten Dienststellen resultierte. Seine Proteste und sein Auftreten gegen nationalsozialistische Unrechtsmaßnahmen bewegten sich aber allesamt in den Grenzen des legal Möglichen, „explizite Kritik" am Nationalsozialismus und „aktiver Widerstand" gegen das NS-Regime wurden von ihm abgelehnt und unterbunden.[191] Dennoch war Rusch davon überzeugt, daß man mit „etwas mehr Zivilcourage und gemeinsamer Tapferkeit [...] auch unter dem damaligen Regime einiges [hätte] erreichen können".[192] Jedoch habe ihn das Tiroler Volk damals sehr enttäuscht, zumal es „jenen Mut und jene Charakterstärke, deren es sich ansonsten rühmt",[193] habe vermissen lassen. „Nur ganz sporadisch hätten sich in Tirol im kleinen Umkreis Streiks bei NSV-Sammlungen ergeben."[194] Einschränkend meinte er zwar, daß sich die Naziführer im „heiligen Land Tirol" große Schwierigkeiten erwartet und deshalb besonders harte Männer und ausgesprochen brutale Mittel eingesetzt hätten, doch wären seiner Meinung viele kirchenfeindliche Maßnahmen zu verhindern gewesen, „wenn die Machthaber gemerkt hätten, daß sie damit das ganze Volk gegen sich aufbringen".[195] Stattdessen hätten sich die Tiroler während der NS-Zeit „kleinmütig" verhalten und ihn, der immer wieder versucht habe, „passiven Widerstand und Willenskundgebungen wenigstens im Rahmen der bestehenden gesetzlichen Möglichkeiten zu organisieren, [...] wiederholt enttäuscht und im Stich gelassen".[196] Die zweifellos häufigen Beispiele für stilles und offenes Heldentum von Einzelnen, die Fälle, in denen Zivilcourage Erfolge brachten, ließ Rusch nicht als Alibi für das gesamte Tiroler Volk gelten und resümierte: „Insgesamt gab es fast keinen Widerstand!"[197]

Diese Feststellung hätte Rusch auch auf sich beziehen können, zumal bereits unmittelbar nach Kriegsende die Haltung der katholischen Kirche während der NS-Zeit etwas differenzierter betrachtet und insbesondere auch deutliche Kritik an ihm geübt wurde. Ein Mitglied des Tiroler Widerstandes[198] bemerkte damals gegenüber einem Offizier des amerikanischen Geheimdienstes und gestützt auf eine im Klerus weit verbreitete Meinung, daß Rusch eigentlich eine schwache Person sei.[199] Diese Feststellung bezog sich nicht alleine auf die körperliche Verfassung und den schlechten Gesundheitszustand des Bischofs, der während der NS-Zeit wie auch nach Kriegsende oft mehrere Monate krank darniederlag,[200] sondern vor allem auf seine Haltung gegenüber den Nazis, die er vehementer hätte zum Ausdruck bringen sollen. „Wenn wir einen Faulhaber hier gehabt hätten", so die Meinung des Geheimdienstinformanten, „dann hätten viele der Nazi-Maßnahmen nicht durchgeführt werden können."[201] Leider seien aber aus des Bischofs Munde nie irgendwelche Worte gegen die Konzentrationslager zu hören gewesen und auch keine des Dankes für die Befreiung von den Nazis.

Etwas verhaltener, jedoch nicht weniger deutlich, gab es auch in späteren Jahren eine kritische Sicht auf des Bischofs Verhalten während der NS-Zeit. Die Priester in den Konzentrationslagern mußten etwa die Erfahrung machen, „daß die einzelnen Bischöfe und Superintendenten recht verschieden zu den gefangenen Priestern gestanden sind", wobei die Bischöfe Graf Clemens August von Galen in Münster und Conrad Gröber in Freiburg als „vorbildlich galten".[202] Zu Bischof Rusch gibt es keine Hinweise auf einen besonderen Zuspruch an Geistliche in Gefängniszellen oder Lagerbaracken.[203] Er habe den seelischen Kontakt mit den Priestersoldaten gepflegt, ihnen zu Weihnachten und Ostern auch „immer etwas Erbauliches (Kekse etc.)"[204] an die Front geschickt; von ähnlicher Fürsorge gegenüber den Priestern in den KZs haben sich jedoch keine Zeugnisse erhalten. Ebenso lassen sich kaum spezifische Aussagen von Rusch zum individuellen Widerstand des Diözesanklerus – außer zu Pfarrer Otto Neururer und Provikar Lampert – finden. Und selbst diese lassen keine Spur von emotionaler Nähe oder persönlicher Betroffenheit erkennen, sind kurz, sachlich und eher distanziert gehalten. „Sein Sterben", kommentierte Rusch den gewaltsamen Tod seines Provikars Lampert, „war ein tapferes Sterben für Christus".[205]

Noch zurückhaltender verhielt sich Rusch im Zusammenhang mit der Aufklärung nationalsozialistischer Verbrechen, der strafrechtlichen Verfolgung von Tätern und verantwortlichen Entscheidungsträgern. „Bis zu seinem Tod hat er jedem die Tür gewiesen, der belastendes Material aus der Zeit des Nationalsozialismus gegen irgend jemanden haben wollte."[206] Darüber hinaus sprach er sich auch gegen rechtliche Grundlagen zur Verfolgung ehemaliger Nationalsozialisten aus und nahm in seiner Dreikönigspredigt 1947 Stellung gegen das „Entnazifizierungsgesetz".[207] Dieses verletze an „mehreren Stellen das christliche Gewissen" und widerspreche auch der feierlichen Erklärung Papst Pius XII., wonach nicht „die innere Gesinnung, sondern nur die äußere Tat […] bestraft werden" dürfe. Aber auch dies nur in einem

Postausweiskarte für Provikar Lampert, in Stettin am 25.7.1942 ausgestellt.
[Diözesanarchiv Feldkirch, Mappe V/c5]

angemessenen, und nicht wie in dem Gesetz vorgesehenen Strafausmaß, das „viel zu hoch"[208] sei. Er appellierte an die Gläubigen und mahnte sie, sich „von christlicher Art leiten zu lassen" und nicht den Geist anzunehmen, den man bekämpfen will. Denn wer „das Recht für sich hat, der hat eine große Macht für sich", schlußfolgerte Rusch, ohne jedoch bereits die Erkenntnis aus der unmittelbar zurückliegenden Vergangenheit zu ziehen, die er knapp vierzig Jahre später einbekannte. Die „Erfahrungen", so Rusch in einer Diskussionsveranstaltung im März 1985, hätten ihn gelehrt, „daß es in Diktaturen kein Recht gäbe, auf das man sich stützen könne".[209]

Damit gestand Rusch in gewissem Sinne das Scheitern seines von ihm praktizierten Widerstandes mit legalen Mitteln gegen den Nationalsozialismus ein. Seine, von ihm mehrfach hervor gehobene, persönliche Unerschrockenheit gegenüber den damaligen Machthabern kann jedoch die Hilflosigkeit seiner zweifellos als Widerstand verstandenen Maßnahmen in keiner Weise mindern, ebenso wenig wie sie sein Schweigen zu den nationalsozialistischen Verbrechen verdecken kann.

Trotz alledem zog Propst Weingartner einige Jahre nach Kriegsende ein positives Resümée über die ersten Jahre der Amtszeit von Bischof Rusch und stellte ihm für sein Wirken während der NS-Zeit ein gutes Zeugnis aus.[210] Mit ihm hätten die Tiroler einen „sehr modernen Bischof erhalten [...], der für die in der Zeit liegenden Ideen und Forderungen ein sicheres Gespür besaß und von vornherein entschlossen war, neue und zeitgemäße Wege zu gehen." Dadurch habe das Kirchengebiet der Apostolischen Administratur „ein völlig anderes Gesicht angenommen", das Bischof Rusch auch in den Jahren nach 1945 noch weiter verändern sollte.

Propst Josef Weingartner mit Bischof Rusch und dem Innsbrucker Bürgermeister Dr. Franz Greiter. [Erinnerungsalbum, ABSZ]

„Die Kirche des Umbruchs"[211]

In seiner Dankesrede anläßlich der Verleihung des Ehrenrings des Landes Tirol blickte Rusch 1963 auf sein 25jähriges Episkopat zurück, in dem er drei Phasen erkannte: die erste, von 1938 bis Kriegsende, sei eine des Kampfes gewesen, der von 1945 bis 1954 eine des Wiederaufbaus folgte, die schließlich von einer Phase der geistigen Auseinandersetzung abgelöst wurde.[212]

Obwohl Rusch in den ersten Jahren seines Episkopats sein Bischofsamt nicht voll zur Entfaltung bringen konnte, er im Kampf gegen den Nationalsozialismus massiv behindert und in mancherlei Hinsicht sogar gescheitert war, gelang es ihm und seinen Mitarbeitern in der Leitung der Administratur dennoch, durch „geschicktes Taktieren […], die Substanz des kirchlichen Lebens über die Zeit der nationalsozialistischen Repressionen hinweg zu erhalten",[213] so daß der Neubeginn des kirchlichen Lebens nach Kriegsende auf einer soliden Basis erfolgen konnte.

Rusch befand sich Anfang Mai 1945 aus „Rekonvaleszenzgründen" bei seinem ehemaligen Provikar Urban Draxl in Mötz im Oberinntal und erlebte hier auch den Einmarsch der Amerikaner.[214]

Bischof Rusch und der ehemalige Provikar Urban Draxl in Mötz, wahrscheinlich während des Krieges.
[DAI, Fotoalbum Rusch]

Bald darauf zog er aber wieder in die Räume seiner Kooperatorenwohnung am Domplatz der Tiroler Landeshauptstadt und übte von hier seine Amtsgeschäfte aus. Befreit von den Restriktionen des NS-Staates kehrte der oberste Repräsentant der katholischen Kirche im Gebiet der Apostolischen Administratur von Innsbruck-Feldkirch ins öffentliche Leben zurück, was für Rusch jedoch „keine Rückkehr in eine barocke kirchenfürstliche Haltung"[215] bedeutete. Dies drückte der noch nicht einmal

50jährige, für viele immer noch sehr jugendliche Bischof auch in einer „spartanischen" Lebensführung aus, galt er doch als persönlich bescheiden und äußerst anspruchslos. „Er hat eine Einfachheit gelebt"[216] und bis zu seinem Umzug nach Zams im Jahre 1981 bewohnte er jene beiden Räume, die er 1939 beziehen konnte, als er zusammen mit den Priesterseminaristen von den Nationalsozialisten aus dem Canisianum delogiert worden war. Die Besucher, die ihn dort in seinem Arbeitszimmer antrafen, haben wohl kaum vermutet, „einem Fachmann über Lokomotiven, E-Loks oder Motorleistungen der einzelnen Autotypen zu begegnen".[217] Sein Tagesablauf war streng geregelt und lief an den Residenztagen etwa folgendermaßen ab: „7.15 Uhr hl. Messe, Schlag 8 Uhr beginnt die Tagesarbeit mit Diktieren. Der große Stoß des täglichen Posteinlaufes duldet keine Verzögerung. Vortrag des Provikars oder einer der Herren des Ordinariates. 10 Uhr bis ½ 1 Uhr Audienzen. Mittagessen-Lektüre. 3 bis ½ 5 Uhr Studium oder wichtige Besuche. Seit den Jahren der Krankheit bzw. Wiedergenesung der so wichtige tägliche Spaziergang von ½ 6 bis 7 Uhr. Abendessen, Lesung. ‚Man hat ihn nie ohne Buch gesehen', hieß es schon in der Seminarzeit."[218] Im wesentlichen lebte Rusch auch in späteren Jahren einen gleichbleibenden Tagesrhythmus,[219] in dem der erwähnte Spaziergang und die Lektüre – auch von schöngeistiger Literatur – fixe Programmpunkte waren. Wandern und Lesen waren denn auch die einzigen Hobbys, die der Bischof sich zeitlebens gönnte.

Bei einem Ad-Limina-Besuch in Rom (1958). V.l.n.r.: Peter Steidl (nachmaliger Hochschulseelsorger in Innsbruck), Bischof Rusch, Papst Johannes XXIII., Weihbischof Bruno Wechner.
[DAI, Bestand Rusch – Mappe 55]

Auch ohne „barocke kirchenfürstliche Haltung" betrachteten der Tiroler Langzeit-landeshauptmann Eduard Wallnöfer und zweifellos auch viele seiner Landsleute ihren Bischof als einen „großen Kirchenfürsten".[220] Darin kommt stellvertretend für sehr viele Menschen zweifellos eine Wertschätzung, Achtung und Anerkennung zum Ausdruck, die Bischof Rusch in den ersten Jahren seiner Amtszeit oft schmerzlich vermissen mußte. Erst nach 1945 genoß er unter den Gläubigen wie auch bei den Vertretern des Staates jene Autorität, die ihm mehr als sechs Jahre großteils verwehrt worden war, und ihm wurde jener, seinem Amt gebührende Respekt entgegen gebracht, auf den er zeitlebens größten Wert legte. Vor allem konnte er nun in der Öffentlichkeit Präsenz zeigen, auch wenn er aus gesundheitlichen Gründen seine pastoralen Aufgaben nur eingeschränkt wahrnehmen konnte,[221] sich immer wieder krankheitsbedingt in ärztliche Behandlung, zur Erholung in das Kloster der Barmherzigen Schwestern nach Zams oder manchmal auch auf Kuraufenthalte begeben mußte.[222]

Dessen ungeachtet, setzte Rusch auf zahlreichen Ebenen zukunftweisende Akzente, die zu einem „bewundernswerten Aufbruch"[223] der katholischen Kirche in den folgenden Jahren führten. Sie manifestierten sich darin, daß die katholische Kirche strukturell den Erfordernissen der Nachkriegszeit angepaßt wurde, wobei die kirchenpolitische Orientierung auch von den Notwendigkeiten der realen Lebenssituation der Bevölkerung geleitet wurde, für die sogleich wichtige Soforthilfemaßnahmen ergriffen wurden. So lieferte etwa der Vatikan über Ruschs Vermittlung noch vor Wintereinbruch 1945 im Austausch gegen Holz aus den kircheneigenen Wäldern eine Ladung Kathedralglas nach Innsbruck, wo es kostenlos an die Bevölkerung abgegeben wurde, um damit die gebrochenen Fensterscheiben in den Häusern zu ersetzen. Weitere Sendungen sollten noch folgen und deshalb gebühre – so die Tiroler Tageszeitung – „der erste Dank [...] der Kirche, da sie als erste auf den Plan tritt, der grausamen Not des Winters zu steuern".[224]

In langfristiger Perspektive sind Ruschs Maßnahmen zu betrachten, mit denen er nach dem Ende der NS-Herrschaft daran ging, die Pfarreistruktur dem Bevölkerungszuwachs wie der Ausweitung der Wohnsiedlungen anzupassen.[225] Dazu gehörte nicht nur die Beseitigung von Kriegsschäden, besonders in Innsbruck, wo durch die Bomben gerade die größten Kirchen schwer in Mitleidenschaft gezogen worden waren,[226] sondern auch der Neubau zahlreicher Gotteshäuser, mit Pfarrwidum und Begegnungsräumen oder Kindergärten in Tirol und Vorarlberg.

Die mit den seelsorgerischen und im weitesten Sinne gesellschaftlichen Aufgaben verbundenen Aktivitäten der katholischen Kirche gingen einher mit einem Ausbau begleitender Verwaltungsstrukturen, die ihrerseits entsprechende Einrichtungen erforderten. Die Kanzleien der Apostolischen Administratur befanden sich seit Juli 1938 nicht mehr in der Hofburg, sondern in sehr beengten Verhältnissen einiger angemieteter Räume des Canisianums.[227] Mit dem zeitgemäßen und praktischen Umbau eines im Stadtzentrum von Innsbruck gelegenen Hauses, das die Apostolische Administratur im Erbwege erhalten hatte, wurde ein den Bedürfnissen der bischöflichen Verwaltung entsprechendes Ordinariatsgebäude geschaffen, das nach seinem Umbau Mitte der 1950er Jahre über großzügige Räumlichkeiten für alle notwendigen Einrichtungen, wie kirchliches Gericht, Seelsorgeamt, Finanzkammer etc. verfügte. Außerdem wurde auch ein für die Errichtung einer selbständigen Diözese notwendiges eigenes Priesterseminar geschaffen, das bei seiner Einweihung 1955 „als eines der modernsten Europas"[228] gerühmt wurde. Dazu kamen weitere Großbauten im Gebiet der Apostolischen Administratur: Lehrlingsheime zur Linderung der „Jugendberufsnot",[229] Studentenheime und Bildungseinrichtungen – wie etwa das „Bischof-Paulus-Heim" oder das „Haus der Begegnung" in Innsbruck sowie jenseits des Arlbergs das Knabenkonvikt „Marianum" in Bregenz, das „Jugend- und Bildungshaus St. Arbogast" in Götzis, das „Haus der jungen Arbeiter" in Dornbirn oder das „Exerzitien- und Bildungshaus Batschuns". – Es würde zu weit führen, die Bautätigkeit in Tirol während seines Episkopats – 30 neue Kirchen im ganzen Land, zehn davon in Innsbruck, Erweiterung und Restaurierung zahlreicher Gotteshäuser und von mehr als 200 Sakralbauten – auch nur annähernd vollständig darzustellen,[230] nur so viel: die Renovierung und Vergrößerung der äußerst bescheidenen Kooperatorenwohnung des „Kirchenbaubischofs"[231] konnte erst erfolgen, als Rusch während des Zweiten Vatikanums längere Zeit von Innsbruck abwesend war.[232]

Bischof Rusch bei der Eröffnung der Jubiläumsausstellung „Kirche im Aufbau" in der Tiroler Handelskammer am 13. Dezember 1963 mit Modellen von Tiroler Kirchen; v.l.n.r.: Architekt Clemens Holzmeister, Landesrat Robert Lackner, Bischof Paul Rusch, Abt Alois Stöger, Kammerpräsident Kommerzialrat Heinrich Menardi, Finanzkammerdirektor Cons. Dr. Franz Josef Stark; rechts außen: Innsbrucks Bürgermeister, DDr. Alois Lugger. [Stadtarchiv Innsbruck, Sign. Ph-4556]

Neben der Durchführung baulicher Maßnahmen wurden nach 1945 auch kirchliche Institutionen errichtet und Laienorganisationen geschaffen, die in den folgenden Jahren und Jahrzehnten nahezu alle gesellschaftlichen Bereiche erfaßten.[233] Im Wandel der Zeit waren diese Einrichtungen mit wechselnden Aufgaben betraut und ihre Schwerpunkte unterschiedlich gelagert. So gab es nach dem Kriege beispielsweise kein Sektenreferat, wohingegen die „noch in den Tagen des Zusammenbruchs"[234] geschaffene Caritas damals auf vielfältige Weise Einheimischen wie auch Flüchtlingen,

Menschen aller Altersgruppen die oftmals schwierige Lebenssituation in Krisenzeiten und Notlagen zu erleichtern versuchte: Kriegsgefangenenhilfe, Suchdienst, Erholungsaktionen für Kinder und Jugendliche, Armen-, Kranken-, Invaliden- und Altershilfe, „Bahnhofsmission und Mädchenschutz", Trinkerfürsorge, Betreuungszentren und Fürsorgeeinrichtungen, Spendensammlungen im Rahmen der Sternsingeraktion, des Fastenopfers oder der Aktion „Bruder in Not" für die Entwicklungs- und Katastrophenhilfe, zu der Rusch 1961 erstmals aufgerufen hat, sind Bezeichnungen und Etikettierungen für erfolgreiche Einrichtungen und Maßnahmen aktiver Hilfe, deren Bedeutung und Dimensionen mit Worten kaum erfaßt werden können.

Kartoffelspende der Caritas im Lager Reichenau, Ende der 1940er Jahre.
[DAI, Fotobestand der Caritas]

Arbeitslosenfürsorge der Caritas in Innsbruck, Mitte der 1950er Jahre.
[DAI, Fotobestand der Caritas]

Bahnhofsmission Innsbruck – Herbergsbaracke für Männer (Januar 1953)
[DAI, Fotobestand der Caritas]

Plakat mit Spendenaufruf zur Aktion „Bruder in Not"; Entwurf: Gustav Sonnewend.
[Privatbesitz: Gustav Sonnewend, Innsbruck/Ranggen]

Im Zuge wachsenden Wohlstands verringerten sich solche Initiativen und Tätigkeitsbereiche zusehends, gewannen aber gegen Ende des 20. Jahrhunderts wieder größere Bedeutung, vor allem in der Betreuung von AsylantInnen oder Obdachlosen. Die gegenwärtige und auch in weiterer Zukunft anhaltende Gefahr für breite Bevölkerungsschichten, in eine „neue" Armut abzurutschen,[235] verlangt der Caritas gegenwärtig und sicher auch in Zukunft zweifellos umfangreiche Fürsorge- und Betreuungsmaßnahmen ab.

Bischof Rusch hat sich zu dieser Problematik bereits in den 1950er Jahren klar und deutlich geäußert und solcherart ein soziales Bewußtsein zum Ausdruck gebracht, das auf mehreren Säulen ruhte. Dazu gehörten zweifellos eigene Erfahrungen von Not und Elend aus der Zeit, bevor Rusch in das Priesterseminar eingetreten war,[236] eine von der katholischen Soziallehre geprägte Einstellung zur Partnerschaft von unterschiedlichen Interessensgruppen und sein theologisch-philosophisches Verständnis von Mitmenschlichkeit und praktizierter Solidarität, das tief in seinem christlichen Glauben verwurzelt war. Bei der Firstfeier der Wohnsiedlung für volksdeutsche Flüchtlinge in Völs im Januar 1954 kleidete der Innsbrucker Bischof solches in ebenso einfache wie klare Worte, die auch in der gegenwärtigen Zeit als Leitmotiv und Handlungsorientierung für eine christliche Asylpolitik dienen können. „Alle Flüchtlingsfamilien sind uns Christen immer nahe durch die eine Flüchtlingsfamilie, zu der der Urheber des Christentums selbst gehörte. Auch diese Familie mit ihrem großen Flüchtlingskind mußte aus politischen Gründen fliehen, wie heute so viele Familien. Deswegen vor allem ist christliches Denken den Flüchtlingen verbunden. […]"[237]

In den Jahren nach dem Zweiten Weltkrieg galt sein Empfinden nicht nur den Verfolgten und Vertriebenen, sondern generell den „Bedürfnisse[n] der kleinen Leute";[238] sein Denken war jedoch besonders mit den vielen Wohnungssuchenden verbunden und damals setzte er zusammen mit der Caritas auch auf dem Gebiet des Wohnbaus deutliche Akzente.

Soziale Frage – zeitgemäße Antworten

1. Sozialer Wohnbau – „Wohnbau ist Dombau"

Eines der größten Nachkriegsprobleme war die Wohnungsnot, die – wie Bischof Rusch in seinem Fastenhirtenbrief 1950 hervor hob – besonders in Innsbruck feststellbar war.[239] In den ersten Jahren nach dem Ende der NS-Zeit galt es jedoch vor allem, vorhandene Bauschäden zu beheben oder Häuserruinen wieder instand zu setzen; an Neubauten war auch wegen des Mangels an Baumaterialien zunächst noch nicht zu denken. Dennoch faßte bereits im Jahre 1947 die österreichische Bischofskonferenz einen Beschluß, wonach kircheneigene Baugründe für Siedler zur Verfügung gestellt werden sollten, wegen der „noch ungeklärten Geldverhältnisse" jedoch nicht als Kauf-, sondern als Pachtobjekte.[240] In der Folgezeit bereitete Bischof Rusch ein Wohnbauprojekt in Tirol vor, in das er neben der Caritas auch das Land Tirol und Vertreter der Industrie einzubinden versuchte. Dabei konnte er auf einige Erfahrungen aus der Zwischenkriegszeit zurückgreifen, wie er rückblickend dazu feststellte:[241] „Ich selbst war in dieser Zeit ein junger Kaplan und hatte einen großen Arbeiterverein zu leiten. Wir haben damals bereits eine schöne Arbeitersiedlung bauen können und ich erinnere mich noch daran, daß sich zu dieser Zeit in der Vorarlberger Landesregierung keinerlei Öffnung für dieses Anliegen zeigte. Trotzdem ist es uns gelungen, 40 Siedlungshäuschen fertigzustellen." Rusch war damals Präses des Katholischen Arbeitervereins in Hohenems, wo sich im Januar 1935 eine „Gemeinnützige Genossenschaft ,Dollfuß-Siedlung'[242] Hohenems r.G.m.b.H." konstituierte, die sich die Errichtung einer Kleinsiedlung zum Ziel setzte.[243] Der Katholische Arbeiterverein übernahm die Bürgschaft für den Kauf eines geeigneten Baugrundes für 25 Siedlerstellen à 1000 m², für dessen Erwerb die Leitung des Vereins mit Präses Rusch sorgte. Die einzelnen Bauparzellen wurden im Oktober des gleichen Jahres unter den einzelnen Bewerbern verlost und in den folgenden Monaten unter kräftiger Mithilfe der Vereinsmitglieder bebaut, so daß die Siedlung Ende Februar 1937 bezogen werden konnte.[244]

Aus jener Zeit wird auch noch von einer anderen wirtschaftspolitischen Initiative des Hohenemser Kaplans Rusch berichtet, der – ganz im keynesianischen Sinne[245] – den Vorschlag unterbreitet haben soll, „zur Bekämpfung der damals sehr starken Arbeitslosigkeit wenigstens die Zinsen der auf die hohe Kante gelegten Landesmillionen zur Arbeitsbeschaffung"[246] zu verwenden, was bei den zuständigen Stellen jedoch kein Gehör gefunden habe. Die finanzwirtschaftlichen Kenntnisse des vormaligen Bankangestellten sind in solchen Überlegungen klar erkennbar und flossen auch in künftige soziale Projekte ein, die der Bischof initiierte und nachhaltig förderte. Im Herbst 1949 erteilte er dem innerhalb der Katholischen Bewegung bestehenden „Arbeitskreis Wirtschaft und Technik" den Auftrag, sich mit dem „Problem des Wohnungselends im Land Tirol zu befassen".[247] Als Ergebnis sorgfältiger Studien und Beratungen legte der Arbeitskreis zum Jahresbeginn 1950 den „Tiroler Bausteinplan" vor, den Bischof Rusch im März des gleichen Jahres einem Kreis Tiroler Industrieller vorstellte.

Höttinger Au

Sieglanger

Lienz

Die Wohnungsnot nach dem
Zweiten Weltkrieg war auch
an den zahlreichen Baracken-
lagern in Tirol noch viele Jahre erkennbar, wie etwa in der
Höttinger Au und am Sieglanger in Innsbruck oder in Lienz
(Mitte der 1950er Jahre)

[DAI, Fotobestand der
Caritas]

Tiroler Bausteinplan[248]

Grundgedanke: Der bestehenden Wohnungsnot auf folgender Basis abzuhelfen:
1) Nicht Miethaus, sondern Eigentum
2) Zinslose Kreditgewährung
3) Heranziehung der Eigentätigkeit
4) Senkung der Baukosten
5) Sicherung gegen Währungsschwankungen.
Es sollen jährlich 500 Wohneinheiten erstellt werden.

Ausführung:
ad 1) E i g e n t u m
Der Bauwillige hat mindestens 20% der Baukosten aus Eigenem zu bestreiten. Die restlichen Prozente werden durch Kreditgewährung zur Verfügung gestellt. Die Quote des Bauwilligen kann in Geld oder in Sachwerten und Leistungen bestehen.
Durch Rationalisierung der Baumethoden kann eine Wohneinheit normalerweise mittels 200 Durchschnittswochen eines guten Arbeiters errichtet werden. Ein solcher Wochenlohn wird als Baustein bezeichnet.
Das Bauwerk steht von Anfang an in gemeinsamen Eigentum des Bauanwärters und des Kreditgewährers. Der Eigentumsanteil bestimmt sich nach der Zahl der Bausteine, die von beiden Seiten geleistet wurde. Der Bauanwärter hat monatlich eine Abzahlungsquote zu bezahlen, welche sich nach Einkommen, Kinderzahl und sonstigen unterhaltspflichtigen Familienmitgliedern richtet und in Bausteinen ausgedrückt wird. Mit diesen Monatsleistungen erwirbt sich der Bauwerber in stets steigendem Maße das Eigentum.
Das Alleineigentum wird nach Vollzahlung der ganzen Grund- und Baukosten erworben. Es wird jedoch ein Vorkaufsrecht für die öffentliche Hand eingetragen, um Spekulationen zu unterbinden.
Zur Vermeidung zu großer Kosten werden Bauvorhaben, die mehr als 100 m² Fläche pro Wohnung umfassen, in diesen Plan nicht mit einbezogen. Nur Bauwerber, die mehr als drei Kinder haben, sind berechtigt, diese Grenze für jedes weitere Kind um 10 % zu überschreiten.
Die Reihung der Bauwerber erfolgt nach einem Schlüssel, der sich auf Wohnraumnot und Sparleistung bezieht.
Kommt ein Anwärter seinen Zahlungsverpflichtungen aus Gründen, die von ihm nicht verschuldet sind, nicht mehr nach, so werden ihm die fälligen Raten für angemessene Zeit gestundet.
Bei Arbeitslosigkeit eines Bausparers muss mit der durchführenden Baufirma ein Abkommen getroffen werden, das die bevorzugte Einstellung und Einschaltung des Bausparers in den Bauprozess vorsieht.

ad 2) Z i n s l o s e K r e d i t g e w ä h r u n g
Wird die Wohneinheit mit 200 „Bausteinen" (d.i. je S 160) berechnet, so ergibt sich pro Wohnung ein Kostenbetrag von S 32.000,- (Hiezu Näheres unter 4.). Sollen 500 Wohnungen erstellt werden, so erfordert dies einen Betrag von 16,000.000 S, der erstmalig im Jahre 1950 benötigt wird. Hievon sollte das Land 6,000.000, die Gemeinden 4,000.000, die Industrie 6,000.000 aufbringen.
Das Land: Es mögen 6,000.000 S durch den Landtag genehmigt und der „Tiroler gemeinnützigen Wohnungsbau- und Siedlungsgesellschaft m.b.H." zu obigem Zweck über einen zu bildenden Landeswohnbaufond zur Verfügung gestellt werden. Danach hätte die genannte Wohnbaugesellschaft eine Landeseigene Abteilung zu bilden, die nach den in diesem Plan genannten Bestimmungen besonders hinsichtlich des Eigentumswerbers vorzugehen hätte. (Das Land Vorarlberg stellt heuer 4,000.000 S zur Verfügung).

Die Gemeinden: Auch die Gemeinden mögen ihre Arbeiten durch die Tiroler Wohnbaugesellschaft ausführen und Gelder in den gemeinsamen Landeswohnbaufond fließen lassen.

Die Industrie: Die Industrie vor allem möge die Wohnbauaktion für ihre eigenen Arbeiter durchführen.

ad 3) Heranziehung der Eigentätigkeit

Am meisten interessiert an der Bauaktion ist selbstverständlich der Wohnungssuchende selbst, der, wenn er die Möglichkeit des Erwerbs eines eigenen Heimes vor Augen hat, alle seine Kräfte in den Dienst dieser Sache stellen wird. Das Sparen, das für die Bautätigkeit unerlässlich ist, wird ihm wieder sinnvoll erscheinen.

Eigenarbeit in den Grenzen der Rentabilität ist zu befürworten.

a) Direkte Eigenarbeit: Das Ausheben des Grundes, das Verfertigen von Grossziegeln. Die Eigenarbeit wird zur gleichen dadurch ersparten Geldhöhe in Rechnung gebracht.

b) Überstunden: Der Ertrag von Überstunden im Beruf könnte zugunsten des Bausparers dem Landeswohnbaufonds direkt und in der vollen Höhe überwiesen werden, wenn dafür die Steuerfreiheit gewährt wird. Diese Mehrleistungen sind nicht zuletzt auch ein Beitrag zur Gesundung unserer Volkswirtschaft. Die Rückzahlung kann bei höherem Realeinkommen eine grössere und auch eine schnellere sein. Nur dadurch kann jenen Bausparern, welche unverschuldet in Zahlungsschwierigkeiten kommen, die Zahlungen gestundet werden. Bestimmte Berufe gestatten auch nur eine Zeit kürzerer, dafür aber erhöhter Rückzahlung, z.B. Buchdrucker, Stollenarbeiter …

ad 4) Senkung der Baukosten

Es liegen Pläne und Vorschläge zur Lösung der technischen Probleme der Wohnraumbeschaffung vor, die alle darauf abzielen, unter möglichster Raum- und Materialersparnis und unter Ausschöpfung grösster Rationalisierung die Baukosten weitgehend zu senken. Dabei wurde grundsätzlich keine Einschränkung auf Kosten der Güte vorgenommen. Es kann jederzeit auf Grund von detaillierten Plänen und Kalkulationen der Beweis erbracht werden, dass es möglich ist, um S 32.000 eine Wohnung mit ca. 60 m² Wohnfläche zu erstellen. Die Ausführung der zu fördernden Bauten hat nach den Bestimmungen der Tiroler Landesbauordnung bzw. der Bauordnung der Stadt Innsbruck zu erfolgen.

Um die Baukostensenkung zu erreichen, werden die einzelnen Elemente standardisiert und tunlichst maschinell hergestellt. Bauvorhaben können nach eigenen Plänen erstellt werden, jedoch werden zur weiteren Verbilligung einheitliche Baupläne ausgearbeitet.

ad 5) Sicherung gegen Währungsschwankungen

Der Gesamtwert einer Wohneinheit wird in „Bausteinen", d.i. Durchschnittswochenlöhnen eines österreichischen Arbeiters angegeben. Dieser Wochenlohn wird durch das Statistische Amt Wien laufend ermittelt.

Verändert sich der Durchschnittswochenlohn, so ändert sich mit ihm der Schillingwert des Bausteines. Im selben Verhältnis ändert sich der Schillingwert des Objektes und demgemäss auch der Schillingwert beider Anteile. Der Anwärter hat nach wie vor dieselbe Anzahl von Bausteinen abzuleisten. Damit ist die volle Gewähr gegeben, dass zum Zeitpunkt der Erlegung der Kaufsumme mit ihr wieder dieselbe Menge an Baumaterialien und Arbeitsleistungen bezahlt werden kann, als zur Zeit des Zur-Verfügung-Stellens. Aus diesem Grund ist der Landeswohnbaufond immer gleich kaufkräftig und es erscheint dadurch eine dauernde Anregung des Baugewerbes gewährleistet. Auch besteht dadurch die Möglichkeit, auf Grund langfristiger Beschäftigung der Schlüsselindustrie und fortlaufender Aufträge an die Lieferfirmen eine wesentliche Verbilligung zu erreichen. Die Gefahr, dass ein Bauwilliger auf Grund einer eintretenden Deflation verschuldet, ist unmöglich, da jeder gute Arbeiter die Möglichkeit hat, einen Durchschnittswochenlohn monatlich abzuleisten.

Rusch erläuterte diesen Plan den anwesenden Unternehmern und zeigte auf, wodurch
sie ihn unterstützen könnten. Hierbei suchte der Bischof die Industriellen Tirols für
die Gewährung von zinslosen Darlehen in die Pflicht zu nehmen und räumte daraufhin geäußerte Bedenken mit ebenso deutlichen wie unwiderlegbaren Argumenten
aus dem Weg. Die Industrie dürfe nicht vergessen, daß sie „im 19. Jahrhundert durch
Anpassung aller Kräfte sich auf die Schaffung von Sachgütern konzentriert habe. Es
sei Aufgabe der Industrie, im 20. Jahrhundert ebenfalls durch Anpassung aller Kräfte,
menschliches Gut zu sichern und dadurch Versäumtes nachzuholen."[249]
  Knapp zwei Wochen später verkündete Rusch sein Projekt in einem „Hirtenbrief zum Heiligen Jahr",[250] der sich fast zur Gänze den Themen Wohnungsnot
bzw. Wohnbau widmete. Die größte Not sei derzeit zweifellos die Wohnungsnot,
besonders in Innsbruck, wo es über 4.200 Wohnungssuchende gäbe. „Wir haben
daher beschlossen, in Innsbruck heuer eine Heiligjahrsiedlung zu bauen. Es sollen bescheidene Einfamilienhäuser erbaut werden, von einem kleinen Hausgarten
umgeben. Kinderreiche Familien, die in dürftigen Einkommensverhältnissen stehen, sollen die Möglichkeit haben, ein solches Haus als Eigentum zu erhalten: Der
Kostenbetrag des Hauses wird ihnen zinsfrei vorgestreckt; sie können ihn langsam
abzahlen, oder amortisieren, wie man das heißt. Damit alles möglichst billig komme,
rufe ich unsere männliche katholische Jugend auf, zur gegebenen Zeit mit Hand
anzulegen, Erdarbeiten usw. zu leisten."
  Das von Rusch ins Auge gefaßte Projekt sollte sich als eine „Pionierleistung" mit
einem „beinahe experimentellen Charakter" erweisen, denn mit ihm wurde „zum

erstenmal in Tirol bewußt die Idee des leicht erweiterbaren ‚wachsenden' Hauses für eine bedürftige Bevölkerungsschicht verwirklicht".[251] Dieses Konzept ermöglichte bei wachsender Familiengröße die Erweiterung des vorhandenen Wohnraums nach bestimmten Ausbaustufen.[252]

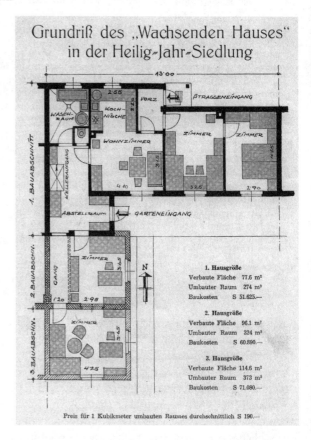

Grundriß eines „wachsenden Hauses" aus der Broschüre „Wohnbau ist Dombau".

Der Aufruf des Innsbrucker Bischofs im Hirtenbrief fand großen Widerhall, und eine von der Caritas durchgeführte Haussammlung brachte in ganz Tirol neben Materialspenden ein Ergebnis von 867.104 ÖS, das waren um 130 Prozent mehr als im Jahr zuvor.[253] Außerdem seien laut Rusch im Kirchengebiet 130 Hektar Baugrund in etwa 80 verschiedenen Orten zu Siedlungszwecken bereitgestellt worden, also Platz für 2.500 Siedlerstellen bzw. 10.000 Personen. Allerdings hätten sich Schwierigkeiten ergeben, weil „die Pächter ihren Grund nicht verlieren und einzelne Gemeinden keine ortsfremden Leute zuziehen lassen wollten".[254] Dennoch wurden bis April 1950 insgesamt 88 Hektar vergeben, und für die geplante Heilig-Jahr-Siedlung verkaufte das Ursulinen-Kloster am westlichen Stadtrand von Innsbruck einen entsprechenden Baugrund zu recht günstigen Konditionen.[255]

Im eigens eingerichteten Baubüro sowie im Siedlungsreferat der Caritas in Innsbruck herrschte im April Hochbetrieb[256] und Ende des Monats hatten 546 InteressentInnen einen Antrag auf Zuteilung eines der 41 Siedlungshäuser gestellt.[257] Hier-

bei wurden bestimmte Kriterien berücksichtigt,[258] wie Dringlichkeit des Wohnungs-
notstandes, wirtschaftlicher Notstand, Kinderzahl sowie Invalidität, auf Grund derer
Punkte verteilt wurden, die letztendlich eine Zuteilung begründeten.

Die in der Öffentlichkeit zum Teil geäußerten Bedenken, wonach es nicht Aufgabe der Kirche sei, Wohnraum zu schaffen wie auch der Vorwurf, daß die geplante Siedlung mit jeweils etwa 400 m² Garten pro Haus zu viel Siedlungsland
verschwende, räumte Rusch mit einer deutlichen Stellungnahme aus dem Weg. „Die
Gesundheit der Jugend, die ja unsere Zukunft bedeutet, darf nicht am Geize einiger
Quadratmeter Grund kranken. So wie die Blockhäuser im Inneren der Städte bestimmt ihre besondere Berechtigung haben, erhält die Gartensiedlung am Stadtrand
dieselbe Bedeutung und dasselbe Recht.“[259]

Am 15. April 1950 begannen verschiedene Jugendgruppen wie auch freiwillige
HelferInnen mit der Arbeit auf dem Baugrund, indem sie den Humusboden ab-
trugen und Wege anlegten. Die Bauarbeiten wurden Mitte Juli aufgenommen, und
häufig erschien Bischof Rusch persönlich am Ort des Geschehens, um sich über den
Fortgang der Siedlungsbaues zu informieren. Hierbei legte er auch selber Hand an,
wie etwa am 28. Juli, als er mit über 50 Priestern, darunter auch hohe Würdenträger, wie Seelsorgeamtsleiter Michael Weiskopf und Abt Hieronymus Triendl, beim
Ausheben der Fundamente gesehen wurde.[260]

„Ein Bischof, der zur Schaufel
griff“ (Hans Weiser). Am
28. Juli 1950 legten Paul Rusch
und andere Geistliche eine
freiwillige Arbeitsschicht beim
Bau der „Heilig-Jahr-Siedlung“
in Innsbruck ein; in der Mitte:
Caritasdirektor Josef Steinkelderer.
[Erinnerungsalbum, ABSZ]

Im Januar 1951 war Firstfeier,[261] im Herbst zogen 41 Familien mit 164 Kindern, davon 143 unter 14 Jahren in die Häuser ein,[262] und am 11. November des gleichen Jahres wurde die Heilig-Jahr-Siedlung offiziell eingeweiht.[263]

Mit der Fertigstellung dieses Wohnbauprojektes lieferte Rusch einen aktiven Beitrag zur Linderung der Wohnungsnot in der Nachkriegszeit, der jedoch nicht der einzige bleiben sollte. In enger Zusammenarbeit mit und zum Teil auch als Gesellschafterin diverser Wohnbaugesellschaften betreute die Kirche bzw. die Caritas in den Folgejahren noch zahlreiche Bauprojekte,[264] wie etwa die „Paulus-Rusch-Siedlung" in der Nähe des Innsbrucker Flughafens. Auch sie wurde mit erheblichen Eigenmitteln der Siedler – durchwegs Angehörige der KAJ bzw. KAB – gefördert.[265] Insgesamt wurden es schließlich mehr als 500 Wohnungen, wobei seitens der Kirche auch Modelle zu deren Finanzierung entwickelt wurden.

Informations- und Werbeplakat für die Heilig-Jahr-Siedlung in Innsbruck; Entwurf: Gustav Sonnewend.
[Privatbesitz: Gustav Sonnewend, Innsbruck/Ranggen]

Zu nennen ist in diesem Zusammenhang auch die von Rusch initiierte Bausteinaktion im Gedenkjahr 1959, die seitens des Landes unterstützt wurde und bei der die Apostolische Administratur für die Rückzahlung von – vereinfacht ausgedrückt – Darlehensaufnahmen aus privater Hand die Bürgschaft übernahm.[266] Gegen Ende des Jahres konnten aufgrund des bischöflichen „Wohnungsappells" seitens der Diözesanverwaltung fast 10 Millionen Schilling an unverzinslichen Darlehen für geplante Gemeinschaftssiedlungen in Landeck, Innsbruck, Lienz und Schwaz bereitgestellt werden.[267]

Die Siedlungsbauten, für deren Durchführung sich Bischof Rusch in hohem Maße engagiert hat, sind bleibende Erinnerungen an den Innsbrucker Oberhirten und auch gegenwärtig im kollektiven Gedächtnis des Landes Tirol (noch) fest verankert. Sie brachten ihm auch seinerzeit viel Anerkennung, aber „sicherlich nicht den Beinamen „roter Bischof‴,[268] wie häufig in der Literatur zu lesen ist.[269] Als solcher wird er vielmehr wegen seines Eintretens für die Anliegen der Arbeiterschaft bezeichnet, zumal sich Rusch mit ihren Problemen wie mit den Entwicklungen in der Arbeitswelt überhaupt zeitlebens auseinander gesetzt hat. Nicht zuletzt dadurch hat er auch für die Kirche und die Politik der Zweiten Republik außerordentliche und bleibende Bedeutung gewonnen.

2. Kaplan Rusch und „Gott will es"

Wenige Tage nach seinem Tod wurde Bischof Rusch seitens der Katholischen Arbeitnehmerbewegung Österreichs (KABÖ) als „Vater der Sozialpartnerschaft" bezeichnet, dessen „klare Vorstellungen zur Überwindung der Klassenkampfmentalität der Vorkriegszeit‴[270] beigetragen hätten. Paul Rusch hatte schon als junger Kaplan diesbezügliche Überlegungen angestellt und auch späterhin als Bischof immer wieder zeitgerechte Vorschläge für eine Lösung der sozialen Frage zu unterbreiten versucht.

Bereits seit Ende des 19. Jahrhunderts setzte sich die katholische Kirche intensiver mit den Problemen auseinander, welche die industrielle Entwicklung für die Arbeiterschaft nach sich zog. In seiner Sozialenzyklika „Rerum Novarum" erläuterte Papst Leo XIII.[271] 1891 den Standpunkt der Kirche dazu und zeigte Wege zur Verbesserung der Lebensverhältnisse von ArbeitnehmerInnen auf.

Plakat für die Jubiläumsfeiern „70 Jahre ‚Rerum Novarum'", die u.a. mit einer Festfeier im Kaiser-Leopold-Saal der Universität, einer großen Landesfeier im Stadtsaal und einem Festgottesdienst im Dom zu St. Jakob in Innsbruck begangen wurden.
[Privatbesitz: Gustav Sonnewend, Innsbruck/Ranggen]

Die Lösung der sozialen Frage könne demnach nur auf der Basis der christlichen Lehre des Evangeliums möglich sein, wonach „Herren und Arbeiter nicht dazu bestimmt sind, einander zu bekämpfen, sondern einträchtigst zu leben mittels Erfüllung der gegenseitigen Pflichten und Gerechtigkeit; ja mehr noch, daß sie bestimmt sind, einander zu unterstützen und in freundschaftlicher, ja brüderlicher Eintracht zu leben, da beide Glieder ein und derselben Familie seien".[272] Solche Gedanken zeigten auch in Tirol Wirkung und fanden ihren Niederschlag unter anderem in einem breit gefächerten katholischen Vereinswesen, der Herausbildung einer christlichsozialen Partei sowie wirtschaftlicher Interessensvertretungen. 1931 legte Papst Pius XI. mit der Sozialenzyklika „Quadragesimo anno" ein aktualisiertes Lösungskonzept für die soziale Frage vor, dessen Grundgedanken in die Österreichische Verfassung vom Mai 1934 als Basis für das Modell eines Ständestaates einflossen.

Die soziale Frage und Versuche zu ihrer Lösung lagen also in der Luft, als Paul Rusch sein Studium absolvierte und sie war Teil des theologischen Lehrangebots an der Innsbrucker Universität. Es gibt jedoch keinen Hinweis darauf, daß er eine solche Lehrveranstaltung besuchte, obwohl mit P. Josef Biederlack SJ einer der renommiertesten und kompetentesten Kenner der Materie an der Innsbrucker Theologischen Fakultät Vorlesungen zur sozialen Frage bis kurz vor seinem Tode am 15. November 1930 gehalten hat.[273]

Dennoch war Rusch mit der sozialen Problematik seiner Zeit sehr vertraut, hatte er doch die Auswirkungen des Krieges auf die Bevölkerung selbst und unmittelbar erfahren sowie die Not und Verzweiflung seiner Mitmenschen in den 1920er Jahren als Bankangestellter aus nächster Nähe erlebt; Kontroversen über verschiedene Wirtschaftssysteme hatte er als Schuljunge schon mitbekommen und dabei auch etwas von Sozialismus gehört. „Das war in der Kriegszeit. Ich war noch ein Bub und wurde zum Einkaufen geschickt. Wie das damals so Sitte war, mußte ich vor dem Laden ‚Schlange stehen'. Da waren eben so fromme Frauen beisammen, die sich über den Sozialismus ereiferten. Auf einmal sagt ein Mann, der neben ihnen steht: ‚Ich bin auch Sozialist.' Da haben sich die Frauen erschrocken umgeschaut. Keine sagte ein Wort. Und als er ihnen seinen Standpunkt erklärte, da haben sie kein auch noch so schwaches Gründlein mehr sagen können; und manchmal haben sie sogar beistimmend genickt."[274]

Solche Erlebnisse haben zweifellos Eindruck erweckt und sind hängen geblieben. Ob sie ihm Erklärungen boten oder neue Fragen aufwarfen, ob er Zusammenhänge mit dem bestehenden Wirtschaftssystem herstellte und hierin die Ursachen für die Lage der arbeitenden Bevölkerung erblickte, ist nicht auszuschließen, kann aber nicht belegt werden. Die entsprechende schulische und berufliche Ausbildung dazu besaß er und er hätte sich zu Gegenwartsfragen zweifellos eine eigene Meinung bilden können. Eine solche kennen wir von seinem Vater und möglicherweise hat dessen Sichtweise auch die ersten Blicke seines jüngsten Sohnes auf wirtschaftliche Zusammenhänge gelenkt.

Der freiberuflich tätige Jakob Rusch vertrat ein Modell der Ausgewogenheit von wirtschaftlichen Kräften, das durch staatliche Interventionen nicht aus dem Gleichgewicht gebracht werden dürfe, wie dies in Österreich in den 1880er Jahren geschehen sei. Denn damit wurde – nach Meinung des „Bauhütten"-Redakteurs Rusch – das Ende der „patriarchalischen Zeit" bereitet und die untragbare Lage vor dem Ersten Weltkrieg geschaffen:[275] „Im Kampfe um Arbeit zwischen dem selbständigen Unternehmertum tauchte immer mehr und mehr in Gestalt einer geheimen Kraft die Arbeiterfrage auf, welche von nun an den ohnedies sehr erschwerten Kampf um die Existenz noch mehr erschweren half." Die Arbeiter hätten diesen Konkurrenzkampf für sich auszunutzen gewußt, dadurch den Mittelstand ruiniert und auch der

Industrie schwer geschadet. In der Folge sei bei „allen hochentwickelten Völkern eine Unzufriedenheit" entstanden, die schließlich zum Kriege geführt habe.

Dem Wirtschaftsliberalismus, wie ihn auch sein Vater vertrat, setzte Paul später seine eigenen Gedanken entgegen, die sich auf die katholische Soziallehre stützten und ihn zu einer kritischen Betrachtung des Kapitalismus führten. Seine Erkenntnisse legte er 1935 in seinem Buch „Gott will es. Zur sozialen Gerechtigkeit" vor und er verbreitete seine Überlegungen auch auf mündlichem Wege. In seiner Funktion als Landespräses der katholischen Arbeitervereine in Vorarlberg hielt er damals viele Vorträge und Schulungskurse, deren Themen sich „vorwiegend auf die Lösung der sozialen Fragen und der berufsständischen Ordnung im Sinne von ‚Quadragesimo anno' bezogen".[276] Rusch stellte dabei in Wort und Schrift dem Kapitalismus wie dem Sozialismus die berufsständische Ordnung entgegen, – ein Modell, das sich an einen mittelalterlichen Gesellschaftsaufbau anlehnt, die Stände hierarchisch gliedert und ihnen eine Wertsteigerung von unten nach oben zuschreibt.

Ruschs Ausführungen zur sozialen Frage basieren auf der 1931 erschienenen Sozialenzyklika „Quadragesimo anno" von Papst Pius XI. unter Einbeziehung von Analysen der Mißstände seiner Zeit, die er an verschiedenen Nöten kenntlich macht.[277] Damit sind wirtschaftliche und seelische Nöte gemeint, die in unmittelbarem Zusammenhang stehen und sich wechselseitig bedingen: Die seelische Not resultiert aus dem wirtschaftlichen Elend und ihre „Einzelnöte" – Freuden-, Glücks- und Friedensnot – entstehen aus der unzureichenden bzw. unbefriedigenden materiellen Situation heraus, die sich vor allem in Besitz-, Arbeits- und Gemeinschaftsnot äußert. Ohne Eigentum keine Freude und ohne Arbeit kein Glück! Das Grundübel liegt jedoch in der Gemeinschaftsnot, unter der Rusch die Klassengegensätze versteht und in der er den „Quellgrund der anderen Nöte"[278] sichtete. Das Gegeneinander von Arbeitern und Unternehmern, aber auch die Entsolidarisierung, die „Entfremdung unter den Arbeitnehmern"[279] löse die Gemeinschaft auf, und wo eine solche nicht mehr bestehe, herrsche Streit und somit könne es keinen Frieden geben.

Die seelische Not findet sich – nach Rusch – aber nicht nur in den ärmeren Schichten der Bevölkerung, sondern ist auch bei den Wohlhabenden anzutreffen. Bei diesen resultiere sie aus wirtschaftlichem Überfluß und seelischer Übersteigerung, die sich in Besitzreichtum und Machtfülle sowie in Lustüberfluß und Selbsterhöhung manifestieren. Solche Mißstände seien durch Individualisierung und einem sich darauf stützenden Egoismus ermöglicht worden, wofür Rusch Beispiele anführt, aus diesen seine Schlüsse zieht und somit die Aussagen des päpstlichen Rundschreibens bestätigt findet. Eine solche lautet, daß der Besitz an sich nicht verwerflich ist,[280] sondern nur dessen ungerechte Verteilung. In diesem Zusammenhang führt Rusch einen problematischen empirischen Beleg mit einer deutlich erkennbaren antisemitischen Immanenz an.[281] In „Gott will es" legte er dar, daß „in Deutschland jeder Jude durchschnittlich ein Monatseinkommen von etwa 1250 Mark hat, jeder Katholik durchschnittlich ein solches von 120 Mark. Also hat der Jude ein durchschnittlich zehnmal höheres Einkommen als der Katholik. (Die Zahlen stammen aus der Zeit vor der nationalsozialistischen Machtergreifung). Daraus ergibt sich als Folgeerscheinung notwendig ein sehr ungleiches Besitzverhältnis. Von 120 Mark im Monat läßt sich ja im Monat kaum etwas zurücklegen, infolgedessen kann eine

Vermögensbildung nicht eintreten. Von den 1250 Mark monatlich läßt sich aber jährlich eine schöne Summe erübrigen, wodurch sich dann rasch ansteigende Vermögensbildung und Stärkung der wirtschaftlichen Macht und des wirtschaftlichen Einflusses ergeben."[282] – Mitte der 1930er Jahre fiel der antisemitische Gehalt dieses von Rusch angeführten Beispiels sozialer Ungerechtigkeit möglicherweise gar nicht auf, entsprach es doch zweifellos einem in der Christenwelt weit verbreiteten und unhinterfragten Klischee. Aber auch „nach Auschwitz" läßt seine Haltung gegenüber dem Judentum recht problematische Dispositionen erkennen, die einen christlichen Antisemitismus sowie eine gewisse Oberflächlichkeit im Hinblick auf die jüdische Geschichte deutlich zum Ausdruck bringen. Sie ließen Rusch den schmählichen Charakter einer Traditions- bzw. Brauchtumspflege nicht erkennen, die besonders nach dem Ende der NS-Zeit Angehörige mit mosaischem Glaubensbekenntnis tief verletzen mußte, und erklären des Bischofs Sorglosigkeit, zumindest dessen Nachlässigkeit, solchen Ausdrucksformen einer auf Irrglauben beruhenden Volks- und Unterhaltungsreligiosität einen Riegel vorzuschieben.

Exkurs: Antisemitismus, Spiel und Ulk?

Befremdlich mutet Bischof Ruschs Haltung zu einem auch in der Tiroler Bevölkerung vorhandenen latenten Antisemitismus an, eines – wie ihn Bischof Reinhold Stecher einmal bezeichnet hat – heimischen „Antijudaismus [...], der seit tausend Jahren im Wurzelwerk des Abendlandes immer wieder im Boden weiterglimmt, um sich bei jedem günstigen Wind zu erheben, den die Tagespolitik mit sich bringt".[283] Davon konnte Rusch bei seinen Gläubigen nichts feststellen und sah auch keinen Grund, die Pflege des sogenannten „Anderle-Kultes" in Judenstein bei Rinn zu verbieten oder zumindest deutlich einzuschränken. Dieser gründet sich auf eine Ritualmordlegende, deren Entstehung und Verbreitung bis in die zweite Hälfte des 15. Jahrhunderts zurückreicht.[284]

Im Juli 1462 soll – so die Legende – der zweieinhalbjährige Andreas Oxner aus Judenstein bei Rinn einem Verbrechen zum Opfer gefallen sein. Mehr als 150 Jahre danach wurde durch den damaligen Arzt des Haller Damenstiftes, Hippolyt Guarinoni (1571-1654), die Legende vom Ritualmord, begangen von durchreisenden jüdischen Kaufleuten, geschaffen. Diese Geschichte verbreitete sich schnell und bereits 1621 gab es in Hall ein erstes Anderlespiel; Bittprozessionen wurden organisiert und die Verehrung der Reliquien setzte ein, vor allem nachdem die mutmaßlichen sterblichen Überreste des Kindes 1671 in der an der Stelle des vermeintlichen Verbrechens errichteten Kirche in Judenstein beigesetzt worden waren. In deren Innenraum wurde in der Folgezeit die „rituelle" Tötung, das Opfer und die angeblichen Täter bildlich und plastisch dargestellt, eine in die Wege geleitete Seligsprechung des Kindes konnte zwar nicht erreicht werden, doch ist immerhin im Jahre 1755 die Rechtmäßigkeit des Kultes päpstlicherseits bestätigt worden.

Bis weit in das 20. Jahrhundert hinein fand die Verehrung des – wie er im Volksmund bezeichnet wurde – „seligen Anderl von Rinn" eine große Anzahl von AnhängerInnen und wurde auch seitens der Amtskirche mitgetragen, obwohl sich bereits 1910 der damalige Innsbrucker Rabbiner um eine Aufhebung des Anderle-Kultes beim zuständigen Bischof zwar nachdrücklich, aber ohne Erfolg bemüht hatte. Die Indienstnahme und propagandistische Nutzung von jüdischer Ritualmordlegende und Anderle-Kult durch die Nationalsozialisten sei nur der Vollständigkeit halber erwähnt.

In Rinn bzw. Judenstein ging die Anderle-Verehrung weiter als ob nichts geschehen wäre, auch nachdem Mitte der 1950er Jahre die katholische Kirche in Tirol das Fest des „seligen" Andreas aus ihrem Kalendarium gestrichen hatte, zumal Bischof Rusch dies weder in seinem offiziellen Verordnungsblatt noch auf andere Weise amtlich bekundete oder gar in der Öffentlichkeit verbreiten ließ. Diese „müde" Maßnahme ist möglicherweise eine „lahme" Reaktion auf damalige Proteste gegen die Aufführung der sogenannten „Anderl-Spiele", die knapp zehn Jahre nach dem Ende des Nationalsozialismus in Rinn noch immer abgehalten wurden. Erst nach jahrelangen Bemühungen der Liga für Menschenrechte konnte 1954 erreicht werden, daß diese Spiele in den nächsten fünf Jahren nicht stattfinden werden.

Ende des gleichen Jahres wurde Bischof Rusch in einem Schreiben des praktizierenden Katholiken und Wiener Historikers Albert Massiczek mit dem Vorwurf konfrontiert, daß er auf jüdische Vorhalte gegen „Anderl-Spiel" und „Anderle-Kult" geäußert haben soll, „‚die Juden hätten bisher nicht bewiesen, daß sie so etwas nicht getan hätten'."[285] Massiczek drückte seine Verwunderung über eine solche Äußerung aus und wies deutlich auf die damit verbundene antisemitische Problematik hin. Rusch antwortete auf die Ausführungen des Wiener Historikers mit dem Hinweis, daß in der Angelegenheit um das „Anderl-Spiel" eine Reihe von falschen Nachrichten, auch über ihn, ausgeschickt worden seien, und gab sodann aufklärende Hintergrundinformationen wie auch tiefblickende Einsichten in seine Haltung gegenüber dem Judentum:[286] „Dieses [Anderl-]Spiel", so Bischof Rusch, „wird von einer Spielgruppe durchgeführt, die ihren eigenen Willen hat. Ich habe mit Hilfe des Herrn Prälaten von Wilten vor wenigen Wochen mit Mühe erreicht, daß sich diese Leute verpflichtet haben, dieses Spiel fünf Jahre lang nicht mehr aufzuführen. Vorher hatte ich von der Aufführung des Spieles überhaupt keine Kenntnis. [!]
Was nun die Ritualmorde, rein historisch gesehen, betrifft, so sind die Historiker hierüber verschiedener Ansicht. […]
Im Gesamtzusammenhang der Dinge ist auf alle Fälle zu beachten, daß es immerhin die Juden waren, die unseren Herrn Jesus Christus gekreuzigt haben. Weil sie also zur NS-Zeit zu Unrecht verfolgt wurden, können sie sich jetzt nicht plötzlich gerieren, als ob sie in der Geschichte überhaupt nie ein Unrecht getan hätten.[…]
Ich bemerke abschließend noch," so der Bischof weiter, „daß es sich in Rinn überhaupt nicht um eine Judenhetze handelt, sondern um ein Spiel, das in seiner volkstümlichen Art dem Volk eben Freude zu machen scheint. In ähnlichen Spielen werden ja auch oft die Besucher verulkt und zum besten gehalten, ohne daß deswegen jemand Anstoß nehmen würde."
Massiczek war über eine solche Verharmlosung wie auch über das bischöfliche Rechtsverständnis, die einer Beweislastumkehr das Wort redete, zutiefst empört. Er belegte hieb- und stichfest die Unhaltbarkeit und den Unsinn jüdischer Ritualmorde, machte Rusch darauf aufmerksam, daß Jesus von einer jüdischen Mutter geboren wurde und auch der „heilige Apostel Paulus (der Namenspatron Eurer Exzellenz?) Jude war und das Werden der Kirche ohne diesen und die anderen jüdischen Apostel undenkbar" sei. Und er fragte Rusch, ob er denn wirklich glaube, „daß die Tiroler Jesus nicht gekreuzigt hätten, wenn er geborener Tiroler gewesen wäre".[287]
Darüber hinaus erinnerte der Wiener Historiker den Bischof in Innsbruck daran, daß dieser als Vizepräsident der Pax-Christi-Bewegung eine Verantwortung in einer Bewegung übernommen habe, die völker- und rassenverbindende Ziele sowie die Absicht verfolge, jeglichen Haß abzubauen. Müsse da nicht diese Bewegung „bei allen logisch und konsequent denkenden Menschen sehr bald jeden Kredit verlieren", wenn ihr Vizepräsident weiterhin auf seinen Standpunkten verharre? „Muß auch diese Bewegung", fragte Massiczek weiter, „durch die Schuld und die Grundsatzlosigkeit einiger weniger scheitern?" – Dies waren heftige persönliche Angriffe gegen Bischof Rusch, auf die dieser ebenso deutlich wie endgültig in einer Art und Weise reagierte, die deutliche Parallelen zu späteren Konfliktaustragungen zeigen und ein klares Muster erkennen lassen, wie Rusch mit Kritikern umging: Abbruch der Kommunikation bzw. Gesprächsverweigerung, wenn ihm die Argumente fehlten, zumindest jedoch mangelnde Bereitschaft, sich mit den Positionen des Gegenüber auseinander zu setzen, stattdessen autoritatives Einfordern von Respekt und Gehorsam, flankiert von massiven Einschüchterungsversuchen.[288]

Innsbruck, am 4. Jänner 1955

Geehrter Herr Doktor!
In Beantwortung Ihres Schreibens vom 28. Dezember 1954 muß ich mit großem Ernst und großer Entschiedenheit die durch Sie erfolgte Mißdeutung meines Schreibens vom 9. Dezember 1954 ablehnen. Ihr eigenes Schreiben vom 28. Dezember 1954 ist voll von freventlichem Urteil. Auch dieses fällt unter das VIII. Gebot.[289] Es wäre daher nützlich, wenn Sie zunächst Ihre eigenen Auslassungen mit dem christlichen Gewissen konfrontieren wollten. Ihr Schreiben werde ich mir aufbewahren, damit ich es notfalls zur Hand habe.

Mit freundlichen Segensgrüßen
+ Paul Rusch e.h.

Massiczek wies in einem weiteren Schreiben die Behauptungen und Vorwürfe Ruschs als unbegründet und unbewiesen zurück und konnte auch nicht erkennen, wo er „falsches Zeugnis" abgelegt habe. Verwundert zeigte er sich ebenso darüber, daß der Bischof in seinem letzten Satz zum Ausdruck brachte, offenbar nicht daran interessiert zu sein, den „privaten Charakter" des Briefwechsels zu gewahren. Eine weitere Reaktion aus Innsbruck kam darauf jedoch nicht mehr, die des Wiener Historikers bestand in der Veröffentlichung der gegenständlichen Schreiben wenige Monate später!

Die während der 1950er Jahre erhobenen Proteste gegen die Aufführung des Theaterstückes „Das Anderle von Rinn" wie auch gegen die Darstellungen in der Kirche von Judenstein, die u.a. die Schächtung eines Kindes im Deckengemälde zeigten, verstärkten sich zu Beginn der 1960er Jahre. Auf Ersuchen von Bischof Rusch sowie auf dringende Bitte der österreichischen Bischofskonferenz ließ, mit Rückendeckung des Generalabts der Prämonstratenser in Rom, Ende Juni 1961 der Abt von Wilten, Prälat Alois Stöger, in dessen Amtsbereich die betreffende Pfarre liegt, die den vermeintlichen Ritualmord darstellenden geschnitzten Figuren aus der Kirche entfernen, womit er helle Empörung und heftige Protestbekundungen seitens der Ortsbevölkerung erntete.

Wenige Jahre später traf die katholische Kirche im Zuge des Zweiten Vatikanums durch eine Konzilserklärung eine Neuordnung ihres Verhältnisses zum Judentum, in deren Konsequenz Ritualmordlegenden, die darauf beruhenden religiösen Traditionen und andere, das jüdische Volk diskriminierende Äußerungen abgelehnt wurden. Diesbezügliche Kulte, wie der des Simon von Trient, wurden daraufhin gelöscht, die Verehrung des „seligen" Anderl von Rinn allerdings weiterhin nicht untersagt. Bischof Rusch ließ 1973, ebenso wie der Wiener Kardinal Franz König, in der Kirche in Judenstein lediglich einen „mißlungenen Text" anbringen, der „schwere inhaltliche Fehler aufwies" und zudem den Mord als Faktum voraussetzte. Solch ein „sanfte[r] Weg",[290] konnte jedoch die Kritik am Anderl-Kult nicht verstummen lassen.

Erst Ende der 1980er Jahre bereitete Ruschs Nachfolger, Bischof Reinhold Stecher, der „abergläubische[n] Verirrung",[291] der Legende und dem darauf gestützten religiösen und weltlichen Brauchtum ein Ende und schaffte den Kult um Andreas von Rinn, der 1462 angeblich einem jüdischen Ritualmord zum Opfer gefallen sei, endgültig aus der Welt.[292]

Ähnlich wie bei dem Beispiel Ruschs zur ungerechten Anhäufung jüdischen Vermögens, erfolge auch die Kapitalbildung in den Industrieunternehmen, die durch Zusammenschlüsse zu Konzernen nicht nur den Markt beherrschen und die wirtschaftlichen Spielregeln diktieren, sondern auch eine ungeheure Macht in anderen Bereichen ausüben. „Wie die Kaiser des Mittelalters ihre Gelder nicht selten bei jüdischen Kaufleuten ausleihen mußten, so müssen die modernen Staaten oft bei solchen Großindustrie-Unternehmungen ihre Gelder aufnehmen. Es läßt sich leicht einsehen, daß diese Staaten dafür in Gesetzgebung und Besteuerung ihre Gegendienste leisten müssen, d.h. die Staaten sind diesem Großkapital gegenüber vielfach ohnmächtig."[293] Zu einer solchen Situation habe eine fehlgeleitete Entwicklung des Kapitalismus geführt, die – nach Rusch – auch dessen Träger oder Stütze, das Bürgertum, in Mißkredit gebracht habe. Dieses habe sich vom gesellschaftlichen und politischen Hoffnungsträger zum Negativen gewandelt, habe, „kaum auf die Höhe gekommen, [...] die Methoden seiner Unterdrücker sich zu eigen gemacht und ist selbst zum Unterdrücker geworden. [...] Werden auch diese zugrunde gehen? Ein Ausweg ist! In letzter Stunde! Wie durch die Gechlechterfolge die Sünde geschehen ist, so muß nun Sühne getan werden durch die kommenden Geschlechter."[294] Um welche Sühne es dabei geht, bleibt offen; den zu beschreitenden Weg zeigt hingegen „Quadragesimo anno". Allerdings erfordere es hierfür zuerst ein Umdenken, eine Erneuerung des kapitalistischen Geistes, der eine „Angelegenheit des seelischen Lebens, [...] eine Frage der Gesinnung" sei.[295]

Zu dieser Erkenntnis kommt auch Rusch durch seine historisch-kritische Analyse des Kapitalismus, den er zwar nicht insgesamt, sondern nur in seiner fehlgeleiteten Form verwirft. Er habe – historisch gesehen – dem Menschen materielle Absicherung und Wohlstand gebracht, ihn allmählich jedoch immer mehr ausgebeutet, ihm die Früchte seiner Arbeit vorenthalten, ihn unterdrückt, Not und Elend erzeugt und somit die soziale Frage aufgeworfen. Auf der Seite der Unternehmer sei hingegen eine Besitzanhäufung und Machtfülle erfolgt, die das gemeinsame Ziel des Wirtschaftens aus den Augen verloren und nur mehr individuelle Selbstentfaltung und grenzenlosen Egoismus gestärkt haben.

Rusch unterscheidet in seiner Kapitalismuskritik zwischen Ordnung und Geist des Kapitalismus, wobei er die kapitalistische Ordnung an sich als durchaus positive Wirtschafts- bzw. Produktionsweise bewertet. Sie funktioniere als solche jedoch nur, wenn sie auch einen positiven Geist empfängt, der als Antriebs- und Gestaltungskraft das kapitalistische System in Bewegung hält. Allerdings habe sich dieses mit all' seinen negativen Folgen in der Geschichte aber zum Schlechten hin entwickelt, weil eben ein dem Wohle des Gesamten dienender Geist darin keinen Platz habe.[296] Der Kapitalismus funktioniere vielmehr nach eigenen Gesetzen und das „absolute Ziel" des kapitalistischen Geistes, das „Streben nach Gütermehrung und wirtschaftlicher Macht"[297] lasse kein sittliches Korrektiv zu. Dieser kapitalistische Geist sei „ein Sprößling der modernen Weltauffassung, die Nationalismus, Liberalismus heißt" und stelle wie diese eine „geschichtliche Erscheinung [...], eine geschichtliche Größe"[298] dar.

Die Geschichte habe aber auch gezeigt, welche negativen Folgen aus all' dem entstanden seien. „Unsere Bewertung", so Rusch, „kann also nicht zweifelhaft sein. Der kapitalistische Geist ist vom Bösen. Und da der kapitalistische Geist so wesentlich in den Kapitalismus eingegangen ist, so ist auch dieser dadurch sittlich schlecht geworden."[299]

Den Sozialismus kann Rusch als Alternative zum Kapitalismus nicht empfehlen. Er sei nämlich eine Folge der Fehlentwicklungen des Kapitalismus,[300] habe zwar richtigerweise die daraus entstandene Ungerechtigkeit und Not erkannt und als „Lehre von der Ausbeutung der Arbeiter"[301] viele Anhänger gewonnen. Die Wege zur Lösung der sozialen Frage seien jedoch im Sozialismus die falschen, und zwar sowohl im Hinblick auf dessen Ordnung wie auch seines Geistes; außerdem gehe der Sozialismus von einem falschen Menschenbild aus, das sich ebenso wie seine Haltung zu Besitz und Eigentum deutlich von der katholischen Soziallehre unterscheide. Gleichwohl findet Rusch durchaus positive Elemente in der Rezeptur des sozialistischen Heilmittels gegen den Kapitalismus, etwa wenn es um eine gerechte Güterverteilung und um das Recht auf Arbeit geht.

Nach Rusch entstand das Problem der Güterverteilung historisch gesehen erst, als die natürlichen Ressourcen nicht mehr für alle Menschen in unbegrenztem Ausmaß vorhanden waren. Damit stellte sich die Frage der sozialen Gerechtigkeit, die es zuvor als solche nicht gegeben habe, zumal genügend freie Güter für jeden vorhanden gewesen seien. Nun aber gab es immer mehr Menschen, die keine lebensnotwendigen Güter besitzen und auch keine Möglichkeit haben, „sie sich durch eigene Tatkraft zu erwerben". Daher müsse nun Hilfe geboten werden „von der Gemeinschaft, die dafür zu sorgen hat, daß jeder erhalte, wessen er bedarf. Ja, diese

Frage", so Rusch weiter, „ist für uns heute mit einer Dringlichkeit sondergleichen umkleidet, weil nicht einmal Arbeitsgelegenheit genug geboten ist; weil also gar keine Möglichkeit besteht, durch eigene Kraft und Leistung auch nur das unbedingt Notwendige sich zu erwerben."[302]

Dieser Erwerb des notwendigen Lebensunterhalts müsse jedoch garantiert werden, was aber nur möglich sei, wenn eine neue soziale Gerechtigkeit in den Geist des Kapitalismus eindringe und zur Verpflichtung für das Eigentum werde, das Rusch – im Gegensatz zum Sozialismus – grundsätzlich als notwendig erachtet und nur seinen Mißbrauch verurteilt. Der „erste Sinn des Eigentums" liege nach der neuen Gerechtigkeit nämlich darin, „daß jeder erhalte, was er braucht. [...] Wenn daher das Eigentum, wie es jetzt vorhanden ist, diesen ersten Sinn bricht, dann hat es seine eigene Begründung verlassen. [...] Die bisherige Gerechtigkeit hat dafür gesorgt, daß der einzelne etwas bekam, daß seine Güter sichergestellt würden. Die neue Gerechtigkeit sorgt dafür, daß jeder etwas erhält, daß die notwendigen Güter der Allgemeinheit sichergestellt werden. Und dies auch dann", fährt Rusch fort, „wenn dadurch des einzelnen zuvor schon gesicherte Güter wieder an die Allgemeinheit abgetreten werden müßten. Das will besagen: die alte Gerechtigkeit hat ein Recht auf Hab und Gut ungemessen anerkannt, daher auch Recht auf Reichtum. Die neue Gerechtigkeit setzt Schranken, sie anerkennt dieses Recht nur in einem bestimmten Ausmaß; sie anerkennt das Recht auf alles, was ich brauche, sie kennt aber kein Recht auf Reichtum; wenigstens dann nicht, wenn dadurch einem andern das Recht auf die lebensnotwendigen Güter beschränkt wird."[303] Nicht Reichtum an sich sei also verwerflich, sondern dessen Maß, das sich an Prinzipien der sozialen Gerechtigkeit orientieren müsse.[304]

Damit nahm Rusch eine radikale Position gegenüber dem Eigentum und seiner Verfügungsgewalt ein, ganz besonders jedoch gegen dessen unbegrenzte Akkumulation auf Kosten anderer, sei es nun der Arbeitnehmer oder – was er dezidiert nicht ausformuliert, sich aber aus der Logik seiner Gedanken ergibt – gegenüber den ehemaligen Kolonial- bzw. heutigen Entwicklungsländern, der sogenannten „Dritten Welt", deren Ausbeutung durch das kapitalistische System auch und in besonderem Maße den Wohlstand der Industriestaaten und den Reichtum ganzer Legionen von Unternehmern mitbegründet hat. Eine Verbesserung dieser ungleichen Verhältnisse sei jedoch nicht möglich, wenn die Antipoden Arme – Reiche, Arbeitnehmer – Arbeitgeber, („Erste Welt" – „Dritte Welt") als unüberbrückbare, weil sich ausschließende Gegensätze gesehen werden, wie dies im Sinne eines sozialistischen Verständnisses als Klassenantagonismus begriffen wird. Vielmehr sei eine Lösung nur in der „engen Verbundenheit der Menschen untereinander" möglich, aus der die „neue Gerechtigkeit", die „neue Gesinnung" erwachsen müsse.

Die enge Verbundenheit der Menschen ergibt sich nach Rusch aus deren Reichtum und Armut, „durch die Fülle und Lücke ihres Wesens. Aus ihrer Fülle müssen sie andern schenken, zur Beseitigung ihrer Lücken und Mängel müssen sie von andern nehmen. Also durch Geben und Nehmen stehen sie in der Gemeinschaft. Und nun ist klar: gerade durch ihr Geben bekommen sie Anspruch auf ihr Nehmen. Das aber bedeutet anders gesagt: durch ihre Arbeit und ihre Leistung bekommen sie im gesellschaftlichen Ganzen Anspruch auf die Güter, deren sie bedürfen, also auf ihre lebenserhaltenden und lebensfördernden Güter. Wenn nun, gemäß der ursprünglich für die Gesamtheit gegebenen Fülle der Erdengüter, feststeht, daß jeder das Recht auf diese Güter hat, dann hat er auch das Recht auf den normalen Weg zu diesem Gütererwerb. Der normale Weg aber ist Arbeit. Also das Recht auf Arbeit."[305]

Gestützt auf den Text von „Quadragesimo anno" entwickelt Rusch seine Gedanken und baut seine Argumentation auf, deren Konsequenz ihn zu klaren Aussagen kommen läßt, die in ihrer Radikalität weit über die Grundaussagen der Sozialenzyklika und dem Gedanken der christlichen „Caritas" hinaus gehen. Die soziale Verpflichtung des Eigentums und das Recht auf Arbeit müssen den Geist des Kapitalismus prägen, im Denken der Menschen verankert und von der Gesellschaft garantiert werden. Das heißt, daß für das Gelingen der sozialen Gerechtigkeit nicht alleine der Staat – der bei Rusch keine klaren Konturen erhält – sondern jeder Einzelne Verantwortung tragen muß.

An diese Aufgabe möchte Rusch mit seinem Buch erinnern und deswegen sind seine Ausführungen auch als ein Appell an seine Leser zu verstehen. Beseelt von missionarischem Eifer zieht er Parallelen zu den Kreuzzügen im Hochmittelalter und erinnert sein Lesepublikum an das 12. Jahrhundert. Als damals „das Heilige Land unter dem Joch der Ungläubigen schmachtete, da stand ein gewaltiger Mann auf, der in seiner flammenden Beredsamkeit die Herzen mit sich fortriß, der hl. Bernhard von Clairvaux. Wenn er seine Kreuzzugspredigten mit dem Rufe: Gott will es, schloß, dann stimmte das Volk mit ein. Kaiser und Könige nahmen das Kreuz. Um das Heilige Land zu befreien von ungerechter Herrschaft.[306]

Ich frage wieder, wer wird der Retter sein? Wann wird er kommen? Der Retter ist schon da! Ihr alle sollt es sein! Damals stand das ganze Volk auf, um das Heilige Land zu befreien. So muß auch heute wieder das ganze Volk bereit sein, in neuer Gesinnung, im Geiste der päpstlichen Aufforderung mitzubauen am Werke sozialer Gerechtigkeit, das Quadragesimo anno zeigt. Gott will es!"[307]

An dieser Stelle ist es nicht weiter vonnöten, sich ausgiebig mit den Versuchen zur Umsetzung des Gedankengutes aus der Sozialenzyklika im Österreich der Zwischenkriegszeit auseinanderzusetzen. Nur so viel: Die „Ständestaatsverfassung" vom Mai 1934 setzte an die Spitze des Staates eine alles lenkende Autorität, deren Herrschaftsinstrumentarien sich bestenfalls graduell, nicht aber prinzipiell von denen eines aus eigener Machtvollkommenheit regierenden Diktators unterschieden. Die staatlichen Entscheidungsstrukturen bauten auf eine Ordnung, die von oben nach unten gegliedert war und an deren Spitze eine erhabene Persönlichkeit stand, die gleichsam gottgewollt und jedenfalls über allem stehend Herrschaftsgewalt und Staatsvolk repräsentierte. Darin glichen sich das katholische Gesellschaftsmodell und das autoritäre oder diktatorische Staatsmodell; autonome und föderale Komponenten hatten darin keinen Platz!

Der österreichische Ständestaat scheiterte an seinen Widersprüchen, bzw. wurde durch ein anderes diktatorisches Regime aufgelöst, das 1945 ebenfalls wieder beseitigt wurde. Der staatliche Neuaufbau Österreichs nach dem Zweiten Weltkrieg orientierte sich zum Teil an ordnungspolitischen Grundsätzen, wie sie in „Quadragesimo anno" formuliert waren, und auch Bischof Rusch startete soziale Initiativen, die ihre Grundlegung in der Sozialenzyklika Papst Pius XI. besaßen.

3. „Arbeiterbischof"[308] und „Pionier der christlichen Sozialreform"[309]

Mehr als zehn Jahre nach dem Erscheinen seines Buchs „Gott will es", griff Rusch – nun als Bischof – wiederum die soziale Frage auf und wandte sich in mehreren Artikeln des Kirchenblatts[310] an die Öffentlichkeit, der er die Grundgedanken einer katholischen Sozialreform nahe zu bringen versuchte. Im wesentlichen wiederholte er hierin die Grundgedanken der Sozialenzyklika „Quadragesimo anno", im besonderen das Prinzip der sozialen Gerechtigkeit, das er als Basiselement für eine katholische Sozialreform betrachtete und das vor allem in folgenden Forderungen verwirklicht werden sollte: Recht auf Arbeit und Familienlohn, berufliche und damit soziale Aufstiegschancen für Begabte aus ärmeren Schichten, Beteiligung der Arbeiter an dem von ihnen erwirtschafteten Unternehmensgewinn, Begrenzung von Besitz und Vermögen und Sozialisierungsmaßnahmen für Monopolbetriebe.

Manche Argumente für seine Positionen hat Rusch bereits in „Gott will es" dargelegt, andere wurden neu angeführt und einzelne Aspekte differenzierter behandelt. So sollte an erster Stelle der Staat die Verantwortung zur Verwirklichung der sozialen Gerechtigkeit wahrnehmen und vor allem die legislativen Grundlagen zur Beseitigung von Arbeitslosigkeit schaffen. Aber auch beschäftigungspolitische Initiativen wie Arbeitsbeschaffungsprogramme, Strukturförderungen, Impulse zur Ankurbelung der Konjunktur und staatliche Investitionen gehörten zum staatlichen Maßnahmenkatalog, wobei allerdings das rechte Maß nicht aus dem Auge verloren werden dürfe. Dies gelte auch für private Unternehmerinitiativen, die sich ebenso wie die staatlichen am Menschen orientieren müßten. So sollten Investitionen in neue Produktionsmittel oder effizientere Verfahrens- und Herstellungstechniken nur dann getätigt werden, wenn sie soziale Verwertungsmöglichkeiten beinhalten und den Arbeitnehmern zu Gute kommen. Eine Erfindung etwa, die dem Menschen den Arbeitsplatz nimmt, dürfe nicht eingeführt werden. „Unsoziale Rationalisierung, also eine Rationalisierung, die Arbeitslosigkeit schafft, ist sittlich verboten. Sie verfehlt sich gegen das rechte Maßhalten: sie liebt den technischen Fortschritt mehr als den Menschen; das aber ist Sünde."[311]

Er erinnerte die LeserInnen sowie späterhin auch die Zuhörerschaft seiner zahlreichen Vorträge daran, daß sie für die Gestaltung der Welt Verantwortung tragen und ganz besonders für die Gerechtigkeit als Basis für eine soziale Ordnung. Jedoch seien gerade in diesem Bereich seit „hundert und mehr Jahren" viele Fehler gemacht und Versäumnisse begangen worden, weshalb Rusch die „Forderungen der Gerechtigkeit auf sozialem Gebiet", wie sie Papst Pius XII. prägnant formuliert und er selbst in seinem Buch „Gott will es" dargelegt hat, in Erinnerung rief. Gemeint waren damit vor allem das Recht auf Arbeit und das auf Familienlohn.[312] Arbeitslosigkeit und die damit verbundene „körperliche und seelische Not" seien Zustände, die massiv gegen die soziale Gerechtigkeit verstoßen und deshalb beseitigt werden müßten. Dazu seien an erster Stelle „der Staat und die öffentlichen Körperschaften, in zweiter Linie auch der einzelne"[313] verpflichtet, die Arbeitsplätze und Beschäftigung durch gesetzliche Maßnahmen, Arbeitsbeschaffungsprogramme und Investitionen zu gewährleisten. Nur dadurch könne das Verlangen des Menschen nach bescheidenem Besitz – nach Ruschs Idealvorstellung „ein Einfamilienhaus mit Gemüsegarten"[314] – erfüllt werden. Mehr sollte jedoch nicht gefördert, sondern vielmehr sogar begrenzt werden, zumal die soziale Ordnung durch eine Anhäufung von Besitz und Reichtümern unterminiert werden könnte. Die „Güter der Welt" seien nach des Papstes Wort, „für alle geschaffen", weshalb „für den einzelnen kein Recht auf unbeschränkt große Vermögen" bestehe, denn „dadurch würde der Anteil der anderen allzusehr geschmälert; es würde die primäre Bestimmung der Erdengüter, allen hinreichend Unterhalt zu gewähren, gefährdet".[315]

Dies war an die Adresse der Unternehmer gerichtet, die ihrerseits einen Teil zur sozialen Gerechtigkeit und zum Wohlergehen der Arbeiter beitragen sollten, wobei sie sich zuallererst vom „liberalen Kapitalismus" abwenden müßten, „der übrigens", rief Rusch in Erinnerung, „von der Kirche verurteilt"[316] sei. Falls die Unternehmer zu Lasten der Arbeiterschaft hemmungslos ihre Gewinne maximieren und damit ungebremst ihren Reichtum erhöhen, sollte der Staat durch arbeitsrechtliche und steuerliche Regulierungsmaßnahmen eingreifen. So könnte etwa die Zahl der Arbeiter in einem Großbetrieb oder die seiner Zweigstellen beschränkt und ebenso eine Obergrenze für das Aktienkapital gezogen werden. Für ausgesprochene Großunternehmen seien auch Sondersteuern zu überlegen, wodurch das „Entstehen ungesunder Großvermögen"[317] verhindert und Klein- sowie Mittelbetriebe geschützt werden könnten. Hier fordert Rusch die Regierungen auf, entsprechende Maßnahmen zu ergreifen, die einen gesunden und selbständigen Mittelstand fördern und stärken, zumal dieser „immer das eigentlich staatserhaltende Element" gewesen sei. Der Staat müsse einsehen, daß er die sittliche Pflicht habe, für seine Bürger die Voraussetzungen zu schaffen, damit diese „Freude an ihrem Schaffen haben" und „sich im Berufsleben Persönlichkeit und Charakter wieder entfalten können".[318]

Bischof Rusch (5. v.l.) bei einem Besuch des Salzbergwerks im Halltal (wahrscheinlich Anfang der 1960er Jahre). [Erinnerungsalbum, ABSZ]

Großbetriebe, die sich zu Monopolunternehmen entwickeln – wie etwa Eisenbahnen, Post, Großkraftwerke, große Bergwerke und ähnliches – seien zur Wahrung des Allgemeinwohls bei Zahlung einer Entschädigung zu sozialisieren. Hierbei unterscheidet Rusch zwischen Verstaatlichung und Vergenossenschaftlichung, wobei er jedoch aus mehreren guten Gründen den Staat als Großunternehmer nicht favorisiert. Viel mehr hält er dagegen von einer Überführung in Genossenschaftsbesitz, denn eine solche käme allen Arbeitenden zu Gute, indem sie diese zu „Mitunternehmern macht. Das weithin uninteressierte Arbeiten in staatlichen Großbetrieben wird durch die freudige Arbeit im eigenen genossenschaftlichen Betrieb ersetzt.“[319]

In den ersten Jahren nach Kriegsende konnten solche Positionen aus „Quadragesimo anno“ durchaus auf einen breiten „common sense“ bauen und in mancherlei Hinsicht sind einvernehmliche politische Lösungen zwischen dem konservativen und sozialistischen Lager durchaus im Sinne der erwähnten Grundsätze der katholischen Sozialreform geschaffen worden. Nach Jahrzehnten der politischen Konfrontation wurde nun eine Konsenspolitik versucht, die den Klassenkampf in einer institutionalisierten Partnerschaft, der Sozialpartnerschaft, überwinden sollte.

Rusch propagierte seine sozialpolitischen Überlegungen in Wort und Schrift auch in den folgenden Jahren, wobei er sowohl Unternehmern wie der Arbeiterschaft immer wieder das Gedankengut der katholischen Soziallehre ans Herz legte.[320]

Titelseite der 1961 bei Tyrolia erschienenen Broschüre von Paul Rusch, „Menschen im Betrieb“.

Er wurde dabei nicht müde, immer wieder darauf hinzuweisen, daß im Mittelpunkt aller wirtschaftlichen Anstrengungen und im Zentrum der Arbeitswelt der Mensch stehen müsse. Er sei in der Vergangenheit viel zu sehr vernachlässigt und von Angebot und Nachfrage als „kaum beachtete Randfigur"[321] in den Hintergrund gedrückt worden. Dazu haben auch die Produktionsverhältnisse in der industriellen Arbeitswelt beigetragen, wo eine gewisse Leistungsfreude als subjektiver Maßstab für jede maschinelle Arbeit durch die Fließbandarbeit deutlich geschmälert werde und schließlich eine „seelische Ermüdung" bei den Arbeitern erzeuge. Deswegen wolle die christliche Soziallehre den Faktor Mensch wieder in den Mittelpunkt rücken, und zwar mit drei Gesetzen. Damit war an erster Stelle das Verantwortungsprinzip gemeint, das dem Unternehmer auferlege, nicht nur profitorientiert zu handeln und den Arbeitnehmer nur im Sinne einer Leistungssteigerung zu sehen. Vielmehr müsse er „die Wahrung der Substanz ‚Mensch'" zu seinem Leitprinzip erheben und dem Arbeitnehmer mit einer zufriedenstellenden Arbeit gerecht werden. Zweitens müsse das Sozialprinzip zur Geltung gebracht werden, wonach die Wirtschaft nicht Selbstzweck sei, sondern den Menschen dienen müsse. Der Arbeitnehmer „als sozial Berechtigter" habe vor allem Anspruch auf Arbeit und die Gesellschaft habe als „Verpflichtungsträger dieses Anspruches auf Arbeit" zu fungieren. Daher müsse eine „Umstellung von reiner Wirtschaftspolitik auf Arbeitspolitik [...] als sittlich gerechtfertigt gesehen" und vorgenommen werden. Das dritte Prinzip, das der Vermenschlichung, verlange, daß der Arbeiter „nicht zum Maschinenteil degradiert" werde und auf die „Maschinenwelt" ein „Strahl der Menschlichkeit fallen" müsse.

Mensch und Menschlichkeit seien in der Wirtschaft grundsätzlich und immer zu berücksichtigen und allem anderen voran zu stellen; dazu müssen auch die verschiedenen Betriebsmöglichkeiten genützt werden, aus denen sich die Stellung des Arbeiters im Unternehmen ergäbe. Rusch stellt dafür drei Varianten vor:[322] den Sozialbetrieb, in dem eine „Gesinnungsgemeinschaft" in drei besonderen Einrichtungen zum Ausdruck kommt, dem Sozialbüro und Betriebspädagogen an Stelle von Lohnbüro und Kontrollor sowie der Betriebsaussprache anstatt einer reinen Fremdbestimmung. Dadurch werde ein „Wir-Gefühl" erzeugt und das Betriebsklima verbessert, wodurch Arbeitsunwilligkeit beseitigt, Streiks unmöglich gemacht und die Produktivität gesteigert würden. Der Partnerschaftsbetrieb geht einen Schritt weiter und beschreibt eine Rechtsgemeinschaft, die den Arbeiter zum Mitarbeiter macht und ihm ein Mitspracherecht in Betriebsangelegenheiten einräumt. Darüber hinaus ist er nach einem bestimmten Schlüssel am Unternehmensgewinn beteiligt, wodurch nicht nur die Gesinnungsgemeinschaft gestärkt wird, sondern eine „Betriebsbeheimatung" entsteht, „eine glückliche Betriebsform [...], die geeignet ist, viele alte Spannungen zu lösen und ungeahnte Freude zu bereiten". Weiters erwähnt Rusch noch die Produktions- oder Werksgenossenschaft, die sich aber nur für solche Wirtschaftsbetriebe eigne, „die arbeitsintensiv sind und regelmäßigen Absatz haben". Das „Schöne" an ihnen sei jedoch, daß Arbeit und Eigentum/Kapital gänzlich in den gleichen Händen wieder vereint sind.

Zu alledem sei aber auch eine bewußte Steuerung und Lenkung der wirtschaftlichen Entwicklung vonnöten, zumal sich die Lehre von der Selbststeuerung des Marktes und der Technik als Aberglaube erwiesen habe. In einer Zeit, in der die

Produktionsprozesse von einer wachsenden Automatisierung gesteuert werden, liege es beim Menschen, ob sich solche Neuerungen positiv oder negativ auswirken. Die Automatisierung sowie die damit verbundene Rationalisierung der Produktion seien nicht aufzuhalten, doch müssen sie wirtschaftsethisch begründet,[323] d.h. sozial erlaubt sein und dürfen nicht zu „Arbeits- und Brotlosigkeit" führen. Aus diesem Grunde sei es „nötig, *Ausmaß* und *Geschwindigkeit* zu *regulieren*",[324] wobei „Beharrung und Fortschritt in einem überschaubaren Verhältnis zueinander stehen" müssen. Darüber hinaus müßten „die Menschen so herangebildet werden, daß sie die Technik sittlich zu gebrauchen verstehen", denn noch nie habe „gegolten, daß alles, was möglich ist – auch schon erlaubt" sei. „Hinter all diesen Teilerkenntnissen", resümierte Rusch, „steht die Einsicht, daß der *sittlich gereifte Mensch* in der Wirtschaft und in der Technik stehen muß, wenn sie der Menschheit Segen bringen soll".[325]

Rusch ist keineswegs fortschritts- oder technikfeindlich eingestellt. Bereits Ende 1947 hat er auf einer Tagung der Katholischen Bewegung in Dornbirn über „Technik und Gewissen" gesprochen,[326] bei der er – unter Berufung auf die Bibel – die Technik als etwas Gutes bejahte. Sie habe die „Arbeitsmühe verringert" und den „Arbeitsertrag gesteigert", habe sich aber auch dem „Kapitalismus zur Verfügung gestellt" und dadurch „viel Elend mit sich gebracht". Daraus leitete Rusch drei „praktische" Forderungen ab, wonach die „Technik […] fürderhin nicht mehr im Dienste des Kapitalismus stehen" solle, „nicht mehr der Zerstörung […], sondern dem Aufbau" zu dienen habe und schließlich – so Rusch mit Blick auf die nur wenige Jahre zurückliegende NS-Zeit – dürfe die Technik „nicht mehr der Versklavung zu Gunsten des allmächtigen Staates" eingesetzt werden. Die Erfüllung dieser Forderungen bedürfe eines „Tiefblickes" der Technik und setze ihre Einordnung in eine sittliche Ordnung voraus. Der Weg dorthin führe über den Techniker. Er muß „aus seinem eigensten Interesse heraus, seine Berufsgenossen wieder hinführen zur Geisteswissenschaft, die einordnet und vertieft und zu jenem Gebiet der Geisteswissenschaft, das die Gewissen wieder frei und mündig macht. Dieser Teil der Geisteswissenschaft ist die Religion. Die Techniker haben die Aufgabe, die Menschen in ihren Lebenskreis wieder zurückzuführen zur Geisteswissenschaft und zur Religion […], die das Gewissen bildet." Eine Rückbesinnung auf den biblischen Auftrag, nach dem sich der Mensch die Erde untertan machen solle, sei deshalb unabdingbar. Er sei nämlich nicht erfüllt worden, denn die Menschen hätten sich durch die Technik nicht die Erde, sondern die Technik habe sich den Menschen und die Erde untertan gemacht.

In seiner radikalen Analyse hätte sich Rusch damals zweifellos mit jedem marxistischen oder sozialistischen Kapitalismuskritiker treffen können, mit seinen Lösungsvorschlägen ganz sicher jedoch nicht. Daran änderte sich auch in den folgenden Jahren nur insofern etwas, als scharfe Konfrontationen mit dem kapitalistischen Wirtschaftssystem deutlich moderater geworden, die Rezepturen für dessen Heilung jedoch nahezu die gleichen geblieben sind.

In einem Referat über den „Einsatz der Technik und Maschine" stellte Rusch im Frühjahr 1958 neuerlich fest, daß dieser an sich gut sei, er jedoch der Lenkung und des richtigen Maßes bedürfe, das im konkreten Wirtschaftsgefüge durch Fachleute mit Gewissen gefunden werden müsse. Nicht „ein willkürliches Ausmaß der Technik ist gut, sondern ein vom Logos her bestimmtes Ausmaß".[327] Hier mahnte der Bischof nicht mehr nur die Beachtung ausschließlich religiös fundierter Maßstäbe ein, die sich am Menschen orientieren müßten, sondern gestand auch zweckrationalen Überlegungen und betriebstechnischen Notwendigkeiten eine gewisse Berechtigung zu. Er versuchte inzwischen auch, den Unternehmern auf ihrer Argumentationsebene zu begegnen und stützte im weiteren Verlauf seiner Ausführungen seine Kritik an der Arbeitsorganisation und den Produktionseinrichtungen nicht mehr nur auf sittliche oder ethische Normen. Vielmehr begründete er sie, als er den Schichtbetrieb ins Visier nahm, mit naturwissenschaftlichen bzw. medizinischen Erkenntnissen, die einerseits zu Gunsten des Arbeiters, andererseits aber auch zum Vorteil des Unternehmers ausgelegt werden konnten. Der Schichtbetrieb, so die Argumentation, entspreche nämlich nicht dem Biorhythmus des Menschen, was auch durch seine Leistungskurve bestätigt werde. Um die Erholungsphasen der Arbeiter zu erhöhen bzw. ihnen sinnvolle Freizeitaktivitäten zu ermöglichen – etwa die Schaffung eines Eigenheims – sprach er sich für eine moderate Arbeitszeitverkürzung aus. Es sollte aber auf jeden Fall die Sechstagewoche beibehalten und verhindert werden, „daß", so der Bischof, „die Arbeit auf vier Tage konzentriert wird, was ein ,perfekter Unsinn' wäre", denn dann hätten die Menschen zu viel Freizeit, mit der sie nichts anzufangen wüßten. Außerdem würde eine Verkürzung der Arbeitszeit eine zunehmende Verlockung für die bäuerliche Bevölkerung bedeuten, die dann oft nicht mehr auf ihrem Hofe bleiben wollte.[328] Damit in engem und ursächlichem Zusammenhang stehend, sah Rusch das Pendlertum. Dieses sei mit ernsten Gefahren verbunden, zumal sich dadurch, daß der Arbeiter nur einmal in der Woche nach Hause komme, eine „Werktagsordnung" einschleichen würde. An Sonn- und Feiertagen würden Werktagsarbeiten verrichtet werden und dadurch drohe Tirol nicht nur zu einem „Werktagsland", sondern sogar zu einem „Land der Sonntagsschändung" zu werden. Solches gelte es jedoch zu verhindern, wie überhaupt jeglicher Entwicklung ein Riegel vorgeschoben werden müsse, die das Leben und die Gemeinschaft in den Familien gefährdet. Dazu rechnete Bischof Rusch auch die Entwicklungen in der Tourismuswirtschaft.

4. „[…] daß man die Heimat sauber halte"[329] – Die Gefahren des Fremdenverkehrs

1955 hatte sich Bischof Rusch erstmals in einem eigenen Hirtenbrief[330] zum Fremdenverkehr geäußert und in den folgenden Jahren immer wieder auf die Gefahren eines fehlgeleiteten Massentourismus hingewiesen. In diesem Zusammenhang forderte er auch eine richtige Heimatgesinnung, die darin bestünde, „daß man die Heimat sauber halte".[331] Dies schien ihm deshalb notwendig, weil ihm holländische Touristen gesagt hätten, ein bestimmtes Bergtal in Tirol nicht mehr besuchen zu wollen, „weil ihnen dort die Sitten zu frei seien". Rusch verurteilte den Fremdenverkehr keineswegs in Bausch und Bogen, sondern erkannte durchaus dessen wirtschaftliche Notwendigkeit für die Tiroler Bauern.[332] Er bringe Geld ins Land, fördere die wirtschaftliche Erholung und erleichtere nicht nur den Quartiergebern eine beschleunigtere Rückzahlung ihrer Schulden. So wie die Industrie müsse auch die Tourismuswirtschaft gelenkt werden, wobei die Fremdenverkehrswerbung nur jene

Gäste ansprechen sollte, die sich in den Bergen erholen möchten, nicht aber solche „die sich ‚auszuleben' wünschen".[333] Die Vertreter der Fremdenverkehrswirtschaft sollten sich deshalb die Schaffung von „Erholungsdörfern" zum Ziel setzen und für eine „neue Ehre" für Gastwirte und Private sorgen. Den heimischen Landespolitikern schlug der Bischof die Formulierung für eine Präambel des Fremdenverkehrsgesetzes vor, in dem deutlich zum Ausdruck gebracht werde, daß Tirol ein Fremdenverkehrsland ist, das sich bewußt sei, für die Fremden Verantwortung zu tragen. „Und daher", so der Bischof weiter, „streben wir in unserem Lande, daß möglichst viele Orte echte Erholungsorte werden ..."[334] und keine „Amüsierdörfer mit Nachtbetrieben und Tanz zu allen Zeiten".[335]

Freilich konnten solche Appelle nicht verhindern, daß der Fremdenverkehr in Tirol eine Entwicklung nahm, die dem Bischof auch in späteren Jahren immer wieder Anlaß zur Sorge bot und ihn veranlaßte, seine mahnende Stimme dazu zu erheben.[336] Sein rigides verbales Vorgehen gegen ausländische Gäste konnte dabei auch höchstes Befremden, Unverständnis und Empörung im benachbarten Deutschland auslösen. Dies war der Fall, als er anläßlich der Einweihung der Felbertauernstraße im Juni 1967 mit scharfen Worten das Verhalten ausländischer Urlauber anprangerte und dabei besonders solche aus Hamburg aufs Korn nahm, die „aus diesem Sündenbabel nach Osttirol kommen und die einheimische Bevölkerung möglicherweise gefährden könnten".[337] Im bundesdeutschen Blätterwald rauschte es darauf hin gewaltig und auch in Tirol gingen in manchem Fremdenverkehrsamt die Wogen hoch, zumal Rusch mit seinen Äußerungen weit über das Ziel hinaus geschossen war. Nichtsdestotrotz ließ er durch seinen Generalvikar seine Aussagen bestätigen, die lediglich des Bischofs Sorge darüber zum Ausdruck gebracht hätten, daß „in Hamburg, ‚einer Stadt mit sehr vielen sittlichen Gefahren' für den Besuch in Osttirol geworben worden sei", weswegen er die Bitte geäußert habe, „daß die sittlichen Werte durch den Fremdenverkehr nicht beeinträchtigt werden und [...] nur fremde Gäste zu uns kommen, die zu uns passen". Nach heftigen Protesten stellte Rusch selbst wenig später in Funk und Fernsehen klar, daß er die in seiner Predigt angeführten Beispiele nur als „Randerscheinungen"[338] verstanden wissen wollte, die nicht typisch für die Bevölkerung aus Hamburg seien, das er im übrigen „nie als ‚Sündenbabel' bezeichnet" habe. Die „Tiroler Tageszeitung" sekundierte, zumal auch andere solche Worte tatsächlich nicht vernommen hätten. Sie ortete eine Fehlinterpretation der Predigtworte, die auf Grund ungünstig aufgestellter Lautsprecher oder wegen der großen Hitze und mangelnder Aufmerksamkeit schlecht bzw. falsch verstanden worden seien.

Damit beruhigte sich der öffentliche Wirbel wieder und auch der Bischof meldete sich lange nicht mehr zum Thema Fremdenverkehr. Erst gegen Ende seiner Amtszeit wies er wiederum darauf hin, daß der Massentourismus Tirols geistiges Erbe gefährden würde und der Fremdenverkehr kein wirtschaftliches Allheilmittel für das Land sei. Es sollten Alternativen gesucht werden, um insbesondere den Bergbauern zu helfen, zumal der Massentourismus die Menschen wie die Landschaft nicht zum Besten verändern würde. Durch ein gesundes Augenmaß bei Neuerschließungen sollte ein „hemmungslos wuchernde[r] Fremdenverkehr"[339] vermieden werden, wobei auf solche Projekte bewußt verzichtet werden sollte, die sozial und ökologisch

Bischof Rusch bei der Einweihung der Felbertauernstraße am 25. Juni 1967; neben ihm der Dekan von Matrei, Friedrich Kurzthaler. [Felbertauernstraße AG, Lienz]

nicht vertretbar seien. Während in dieser Wortmeldung Rusch seine Argumentation auf gesellschaftliche und umweltpolitische Überlegungen stützte, wiederholte er in seiner Silvesterpredigt 1980 die bereits in früheren Jahren ausgesprochenen Mahnungen. Nachdem er an Hand zahlreicher Beispiele auf den österreichweit feststellbaren Verfall von Sitte und Moral hingewiesen hatte, lenkte er die Blicke seiner Zuhörerschaft auch auf die nähere Heimat. „Es bedrängt mich aber", sprach der Bischof von der Kanzel des Innsbrucker Domes, „und ich kann nicht verschweigen, daß auch der ins Maßlose gesteigerte Fremdenverkehr Mitschuld an diesem zunehmenden Moralverfall ist. Ich sage es deutlich: Tirol braucht als karges Gebirgsland den Fremdenverkehr, aber dieses Übermaß bringt uns nichts Gutes."[340]

Seine Mahnworte zum Tourismus gingen jedoch im Zuge der fortschreitenden Fremdenverkehrsentwicklung unter und wurden mit dem wirtschaftlichen Aufschwung spätestens seit den 1970er Jahren mehr und mehr als lästige Einmischungen in Zeiten eines endlich erreichten Wohlstandes empfunden. Die Warnungen des Bischofs verhallten im „heiligen Land", wo die Landschaftszerstörung auch nach seinem Episkopat munter voranschritt und bis zur Gegenwart unberührte Gegenden und intakte Natur mit Liftanlagen oder auch Kraftwerksbauten angereichert werden. Von einem Verfall von Sitte und Moral sprechen nur mehr wenige und wahrscheinlich auch nur deshalb, weil die meisten damit gar nichts mehr anzufangen wissen!

5. Der Sozialhirtenbrief –
Die Brücke zur Sozialpartnerschaft

Ende der 1950er/Anfang der 1960er Jahre, nahm Rusch häufig zu Problemen der Arbeitswelt und den Gefahren einer fortschreitenden Industrialisierung öffentlich Stellung und war ein in Unternehmerverbänden, Arbeitnehmerorganisationen oder auch in der Studentenschaft häufig eingeladener Referent. Seine Kompetenz in sozialen Fragen und in der Analyse wirtschaftlicher Probleme hatte sich in den vorangegangenen Jahren in vielerlei Hinsicht erwiesen. Sie war auch innerhalb der katholischen Kirche Österreichs zum Tragen gekommen und hatte eine gewisse Öffnung in Richtung Arbeiterschaft und ihrer politischen Vertreter bewirkt.

Rusch war federführend, als die katholische Kirche Österreichs eine Brücke zum Sozialismus und seinen Repäsentanten baute, zumal er in dem von ihm maßgeblich geprägten Sozialhirtenbrief der österreichischen Bischöfe im Jahre 1956 feststellte: „Der gemäßigte Sozialismus von heute strebt eine sozialere Gesellschaftsordnung an. Das ist gut."[341]

Rusch konnte in diesem Hirtenbrief die Positionen der katholischen Soziallehre, wie sie bereits eingehend dargestellt wurden, verbindlich verankern. Besonders ausführlich äußerte sich Rusch zu den drei Prinzipien, Eigenverantwortung, Vermenschlichung und Sozialgestaltung, die konstitutive Elemente der christlichen Sozialordnung seien.[342] Das Vermenschlichungsprinzip stellt den Menschen eindeutig vor die Wirtschaft, die „um des Menschen willen da"[343] sein müsse und nicht umgekehrt. So dürfen, wie Rusch bereits in den Jahren zuvor ausgeführt hatte, in einem Unternehmen etwa nur „sozial berechtigte" Rationalisierungsmaßnahmen durchgeführt werden. Als Kriterium und Maßstab hierfür müsse das Prinzip gewährleistet sein, „daß der Mensch die erste, Technik und Wirtschaftsgüter erst die zweite Rolle spielen, also eben im Dienste des Menschen stehen".[344]

In der Wirtschaft bzw. im Arbeitsleben muß allerdings auch der einzelne Mensch, der nicht mehr der unmündige Arbeitnehmer aus der Frühzeit der Industrialisierung ist, Verantwortung übernehmen und seine Pflicht zur Leistung, zur Berufsausübung erfüllen, wodurch er sich zu einem positiven Glied der Sozialgemeinschaft forme. Seine Arbeit müsse aber gerecht entlohnt werden, d.h., daß sie einem erwachsenen Mann einen Familienlohn garantieren muß, der für eine Normalfamilie von etwa sechs Personen ausreicht.[345] Sollte der vom Arbeitgeber ausbezahlte Tariflohn dafür nicht genügen, müsse das Sozialprinzip zur Anwendung kommen und durch finanzielle Unterstützungen seitens der Sozialgemeinschaft, etwa durch die Zahlung von Kindergeld, ein familiengerechtes Ein- bzw. Auskommen gesichert werden. Denn der Mensch hat ein Recht auf sein Leben, für das er entsprechenden Unterhalt benötige. Da er meist kein Eigentum hat, aus dem ihm dieser zufließe, kann er seine Subsistenzmittel nur aus Arbeit beziehen. Daher hat der Mensch „ein Recht auf Arbeit, weil sonst das Recht, zu leben aufgehoben wird. Träger der Verpflichtung ist die Sozialgemeinschaft bzw. der Staat. Diese Verpflichtung erfließt aus der sozialen Gerechtigkeit. Der Staat ist" – nach Rusch – „also verpflichtet, auf die Wirtschaft so anregend und ausgleichend zugleich einzuwirken, daß hinreichend Arbeitsmöglichkeiten vorhanden sind. Die Sozialgemeinschaft ist verpflichtet, in ihren Wirtschaftszweigen ein öffentliches Gewissen zu schaffen, das die Unternehmungsleiter dazu drängt, Arbeitsplätze zu schaffen."[346] Nur so könne dem Arbeitnehmer sein „Recht auf Vermögensbildung" und damit auch das „Recht auf Sicherheit" verwirklicht werden.[347]

Diese Ziele seien jedoch nur zu erreichen, wenn die Gegensätze zwischen Kapital und Arbeit aufgehoben werden, wenn anstelle des Klassenkampfes eine Partnerschaft trete, die von einem gemeinsamen Interesse von Arbeiterschaft und Unternehmer, „dem Gedeihen des Betriebes, der Fabrik",[348] getragen werde. „Darum muß für den Betrieb als sittliche Richtlinie aufgestellt werden: Es geht heute um die verantwortliche Zusammenarbeit der Sozialpartner."[349]

„Die Sozialpartner", erläuterte Rusch in seinem Kommentar dazu, „müssen zusammenarbeiten und nach der kapitalistischen und marxistischen Blickverengung wieder den Blick frei bekommen für das Gemeinsame: das Gedeihen des Betriebes, des Wirtschaftszweiges, der Volkswirtschaft im Dienst des Volksganzen."[350] Diese Forderung stellte Rusch ohne Rücksichtnahme auf gesellschaftliche Kräfteverhältnisse oder ökonomische Interessen auf, denn für ihn stand ein gemeinsames Drittes über allen Einzel- oder Gruppenegoismen. In diesem Sinne relativierte er auch die Aussage des Hirtenbriefes, wonach die Partnerschaft in einem Betrieb eine „Leistungsgemeinschaft" bedeute, in der der Unternehmer die „führende", der Arbeiter die „ausführende" Stellung innehabe.[351] Hierbei handelte es sich, nach Meinung des Innsbrucker Bischofs, um eine „verfehlte[...] Gesinnung", die abgebaut und durch den Aufbau einer neuen „rechte[n] [= richtigen – H.A.] Gesinnung" ersetzt werden müsse. „Der Standpunkt des ‚Herr im Hause sein' des Unternehmers ist zu Ende. Man ist nicht einfach ‚Herr im Hause', wenn man einen Partner hat; der Standpunkt, der Unternehmer ist einfach Ausbeuter, muß ebenso zu Ende sein. [...] Der vergessene Faktor ist das Gewissen. Ich muß den anderen wieder als Menschen sehen, mit menschlichen Rechten, dem gegenüber ich sittliche Pflichten habe, und zwar auch der Arbeiter dem Unternehmer gegenüber, wie auch umgekehrt."[352]

Rusch erkannte sehr wohl die Ursachen für die vielfach unzureichenden Lebens- und Arbeitsbedingungen der Arbeiterschaft, fand äußerst radikale Worte für die gesellschaftlichen Probleme und wirtschaftlichen Mißstände seiner Zeit und lieferte eine differenzierte Betrachtung des Sozialismus bei gleichzeitiger Zurückhaltung gegenüber dem Kapitalismus. Diese Haltung beeindruckte und ließ aufhorchen und deswegen ist er – nach Annemarie Fenzl – als „‚roter Bischof' in die Geschichte eingegangen".[353]

Rusch ist bereits zu Lebzeiten, allerdings erst im Ruhestand als „ein linker, ein roter Oberhirt"[354] bezeichnet worden. In den Jahren zuvor findet sich keine solche Zuschreibung, weder in den 1950ern noch in den beiden folgenden Jahrzehnten. „Rot" als Umschreibung für eine soziale Gesinnung oder gar politische Einstellung diente damals in konservativen Kreisen vielmehr als Ausdruck des Schreckens zur Etikettierung abweichender Haltungen oder zur Denunziation für dissidente Per-

Der „rote" Bischof –
70 Jahre, 40-jähriges Priester-
und 35-jähriges Bischofs-
jubiläum 1973. [Erinnerungs-
album, ABSZ]

sonen und Meinungen. Eine „rote Kirche" galt als „Organisation des Antichristentums", als „Satanskirche" und „Gegenstück der Kirche Gottes auf Erden", deren Anfänge etwa im Bolschewismus gesehen wurden.[355] Insofern wäre wohl niemand auf die Idee gekommen, den Innsbrucker Oberhirten wegen seines sozialen Engagements öffentlich als einen „roten" Bischof zu bezeichnen, und wenn, hätte sich Rusch mit Sicherheit diese Zuschreibung energisch verbeten. Dazu bestand aber offenbar kein Anlaß, denn einigermaßen verwundert fragte sich sein Sekretär, Hans Weiser, in einer Würdigung aus Anlaß zu Ruschs 70. Geburtstag, warum denn „eigentlich niemand dem Innsbrucker Bischof ‚Linkstendenzen' nachsagt, obwohl sein klares Eintreten für die Unterprivilegierten bekannt ist und er offen davon spricht, daß es heute keine dienenden Stände mehr gebe?"[356] Freilich, – Ende der 1960er/Anfang der 1970er Jahre hat vor dem Hintergrund internationaler „linker" Studentenproteste, weltweiter Sympathien für „linke" Bürgerrechtsbewegungen und antikolonialer Emanzipationsbestrebungen oder der Konflikte mit Jugendlichen in der eigenen Diözese wohl ebenfalls niemand daran gedacht, Bischof Rusch als „roten" Zeitgenossen zu bezeichnen. Er selbst räumte 1985 in einem Interview zwar ein, daß er wegen seiner Haltung am Zweiten Vatikanischen Konzil als „roter" Bischof angesehen wurde, weil ihm – so wie anderen Konzilsvätern – „auch eine Öffnung der Kirche zur modernen Welt [wichtig war]. Früher wurde ja jeder Fortschritt der Wissenschaft mit Angst und Ablehnung betrachtet. Wenn ich" – so Rusch weiter – „zurückdenke, muß ich fast lachen, weil ich mit diesen Anliegen als ‚roter Bischof' verschrien war, und manche Konzilsväter wurden gewarnt, mit mir

Kontakt aufzunehmen."[357] Rusch selbst verband mit dieser Etikettierung keineswegs sein soziales Engagement, das etwa in seinen Initiativen zur Linderung der Wohnungsnot oder in seinen Bemühungen zum Abbau der Klassengegensätze und zur Schaffung eines innerbetrieblichen sozialen Klimas auf Partnerschaftsbasis zum Ausdruck kam. Sein Weltbild war ja auch, was Rusch selber wohl am besten wußte, keineswegs ein „linkes" oder „sozialistisches", sondern blieb fest in der christlichen Soziallehre verankert und stellte etwa, trotz radikalster Kapitalismuskritik, das Privateigentum an den Produktionsmitteln niemals in Frage. In diesem Sinne forderte er eine partnerschaftliche Kooperation von Lohnempfängern und Unternehmern, auf deren Notwendigkeit er bei zahlreichen Besuchen in diversen Tiroler Betrieben immer wieder hinwies.[358]

Während einer Betriebsbesichtigung im Metallwerk Plansee im Februar 1968.
[Erinnerungsalbum, ABSZ]

Dennoch führten die Verbindlichkeit der Aussagen des Hirtenbriefes wie auch die klaren und eindeutigen Worte seines Kommentators im Frühjahr 1957 zu einer Annäherung zwischen katholischer Kirche und österreichischer Sozialdemokratie. Dadurch wurde zweifellos auch die etwa zur gleichen Zeit wiederbelebte Kooperation zwischen den Interessensvertretungen von Arbeiterschaft und Unternehmern entscheidend gefördert, die sich schließlich in der ersten Hälfte der 1960er Jahre zu „einem entfalteten Muster der Sozialpartnerschaft"[359] entwickelte. Dorthin hat Rusch mit dem Sozialhirtenbrief, der eindeutig seine Handschrift trägt, zweifellos den Weg für die katholische Kirche bzw. christliche Politiker bereitet. Dies gelang ihm, indem er eine Brücke zu den Sozialdemokraten schlug, auf der sie sich in der Analyse der gesellschaftlichen und wirtschaftlichen Mißstände mit der Kirche treffen konnten. Hier gab es Gemeinsamkeiten, die Rusch aufzeigte und somit eine Basis für konstruktive Lösungen schuf. Daher kann Rusch durchaus und berechtigter Weise als „roter" Bischof bezeichnet werden ebenso wie die „Linken" auf jener Brücke als „christliche" Sozialisten gelten können.

Ob dem Innsbrucker Bischof wegen seines Brückenschlags jedoch die exklusive Vaterschaft[360] für die institutionalisierte Sozialpartnerschaft zuerkannt werden kann, möge dahingestellt bleiben, denn bekanntlich haben Erfolge ja viele Väter!

Die Errichtung der Diözese

Der Sozialhirtenbrief besaß nicht nur für die Arbeiterschaft eine zentrale Bedeutung, sondern er öffnete auch der Kirche in Tirol (und letztlich auch derjenigen in Vorarlberg) neue Perspektiven. Mit der Annäherung zwischen katholischer Kirche und österreichischer Sozialdemokratie rückte auch die von der SPÖ zuvor verweigerte Anerkennung des Konkordats aus dem Jahre 1933 näher, in der die Erhebung der Apostolischen Administratur Innsbruck-Feldkirch zu einer eigenen Diözese vereinbart worden war.[361] Bereits wenige Monate nach der Veröffentlichung des Sozialhirtenbriefes erkannte der damalige Vizekanzler und Parteivorsitzende der SPÖ, Bruno Pittermann, das Konkordat als Staatsvertrag an. Daraufhin wurden noch einige Novellierungen ausverhandelt und im Juli 1960 das Vertragswerk zwischen dem Vatikan und der Republik Österreich vom Nationalrat beschlossen und in Kraft gesetzt. Damit war der Weg frei für die Erhebung der Apostolischen Administratur Innsbruck-Feldkirch zu einem eigenen Bistum, die schließlich nach einigen schwierigen Verhandlungen am 6. August 1964 erfolgte. Rusch wurde darauf hin am 26. September 1964 zum ersten Diözesanbischof von Innsbruck ernannt und als solcher am 8. Dezember 1964 inthronisiert. – Ein zweifellos bedeutungsvolles Ereignis in der Kirchengeschichte Tirols, auch wenn das dem neuen, alten Bischof

Nuntius Opilio Rossi bei der Unterzeichnung des Errichtungsprotokolls für die Diözese Innsbruck-Feldkirch am 7.12.1964. Rechts neben ihm: Kanzler Josef Hammerl, dahinter Bischof Rusch und im Hintergrund links der Dekan von Lienz, Msgr. Alois Budamair.
[DAI, Fotobestand Rusch]

persönlich „eigentlich nicht so wichtig"[362] war. Er besaß ja bereits als Apostolischer Administrator alle Rechte eines Diözesanbischofs und außerdem war es nur eine Frage der Zeit, daß sein Kirchengebiet um Vorarlberg verkleinert werden würde. Dies geschah vier Jahre später mit der Errichtung einer eigenen Diözese Feldkirch, wodurch bei Rusch eine „gewisse Wunde"[363] zurück blieb.

Zur Zeit der Diözesanerhebung Innsbrucks fand in Rom das Zweite Vatikanische Konzil noch statt, das im Dezember 1965 beendet wurde und dessen Beschlüsse in den folgenden Jahren zu einem innerkirchlichen Aufbruch führten, der auch in Tirol berechtigte Hoffnungen für eine zeitgerechte christliche Glaubensentfaltung nährte. Zur Umsetzung der Konzilsbeschlüsse wurde nach langen Vorbereitungen die erste Synode der neuen Diözese am 1. Mai 1971 eröffnet, die nach zahlreichen Sitzungen im Herbst des darauf folgenden Jahres mit der Verabschiedung einer Reihe von Beschlüssen ihre Arbeit beendete.[364] Die erzielten Ergebnisse wurden recht unterschiedlich aufgenommen, zumal für die einen die durch das Zweite Vatikanum eröffneten Möglichkeiten nicht völlig ausgeschöpft wurden, andere dagegen in so mancher Initiative einen falschen Weg für die Zukunft der Kirche sahen.

Zu ihnen zählte auch der Innsbrucker Oberhirte, der einige der Synodenbeschlüsse einfach nicht anerkannte. Dazu gehörten auch solche, die die katholische Jugendarbeit betrafen und unterschiedliche Auffassungen zwischen Teilen der Basis und dem Innsbrucker Oberhirten zum Ausdruck brachten. Dabei wurde immer deutlicher, daß Rusch mit zahlreichen gesellschaftlichen Gruppen und manchen Zeiterscheinungen seine Probleme hatte, die schließlich zu heftigen Konflikten führten.

Doppelseite aus einem Dokument, das Bischof Rusch als einen der „Väter des II. Vatikanischen Konzils" ausweist und mit dem Zivil- und Militärbehörden gebeten werden, ihm „freies Geleit und, wenn notwendig, jedwede erforderliche Hilfe und Unterstützung zu gewähren".
[DAI, Bestand Rusch – Mappe 55]

„Lebensstandard-Jugend" und „rebellische Jugend"[365]

1. Der „Jugendbischof"[366]

In besonderem Maße fühlte sich Rusch der Jugend verbunden, unter der er sich „wohl gefühlt [hat]. Wenn er das Vertrauen der Jugendlichen spürte, konnte er richtig aufleben".[367] Gleiches galt für die Arbeiterschaft, die er von – in seinem Verständnis – verderblichen materialistischen Lebenseinstellungen und sozialistischem Gedankengut fernhalten wollte.[368] „Er war einer der entscheidenden Verfechter der Neuorganisation der Laienarbeit im Rahmen der katholischen Aktion; auf seine Initiative ging die Gründung der katholischen Arbeiterjugend und der Arbeitnehmerbewegung zurück",[369] wofür ihm der belgische Arbeiterpriester und nachmalige Kardinal Joseph Cardijn leuchtendes Vorbild war.

Bischof Rusch, Josef Cardijn und Mitglieder der Katholischen Arbeiterjugend vor dem Priesterseminar in Innsbruck. [Diözesanarchiv, Bestand Rusch – Mappe 55]

Basis und Hintergrund dieses Engagements waren eine Neubesinnung auf das Verhältnis von Kirche und Staat sowie ein Richtungswechsel der katholischen Kirche Österreichs, die in der Zweiten Republik eine, im Gegensatz zu ihrer politischen Rolle nach dem Ersten Weltkrieg, vollkommene andere Haltung im Staat und im öffentlichen Leben einnehmen wollte.

Bereits am 17. April 1945 hatte der Wiener Oberhirte, Kardinal Innitzer, die Verordnung der österreichischen Bischöfe vom 6. Dezember 1933 erneuert und mit dem Hinweis auf das Kirchenrecht begründet:[370] „Gemäß can. 138 des CIC darf kein Priester ein öffentliches Amt ohne Ordinariatserlaubnis übernehmen. Es ist mein ausdrücklicher Auftrag, daß die Priester sich von der Übernahme öffentlicher Ämter fernhalten, in politische Angelegenheiten sich nicht einmengen und keinerlei Empfehlungen für weltliche Stellen geben." Und in einem Hirtenwort stellten die österreichischen Bischöfe am 21. September 1945 fest, daß „je freier die Kirche arbeiten kann, um so besser wird es für das Volk sein".[371] Dies war ein eindeutiges Bekenntnis der katholischen Kirche, sich von der Politik fern zu halten, sei es durch aktive Teilnahme oder durch Stellungnahmen für oder gegen eine politische Partei. Rusch befürwortete im Einklang mit der katholischen Kirche Österreichs die Trennung von Kirche und politischen Parteien; er hielt es auch für einen Fehler, daß sich die Kirche früher zu sehr auf die Mittelklasse und den Bauernstand gestützt habe und nicht auf die Masse der Arbeiter. „Dr. Rusch twice volunteered the opinion that an Austrian Labour Party after the English model is definitely a desideratum",[372] denn wenn die österreichischen Arbeiter nicht für eine moderate Form des Sozialismus gewonnen werden könnten, würden sie – so fürchtete Rusch in hohem Maße – Kommunisten werden. Dies zu verhindern sollte aber auch ein zentrales Anliegen der Kirche, die – aus den Erfahrungen der Ersten Republik und der NS-Zeit klug geworden – sich nach 1945 auf ihre eigentliche Aufgabe, auf die Seelsorge konzentrierte, welche sie „als freie Kirche im neuen Staat",[373] bzw. als „freie Kirche in einer freien Gesellschaft"[374] ohne parteipolitische Protektion und ohne staatliche Abhängigkeit erfüllen wollte. Bei der Verwirklichung ihrer Aufgaben stützte sie sich nach dem Ende des Zweiten Weltkriegs somit fortan mehr auf ihre Basis, das Kirchenvolk, wobei die „Bischöfe des Donauraumes lieber bei den Verbänden vor 1938"[375] anknüpfen, die der Alpenländer und mit ihnen Bischof Rusch dagegen „eine stark in den Pfarren verankerte ‚Katholische Bewegung'" schaffen wollten. Die Vorstellungen der „Alpenbischöfe" setzten sich durch, fanden vor allem bei der Jugend großen Anklang und bedingten „in den ersten Jahren ein beglückendes Aufblühen des Religiösen".

Bischof Rusch bei Jugendlichen im Ferienheim in Obernberg, 1956 [DAI, Fotobestand der Caritas]

Seine Verbundenheit mit der Jugend brachte Rusch oft zum Ausdruck, so etwa bei einem KAJ-Treffen in Rom 1956, als er mit rund 700 Jugendlichen aus Tirol und Vorarlberg bei einer Papstmesse nicht mit den übrigen Bischöfen, sondern mit den Jugendlichen einzog.[376]

Durch die Beschäftigung mit sozialen Fragen und die Auseinandersetzung mit den realen Arbeits- und Lebensverhältnissen fand Rusch eine gemeinsame Sprache mit jungen Arbeitern, für deren Probleme er ein kompetenter Ansprechpartner wurde. Ihnen widmete er sich nach dem Ende des Zweiten Weltkriegs in besonderem Maße, zumal Jugend und Arbeiterschaft damals „der Kirche und dem Christentum am weitesten entfremdet"[377] waren.

Sein 1953 erschienenes Buch „Junger Arbeiter wohin?" versuchte Antworten auf Fragen und Probleme heranwachsender Jugendlicher zu geben.

Titelseite des 1953 bei Tyrolia erschienenen Buches von Paul Rusch, „Junger Arbeiter wohin?"

Seine Ausführungen zeugen von einem großen Feingefühl und Verständnis gegenüber der Befindlichkeit von Lehrlingen, die aus einem mehr oder weniger gut behüteten Elternhaus in eine fremde industrielle Arbeitswelt kommen und in ihr Vereinsamung und Kälte empfinden sowie Ausbeutung und schikanöse Behandlung erfahren.[378] Manche seiner Ausführungen vermitteln den Eindruck, als ob Rusch selber solche Erfahrungen in einer Fabrik gemacht hätte.[379] Seine Kenntnisse und Vertrautheit mit der Arbeitswelt machten zweifellos Eindruck und führten dazu, daß seine, mit zahlreichen, anschaulichen Beispielen erläuterten Überlegungen und Ratschläge für ein mitmenschliches Verhalten in Betrieb und Freizeit auch gehört bzw. gelesen wurden. Er zeigte die Gefahren einer ungezügelten und nur an materiellen Werten orientierten Lebensführung auf, warnte vor sozialistischem Gedankengut als Heilmittel für gesellschaftliche und wirtschaftliche Mißstände und verdeutlichte den Unterschied zwischen diesem und der katholischen Soziallehre. Ruschs Buch war Ratgeber und Wegweiser für junge Arbeiter und Arbeiterinnen, die Orientierung suchten in einer ihnen kaum vertrauten Lebenswelt, die ihrerseits einem schnellen Wandel unterworfen war und normative Richtwerte vermehrt in Frage stellte. Zweifellos haben auch des Bischofs kritische Anmerkungen zum Kapitalismus, die in jenen Jahren an Radikalität kaum etwas vermissen ließen, dazu beigetragen, daß sein Einfluß bei Lehrlingen und Arbeitern und ihrer Organisationen KAB/KAJ in den 1950er Jahren sehr groß war; aber auch er selbst besaß in diesen christlichen Arbeiterorganisationen großen Rückhalt. Er setzte sich damals öffentlich mehrfach für die Anliegen der Arbeiterschaft ein, forderte die Verbesserung von Arbeitsbedingungen sowie des Betriebsklimas[380] insgesamt und scheute sich auch nicht, den Unternehmern entsprechende Ratschläge dafür zu erteilen und sie in die Pflicht zu nehmen.[381] Ruschs Standort befand sich auf der Seite der Arbeitnehmer,[382] was von diesen wie auch von der Öffentlichkeit bis in die 1960er Jahre auch so wahrgenommen wurde.

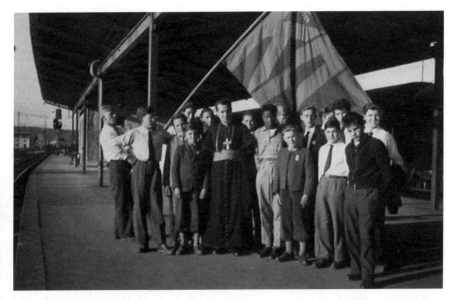

Bischof Rusch erwartet mit KAJ-Jugendlichen Josef Cardijn am Innsbrucker Bahnhof, Mitte der 1950er Jahre. [Erinnerungsalbum, ABSZ]

Bischof Rusch mit Demon-
strantInnen bei der Schluß-
kundgebung des KAJ-Pfingstkongresses 1971 vor der
Hofburg.
[Erinnerungsalbum, ABSZ]

Späterhin stieß der „höchste Arbeiterpriester des Landes"[383] mit seinen Ansichten jedoch oft auf Unverständnis und 1971 beim KAJ-Kongreß in Innsbruck gar
auf schroffe Ablehnung.[384] Diese für ihn enttäuschende Erfahrung gehörte zum
„Bittersten in seinem Leben", zumal sich „ausgerechnet jene Bewegung, die ihm
am meisten am Herzen lag, wandelte" und sich „mehr oder weniger nach ‚links'"[385]
ausrichtete. Diese Entwicklung war das Ergebnis eines gesamtgesellschaftlichen und
politischen Wandels, der wenige Jahre nach Kriegsende einsetzte und in den beiden
folgenden Dezennien zu nachhaltigen Veränderungen individueller Lebensformen
und normativer Orientierungen führte, die auf verschiedenen Ebenen und in un-
terschiedlichster Intensität mit des Bischofs Ansichten in heftige Konflikte gerieten.
Sie setzte um 1950 ein, als „der Marshallplan kam [und] die Menschen beginnen
[konnten], sich einen bescheidenen Lebensstandard aufzubauen. Ab der Mitte der
fünfziger Jahre nahm der wirtschaftliche Aufbau die Menschen immer mehr in Be-
schlag. Es begann die Zeit, in der man meinte, alles sei machbar und man brauche
die Religion nicht mehr."[386] Damals „dominierte die Lebensstandard-Jugend"[387] und
es war für den Bischof „eine grundlegende Erfahrung aus dieser Zeit, daß aufstei-
gender Wohlstand die Religion bedrängt und ihr Sinnangebot in Frage stellt. […] In
den sechziger Jahren brauchte man eben keine Katholische Jungschar oder Jugend
mehr, um sich ein Ferienlager leisten zu können, um in Gemeinschaft Gleichaltriger

die Freizeit verbringen zu können. Vielleicht haben wir uns auch zu wenig auf neue Bedürfnisse eingestellt."[388] – Diese Einsicht aus dem Jahre 1985 kam spät, zu spät für die vielen, die Bischof Rusch in dem Jahrzehnt nach dem Vatikanischen Konzil, in dem „die rebellische Jugend […] herrschte",[389] mit deutlichen Worten gemaßregelt und damit zweifellos der Kirche auch entfremdet hat.

Zu ihnen gehörten aber nicht alleine die jugendlichen Arbeiter in den Werkstätten und Fabriken Tirols, sondern auch katholische Studenten an der Innsbrucker Universität, Mitglieder der Marianischen Kongregation und selbst Theologiestudenten. In deren Umfeld hat Rusch in den Jahren 1973/74 massive Eingriffe vorgenommen oder durchführen lassen, die nachfolgend etwas ausführlicher dargestellt werden sollen.

2. KHG – Katholiken, Hochschüler und Gefahrenherde?

Die seelsorgliche Betreuung der Studierenden an Österreichs Universitäten wurde nach dem Ende des Zweiten Weltkrieges auf eine neue Basis gestellt. Hierfür entstanden in Innsbruck, Wien und Graz, 1964 auch in Salzburg und Linz die Katholischen Hochschulgemeinden (KHG), deren Aufbau sich an einem berufsständischen Modell orientierte. Sie sollten eine Gemeinschaft aller katholischen StudentInnen in der jeweiligen Universitätsstadt „nach Art einer Pfarrei"[390] unter der Leitung eines katholischen Hochschulseelsorgers sein und die Belange der Katholischen Aktion wahrnehmen. Das heißt, daß alle „kirchlichen und katholischen studentischen Vereinigungen und Arbeitsgemeinschaften" in gemeinsamen religiösen Veranstaltungen und in „einheitlicher Linie die religiöse Arbeit pflegen" sollten.[391] Prinzipiell stand die KHG allen katholischen Studierenden offen und in ihr galten „keine politischen oder vereinsmäßigen Schranken".[392] Dieser Anspruch besaß bald jedoch nur mehr programmatischen Charakter, nachdem 1946 in Salzburg der Verein „Katholische Hochschuljugend Österreichs" (KHJÖ) als eine „berufsständische Gliederung der Katholischen Aktion" gegründet worden war.[393] Im darauffolgenden Jahr entstand auch in Innsbruck eine Gruppe der KHJÖ, die sich in ihrem Selbstverständnis mehr und mehr „als Kern der Hochschulgemeinde verstand",[394] zumal auch „das Innere Statut der KHJÖ die Mitarbeit in der KHG vorsieht, und der Hochschulseelsorger zugleich auch Geistlicher Assistent der KHJ am Hochschulort ist".[395] Faktisch wurde somit eine Trennung zwischen ihr und der KHG allmählich immer schwieriger, obwohl in der Gemeinde auch andere studentische Gruppen, wie der Cartellverband (CV) oder die HMK (Marianische Hochschülerkongregation) mitarbeiteten und darüber hinaus enge Kontakte zur Evangelischen Studentengemeinde (ESG) bestanden.[396] Mitte der 1960er Jahre wurde die Dominanz der KHJ zusehends konfliktträchtiger, was vor allem in Reformgesprächen hinsichtlich einer Öffnung der KHG zum Ausdruck kam. Hierbei wurde zwar eine klare Unterscheidung zwischen KHG und KHJ getroffen und die Gemeinde als ein Ort definiert, „an dem für alle Gruppen Platz sein sollte".[397] Als jedoch im Sinne der Weiterentwicklung des Gemeindeverständnisses auch eine „Gemeinschaft der nichtchristlichen Hochschüler" geplant wurde, kam es seitens der KHJ zu deutlichem Widerstand gegen das neue Gemeindemodell, „da es anderen Gruppen Gleichberechtigung neben der Hochschuljugend zugestand".[398]

Nichtsdestotrotz versammelten sich in der KHG, vor allem im Ökumenischen Arbeitskreis, auch immer mehr StudentInnen, die keinem der bestehenden katholischen Vereine angehörten; andere kamen, die sich als Christen verstanden, jedoch in einer kritischen Distanz zur Kirche standen. Dadurch kam es vor dem Hintergrund eines gesellschaftlichen Gestaltwandels mit fortschreitenden und fast alle Lebensbereiche erfassenden Demokratisierungsbestrebungen sowie angesichts einer ideellen und funktionellen Krise der Universitäten zu einer zunehmenden politischen Bewußtseinsbildung bei den Studierenden, die – getragen von einer Aufbruchsstimmung in der Kirche nach dem Zweiten Vatikanum – auch vor Kirche und KHG nicht halt machte. Basisbewegung und Demokratisierung führten in der Hochschulgemeinde zur Bildung eines Arbeitsrats aus Vertretern sämtlicher katholischer Studentenorganisationen, der dem Hochschulseelsorger P. Emil Kettner SJ (WS 1967/68 bis SS 1970) zur Gestaltung der KHG zur Seite stand. Kettner selbst war davon überzeugt, „daß ‚nicht nur (die) an der Universität und in der Gesellschaft, sondern auch in der Kirche herrschende Entfremdung, nichtssagende Formen und Riten, fossile Strukturen des Gemeindelebens überzeugend in Frage zu stellen und dafür Neues zu erarbeiten' sei".[399] Bischof Rusch beobachtete die Arbeit P. Kettners dagegen mit Argwohn und dessen Äußerungen ließen bei ihm bald die Alarmglocken läuten, als dieser beim Semesterabschlußgottesdienst in der Jesuitenkirche am 6. Juli 1969 eine „einigermaßen heftige Predigt"[400] hielt. P. Kettner kritisierte darin mit deutlichen Worten, daß die gesellschaftlichen Verhältnisse in Tirol, die „durch Herkommen geheiligt, durch Tradition gefestigt, durch Zusammenarbeit der verschiedenen Autoritäten so immobil [seien], daß an eine Lockerung und Anpassung an die Erfordernisse der Zeit nicht oder noch nicht zu denken ist".[401] Und er führte auch Beispiele dafür aus der Welt der Studierenden an, in der es Heimordnungen gäbe, die von ihnen nicht nur als restriktiv empfunden wurden, sondern ihnen auch die Mündigkeit und Fähigkeit absprachen, ihre Wohn- und Lebensverhältnisse mitzubestimmen. Dazu fragte er, ob denn „alles in absoluter Form nur von einer Stelle, die unmittelbar mit den Studenten nichts zu tun hat, entschieden werden" müsse

P. Emil Kettner, Hochschulseelsorger in Innsbruck von 1967-1970.
[Archiv der Universitätspfarre, Innsbruck]

und ob man „die durch die Ausbildung hinausgezogene finanzielle Abhängigkeit dazu ausnützen [dürfe], um Druck, Zwang, ja Gewissenszwang auszuüben".

P. Kettner gab darauf keine Antworten, sondern überließ solche jedem und jeder einzelnen seiner ZuhörerInnen. Doch stellte er seine Fragen so, daß die daraus zu ziehenden Schlußfolgerungen zumindest für einen Großteil der Studierenden auf der Hand lagen. „Kann man heute noch am Grundsatz vergangener Tage festhalten," – fragte er etwa weiter – „daß der Landesvater bzw. die kirchliche Obrigkeit durch besondere Amtsfülle und Amtsgnade allein im Stande sind, alle Probleme auf die einzig mögliche Weise zu lösen?" Eine Alternative dazu könne gerade hier in Tirol an die „jahrhundertealte Tradition eines Bauernstandes und eines allein beschlußfähigen Landtages [anknüpfen], an den sich früher auch der Landesfürst halten mußte". Dazu wäre es aber notwendig, daß „die jungen Menschen auf diese demokratische Rechtsform […] schon in dem entscheidenden Abschnitt ihres Lebens unmittelbar vor der Übernahme von Verantwortung vorbereitet werden". Natürlich könne eine demokratische Mitbestimmung auch vor der Kirche nicht halt machen, zumal es heute kaum mehr vertretbar sei, „daß vom Staat der Diözese zur Verfügung gestellte Summen, sowie Gelder aus den Kirchenbeiträgen allein und ausschließlich von einer Stelle vergeben werden, ohne daß darauf die Zahlenden selbst auch nur den geringsten Einfluß hätten".

Damit erreichte P. Kettner bei Studierenden zweifellos große Zustimmung, in konservativen Kreisen fand er allerdings kaum Sympathien. Am wenigsten bei Bischof Rusch, der einmal mehr die Jesuiten für die kritische Glaubenshaltung und einen wachsenden Autoritätsverlust der Kirche bei Jugendlichen und Studierenden verantwortlich machte. Seiner Meinung nach würden sie an ihrer Fakultät gewisse Defizite, zumindest jedoch deutliche Nachlässigkeiten bei der theologischen Priesterbildung erkennen lassen. Sonst wäre es nicht zu erklären, daß junge Priester in ihrem Glauben keineswegs mehr eine gefestigte Sicherheit besäßen,[402] woran die von ihren Traditionen abgekommene theologische Fakultät in Innsbruck nicht ganz unschuldig sei. Diese Spitze richtete sich gegen manche Theologieprofessoren aus dem Jesuitenorden und galt natürlich auch der Arbeit im Kennedy-Haus oder der von P. Kettner geleiteten Innsbrucker KHG, wo die „weltanschauliche Verwirrung" damals „besonders groß"[403] war. In manchen Kreisen von „akademisch Gebildeten" werde sie als die „am meisten radikal[e] von allen katholisch organisierten Hochschülern" betrachtet, was eben nicht weiter verwundere, zumal – wie der Bischof zu hören bekam – diese „von Jesuiten geleitet werde".[404] Ob nun deswegen oder weil die studentische Jugend sich auch in Innsbruck in einem Aufbruch befand, – auf jeden Fall setzte man sich in der KHG damals verstärkt mit weltanschaulichen Fragen auseinander, in deren Folge auch politische Aktionen gestartet wurden, die sich etwa gegen die Ausbeutung der sog. Dritten Welt richteten.

1969 startete die KHJ an der Universität eine Spendenaktion für Biafra und anläßlich des Besuches der englischen Königin plante die KHG, in Innsbruck eine Demonstration gegen das britische Vorgehen in Biafra zu veranstalten.[405] Hierbei sollte die Queen in höflicher Weise aufgefordert werden, ihren Einfluß in jener Angelegenheit geltend zu machen, wobei Mitglieder der KHG Transparente mit folgenden Parolen entrollen wollten: „Welcome the Queen, Help to make peace,

Peace for Biafra, Human rights also for Biafra, Ölinteressen gegen Menschenrechte, Friede".[406] Den Theologiestudenten verbot Bischof Rusch die Teilnahme an der geplanten Demonstration, „da gerade sie Höflichkeit und christlichen Anstand zu üben hätten"[407] und kündigte an, jeden, der gegen dieses Verbot verstoße und an der geplanten Demonstration teilnehme, aus dem Seminar auszuschließen. Dazu kam es jedoch ebenso wenig, wie zur geplanten Demonstration, die zwar ordnungsgemäß angemeldet war, auf Weisung von Innenminister Franz Soronics aber verboten wurde. Die Studenten unterließen daraufhin ihr Vorhaben, um Krawalle mit der Polizei zu vermeiden. „Die Konfliktscheu der Tiroler Studenten war scheinbar sehr groß, die Reaktionen von Bischof und Behörden ließen in Teilen der Studentenschaft aber erstmals Zweifel über das bestehende demokratische System aufkommen."[408]

Die demokratiepolitischen Auseinandersetzungen und das Engagement gegen die Unterdrückung in der „Dritten Welt" wirkten sich auch auf das Selbstverständnis der KHJ aus, bzw. der HoJu (Hochschuljugend), wie sie sich in Innsbruck nannte. Sie begriff sich zusehends als eine Gemeinschaft, „die sich bemüht, Christentum zeitgemäß in Eigenverantwortung zu interpretieren und zu praktizieren. Dadurch ergibt sich für diese Gemeinschaft die Mitverantwortung in der Gemeinde als Kirche aus ihrer Arbeit."[409] Darunter verstanden KHG-Mitglieder auch die Verbesserung der Pastoral an der Universität, mit der es nach einer Umfrageaktion nicht zum Besten stand. Ein daraus entstandenes Arbeitspapier analysierte ungeschminkt die Situation und lieferte Anregungen für eine Verbesserung der unbefriedigenden Lage.[410] Konkret wurde darin angemerkt, daß für die Gemeinde selbst eine zu starke institutionelle Fixierung eher hinderlich wäre und sie in ihrer schwierigen Situation geradezu die „Dynamik des Vorläufigen" brauche. In diesem Sinne seien auch den „Kommunikationsmängeln mit der Diözesanleitung am besten informell zu begegnen", zumal in einem „institutionalisierten Kontaktkomitee, gleich wie es im Detail arbeiten würde", kaum ein geeignetes Mittel erkannt werden könne. „Viel Neues im Konkreten, eine Menge neuer Chancen wird das neue KHG-Zentrum im Mensagebäude[411] bringen. Hier wird man sich viel einfallen lassen können und müssen. Eine gründliche Aufwertung des Arbeitsrates dürfte jedenfalls unumgänglich sein. Aber auch die in der Hochschulseelsorge tätigen Priester und Theologen (Verbindungsseelsorger!) könnten noch viel besser kooperieren. Auch für die Seelsorge an Assistenten und Professoren ist der Stein der Weisen noch nicht gefunden."

Der Abbau der erwähnten Kommunikationsstörungen erfolgte aber nur zögernd und äußerst mühsam und letztlich mißglückte trotz einer gewissen Annäherung und nicht unberechtigter Hoffnungen auch der Versuch, auf der Basis dieses Papiers ein attraktives Programm bzw. tragfähige Kooperationsstrukturen für die KHG gemeinsam mit dem Bischof herzustellen. Dazu trug zweifellos auch die Einschätzung der Hochschuljugend und ihres Seelsorgers P. Kettner durch den Bischof bei, der sie als „linksradikal bzw. als ‚Aktion'" bezeichnete.[412] Dennoch zeigte sich Bischof Rusch in manchen Dingen gesprächsbereit, wenn er auch in anderen nicht mit den Meinungen der Studenten übereinstimmte. Immerhin kam er aber den Forderungen aus dem KHG-Arbeitskreis „Diözesansynode"[413] nach Teilnahme eines ihrer Mitglieder an den Vorbereitungssitzungen zur Diözesansynode nach und richtete auch ein eigenes Sekretariat ein, über das ein freier und unzensurierter Informationsfluß ermöglicht werden sollte. Einige Studierende arbeiteten sogar in der „Synoden-korrespondenz" mit, doch als deren erste Nummer Ende Mai 1970 „völlig anders erschien, als mit den Studenten geplant",[414] stellten sie ihre Mitarbeit ein; die KHJ beendete ihre Kontakte zum Synodensekretariat und gab keine Stellungnahmen mehr ab.

Wenig später erfolgte durch Bischof Rusch ein Wechsel des Hochschulseelsorgers, der allerdings keineswegs so „abrupt"[415] war, wie er sich für manche damals darstell-te. Vielmehr hatte Bischof Rusch bereits zwei Jahre zuvor dem seinerzeitigen Rektor des Jesuitenkollegs, P. Heinrich Leithiger – zumindest zwischen den Zeilen – eine andere Verwendung für P. Kettner nahegelegt. Als P. Leithiger wie auch dessen Nachfolger P. Otto Muck jedoch keine diesbezüglichen Aktivitäten zeigten, suchte und fand Bischof Rusch Unterstützung bei einigen anderen Ordensangehörigen, die in seinem Sinne auf die Leitung des Ordens einwirkten und etwa vorschlugen, beim Provinzial der Österreichischen Jesuitenprovinz, eine „Versetzung von P. Kettner, der uns ja allen so viele Schwierigkeiten macht, zu verlangen".[416]

Wenige Monate später bereits erfuhr Rusch im Mai 1970 vom ehemaligen Pro-fessor für Sozialethik in Innsbruck und nunmehrigen Regionalassistenten des Je-suitengenerals in Rom, P. Johannes Schasching, daß seitens des P. Provinzials einer Abberufung von P. Kettner nichts mehr im Wege stünde,[417] wobei allerdings darauf hingewiesen wurde, daß es „hiezu einiger Festigkeit bedarf, weil radikalisierende Mitglieder der katholischen Hochschuljugend ihn [P. Kettner – H.A.] lieber wei-terhin noch in Innsbruck hätten." Dieser Wunsch sei – nach der Einschätzung Schaschings – „natürlich sehr verständlich, weil P. Kettner ja meistens der Geführte und nicht der Führende war".[418] In der studentischen Öffentlichkeit hätte Kettners Arbeit große Anerkennung gefunden, weshalb Gerüchte über dessen bevorstehende Abberufung Unruhe verursacht hätten.[419] Schwierigkeiten bzw. eine Verschärfung der „Angelegenheit von P. Kettner" mußte auch Bischof Rusch zugeben,[420] doch änderten solche nichts daran, daß ein Wechsel in der Hochschulseelsorge erfolgte. In der „Unipress" vermutete die Hochschülerschaft nicht ohne Grund, daß dieser Schritt vom Provinzial der Jesuiten vor allem deshalb akzeptiert wurde, „um andere jesuitische Lebensräume hier in Tirol nicht zu gefährden"[421] und bot dafür auch gewisse Bezeichnungen und Umschreibungen an, die zweifellos allesamt einen sol-chen Vorgang treffend, wenn auch unter verschiedenen Perspektiven beleuchteten: als „Diplomatie", „junktimfreudige Überlebensversuche" oder, wie manche ganz allgemein kommentierten, eine Methode, um „unterdrückte Wahrheiten [zu] kor-rumpieren!"

Der „Preis" für P. Kettners Abberufung war jedoch für den Jesuitenorden sehr hoch, denn ihm ist seither nicht mehr die „Gunst" zuteil geworden, „den ‚Chef-posten' eines Hochschulseelsorgers in Innsbruck weiterhin zu besetzen".[422] Für P. Kettners Nachfolge wurde im September 1970 P. Dr. Heinrich Suso Braun (OFM-Cap) reaktiviert, der in den ersten Nachkriegsjahren bereits Hochschulseelsorger gewesen war. Er fand – nach eigenen Angaben – „im Oktober 1970 in der KHG unbeschreibliche Verwirrung und Chaos"[423] vor.

Um die gleiche Zeit etwa wurde das neue KHG-Zentrum in der Josef-Hirn-Stra-ße bezogen, doch zeigte sich zunächst wenig von der damit im Frühjahr noch er-

P. Heinrich Suso Braun OFM-
Cap, Hochschulseelsorger
1945-1953 u. 1970-1971,
während der Innsbrucker
Diözesansynode 1972.
[DAI, Fotobestand Rusch]

hofften Aufbruchstimmung innerhalb der Gemeinde. Die Freizeitangebote in den neuen Räumen – „Fernsehkathedralen"[424] – wurden zwar angenommen, die politische Arbeit dagegen hintangestellt und die Gestaltung der KHG änderte sich dahin gehend, daß der neue Hochschulseelsorger den Arbeitsrat nicht mehr einberief und eine Zusammenarbeit mit ihm und der KHJ nicht mehr stattfand. Diese zeigte ihrerseits kaum mehr Engagement, zumal sie sich als „Basis- und Aktionsgruppe" von der Amtskirche ohnehin nicht ernst genommen fühlte.

Erst im Frühjahr 1971 kam es wieder zu einer Annäherung, die auch in einer neuerlichen Mitarbeit der KHJ in der Diözesansynode zum Ausdruck kam, und zwar in der Subkommission II/4 „Kirche und Universität".[425] Diese Arbeitsgruppe präsentierte im Januar 1972 ein Diskussionspapier, in dem die Stellung der KHG an der Universität analysiert und die künftigen Strukturen für die Gestaltung des Lebens in der Gemeinde dargelegt wurden.[426]

Darin wurde die Sonderstellung der Universität betont, die von Freiheit in Forschung, Studium und Lehre geprägt sei und auch von der Kirche berücksichtigt werden müsse. Vor allem sei der KHG von der Kirche unter anderem auch zuzubilligen, „daß sie neue Initiativen mit Experimentcharakter innerhalb ihres eigenen Bereiches" ergreife, denn dadurch können „Tendenzen, Strukturen und Kriterien" erkennbar werden, „die so oder ähnlich auch für andere Gemeinden bedeutsam werden" könnten. „Diese sollen daher das Geschehen im Bereich der KHG nicht mit Mißtrauen, sondern eher mit kritischem Interesse verfolgen."

In dem Text, der schlußendlich in der letzten Synodenvollversammlung Ende Oktober 1972 beschlossen wurde, waren diese, von einer gewissen Aufbruchstimmung und deutlichem Optimismus getragenen Passagen, deutlich abgeschwächt. „Die Eigenart der Aufgabe der KHG", hieß es nun, „läßt es berechtigt erscheinen, daß diese nach verantwortlicher Abwägung des Für und Wider innerhalb ihres eigenen Bereiches Initiativen mit Experimentcharakter ergreift; führen neue Wege zum Ziel – was nicht von vornherein garantiert werden kann –, so können sie auch über den Bereich der KHG hinaus von Nutzen sein. Die anderen Gemeinden mögen daher die Arbeit der Katholischen Hochschulgemeinde nicht mit Mißtrauen verfolgen, sondern ihr kritisches Interesse entgegenbringen."[427]

Diese abwartende, aber immerhin wohlwollende Zurückhaltung wurde jedoch mit einer deutlichen Rüge für die KHJ eingeleitet, die als Mitarbeiterteam und Stütze der KHG zwar Anerkennung fand, deren Initiativen jedoch nicht uneingeschränkt akzeptiert wurden. Sie suchten „neue wirksame Möglichkeiten der Erfahrung und Bezeigung des Christseins für den Menschen von heute. Das führte in der jüngeren Vergangenheit zur Konfrontation mit der kirchlichen Autorität. Dieser erschien die Katholische Hochschuljugend als Herd der Unruhe und Verunsicherung, statt als missionarische Kerngruppe; die Katholische Hochschuljugend ihrerseits empfand obrigkeitliche Maßnahmen als autoritär und repressiv. – Das Ungestüm mancher studentischer Äußerungen ließ auch in breiten Kreisen der Öffentlichkeit Unbehagen und Mißtrauen entstehen."[428]

Was war geschehen? In den Monaten, die zwischen den beiden Texten lagen, hatte sich die KHG fundamental verändert. Dort hatte die Forderung nach mehr Mitbestimmung innerhalb der Gemeinde immer mehr Platz gegriffen und wurde auch in mehreren Beschlußvorlagen in der Synode zum Ausdruck gebracht. So sollte etwa bei der Bestellung eines neuen Hochschulseelsorgers nicht nur eine Befragung des Hochschulgemeinderats (HGR) erfolgen, sondern diesem auch ermöglicht werden, mit Zweidrittelmehrheit einen in Aussicht genommenen Kandidaten zu verhindern. Der erwähnte Gemeinderat war eine „Initiative mit Experimentcharakter" und sollte laut der ursprünglichen Kommissions-Vorlage vom Januar 1972 vom Hochschulseelsorger analog zu den im Herbst 1970 geschaffenen Pfarrgemeinderäten als Hochschulgemeinderat bis zum Jahre 1973 gebildet werden.[429] Er sollte „in geeigneter Weise alle repräsentieren, welche die Kirche an der Universität verwirklichen wollen [...], mitbestimmend in Fragen der Leitung und Arbeit der Katholischen Hochschulgemeinde als ganzer [sein], wobei die Eigenständigkeit mitarbeitender Gruppen zu berücksichtigen ist".[430] Um dies zu gewährleisten sollte sich der HGR aus je einem Vertreter oder einer Vertreterin der ProfessorInnen und AssistentInnen zusammensetzen, dem Hochschulseelsorger, dem Sekretär der KHG sowie aus zwei bis drei vom HGR kooptierten Mitgliedern aus Gruppierungen, „die durch die Wahl nicht entsprechend vertreten gewesen wären".[431] Nach „langen Diskussionen und nach Billigung durch den Bischof",[432] der grundsätzlich der Wahl eines solchen Gemeinderats zustimmte, allerdings mit der Einschränkung, daß er ihn – solange die Diözesansynode keinen endgültigen Beschluß dazu gefaßt hatte – „nur provisorisch anerkennen könne, jedoch auch dies nur unter der Voraussetzung, daß die Wahl ordnungsgemäß"[433] durchgeführt werden würde, erfolgte die Wahl für den ersten HGR am 12. und 13. Juni 1972; der dafür angewandte Wahlmodus erkannte allen an der Universität Innsbruck Immatrikulierten das aktive Wahlrecht zu, das passive allen jenen Studierenden, deren Kandidatur mit 20 Unterschriften unterstützt würde.

Das Ergebnis dieses Urnengangs, bei dem sieben der gewählten KandidatInnen dem „Offenen Zentrum" (OZ), drei der KHJ und einer dem CV angehörten,[434] wurde jedoch vom Innsbrucker Oberhirten nicht akzeptiert! „Nachdem der Wahlvorgang nicht einwandfrei war, habe ich" – so Bischof Rusch rund fünf Monate später – „nach erfolgter Wahl nicht gezögert, mehrfach mitzuteilen, daß ich diesen Hochschulgemeinderat nicht anerkennen könne."[435]

Ebenso wenig wie Bischof Rusch den neuen HGR anerkannte, berücksichtigte er auch den Kommissionsantrag, der die Bestellung bzw. Abberufung eines Hochschulseelsorgers zum Inhalt hatte. Nachdem der Nachfolger P. Brauns, P. Dr. Günter Stemberger OFM, seine Funktion zum 1. September 1972 zurückgelegt hatte,[436] präsentierte Bischof Rusch mit Dr. Peter Steidl einen neuen Hochschulseelsorger, der sich wenig später in der ersten, trotz der bischöflichen Nichtanerkennung zusammen getretenen HGR-Sitzung bereit erklärte, „die Hochschulgemeinde partnerschaftlich mit dem Hochschulgemeinderat zu leiten".[437]

Somit begann für die KHG das Wintersemester 1972/73 mit einer erweiterten Leitungsstruktur, durch die Mitsprache und Mitgestaltung auf breiter Basis ermöglicht werden sollten. Dazu dienten vornehmlich auch die im Oktober 1972 erstmals erschienenen „Flugblätter" als Organ der KHG, die jeweils der „Unipress" beigeheftet wurden und somit jedes ÖH-Mitglied erreichten. In der ersten Nummer wurden die pastoralen Leitsätze der Innsbrucker Synode zur Funktion der Kirche an der Universität sowie die diesbezüglich gestellten Anträge unkommentiert veröffentlicht. Sie wurden quasi als Legitimationsbasis für das Bestehen und die Arbeit des HGR betrachtet, womit man gleichzeitig die Hoffnung verknüpfte, auf der Basis der Synodalbeschlüsse, Gemeinde selbst verwirklichen zu können, und zwar eine

DDr. Peter Steidl, Hochschulseelsorger in Innsbruck
von 1972-1979.
[Archiv der Universitätspfarre, Innsbruck]

solche, „die sich nicht im Konsum erschöpft, sondern aktives Christentum leben will. Eine Gemeinde, welche die konkrete sozialpolitische Lage in Innsbruck auch von der Intention des Christentums her zu bewältigen sucht. Eine Gemeinde, die Drehscheibe für Konfrontation, Information und Kommunikation sein will, um

TIROLER EINGEBORENE
BEIM MORGENSPORT

Bischof Rusch und Landeshauptmann Wallnöfer beim Frühsport. Karikatur aus den „Flugblätter. Organ der Katholischen Hochschulgemeinde" Nr. 2, WS 1972/73, 15-11.

der Aufgabe einer Studentengemeinde gerecht zu werden. Eine Gemeinde, die in gemeinsamer Eucharistiefeier die Motivation Christi reflektiert und daraus zu leben versucht."[438] Dazu gehörte es im Selbstverständnis der KHG, zu den gesellschafts-politischen wie spezifisch studentischen Problemen deutlich Stellung zu beziehen, wie etwa zu den Wohnungsproblemen in Innsbruck. Hierzu standen klare Wor-te in den „Flugblättern", mit denen die katastrophalen Wohnverhältnisse und die überhöhten Zimmerpreise in der Universitätsstadt angeprangert wurden. Ebenso deutlich erklärte sich die KHG mit den Bewohnern eines besetzten Hauses in der Innsbrucker Schöpfstraße solidarisch und verurteilte jegliche Versuche, dieses mit Polizeigewalt zu räumen. Gestützt auf die pastoralen Leitsätze der Synode, wonach es Aufgabe der KHG sei, sich für die „sozialen Belange der Studierenden, z.B. für die Beschaffung von Wohnraum einzusetzen,"[439] betonte der HGR, sich „genauso wie die Besetzer des Hauses dafür ein[zusetzen], daß eigene Initiativen entwickelt wer-den, einen aktiven Beitrag zur Wohnraumbeschaffung zu leisten." Konkret wurde dazu aufgefordert, eine Bestandsaufnahme des ungenützten Wohnraums in Inns-bruck durchzuführen und auf öffentliche Stellen dahingehend einzuwirken, solchen zur Verfügung zu stellen. Im besonderen unterstützte die KHG auch eine Initiative zur Errichtung des ersten Tiroler Ganztagskindergartens in der Mehrzweckhalle der Gemeinde, wo vor allem studierenden Eltern eine Betreuung für ihre Kinder geboten werden sollte. Die Realisierung dieses Projekt zog sich jedoch hin, weil nach Auffassung des HGR Bischof Rusch die notwendigen bürokratischen Schritte nur zögerlich einleitete.[440] Diese Zurückhaltung resultierte zweifellos aus dem wach-senden Unbehagen des Innsbrucker Oberhirten gegenüber dem zwar sehr aktiven, in seinen Augen jedoch keineswegs legal bestehenden Gemeinderats. Daran ließ Rusch nicht nur keine Zweifel aufkommen, sondern er versuchte immer häufiger den HGR und mit ihm die KHG in Mißkredit zu bringen. So beschuldigte er sie in seinem Abschlußreferat am Ende der zweijährigen Synode, „für die Abtreibung zu sein".[441] Die KHG bzw. der HGR hatte zwar mehrfach Diskussionsbeiträge zur damals laufenden Strafrechtsänderung, besonders zur Reform des § 144[442] in den „Flugblättern" abgedruckt, doch entbehrte des Bischofs Vorwurf jeglicher Grund-lage. Sogar der Synodenberichterstatter in der „Tiroler Tageszeitung" bezeichnete jene Anschuldigung als „Betriebsunfall" und stellte fest, daß, „seit 1938 noch kein österreichischer Bischof so aus der Rolle gestolpert" sei wie Rusch. Solches Auftre-ten des Bischofs wurde denn auch wenig schmeichelhaft von einem HGR-Mitglied kommentiert, das ihn als einen Landesfürsten bezeichnete, „wie wir ihn aus der föderalistischen [müßte wohl „feudalen" heißen – H.A.] Zeit her kennen! […] Er ist ein Dickschädel, der nur in der Verwirklichung seiner eigenen Pläne konsequent ist."[443] Und der HGR paßte nicht in Ruschs Pläne! Obwohl er im Frühjahr 1972 seine Zustimmung zur Wahl eines provisorischen Gemeinderates gegeben hatte und auch Hochschulseelsorger Dr. Steidl auf dessen „gesetzmäßige[r] Berechtigung" pochte, erklärte der Innsbrucker Bischof nach Beendigung der Synode einer Delegation der KHG neuerlich, daß für ihn „de iure der Hochschulgemeinderat" nicht beste-he, denn dieser sei „nichts anderes als eine Vorwegnahme eines erhofften Synoda-lenbeschlusses, der schließlich ausblieb!"[444] Tatsächlich bekam der diesbezügliche Antrag in der dritten Vollversammlung der Synode Ende Oktober 1972 nicht die erforderliche Zweidrittelmehrheit, – ein Gegenantrag, der die Leitung der KHG alleine dem Hochschulseelsorger zuweisen sollte, erhielt aber ebenfalls nicht die notwendige Zustimmung.[445]

Die unnachgiebige Haltung des Bischofs hinsichtlich Basisdemokratie und studentischer Entscheidungskompetenz forderte natürlich den Widerstand des HGR heraus, der an der neuen Mitbestimmungsform und Leitungsstruktur der KHG festhalten und das Ziel einer rechtlichen Bestätigung in Gesprächen und durch Überzeugungsarbeit erreichen wollte. Eine Chance dafür erblickte die Innsbrucker KHJ Mitte November 1972 in Linz, wo sie in einer Vorstandssitzung der KHJÖ versuchte, diese aus ihrem „Ghettodasein zu wecken" und gleichzeitig von ihr Anerkennung und Bestätigung der Legalität des HGR zu erhalten. Deswegen legte die Innsbrucker HoJu ihr Selbstverständnis als christliche Studentengruppe und ihr darauf begründetes hochschul- wie gesellschaftspolitisches Engagement offen dar und zeigte auch die daraus erwachsenden Folgerungen für die Programmatik und das innere Statut der KHJÖ auf.[446] Gestützt auf eine Äußerung von Bischof Rusch aus dem Jahre 1949, wonach „traditionserstarrt" nur der sei, „wer auf alle Fälle auch die äußere Form retten will," argumentierten die Innsbrucker mit Zitaten aus dem inneren Statut der KHJÖ, Bemerkungen der Grazer und Innsbrucker Hochschulseelsorger und Äußerungen prominenter Theologen zu einem Konzept für offene Strukturen und verantwortungsbewußter wie kritischer Mitarbeit in der Kirche. Außerdem sei die Form der Leitung und Repräsentation der Gemeinde, wie sie der Innsbrucker HGR erprobe, von der Diözesansynode angeregt und auch von seiten des Bischofs gewünscht worden. Dann habe die Amtskirche ihn jedoch aufgrund „der Wahlordnung und des Ergebnisses" in Frage gestellt und auch die Legalität des Experiments bestritten. Gleichwohl habe sich der HGR als arbeitsfähig erwiesen, zumal der Kontakt zwischen dessen Mitgliedern und dem Hochschulseelsorger positiv sei. Außerdem habe er zu einer deutlichen Belebung der Kommunikation zwischen Gemeinde, Universität und Gesellschaft beigetragen und sehe sich deshalb auch auf einer Linie mit namhaften Theologen, wie etwa Karl Rahner. Dieser hatte nämlich den Standpunkt vertreten, daß „in der gegenwärtigen Situation der Kirche das Experiment von großer Bedeutung" sei, und daß man sich im Zweifelsfalle „für das Wagnis zum Unterschied zur Erhaltung des bisher Gegebenen und Erprobten zu entscheiden" habe. Denn in einer Zeit „beschleunigten geschichtlichen Wandels [sei] es notwendig, im Mut zum Neuen und Unerprobten bis zur äußersten Grenze zu gehen."

Die Innsbrucker KHJ ließ in der Vorstandssitzung keine Zweifel daran aufkommen, daß sie solche Wege beschreiten wolle und hatte hierfür auch schon die Richtung vorgegeben. Danach bestand für sie die Aufgabe der Kirche darin, „zu entdecken, wo die Versöhnung Gottes – theologisch gesprochen – hereinbricht, und das kann nur heißen: In der Gesellschaft – einer Gesellschaft voller Widersprüche und offener wie latenter Konflikte."

Diese Versöhnung müsse ihrer Ansicht nach auf drei Wegen erfolgen, durch eine „zurückhaltende Versöhnung", mit einer „offene[n] Kritik" und durch eine „schöpferische Distanz". Erstere soll „als Vermittlung divergierender Gruppen" auftreten, wobei es nicht „um Bekehrung" gehe, sondern darum, „die Absonderung bestimmter Bereiche und Gruppen zu verhindern". „Offene Kritik" könne auf Universitätsebene nur heißen, daß hier „Vorlesungskritik" geübt, „Vorlesungswünsche" und „generelle Vorschläge zur Studienreform" geäußert wie auch die „Mitarbeit in politischen Hochschulgruppen" praktiziert werde. Auf die Gesellschaft im weitesten Sinne übertragen erfordere sie, daß schon während des Studiums Funktionen übernommen werden müssen, „die auf die Veränderung des status quo abzielen" und die „Bevölkerung über offene und schleichende autoritäre Tendenzen" aufzuklären sei. Und auf die Kirche bezogen bedeute „offene Kritik", daß die „Intellektuellen" Verantwortung für eine kirchliche Entwicklung übernehmen müssen, wobei es freilich auch „zu weiteren schöpferischen Spannungen zwischen Studenten und der Amtskirche kommen" könne. Zu guter Letzt sei auch eine schöpferische Distanz vonnöten, zumal „das institutszentrierte Denken der Kirche [...] eine innengerichtete Isolation [...] und institutionellen wie sozialen Konservativismus" schaffe, der per se „dem sozialen Wandel im Wege" stehe. – Mit einem solchen Programm wollte die HoJu in Linz Zustimmung für das Modell studentischer Mitbestimmung und hochschulpolitischen Engagements innerhalb der KHG erreichen.

Der KHJÖ-Vorstand empfand die vorgetragenen Ausführungen jedoch „als ungeheuerlich"! Eine Klärung bzw. eine gemeinsame Positionsbestimmung erfolgte in Linz darauf hin nicht. Die Innsbrucker vermuteten, daß der Hintergrund der nahezu geschlossenen Ablehnung die Angst gewesen sei, „den Schritt von der Nabelschau zur offenen Arbeit nicht leisten zu können [und] von anderen Gruppen überspielt zu werden."

Die ausführlich präsentierten Inhalte und Ziele ihrer politischen Arbeit, ihre Offenheit und Transparenz wie auch die von ihnen demonstrierte autoritäts- und hierarchiefreie Gesprächskultur zeigten klar die Gräben zu den übrigen österreichischen KHJ-Gruppen auf. Die unterschiedlichen Auffassungen von Gemeinde und Gemeindearbeit wurden deutlich erkennbar, wenn auch eine offene Diskussion hierüber nicht stattfand. Deshalb forderten die Innsbrucker „nachträglich alle KHJ-Kränzchen Österreichs auf, die Beziehung KHJ – KHG schriftlich darzulegen und außerdem, das in Linz mühsam verschleierte Mißtrauen gegenüber der KHG Innsbruck zu begründen".

Bevor jedoch die Innsbrucker KHJ eine Antwort erhielt, gelangten vom Grazer Hochschulseelsorger, gleichzeitig Vorsitzender der Arbeitsgemeinschaft Österreichischer Hochschulseelsorger, Dr. Egon Kapellari, umgehend ausführliche Informationen von der KHJÖ-Vorstandssitzung an Bischof Rusch. Er hatte sich bereits kurz nach den HGR-Wahlen an Bischof Rusch gewandt und seine Sorge über die Strukturveränderungen der Innsbrucker KHG zum Ausdruck gebracht, wobei ihm die Tatsache, daß die KHJ im Innsbrucker HGR nicht die Mehrheit besaß, ein besonderer Dorn im Auge gewesen ist. Kapellari hielt deshalb ein Statut unbedingt für notwendig, und zwar eines, in dem „die Funktion der KHJ genau umschrieben und nicht dem Zufall überlassen wird". Denn ohne KHJ könne sein Innsbrucker Amtskollege „auf lange Sicht nicht erfolgreich arbeiten [...] und außerdem würde die Zusammenarbeit mit den anderen Hochschulorten wegen des Fehlens einer analogen Struktur sehr erschwert werden".[447] Die Befürchtung, daß die Innsbrucker KHG über den HGR von Studentengruppen majorisiert werde, die sich zwar als christlich begreifen, aber ein weniger ausgeprägtes Naheverhältnis zur Amtskirche aufweisen würden, habe sich durch das Auftreten der Innsbrucker HoJu in der im November 1972 stattgefundenen Vorstandssitzung neuerlich als berechtigt erwiesen und sei innerhalb der KJHÖ deutlich spürbar. Deshalb bestünden auch große Vorbehalte gegenüber dem Innsbrucker Experiment, die trotz allem jedoch in gewisser Weise abgebaut werden konnten. „Die KHJ in Innsbruck" (gemeint war damit eine bestimmte kleine Gruppe innerhalb der HoJu) sei nämlich daran – wußte der Grazer Hochschulseelsorger Bischof Rusch zu berichten – „sich zu erholen; dies gerade in Konkurrenz zum OZ und als unliebsame Begleiterscheinung bei der Wahl zum Hochschulgemeinderat",[448] mit dessen Wahlmodus auch sie nicht einverstanden sei. Deshalb wolle sie einen neuen für die Wahl zum nächsten HGR ausarbeiten. Damit war natürlich die Hoffnung verbunden, dann wieder eine HGR-Mehrheit durch zuverlässige bzw. kirchentreue KHJ-Vertreter erreichen zu können. Deshalb und weil auch die Arbeit im HGR einigermaßen funktionieren würde, sei im KHJÖ-Vorstand beschlossen worden, ihn, Bischof Rusch, zu bitten, den bestehenden HGR „für das laufende Studienjahr mit Experimentcharakter anzuerkennen".

Dr. Egon Kapellari, 1964-1981 Hochschulseelsorger in Graz; Vorsitzender der Arbeitsgemeinschaft Österreichischer Hochschulseelsorger in den 1970er Jahren.
[Privatbesitz: Gerhard Orth, Graz]

Das entsprechende Schreiben des KHJÖ-Vorsitzenden langte Mitte Dezember bei Rusch ein. Darin wurden im wesentlichen die bekannten Bedenken neuerlich wiederholt, hinsichtlich des neuen Wahlmodus für den HGR jedoch ohne Umschweife gefordert, ihn dahingehend abzuändern, „daß die katholischen, mit den Zielen der Hochschulgemeinde übereinstimmenden Studenten ihre Vertreter in den Hochschulgemeinderat wählen".[449] Im Klartext bedeutete dies, daß der KHJ im HGR eine Majorität garantiert werden müsse, was den Intentionen und dem Konzept einer offenen KHG freilich vollkommen widersprach. Gegenüber der Innsbrucker HoJu wurde seitens des KHJÖ-Vorsitzenden die Arbeit im HGR begrüßt, weniger jedoch die „fruchtlose[n] Debatten und Kontroversen um organisatorische, formelle Fragen",[450] die – wie in dem Brief an den Innsbrucker Bischof klar zum Ausdruck gebracht – ohnehin nur in einem ganz bestimmten Sinne gelöst werden können. Diese Ansicht bestätigte auch Rusch, der im Übrigen seine „Zustimmung" zu einem HGR richtig stellte, wie er es in einem früheren Brief an den Grazer Hochschulseelsorger bereits getan hatte. Damals hatte Rusch noch angeführt, daß der Innsbrucker Hochschulseelsorger Dr. Steidl von ihm lediglich die Erlaubnis bekommen habe, „daß er mit diesen Leuten persönlich arbeiten könne, ohne jedoch auch nur eine provisorische Anerkennung des Hochschulgemeinderates zuzulassen".[451] Und Rusch vergaß auch nicht, die Ursache der seiner Meinung nach unglücklichen Entwicklung zu nennen, indem er Dr. Steidl zwar gute Arbeit und besten Willen bescheinigte, doch habe er „in der kurzen Zeit den Geist [innerhalb der KHG – H.A.] noch nicht ändern [können], dies besonders auch deswegen, weil mehrere Jesuitensynodalen mit massiver Unterstützung an dieser mir gefährlich erscheinenden Entwicklung mitgearbeitet haben". Damit waren nun Roß und Reiter deutlich beim Namen genannt, aber auch die schwierige Lage dargelegt, in der die unterschiedlichen Interessen von HoJu/HGR, KHJÖ und Bischof Rusch aufeinander trafen. Einige Lösungsvorschläge für diese konfliktgeladene Situation unterbreitete der Grazer Hochschulseelsorger, wobei er neuerlich für die KHJ eine juridisch verankerte Rolle im Gemeinderatsstatut forderte, zumal es sich bei ihr um die einzige Gruppe handele, „die *ausschließlich* für die Hochschulgemeinde arbeitet";[452] außerdem werde sein Innsbrucker Amtskollege bald entdecken, „daß er unbedingt eine Gruppe braucht, auf die er sich verlassen kann und deren Wille zur Mitarbeit nicht von Umständen abhängt, auf die er keinen Einfluß nehmen kann". Die Initiativen und das Engagement in einer sich offenbar neu formierenden Innsbrucker KHJ sollte also für die KHG genützt werden, wobei deren Inhalte mit den Aufgaben der Kirche freilich konform gehen müßten. In diesem Sinne sollte auch der HoJu Eigenständigkeit gewährt werden, denn eine Studentengruppe, „die nur als Knecht im Haus behandelt wird, wird keine Arbeitslust zeigen oder erst gar nicht zustande kommen". Damit erwartete Dr. Kapellari von Bischof Rusch auch etwas mehr Bereitschaft, auf die Anliegen der Innsbrucker KHJ einzugehen und ihr – in formal klar definierten Räumen – mehr Mitsprache zu gewähren. Diese Fürsprache für studentische Mitbestimmung sollte offenbar aber nur für eine handverlesene Schar von KHJ-Mitgliedern und für die Zukunft gelten, denn die damaligen Aktivisten in der KHG konnte Dr. Kapellari wohl nicht gemeint haben. In ihnen sah er nämlich nur eine „kleine Gruppe frustrierter und […] neurotisierter Studenten",[453] die „Unipress" und „Flugblätter" als ihr Sprachrohr benützten. – Auf eine solch „differenzierte" Einschätzung der Innsbrucker Hochschülerschaft ist eine Antwort von Bischof Rusch leider nicht bekannt.

Unterdessen setzte der Innsbrucker HGR seine Arbeit fort, die ihren Niederschlag auch in insgesamt 14 ordentlichen Sitzungen fand, an denen der Hochschulseelsorger jeweils teilgenommen hatte. Fast sämtliche Beschlüsse wurden ohne Gegenstimme gefaßt und obwohl Dr. Steidl erklärt hatte, daß diese für ihn verbindlich seien, gab es immer mehr Zweifel daran und das Klima in der KHG verschlechterte sich zusehends. Der HGR zeigte sich immer weniger mit der „partnerschaftlichen" Leitung der KHG einverstanden, wobei neben diversen Meinungsverschiedenheiten

Dr. Steidl sich vor allem den Vorwurf gefallen lassen mußte, bei „bedeutenderen Fragen" den HGR zu umgehen. Der Hochschulseelsorger „seinerseits fühlte sich von den Studenten ‚bewußt ignoriert' bzw. prinzipiell nie oder zu spät informiert". Darüber hinaus „kämpfe" – so Dr. Steidl – die Innsbrucker HoJu „gegen die KJHÖ", weiche von deren Kurs ab und sei „bezüglich der gesamtösterreichischen Struktur im ‚Alleingang'".[454] Darunter verstand er die Entwicklung innerhalb der KHG, die seit einigen Jahren erkennbar sei und sich immer stärker zugespitzt habe.

Diesen, schon länger andauernden Prozeß stellte wenig später die HoJu aus ihrer Sicht in der „Unipress" dar, wobei sie die Eskalationsstufen ebenso deutlich wie ungeschminkt anführte.[455] Seit Ende der 1960er Jahre, also schon unter P. Kettner, hätten Unruhe und Ansätze zu kritischem Denken in der KHG bereits Wurzeln geschlagen und sich u.a. auch anläßlich der Errichtung des neuen KHG-Zentrums deutlich gezeigt. Bischof Rusch habe damals die Chance ergreifen wollen

> „die Übergabe der Räume von einer Loyalitätserklärung[456] der unbotmä-
> ßigen Studenten abhängig zu machen, deren Erfüllung zumindest auf
> dem Papier ein Aufgeben aller höheren menschlichen Denkfunktionen
> bedeutet hätte. […] Indiskretionen (Publikation der Loyalitätsforderung)
> ließen auch diese ‚Seifenblase klerikaler Machtwünsche zerplatzen.' Nach-
> einander wurden nun Priester mehr oder minder gegen ihren Willen als
> Hochschulseelsorger in die KHG verheizt: Der erste war P. Suso Braun
> (Zit. … ‚der hochwürdige Bischof hat mich mit erhobenen Händen gebe-
> ten, diesen Posten zu übernehmen …') obwohl er untätig zusehen muß-
> te, wie ausgerechnet von der KHG aus die bischöfliche Antipornoaktion
> ‚Saubere Luft'[457] […] in die ‚Luft gejagt wurde', wagte er es dennoch nicht,
> mißliebige Personen von der KHG zu vertreiben.
> In die Amtszeit Dr. Stembergers fiel dann die im Synodenvorschlag vor-
> gesehene Wahl des Hochschulgemeinderates (= Pfarrgemeinderat auf
> Hochschulebene). Die Wahl wurde vom Bischof genehmigt. Wahlberech-
> tigt waren alle an der Universität inskribierten Studenten. Als aber wider
> Erwarten ein Sieg der Wahlgruppe Offenes Zentrum herauskam (TT[458]:
> ‚Linksrutsch auf der KHG') wurde die ganze Wahl nicht anerkannt und in
> der Folge auch der Synodenvorschlag über die Kirche auf der Hochschule
> von Rusch nicht bestätigt. … Dr. Stemberger trat aus dem Orden aus und
> ließ sich laisieren … Dann kam ausgerüstet mit einem bischöflichen De-
> kret, das ihm die alleinige Verfügungsberechtigung über die Räume der
> KHG zusichert, […] Dr. Peter Steidl. Sein ganzes Verhalten dem offiziell
> illegalen Hochschulgemeinderat gegenüber war auf Partnerschaft, Subsi-
> diarität und Pluralismus getrimmt. Damit vermochte er auch die längste
> Zeit den Hochschulgemeinderat zu täuschen und größere Unruhe zu ver-
> hindern. Da aber die KHG als offenes Zentrum immer mehr verwirklicht
> wurde und sich seitdem immer öfter kritische Mediziner, Afrikakommittee
> [sic!], Aktion 3. Welt, usw. in den Räumen treffen und anderseits [sic!] im
> Organ der Katholischen Hochschulgemeinde Flugblätter immer mehr hie-
> rarchieunfrommes Zeug veröffentlicht wird […], ist Steidl nun gezwungen,

sein wahres Gesicht offen zu zeigen. Er versuchte ganz offen, engagierte Gruppen aus der KHG zu vertreiben. Der Hochschulgemeinderat machte daraufhin kurzen Prozeß. [...] Die Wahl eines Hochschulgemeinderates zu den gleichen Bedingungen wie im Vorjahr wurde auf einer Gemeindeversammlung mit ganz wenigen Gegenstimmen beschlossen."[459]

Das hieß, daß wiederum alle immatrikulierten HörerInnen das aktive und alle katholischen StudentInnen das passive Wahlrecht besitzen sollten. Als bei jener am 3. Mai 1973 erfolgten Zusammenkunft dann auch noch der Hochschulseelsorger selbst und ganz besonders sein Führungsstil massiv kritisiert wurden, verließ dieser die Versammlung, „und die Studenten konnten sich keine weitere Zusammenarbeit mit ihm mehr vorstellen".[460]

Was die StudentInnen zu diesem Zeitpunkt mit Sicherheit nicht wußten, war, daß ihr Hochschulseelsorger hinter ihren Rücken bereits massiv an einem Umbau der KHG arbeitete. Aus einem Konzept, das er Bischof Rusch Ende April vorlegte, geht klar hervor, daß der Hochschulgemeinderat nur mehr für das Funktionieren und den Erhalt der Organisationsstrukturen und für die Durchführung der Arbeitsprogramme innerhalb der KHG Verantwortung übernehmen sollte. Hierbei müßten die Grundsätze der KHG beachtet und verfolgt werden, die vor allem in der Liturgie, Glaubensvertiefung und im sozialen Dienst „zielorientiert zu verwirklichen"[461] seien; dabei müsse die „gläubige und soziale Spiritualität" absolute Priorität besitzen. Außerdem sollte eine Zusammenarbeit mit der theologischen Fakultät und anderen, dezidiert genannten Institutionen der Kirche bzw. ihr nahe stehenden Organisationen angestrebt werden; eine Kooperation mit anderen studentischen Vereinigungen oder Initiativgruppen ist in dem Papier nicht erwähnt. Zu guter Letzt bekräftigte Dr. Steidl noch, daß Information und Mitverantwortung in der KHG unerläßlich seien und ganz besonders das Gebot der „Verbundenheit mit der Diözesankirche und konstruktives Verhalten zum Bischof" eingehalten werden müsse. Damit sollten kritische Anmerkungen und Stellungnahmen aus den Reihen der KHG zu den Vorgaben und Grundsätzen der katholischen Kirche bzw. ihren Amtsträgern sowie jegliches abweichende Verhalten von deren Positionen von vornherein unterbunden werden. Die Mitverantwortung des HGR, in den nach der von Dr. Steidl entworfenen Wahlordnung nur mehr solche Studierende hätten gewählt werden können, „die sich mindestens ein Semester lang durch ihren Einsatz und ihre konstruktive Einstellung zu den KHG-Grundsätzen als Mitarbeiter an der Hochschulseelsorge ausgewiesen" hätten, endete allerdings bei der Leitung der Gemeinde. Diese müsse ausschließlich und vollständig beim Hochschulseelsorger liegen, den der HGR in dieser Funktion in „mitverantwortlicher Gesinnung" lediglich zu unterstützen hätte.

Aber so wie Dr. Steidl an der Beseitigung der offenen Strukturen innerhalb der KHG arbeitete, versuchte auch der HGR den Hochschulseelsorger aus seiner Position zu entfernen. In seiner Sitzung am 8. Mai 1973 beschloß er eine Resolution mit der Aufforderung an Dr. Steidl, sein Amt zur Verfügung zu stellen.[462] Damit machte der HGR – wie bereits erwähnt – „kurzen Prozeß" mit dem Doppelspiel, das er dem Hochschulseelsorger nicht ganz zu Unrecht unterstellte. Dr. Steidl verstehe

unter Pluralität in der KHG jedoch nur – so die Begründung für die Rücktritts-
aufforderung – „eine nach seinem Konzept gestaltete enge Gemeinde", in der er
„nur ihm angenehme Personen" mitarbeiten lassen möchte. Außerdem sei wegen
der „persönlichen Fehden und des unglücklichen Verhaltens von Dr. Steidl" das
beiderseitige Vertrauen wie auch die jeweilige Kooperationsbereitschaft auf einen
Nullpunkt gesunken. Eine weitere Zusammenarbeit sei deshalb nicht mehr möglich,
zumal der Hochschulseelsorger auch die Beschlüsse der Synode ignoriert und – im
Gegensatz zu seinem persönlichen Versprechen – den HGR lediglich als Beratungs-
gremium anerkannt habe.

Dr. Steidl entgegnete darauf, daß die „Einstellung der Tätigkeit als Hochschul-
seelsorger"[463] nicht seine Angelegenheit sei, verließ das Sitzungszimmer und infor-
mierte umgehend Bischof Rusch davon. Dieser war auf die drohende Zuspitzung des
Konflikts zwischen HGR und Hochschulseelsorger zweifellos vorbereitet, hatte Dr.
Steidl ihn in den Wochen zuvor doch mehrfach über die Entwicklung in der KHG
und über seine Initiativen zu einer Änderung der dortigen Situation informiert.
So etwa auch darüber, daß er sich bereits Mitte April Rat suchend an den Grazer
Hochschulseelsorger Dr. Kapellari gewandt hatte, weil er eine Eskalation der bereits
untergründig schwelenden Konfliktsituation erahnte. Im Hinblick auf den – damals
noch zu befürchtenden – Wahlmodus für die nächste HGR-Wahl, hatte Dr. Kapellari darauf hin verschiedene Möglichkeiten vorgeschlagen, um Nichtkatholiken vom
aktiven wie passiven Wahlrecht ausschließen zu können. Er räumte allerdings ein,
daß „die bestehenden Trends […] freilich so nicht sehr beschränkt" werden können,
„weil die Schwierigkeiten […] ohnedies von Katholiken ausgehen"[464] würden. Der
Wahlmodus alleine war es also nicht, der den Hochschulseelsorgern Schwierigkeiten
machte, vielmehr bereiteten ihnen die Initiativen und Ansichten der hochschulpoli-
tisch aktiven katholischen Studenten Probleme. Die Hauptakteure unter ihnen, „die
durch Widerstand nur ermuntert werden", würden – so Kapellari – „wahrscheinlich
bald von der Szene entfernt sein", wenn man nur „den längeren Atem" hätte. Er
wisse aber sehr gut, wie schwer es sei, „den täglichen Nervenkrieg zu bestehen".
Deshalb unterbreitete der Vorsitzende der ARGE Österreichischer Hochschulseelsorger einen anderen Lösungsvorschlag, der den HGR wie auch andere studentische
Gruppen an einem ihrer wundesten Punkte treffen sollte.

Gemeint war damit das KHG-Zentrum, in dem diverse Initiativgruppen entsprechend dem von HGR und HoJu vertretenen Konzept von offenen Strukturen, Räume
für ihre Aktivitäten zur Verfügung gestellt worden waren. Von der Kirche nicht gerne
gesehen und auch vom Hochschulseelsorger nur widerstrebend akzeptiert, wurde
eine solche Verwendung der Räume seitens der Studenten jedoch massiv gerechtfertigt und verteidigt: „Wann wird man auf kirchlicher Seite endlich einsehen, daß
man nicht 2 Stockwerke in zentralster Lage auf Grund von Macht- und Finanzüber-
legenheit für ‚Zwecke der Hochschulseelsorge' pachten kann, […] ohne daß andere
engagierte Studenten und Studentengruppen, die gezwungen sind, in Kellerlöchern
und Dachböden zu hausen, auch ihren Teil vom sozialen Subventionskuchen wollen
und die Räume der KHG zu vergesellschaften suchen. Die Ungerechtigkeit nämlich,
daß 5-6 hierarchiefromme und Fatima-fanatische Studenten im Sinne der Amtskirche Räume verwalten, die an Größe den ganzen übrigen studentischen Freizeitraum

übertreffen, kann man heute einfach nicht mehr leisten. Das Prinzip: wer zahlt, der bestimmt, läßt sich nicht auf den Gipfel der sozialen Ungerechtigkeit weiterverfolgen, auch nicht für die Kirche. So lautet jedenfalls die gängige Meinung auf der katholischen Hochschulgemeinde …"[465] – Als diese Zeilen in der „Unipress" zu lesen waren, hatte Dr. Kapellari bereits knapp einen Monat zuvor gegenüber seinem Innsbrucker Kollegen kurzerhand eine „zeitweilige Schließung der KHG-Räume"[466] in Erwägung gezogen. Allerdings gab er hierbei zu bedenken, daß dann in den Medien „allerlei unsachliche Berichte und Kommentare" gegeben und die Betroffenen, „die es am wenigsten verdienen", des „‚Märtyriums'" verdächtig gemacht werden würden. Deshalb müßte ein „langsamer Terraingewinn (neue Schlösser, keine Zentralschlüssel ausgeben) […] doch auch möglich sein. Leute, die die KHJ am Hochschulort liquidieren wollen, gehören ihr zumeist gar nicht an, weil die Mitgliedschaft beim Verein KHJÖ nicht erklärt worden ist. Sie können auch die Flugblätter als Organ eigentlich gar nicht edieren. Das wäre Grund, die Subsidien zu entziehen. Später müßte dann die KHJ neu am Ort gegründet werden: wohl aus der Gruppe, die jetzt schon im Aufbau ist." Eine solche Schließung sei aber nur zu begründen und „durchzuhalten, wenn man der Öffentlichkeit (Synodenmehrheit einschließlich) glaubhaft machen kann, daß der bisherige ‚Hochschulgemeinderat' sich einer kategorial christlichen Arbeit nicht nur enthalten, sondern sogar widersetzt habe. […] Man müßte nach außen sagen, daß eine Hochschulgemeinde ohne deutliches Bekenntnis zu Liturgie (Eucharistie), Verkündung (des Evangeliums) und daraus folgende Diakonie (auch Einzelcaritas) sich auf das Neue Testament nicht berufen kann. Freilich wird es 100 ‚wenn' und ‚aber' geben, weil der Konflikt ja nicht von heute ist und viele Leute gern alte Rechnungen […] begleichen möchten." Damit war eine konkrete Strategie vorgegeben, die Dr. Steidl postwendend seinem Bischof zur Kenntnisnahme übermittelte. Dieser notierte dazu u.a. „neues Schloß", „genaue Beweise" und „Subsidien",[467] womit er die Eckpunkte für die weitere Vorgangsweise markierte.

Die „genauen Beweise" lieferte Dr. Steidl wenig später, indem er eine umfangreiche Dokumentation[468] über die Ereignisse in der KHG vorlegte, mit einer Sammlung der „Flugblätter" sowie einem Dossier, in dem er sich über deren Inhalte und Tendenzen ausbreitete und darlegte, welche Versuche er unternommen habe, um dagegen einzuschreiten. Ein weiteres Dossier setzte sich mit der Legitimität, Wahl, Zusammensetzung und Arbeit des HGR auseinander, wobei Dr. Steidl gravierende Mißstände und Unzulänglichkeiten aus seiner Sicht aufzeigte. Außerdem legte er eine Liste von Büchern bei, die von einem, vom HGR eingesetzten Bibliothekskollektiv angekauft wurden und worauf er, „weil er im Sinne der Demokratie durch die Majorität einfach ausgeschaltet wurde"[469] keinen Einfluß nehmen konnte. Bischof Rusch war also bereits vor der HGR-Sitzung vom 8. Mai 1973 nicht nur bestens über die Vorgänge in der KHG informiert, sondern hatte dank der vorgelegten „KHG-Dokumentation" genügend Argumente und Entscheidungshilfen, um gegebenenfalls jederzeit in die weitere Entwicklung nachhaltig eingreifen zu können. Darüber hinaus war er naheliegenderweise auch bestens vorbereitet, als ihm mit einem Schreiben vom 11. Mai 1973 die Resolution des HGR vom 8. Mai, deren Inhalt er ohnehin schon kannte, offiziell übermittelt wurde; die Gründe für deren Zustandekommen wurden darin ebenfalls noch einmal angeführt. Sehr selbstbewußt und in gewisser Weise aber auch ungeschickt betonten die HGR-Mitglieder, daß sich die KHG als „offene und eigenständige Gemeinde mit einer den speziellen Verhältnissen der Universität entsprechenden Struktur und Arbeitsweise"[470] verstehe und sich dagegen verwahre, als „ein von der diözesanen Kirchenleitung installiertes, teilweise finanziertes und deshalb dirigierbares Instrument" betrachtet zu werden. Vielmehr sollen in der Gemeinde „die verschiedensten Gruppen die Möglichkeit zu einem offenen Dialog bekommen", wobei die KHG hoffe, „durch ihre Aufgeschlossenheit und durch ihr Programm zum Nachdenken über christliche Zielsetzungen und ideologische Grundpositionen anzuregen. Dies sei umso wichtiger an einer Universität, deren Bestreben es zu sein scheint, fleißige, aber unkritische und unmündige Akademiker heranzuziehen, denen es gleichgültig ist, wem und zu welchem Zweck ihre Arbeit dient." Um aber auf den eigentlichen Punkt zu kommen, wurde bemerkt, daß Dr. Steidl angekündigt habe, dem Inhalt der Resolution „soweit es in seiner Macht steht" nachzukommen, doch sei dessen eigener Wille zum Rücktritt „groteskerweise" nicht ausschlaggebend, solange er nicht von seinem Bischof abberufen werde. Daher „fordern wir Sie auf," – so in dem Brief weiter – „Ihren Hochschulseelsorger auf der KHG Innsbruck, Dr. Peter Steidl, den Sie durch ein Dekret ernannt haben, wieder abzuberufen". Um dieser Forderung größeren Nachdruck zu verleihen, wurden namentlich die einzelnen HGR-Mitglieder und ihr Abstimmungsverhalten angeführt und zu guter Letzt noch beiläufig erwähnt, daß die „Gemeindeversammlung am 3.5.1973 mit nur 8 Gegenstimmen die Wahl eines Hochschulgemeinderates in der ersten Juniwoche zu denselben Bedingungen wie im Vorjahr beschlossen" habe.

In dieser Situation herrschte Handlungsbedarf, denn weder Inhalt noch Ton dieses Briefes wollte und konnte sich Bischof Rusch gefallen lassen. Der Innsbrucker HGR besaß in dieser Situation zweifellos die schlechteren Karten und war vollkommen auf sich selbst bzw. die ihn unterstützenden Studentenvereinigungen gestellt, zumal das Generalsekretariat der KHJÖ sowie deren Gruppierungen an den Universitäten Graz, Leoben, Linz, Salzburg und Wien in einer Stellungnahme vom 17. Mai 1973 die Resolution wie auch das Innsbrucker Experiment nachdrücklichst verurteilten. Es habe sich gezeigt, daß es der Innsbrucker KHG an „einem christlichen Proprium"[471] fehle und ihr problematisches Selbstverständnis komme neuerlich darin zum Ausdruck, daß sie bei der in Aussicht genommenen Neuwahl des HGR „wiederum auch nichtchristlichen Hochschulangehörigen das Wahlrecht" zugestehen möchte. Damit setze sich die Gemeinde dem Vorwurf aus, einer „Umfunktionierung einer christlichen Gemeinde zumindest grundsätzlich" den Weg zu ebnen. In den Räumen der KHG würden vom HGR ohnehin schon studentischen Gruppen, „deren Zielsetzung denen einer christlichen Gemeinde geradezu konträr sei", Möglichkeiten eingeräumt, darin ihren regulären Sitz aufzuschlagen.

Von Wien war also keine Rückendeckung zu erwarten, wohl aber bot das Generalsekretariat der KHJÖ sowohl dem Innsbrucker HGR wie Bischof Rusch seine Mitwirkung bei einem in seinen Augen wünschenswerten Schlichtungsversuch an.[472] – Allerdings waren die Entscheidungen zur Lösung des Konflikts bereits auf eine ganz andere Ebene verlagert.

Am 19. Mai 1973 beschloß die Österreichische Bischofskonferenz mit einstimmigem Votum, die Innsbrucker KHG mit sofortiger Rechtswirksamkeit aufzuheben.

„Diese Maßnahme"[473] – so die offizielle Begründung – „hat sich wegen falscher Gemeindeauffassung, wegen antikirchlicher Artikel in den ‚Flugblätter – Organ der KHG' und wegen Mißbrauchs der Räume der Katholischen Hochschulgemeinde als notwendig erwiesen"; der Hochschulseelsorger sollte seine Tätigkeit jedoch in „freier Form" weiter ausüben.

Damit wurde der letzte Akt einer „Konfliktlösung" eingeläutet, der einem Experiment, in das viele engagierte katholische StudentInnen große Hoffnungen gesetzt hatten, ein wenig rühmliches Ende bereitete.

Tags darauf, es war ein Sonntag, konnten die gewählten Mitglieder des HGR, Angehörige der HoJu und andere Studierende die Räume das KHG-Zentrum nicht mehr betreten. Die Türen waren versperrt, die Schlösser ausgetauscht und die Erklärung hierfür am Anschlagbrett der KHG von Dr. Steidl befestigt worden. Hierauf stand der Beschluß der Österreichischen Bischofskonferenz zur Aufhebung der KHG zu lesen sowie die lapidare Bemerkung, daß deren Räumlichkeiten ab 20. Mai 1973 geschlossen bleiben.[474] – Die Räume der aufgelösten Katholischen Hochschulgemeinde wurden zu Beginn des Wintersemesters 1973/74 an das Rektorat Universität Innsbruck vermietet. Dr. Steidl baute in der Folgezeit in seiner Privatwohnung

Unipress-Sondernummer vom 24. Mai 1973 zur Schließung der KHG-Räume in Innsbruck.

neue Gruppen der KHJ auf, welche „die Kirche an der Innsbrucker Hochschule präsent machen und die Ziele einer richtig verstandenen katholischen Gemeinde verwirklichen"[475] sollten.

Erst viele Jahre später wurde die Hochschulseelsorge in Innsbruck auf eine neue Grundlage gestellt. Am 1. Oktober 1980 errichtete Bischof Rusch die Universitätspfarre St. Clemens an Stelle der früheren Katholischen Hochschulgemeinde. Diese Universitätspfarre ist eine der wenigen europäischen und die einzige österreichische Personalpfarre für alle Studierenden und Universitätsangehörigen an einem Hochschulort. Ihr Gemeindezentrum befindet sich im Gebäude der Innsbrucker ÖH in der Josef-Hirn-Straße und als Pfarrkirche erhielt sie 1993 am Innrain die neue Universitätskirche zum hl. Johannes von Nepomuk zugewiesen.

Der Glaubenskrieg[476] mit dem Jesuitenorden

1. Die „Causa Kripp"

Stufen einer Eskalation

Die Marianische Kongregation (MK) in Innsbruck besaß eine lange Tradition, die nach der Auflösung durch die Nationalsozialisten im Jahre 1946 wieder erweckt und bald zu einem Sammelbecken von Mittel- und HochschülerInnen wurde.[477] Die Leitung der MK unterstand in Innsbruck dem Jesuitenorden, war kirchenrechtlich also nicht dem Diözesanbischof unterstellt. Allerdings verlangte die 31. Generalkongregation der Gesellschaft Jesu „eine Zusammenarbeit mit der Ortskirche und der politischen Öffentlichkeit Tirols, auch im alltäglichen Entscheidungsprozess. Durch diesen Anspruch der Ordensleitung war die Basis des Konfliktes zwischen Bischof Paulus Rusch und dem Jesuiten Sigmund Kripp gelegt",[478] der seit 1959 Präses der Kongregation war.

Sodalenweihe von MK-Mitgliedern in der Innsbrucker Jesuitenkirche durch P. Sigmund Kripp SJ, Anfang der 1960er Jahre.
[MK-Archiv, Innsbruck]

In den folgenden Jahren leistete Kripp eine nach seinem Verständnis zeitgemäße Jugendarbeit auf breiter Ebene und mit attraktiven Angeboten, die auf große und positive Resonanz stießen und die Zahl der MK-Mitglieder auf mehr als 1.300 Jugendliche ansteigen ließen. Zentrum ihrer Aktivitäten war das 1963/64 errichtete Jugendhaus – „John F. Kennedy Haus"[479] – in dem neben der Förderung und Stärkung christlicher Persönlichkeitsbildung und religiöser Glaubensvertiefung auch soziales Engagement verwirklicht sowie aktive Missionsarbeit erlernt und praktiziert wurden. Es bot den MKlern aber auch Freiräume, in denen sie eine eigene Jugendkultur entwickeln konnten, mit Umgangs- und Kommunikationsformen, die ebenso wie das persönliche Outfit jedes Einzelnen innerhalb der Gruppe ein hohes Maß an Akzeptanz fanden und solcherart eine enorme Identifikationskraft besaßen, welche den MK-Mitgliedern einen elitären Charakter verlieh und sie zum Teil abgehoben von anderen Jugendlichen erscheinen ließ. Dieser Eindruck bestand zu Recht, zumal ursprünglich nur MittelschülerInnen (es gab eine Buben- und eine Mädchen-MK) Mitglieder der Kongregation werden konnten, in der sie „zu ‚katholischen Soldaten' des Geistes" ausgebildet werden sollten. „Dieser elitären Pädagogik samt ihrem apostolischen Auftrag in den 1950er und 1960er Jahren konnte Bischof Rusch aus ganzem Herzen zustimmen",[480] zumal die „Kaderschmiede" MK den katholischen Nachwuchs in Politik, Wirtschaft und Gesellschaft garantierte. „Diesem Auftrag widersprach die Öffnung des ‚Kennedy-Hauses' Anfang der 1970er Jahre",[481] die nun allen MittelschülerInnen, welcher Konfessionen auch immer, ermöglichte, das katholische Jugendzentrum zu besuchen. Mit solchen, in den Augen des Bischofs und so mancher Eltern, allzu fortschrittlichen pädagogischen Konzepten geriet Kipp jedoch immer wieder in Konflikt mit den „althergebrachten Regeln kirchlicher Jugendarbeit".[482] Auffassungsunterschiede in Fragen der Jugenderziehung zwischen Kripp und Rusch sowie korrigierende Eingriffe des Bischofs gab es bereits Anfang der 1960er Jahre und wiederholten sich in der Folgezeit,[483] doch spitzten sich die Meinungsverschiedenheiten über christliche Jugendarbeit gegen Ende dieses Jahrzehnts zu einem immer deutlicher werdenden Konflikt zwischen Bischof Rusch, dem Vorsteher der Österreichischen Jesuitenprovinz und P. Kripp zu.[484]

Die Aktivitäten der MK Ende der 1960er/Anfang der 1970er Jahre (ebenso wie die Situation der KHG) können nicht losgelöst von der damaligen Aufbruchstimmung in Staat und Gesellschaft betrachtet werden. In vielen Ländern Europas (auch in dessen östlichem Teil) sowie in den USA rebellierten Jugendliche gegen die Politik ihrer Regierungen, lehnten sich auf gegen Autoritäten, gegen erstarrte gesellschaftliche Strukturen, gegen alles, was gemeinhin als „das Establishment" bezeichnet wurde. Auch innerhalb der katholischen Kirche suchten engagierte Christen nach Wegen, die Beschlüsse des Vatikanischen Konzils in neue Formen der Glaubenspraxis umzusetzen. Der Ruf nach „Demokratisierung" von gesellschaftlichen Teilbereichen war vielerorts zu hören, um so mehr Freiheit durch stärkere Mitwirkung und Mitbestimmung auf allen Ebenen des menschlichen Zusammenlebens zu erreichen.

Nicht anders verhielt es sich im Kennedy-Haus. In eigenen Gesprächsrunden und Diskussionsveranstaltungen wurden dort die damit verbundenen Möglichkeiten und Erwartungen offen angesprochen, vor allem jedoch in der Schülerzeitung des Kennedy-Hauses, „Wir diskutieren" (Auflage 1973: 2.100[485]). Hierin besaßen die Jugendlichen ein Forum für ihre Gedanken und Ideen, in dem sie auch ihre Probleme mit – im wahrsten Sinne – „Gott und der Welt" artikulieren konnten.

Erscheinungsort Innsbruck — Verlagspostamt 6020 Innsbruck P. b. b.

WIR
diskutieren

Nr. 7 21. April 1972 Jahrg. 12 Jahresabonnement S 60.– Studenten S 35.–

Bundesminister Sinowatz im Kennedy-Haus

„. . . viele werden heute den Mund halten, weil sie um ihren schulischen Erfolg fürchten!"

MK-Schülerzeitung „Wir diskutieren" vom 21. April 1972, mit einem Beitrag über eine Diskussionsveranstaltung mit Fred Sinowatz, Bundesminister für Unterricht und Kunst von 1971 bis 1983 (im Bild rechts; in der Mitte: P. Sigmund Kripp).

Solche Wortmeldungen erregten freilich immer wieder auch die Gemüter[486] und fanden meist nicht sehr viel Verständnis beim Bischof,[487] insbesondere, wenn deren Inhalte in der Tagespresse problematisiert oder ihm von besorgten Mitarbeitern und anderen, um das Wohl der Jugend und des Staates bemühten Menschen zugetragen wurden. Oft wurde eine entsprechende Einschätzung der Akteure und ihrer Überlegungen gleich mitgeliefert und damit auch die Wurzel des ganzen Übels, die Erziehungsgrundsätze der MK-Leitung mit P. Sigmund Kripp als dem Verantwortlichen, der aus dem Ruder laufenden Entwicklung benannt. So habe er etwa, wie auch früher schon, in einer Diskussion über die „Demokratisierung der Schule" mit MittelschülerInnen und dem Landesrat für Schule und Kultur, Fritz Prior, „die dortige Situation radikalisiert […], zum Teil mit Einwürfen, die er nicht beweisen konnte wie z.B. daß die Mittelschuldirektoren aufgrund der schwarz-rot Kollation [sic!], aber nicht nach Eignung ernannt werden".[488] Außerdem habe er „eine ungute Note in die Diskussion" gebracht, da er die „in der Diskussion aufgeworfenen Fragen demagogisch als Forderungen formulierte und darüber abstimmen ließ".[489] Solcherart brachten die anwesenden Jugendlichen etwa einhellig ihre Meinung zum Ausdruck, daß bei mündlichen Prüfungen die Noten der Schülerin bzw. dem Schüler sofort bekannt gegeben werden sollten.[490]

Die Aktivitäten Kripps wurden seit Jahren peinlich genau beobachtet und die Artikel in „Wir diskutieren" sowie in der im April 1969 erstmals erschienenen Zeitung der Gruppe Hochschüler im Kennedy-Haus (HIK), „Engagement", besonders kritisch in Augenschein genommen.

In ihr wurden – wie auch im neuesten Heft von „Wir diskutieren" – Fragen der Liturgie aufgeworfen, die Rolle der Kirche, das Priestertum und die Schulreform angesprochen sowie Ansichten über Landesverteidigung, liebgewonnene Tiroler Klischees und Traditionspflege geäußert, weshalb diese Zeitung und mit ihr auch

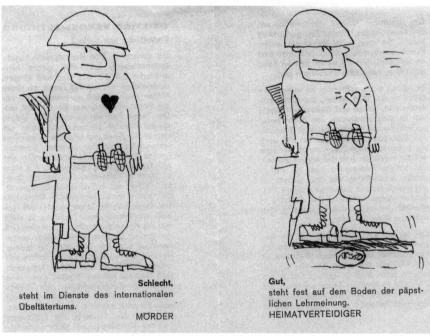

Schlecht,
steht im Dienste des internationalen
Übeltätertums.
MÖRDER

Gut,
steht fest auf dem Boden der päpstlichen Lehrmeinung.
HEIMATVERTEIDIGER

S. 119-120: Karikaturen aus der Zeitung „Engagement" der Gruppe „Hochschüler im Kennedyhaus",
die des Bischofs Anstoß erregten.

P. Kripp nicht nur von einem Religionslehrer heftig kritisiert wurden.[491] Auch der Bischof selbst schürte die Stimmung gegen den Präses der MK, indem er Landeshauptmann Wallnöfer sowie dem Innsbrucker Bürgermeister Alois Lugger ein Exemplar der Zeitschrift „Engagement" zusandte, die „besonders auffallenden"[492] bzw. „charakteristischen Stellen"[493] darin rot markierte und in einem Begleitschreiben entsprechende Interpretations-, zumindest aber Lesehilfen darbot.[494]

Während Rusch in seinem Schreiben an den Innsbrucker Bürgermeister lediglich seine Sorge über die Tendenz solcher Beiträge zum Ausdruck brachte, äußerte er dem Landeshauptmann gegenüber ernsthafte Befürchtungen über deren mögliche Langzeitwirkungen. Für Rusch schien es nämlich „unausweichlich zu sein, daß durch solche Druckwerke in der Jugend genau der Geist gefördert" werde, „der später zu den bekannten Explosionen auf den Universitäten führt".[495] Dafür verantwortlich sei alleine der Leiter des Kennedy-Hauses, der von Stadt, Land und Diözese auch noch „bedeutende Subventionen" für seine Arbeit bekommen möchte. „Da muß man sich doch fragen", so Rusch weiter, „ob sich Pater Kripp die Bereitschaft, solche Subventionen zu geben, nicht verdirbt. Man muß sich sogar darüberhinaus fragen, ob nicht etwas geschehen soll, um diese Dinge zum Besseren zu lenken." – Deutlicher hätte Rusch dem Landeshauptmann die Rute nicht in die Hand geben können, welche dieser dann nur mehr in Kripps Fenster zu stellen brauchte! Seitens des Landes wurde daraufhin „jede weitere Subvention für dieses Blatt abgelehnt, weil es anti-österreichisch sei".[496]

Bischof Rusch bei der Verleihung der Ehrenbürgerschaft von Innsbruck, zusammen mit Bürgermeister Alois Lugger, Landeshauptmann Eduard Wallnöfer und Propst Heinz Huber, 4.12.1973. [Stadtarchiv Innsbruck, Sign. Ph-16731]

Diese Äußerungen Ruschs lassen klar erkennen, wie er in den folgenden Jahren gegen Kripp vorzugehen gedachte. Zunächst sollten durch das Anziehen der ökonomischen Daumenschrauben der Gehorsam gegenüber dem Bischof und die Einhaltung seiner Erziehungsgrundsätze gewährleistet werden; gleichzeitig beabsichtigte Rusch den Leiter des Kennedy-Hauses bei seinen Vorgesetzten in Mißkredit zu bringen, wobei er dessen Positionen immer wieder im Widerspruch zu katholischen Glaubensgrundsätzen bzw. theologischen Lehrmeinungen darzustellen versuchte. Damit hätte Kripp über kurz oder lang auch für den Jesuitenorden als untragbar erscheinen und ein Wechsel in der Leitung der MK früher oder später erfolgen müssen.

Ganz im Sinne dieser Absicht sah sich wenig später der Innsbrucker Bischof „zu [s]einem Bedauern genötigt", auch Kripps oberstem Vorgesetzten in Österreich, dem Jesuitenprovinzial P. Johannes Chrysosthomus Pilz in Wien, „die weitere Entwicklung hinsichtlich P. Kripp und seiner Blätter bekanntzugeben".[497] Die bereits den weltlichen Obrigkeiten gemeldeten Bedenken wurden wiederholt und dabei kein Zweifel daran gelassen, dass „mit diesen beiden Nummern [...] die Grenzlinie des Tragbaren überschritten" worden sei. „Ich muß", so Rusch, „diese Blätter als antikirchlich kennzeichnen," womit der Bischof allerdings keineswegs nur ein innerkirchlich zu lösendes Problem verbunden sah, sondern auch die Außenwirkung der Schüler- bzw. Hochschülerzeitung in Betracht zog. Denn auch „der Herr Landeshauptmann" – so wusste Rusch zu berichten – „ist auf diese Dinge aufmerksam geworden und lehnt sie ab". Deswegen seien auch weder der Landeshauptmann bzw. das Land noch die Kirche „aus Gewissensgründen in der Lage, irgendwelche Subventionen zu gewähren, ehe die Sache grundsätzlich bereinigt ist". Immerhin lägen die Schulden des Kennedy-Hauses bei rund 1,5 Millionen Schillingen, weshalb wohl Handlungsbedarf auch seiten des Jesuiten-Provinzialats angezeigt sei.[498]

Im Dekanatssaal der Theologischen Fakultät in Innsbruck; v.l.n.r.: P. Hans Bernhard Meyer SJ, P. General Pedro Arrupe, P. Rektor Heinrich Leithiger SJ; rechts außen: P. Provinzial Johannes Chrys. Pilz SJ; November 1969. [Archiv des Jesuitenkollegs, Innsbruck]

Der österreichische Jesuitenprovinzial, P. Pilz, stellte im Sommer tatsächlich einige Überlegungen an, um in das Kennedy-Haus „wieder Ordnung hineinzubringen".[499] In der Zwischenzeit hatte Kripp jedoch dem Innsbrucker Bischof bereits mitgeteilt, dass „Wir diskutieren" einen neuen verantwortlichen Leiter bekommen habe und die Hochschülerzeitung „Engagement" eingestellt worden sei. Außerdem hatte er versucht, ihn zu einem Gespräch mit den Verantwortlichen des Kennedy-Hauses einzuladen,[500] das dann jedoch nur zwischen Rusch und Kripp stattfand und keine Annäherung brachte. Deshalb schlug Rusch dem Jesuitenprovinzial in

Wien vor, die Leitung der MK in Innsbruck in andere Hände zu legen und empfahl dafür den Jesuitenpater Rudolf Jarosch, der damals in der Bundeshauptstadt in der Jugenderziehung tätig war.[501] P. Pilz hielt diesen Vorschlag aus mehreren Gründen jedoch nicht für realisierbar und unterbreitete dem Innsbrucker Bischof stattdessen den Vorschlag, die Leitung des Kennedy-Hauses bzw. die Verantwortung für verschiedene Aufgaben auf mehrere Personen aufzuteilen.[502] Falls dieses Leitungsmodell nicht zu einer Beruhigung und Konsolidierung im Kennedy-Haus beitragen sollte, „so müsste P. Kripp auf jeden Fall bereits ersetzt werden". Es sei nur – so P. Pilz weiter – „bislang äußerst schwierig, da der Mann, der ihn ersetzen soll, noch nicht fertig ist" und außerdem die „Wachablöse' einigermaßen ruhig vor sich gehen" sollte, „damit nicht unnötig Staub aufgewirbelt" werde.

Hinsichtlich der Schülerzeitung „Wir diskutieren" hatte innerhalb der MK bereits eine Diskussion eingesetzt, zumal sich die Mitglieder des Konsults,[503] des Führungsgremiums der MK, durch sie in einem großen Dilemma befanden. Denn in „der heurigen Form und Schärfe" – bekannten sie im Konsultbericht vom 3. Juni 1969 ein – „kostet uns ‚wd' zuviel Geld und vermasselt uns zuviele Subventionen, die wir notwendig brauchten." Andererseits erkannten sie aber auch klar, daß „sie die einzige Möglichkeit zur Verteidigung auf breiter Basis"[504] sei, die nicht leichtfertig aufgegeben werden sollte. Während der Konsult noch nach einer Lösung suchte, schlug Kripp wenig später eine Zensur von „Wir diskutieren" vor und stellte für den Herbst in Aussicht, das Blatt überhaupt aufzugeben.[505] Tatsächlich wurde im Oktober dieser Schritt vollzogen,[506] wobei es Kripp verstand, die Einstellung der Zeitung trotz eigener Schuldbekenntnisse als Opferhandlung zu inszenieren.

MK/Kennedy-Haus
Innsbruck, Sillgasse 8a
Tel. 2 54 90   Oktober 1969

Lieber Leser von „Wir diskutieren"!

Nach reiflicher Überlegung und schweren Herzens muss ich Ihnen heute mitteilen, dass die MK die Herausgabe von „Wir diskutieren" ab sofort bis auf weiteres einstellt. Für die Einstellung ist folgender Grund ausschlaggebend:
Die Zeitung hat in ihrer bisherigen Form bei massgeblichen Stellen wiederholt heftigsten Anstoss erregt. Ich sehe zur Zeit keine Möglichkeit, bei einem weiteren Erscheinen von „Wir diskutieren" zu garantieren, dass die Zeitung nicht wieder Anstoss erregen wird. „Wir diskutieren" wurde zeitweise von zwei Universitätsprofessoren der Theologischen Fakultät zensuriert: auch während dieser Zeit wurde Ärger verursacht.
Das Ziel unserer Zeitung, die im heurigen Oktober ihren 10. Geburtstag begangen hätte, war es aber nicht, Ärger zu erregen, sondern eine fruchtbare Diskussion zwischen Jugendlichen und Erwachsenen herbeizuführen und zwar über Probleme, die für Jugendliche aktuell sind: Religion, Erziehung, Staat und Schule.
Dieses Ziel wurde nicht erreicht: durch mein Versagen hat sich in manchen Punkten die Kluft zwischen den Generationen noch erweitert. In dieser Situation scheint mir die Einstellung unserer Zeitung die einzig mögliche Konsequenz zu sein.
Auf das Verständnis und vielleicht auch den Rat der 1800 Abonnenten von „Wir diskutieren" hoffend, grüßt

P. Sigmund Kripp SJ

Das Ende von „Wir diskutieren" trug nur kurzfristig und oberflächlich zu einer Beruhigung im Kennedy-Haus bei, mehr Wirkung zeigte offenbar eine Aussprache mit dem Bischof. Auf jeden Fall habe er nun – nach einer Protokolleintragung des Konsults – „ein besseres Verhältnis zur MK".[507]

In einer breiteren Öffentlichkeit schlug die Einstellung der „Wd" dagegen hohe Wellen, zumal auch die Medien in Tirol darüber berichteten und großes Unverständnis geäußert wurde. Die Jugendlichen hätten zwar manchmal über das Ziel hinaus geschossen, aber die Probleme, die in „Wir diskutieren" angesprochen worden seien und die Meinungen, die sie dazu vertraten, seien auch außerhalb Tirols ernst genommen worden und auf großes Interesse gestoßen. „Wo diskutiert wird, prallen Meinungen hart aufeinander. Mancher Erwachsene will aber die Meinung der Jungen einfach nicht hören, weil sie ihm nicht ins Konzept passen. Es muß in Innsbruck offenbar einflußreiche Erwachsene geben, die in der Lage sind, jungen Leuten, auch wenn sie sich ernsthaft mit brennenden Problemen befassen, das Wort zu verbieten."[508]

Als treibende Kraft hinter all' diesen Schritten wurde der Innsbrucker Bischof vermutet, bei dem empörte Briefe mit der Aufforderung eintrafen, das Weiterbestehen der Schülerzeitung zu gewährleisten.[509] Rusch ließ darauf hin im „Kirchenblatt" eine Erklärung veröffentlichen, in der er „verschiedene Schwierigkeiten"[510] mit „Wir diskutieren" benannte und seine Versuche darstellte, hierfür eine Lösung herbeizuführen.

Jesuitengeneral P. Pedro Arrupe SJ beim Besuch des Kennedy-Hauses in Innsbruck; hinter ihm: P. Sigmund Kripp SJ; 2.11.1969.
[Archiv der Österreichischen Provinz der Gesellschaft Jesu, Wien; Sign. 1545]

Wenige Tage später, am 26. November 1969, lud Kripp zu einer Informations-veranstaltung in die Innsbrucker Stadtsäle ein, an der rund 1.500 Eltern, Jugendli-che, Persönlichkeiten aus der Tiroler Landespolitik sowie Jesuitenprovinzial P. Pilz teilnahmen. Ihnen stellte Kripp seine Erziehungsgrundsätze und -methoden vor und ließ darüber nach eingehender Diskussion schriftlich abstimmen. 97,3 Prozent der abgegebenen Stimmzettel legten ein deutliches Zeugnis dafür ab, daß das Er-zieherteam der MK das Vertrauen der Eltern genoß[511] und somit deutlich gestärkt seine Jugendarbeit fortsetzen konnte. Damit hatte Kripp zwar die Unterstützung der Eltern erhalten, die Kirche jedoch „fühlte sich durch diese Vorgangsweise, das Erziehungsmandat von den Eltern einzuholen, brüskiert und drängte immer mehr auf die Ablösung Kripps".[512]

Die Fortführung von „Wir diskutieren" war ebenfalls befürwortet worden und wenig später fand auch im Konsult eine informelle Abstimmung darüber statt. Ei-ne knappe Mehrheit von sieben gegen fünf Konsultangehörigen sprach sich dafür aus, wobei jedoch die „Verantwortung für alle ketzerischen, neuerungssüchtigen, kritikasterhaften und destruktiven Artikel [...] einem von bischöflicher Seite ap-probierten Censor episcopalis übertragen"[513] werden sollte. Kurz vor Weihnachten wurde bereits eine neue Nummer der „Wd" geplant.[514]

Tatsächlich hatte Rusch jedoch keineswegs die Einstellung der Zeitung gefor-dert, was ihm P. Kripp auch schriftlich bestätigte, „sondern ihre Redigierung in einer Weise, die keine Beschwerden mehr verursachen würde".[515] Obwohl Kripp den Standpunkt vertrat, daß keine Zeitung eine solche Bedingung erfüllen könne,[516] kam es am 5. Januar 1970 zu einem Gespräch zwischen ihm und dem Bischof, in dem die weitere Herausgabe und Gestaltung von „Wir diskutieren" thematisiert wurde. Kripp schlug vor, den Dekanatsjugendseelsorger Dr. Meinrad Schumacher[517] als Zensor für alle Artikel über kirchliche und religiöse Fragen einzusetzen, die von Mittel-schülerInnen verfaßt werden. Schumacher wurde das Recht zugestanden, solche Beiträge zurück zu behalten oder Änderungen zu verlangen, bevor sie erscheinen sollten, und in der gleichen oder darauf folgenden Nummer von „Wir diskutieren" auch Stellung dazu zu nehmen.[518]

Jedoch gab die nächste Ausgabe der wieder erstandenen Schülerzeitung neuerlich Anlaß zu heftigster Kritik seitens des Bischofs und führte zur endgültigen Einstel-lung kirchlicher Subventionen für das Kennedy-Haus.[519] Kripp hatte in dieser Num-mer „Ein paar Gedanken zum Religionsunterricht an den Oberstufen der höheren Schulen"[520] zum Besten gegeben, die der Innsbrucker Oberhirte als „leichtfertigen Radikalismus"[521] bewertete und Kripp vorwarf, „sich als neues Objekt einer zerset-zenden Kritik die Schule und hier vor allem den Religionsunterricht ausgesucht" zu haben. Rusch bat deshalb den Rektor des Innsbrucker Jesuitenkollegs, P. Otto Muck, „dringend, hier zum Rechten zu sehen", denn es würde ihm „leid tun", so die nachgeschobene Drohung, „wenn [er] zu anderen Mitteln genötigt würde".

Rektor Muck sah die Angelegenheit jedoch bei weitem nicht so dramatisch und sprach in seinem Antwortschreiben an Rusch von einem „Mißverständnis",[522] das durch ein Gespräch zwischen Religionsprofessoren und Kripp geklärt werden könnte. Dieser hätte, wie er ihm bekannte, lediglich einen „positiven Vorschlag zur Verlebendigung" des Religionsunterrichts unterbreiten und „aus seiner Kenntnis

P. Otto Muck SJ, 1969-1973, Rektor des Jesuitenkollegs Innsbruck.
[Universitätsarchiv Innsbruck]

der Probleme etwas zur Erhaltung und Vertiefung des Glaubens der studierenden Jugend" beitragen wollen. Die Religionsprofessoren der allgemein bildenden höheren Schulen hatten sich jedoch bereits gegen die Reformvorschläge ausgesprochen und Kripp sowie den Innsbrucker Bischof, neben einer Reihe weiterer Personen, davon in Kenntnis gesetzt.[523]

Rusch gab sich mit der Antwort von Rektor Muck in keiner Weise zufrieden, sondern wandte sich, vorbei am Wiener Jesuitenprovinzialat, von dem er offenbar

Begrüßung des Generals der Jesuiten, P. Pedro Arrupe SJ, durch Bischof Rusch am 2.11.1969 in Innsbruck. [Archiv der Österreichischen Provinz der Gesellschaft Jesu, Wien; Sign. 1542]

keine Unterstützung erwartete, direkt an den General der Jesuiten in Rom, P. Pedro Arrupe. Ihm trug er schriftlich seine Bedenken hinsichtlich der Kripp'schen Reformvorschläge zum Religionsunterricht vor und versäumte dabei auch nicht, massive Kritik an der von den Jesuiten geleiteten theologischen Fakultät in Innsbruck zu üben. „Informationis causa noto, P. Kettner[524] non molto esse meliorem, etiam aliquos Patres in doctrina non esse semper tutos, quare sacerdotes nostri confidentia privantur erga facultatem theologicam, cuius condicionem mutare volunt."[525] P. Arrupe leitete sogleich „eine Untersuchung der Vorgänge" ein, nach deren Abschluß er mit P. Assistent Schasching und P. Provinzial Pilz „eine Lösung dieser Schwierigkeiten" überlegen wolle.[526]

Spätestens zu Beginn des Jahres 1970 waren daher Kripps Vorschläge für eine – in seinen Augen – zeitgemäße und jugendgerechte Vermittlung von Religion in der Liturgie sowie im Unterricht auch an der obersten Spitze des Jesuitenordens in Rom bekannt, die en passant gleichzeitig auch auf schwerwiegende Ausbildungsdefizite der theologischen Fakultät in Innsbruck aufmerksam gemacht wurde.

Tatkräftige Unterstützung für Haltung und Vorgangsweise erhielt Rusch auch von einigen Eltern von MK-Mitgliedern, die ihn nicht nur über tatsächlich oder vermeintlich vorgefallene Ereignisse im Kennedy-Haus bzw. von Aktivitäten einzelner MK-Mitglieder berichteten, sondern sich mit ihren Sorgen auch direkt an P. Provinzial Pilz und sogar nach Rom an den Jesuitengeneral P. Arrupe wandten. So schilderte ihm Anfang März 1970 eine Innsbruckerin, in „Vertretung vieler besorgter Eltern, besonders Mütter",[527] die aus „Angst vor innerfamiliären Auseinandersetzungen sowie vorauszusehender Anfeindungen" vorläufig auf die Bekanntgabe von Namen verzichtete, ein „Sittenbild" der MK und beschrieb, wie es dazu gekommen sei. Vor Jahren hätten viele Eltern ihre Kinder „vertrauensvoll in die Hände eines modernen, suggestiv wirkenden und organisatorisch außerordentlich begabten Priesters" gegeben. „Die Jugend war mit dem lässigen Amerikanismus leicht zu begeistern. Mit den jungen Menschen, die noch glaubensstark, opferbereit, frei von allem Schmutz fröhlich in die Zukunft blickten, begann eine Blütezeit der MK", die allerdings seit etwa 1967 „in entgegengesetzte Richtung lief. P. Kripp und seine MK waren ein Komplott gegen jede Autorität (Elternhaus, Schule, Kirche, Staat)." Die MK sei „ein Vergnügungszentrum grossen Ausmasses geworden, in dem unsere Jugend ausartet" und letztlich „befreit von jeder Sünde (die es ohnehin nicht mehr gibt) – in eine Lebensweise [gerät], die von uns abgelehnt werden muss, weil sie schliesslich in einem Chaos endet". Deshalb solle der General eine Entscheidung treffen, mit der eine Änderung dieser drohenden apokalyptischen Verhältnisse herbei geführt werden könne. Denn gegen Rusch mobilisiere Kripp die Öffentlichkeit, P. Provinzial sei offenbar überfordert und der Großteil der Eltern, „der in Sorge und wahrer Liebe zu ihren Kindern und in Verantwortung für die Jugend der Stadt die Wahrheit erkennt, steht ratlos vor dem teuflischen Gift des Unfriedens, der Sittenlosigkeit und des Unglaubens, das sich in ihren Familien ausbreitet". Eine solche Entscheidung könne aber nur die Ablöse von P. Kripp bedeuten, die in einem weiteren dramatischen Eltern-Appell auch vom Jesuitenprovinzial P. Pilz gefordert wurde: „Das Heil eines grossen Teiles der Kirche in unserer Stadt fordert eine rasche Änderung in der Führung der MK!"[528]

Herrn
P. Provinzial P i l z SJ
Dr.-Ignaz-Seipel-Platz 2
<u>1010 Wien</u>   Innsbruck, 28.2.1970

Sehr geehrter Herr Pater Pilz!

Wir erlauben uns heute, Ihnen ein Problem vorzulegen, das uns ähnlich wie viele
andere Innsbrucker Eltern (die Kinder in der MK haben) bedrängt und in einen Ge-
wissenskonflikt bringt. Dabei liegt der Schlüssel zur Lösung im Wesentlichen bei Ihnen. Es handelt sich um einige Fakten über die Erziehungsmethoden in der MK in
Innsbruck, die uns in jüngster Zeit bekannt wurden, die belegt werden können und
die bei allem Verständnis für Anpassung und moderne Erziehungspraxis nicht mehr
vertretbar erscheinen. Nur einige der uns bekannt gewordenen Tatsachen wollen wir
anführen:
1. Ist es mit den Zielen der MK vereinbar, Jugendliche mit einer Art „Zubringerdienst"
in das obszöne Musical „Hair" ins Erotische Theater nach München zu fahren?
2. Wie ist es mit der erzieherischen Aufgabe und Kontrolle der MK vereinbar, dass
16-Jährige in ihre Bungalows in Terlago lebensgroße Pin-up-Girls – die nackt sind, die
Brust mit aufklappbaren Papierstreifen überdeckt – hängen können?
3. Ist es Zufall, dass im „Neuen Forum" Nr. 194/II die Namen von über 30 MK-Mitgliedern als Aktivisten zur Förderung des von linksextremer Seite initiierten Volks-
begehrens gegen das österreichische Bundesheer stehen? Wurde die Unterschrift für
die „Marianische Kongregation" etwa im Einverständnis mit dem Elternrat der MK
gegeben? Eine verantwortliche Persönlichkeit müsste sich der Konsequenzen ihrer
Unterschrift wohl besser bewusst sein!
4. Hat P. Kripp überhaupt noch die Qualifikation eines Jugenderziehers, wenn er seinen engeren Mitarbeitern zu Weihnachten 1969 die Mao-Bibel schenkt?
5. Wir beklagen im Gesamten die mangelnde religiöse Bildung in der MK. Sie stellt
leider nur ein Minimalprogramm dar und erscheint uns nicht hinreichend gegenüber
jenen Belastungen, die die Probleme der Koedukation, der vordergründigen Beschäf-
tigungstheorie in den MK-Sektionen, der überdimensionierten Unterhaltungstendenz
in der Innsbrucker MK unter der derzeitigen Form darstellen.
Da wir es nicht weiter verantworten können, unsere Kinder in Hinkunft diesen einseitigen, religiös verflachenden und politisch subversiven Erziehungsmethoden unter der
augenblicklichen Führung auszusetzen, sehen wir uns gezwungen, unsere […] Kinder
aus der MK zu nehmen. Im Wissen um die gleiche Notlage vieler anderer Eltern bitten
wir Sie aufrichtig und dringend, die Ablöse von P. Kripp ernsthaft ins Auge zu fassen.
Das Heil eines grossen Teiles der Kirche in unserer Stadt fordert eine rasche Änderung
in der Führung der MK!
                    In christlicher Verbundenheit grüssen Sie
                                [Unterschrift]

Zur Kenntnisnahme an: P. Schasching, Rom, Bischof Dr. P. Rusch, Propst Dr. H. Huber,
Innsbruck.

Während manche Eltern ihre Angriffe auf die Absetzung Kripps konzentrierten, verfolgte Rusch inzwischen ein anderes strategisches Konzept. Er hatte mehrfach erfahren müssen, daß Kripp innerhalb des Ordens großen Rückhalt genoß, was Rusch
nicht alleine als Ausdruck von Gruppensolidarität mit dem Präses der MK betrachtete, sondern in immer stärkerem Maße auch als Einverständnis mit dessen pädagogischen Überlegungen und Konzepten sowie dessen Verständnis von Religion und
seinen Auffassungen von Glaubenspraxis verstand. Rusch ging es – wie aus seinem

Brief an P. Arrupe klar hervorgeht – nicht mehr nur um Erziehungsgrundsätze und -praktiken, die alleine an Kripps Person und Tätigkeit hätten festgemacht werden können, sondern inzwischen auch um die Jesuitenfakultät und um manche der dort vertretenen theologischen Lehrmeinungen. Solche waren dem Innsbrucker Bischof schon Jahre zuvor ein Dorn im Auge gewesen, hatte er doch bereits im Herbst 1967 feststellen müssen, „daß bei einem Teil der jungen Priester die Glaubenssicherheit und -festigkeit spürbar abgenommen habe".[529] Dies ließe sich keineswegs alleine mit der „allgemeinen Zeitlage" erklären, sondern sei vielmehr auch darauf zurück zu führen, „daß junge Theologen und Priester verschiedene theologische Schriften studieren, […] die sie geistig nicht ganz zu bewältigen vermögen". Rusch bat deshalb den Dekan der theologischen Fakultät „ehrfürchtig, alles zu tun, daß den jungen Theologen und Priestern gemäß der alten Tradition dieser ehrwürdigen Fakultät die heute besonders nottuende Glaubenssicherheit und Glaubensfestigkeit vermittelt werde". – Nun, wenige Jahre später, schienen dem Bischof die Grundfesten des christlichen Glaubens mehr denn je erschüttert und die Folgen davon zeigten sich nicht nur in der konkreten Jugendarbeit des Kennedy-Hauses, sondern wirkten sich bereits auf große Teile der jungen Theologen aus. Die Differenzen mit Kripp sind deshalb auch im Kontext eines umfassenderen Wandels innerhalb des Jesuitenordens und der theologischen Fakultät in Innsbruck zu sehen, die sich nicht mehr nur in „alten Traditionen" bewegten.[530] Die „causa Kripp" war für Rusch kein isoliertes Problem mit einem einzelnen Angehörigen der Gesellschaft Jesu, sondern stand in engem Zusammenhang mit Auffassungsunterschieden zwischen ihm und dem gesamten Orden, bzw. mit einem großen Teil seiner Mitglieder über Methoden der Glaubensverkündung sowie Inhalte und Richtlinien für die theologische Ausbildung des Priesternachwuchses.

Darum und weil alle bisherigen Mahnworte des Bischofs bei den Jesuiten in Innsbruck und in Wien ohne entscheidende Wirkung verhallt worden waren, erwartete sich Rusch nun – anfangs 1970 – tatkräftige Hilfe aus Rom, speziell von dem ehemals in Innsbruck lehrenden P. Schasching, der im Jahr zuvor zum zuständigen Assistenten von General Arrupe für die österreichische Jesuitenprovinz ernannt worden war. Ihm berichtete er vom antikirchlichen Geist, der innerhalb der MK herrsche und in „Wir diskutieren" immer wieder zum Ausdruck gebracht werde.

P. Johannes Schasching SJ, Regionalassistent des Jesuitengenerals in Rom, 1969-1980.
[Universitätsarchiv Innsbruck]

Die Beschwerden darüber häuften sich, weshalb Rusch nachdrücklichst darum bat, „daß endlich etwas geschehe".[531]

Schasching führte darauf hin einige persönliche Gespräche mit Rusch sowie mit Pater Kripp, dem er „ernste Vorhaltungen machte". Davon berichtete er Anfang Mai dem Innsbrucker Bischof und teilte ihm auch mit, daß er mit Jesuitenprovinzial Pilz überein gekommen sei, „in absehbarer Zeit eine Ablöse des P. Kripp einzuleiten, ohne daß dies" – wie er Rusch versicherte – „nach außen als Druck von Ihrer Seite erscheint".[532]

In Innsbruck erregten indes weitere Nummern von „Wir diskutieren" des Bischofs Unmut, der deshalb neuerliche Vorstöße zur ehestmöglichen Absetzung Kripps bei Provinzial Pilz in Wien und Assistent Schasching in Rom unternahm.[533] Die Bedenken, die seitens des Jesuitenordens gegen eine solche übereilte Maßnahme vorgebracht wurden, ließ Rusch nicht gelten. Seiner Meinung nach sei sie nicht nur sofort durchzuführen, sondern auch „leicht [zu] begründen. Es kann", so der Vorschlag an P. Schasching, „durchaus gesagt werden: Er [Kripp – H.A.] wurde abberufen, weil er die Verbreitung glaubenswidriger Meinungen begünstigt hat. Wenn das für eine Abberufung nicht ausreicht, dann weiß ich überhaupt nicht mehr, was jemand anstellen muß, daß er abberufen wird. Ich erwarte also auf das Bestimmteste, daß hier etwas geschieht."[534]

Vorläufig geschah im Sinne des bischöflichen Anliegens jedoch nichts. Die Zeitung „Wir diskutieren" erschien weiterhin und außerdem arbeiteten MK-Mitglieder an einem Bildband, den das Kennedy-Haus zu Jahresbeginn 1971 herausgab und in dem sich das Jugendhaus einer breiten Öffentlichkeit präsentierte. Er bot Einblick in Geschichte, Aufbau und Organisation des Hauses, berichtete von den diversen Aktivitäten seiner Mitglieder, legte die Grundsätze des Kripp'schen Erziehungskonzepts dar und Jugendliche schrieben darin ihre Ansichten zu Kirche, Staat und Gesellschaft nieder. Dadurch wurde einer breiten Öffentlichkeit ein Blick in die Innenwelt des Kennedy-Hauses gewährt und Motivationen, Interessenslagen, Wünsche und Ängste der Jugendlichen in authentischer und ehrlicher Weise offen gelegt.[535] Damit konnte das Image der MK zweifellos verbessert werden und sogar der Tiroler Landeshauptmann Eduard Wallnöfer fand in einem Gespräch mit P. Schasching (bereits vor Erscheinen des Bildbands) anscheinend lobende Worte für die Jugendarbeit von P. Kripp. – Dies teilte Schasching dem Innsbrucker Bischof bei einem Besuch in Zams mit.[536]

Darüber war Rusch aber offenbar sehr verwundert und äußerst skeptisch, weshalb er mit Wallnöfer selbst über dessen positive Einschätzung der MK-Leitung sprach und sich darauf hin genötigt sah, gegenüber Schasching einiges richtig zu stellen. Wallnöfer habe nämlich den „von Ihnen [= Schasching – H.A.] zitierten Satz nicht im Indikativ, sondern im Konjunktiv ausgesprochen. Der Satz habe also nicht gelautet: ‚P. Kripp hat ein Verdienst daran, daß in Innsbruck wenig Hippies sind.' Der Satz habe vielmehr gelautet: ‚P. Kripp hätte ein Verdienst daran, daß in Innsbruck wenig Hippies sind, wenn er unseren Wünschen entsprochen hätte.' Durch diese konjunktivische Fassung ist der Sinn des Satzes völlig anders geworden."

Mit dieser Schlußfolgerung hatte Rusch zweifellos Recht, doch war eine adäquate Einschätzung der Innsbrucker Jugendbewegung bzw. -kultur nicht mit grammatikalischen Spitzfindigkeiten zu gewinnen, sondern eher mit einer Analyse der tatsächlichen Situation und ihrer Hintergründe. Nachdem das Faktum der „wenigen Hippies" in Innsbruck auch von Rusch nicht bestritten wurde, ist es wohl schwer nachvollziehbar, warum ausgerechnet der Leiter des größten Jugendzentrums Europas daran keinen Anteil haben sollte. Und um ja keinen Zweifel an der zersetzenden Rolle P. Kripps am Glauben der Jugendlichen aufkommen zu lassen, schob Rusch die Einschätzung eines Religionslehrers, „eines der objektivsten Beobachter" nach. Danach hätten Kripps Tätigkeit wie auch die Artikel in „Wir diskutieren" dem Religionsunterricht in der Schule schweren Schaden zugefügt und die Mittelschulseelsorge Innsbrucks sei „nahezu in ein Schisma[537] geraten".

Nichtsdestotrotz kehrte um P. Kripp und die MK im Laufe des Jahres 1970 nach außen hin ein wenig Ruhe ein. Durch P. Schaschings vermittelnde Gespräche ließ sich der Bischof „noch einmal auf Probe hin erweichen"[538] und nahm von einer Veränderung in der Leitung des Kennedy-Hauses Abstand. Kripp verpflichtete sich dafür neuerlich, die Artikel für die MK-Schülerzeitung Kaplan Schumacher zur Zensur vorzulegen und bot sogar an, selbst die von Jesuiten verfaßten Manuskripte davon nicht auszunehmen, obwohl diese ohnehin einer Ordenszensur unterlagen.[539] Außerdem kam es im Herbst zu einem Wechsel des Redaktionsteams von „Wir diskutieren", das die einzelnen Beiträge immer mehr einer deutlichen Kritik unterzog, zumal sie unsachlich und zu emotional seien.[540] Die folgenden Nummern von „Wd" führten denn auch zu keinen (dokumentierten) Beanstandungen seitens des Innsbrucker Bischofs.

Innerhalb des Konsults der MK gab es im Spätherbst 1970 jedoch massive Kritik an P. Kripp, gegen den im Zusammenhang mit einem von ihm abgesagten Teach-In massive Vorwürfe erhoben wurden. Die von Kripp alleine getroffene Entscheidung war aber nur der Auslöser und nicht der wirkliche Grund für den Unmut der Konsultmitglieder. Vielmehr zeigte die Vorgangsweise Kripps „auf ein tiefer liegendes Problem hin" und brachte „zum Teil die Stimmung zum Vorschein, daß die MK total autoritär gelenkt"[541] werde. In einer heftigen Diskussion innerhalb des Leitungsgremiums wurde Kripp „als Diktator und der Konsult als williges Werkzeug" bezeichnet und der Jesuitenpater schließlich wegen seiner manipulativen und autoritären Leitung „als Diskussionsleiter verbannt". Die konsequente Demokratisierung des Kennedy-Hauses hatte damit auch vor dessen Leiter nicht Halt gemacht und sich gegen ihn gekehrt, was in der Folge eine Klärung grundsätzlicher und weitreichender Fragen hinsichtlich der Rolle des Konsults, des Diskussionsleiters sowie einer erweiterten Öffentlichkeit der einzelnen Sitzungen erforderte.[542]

Kripp selber hielt sich in den folgenden Monaten von den Konsultsitzungen fern, kümmerte sich aber weiter um die administrative und pädagogische Leitung des Kennedy-Hauses, um das es – zumindest in der Öffentlichkeit – ziemlich ruhig wurde. Im Mai 1971 wurde P. Kripp „einstimmig"[543] wieder zum Diskussionsleiter gewählt.

In jener Zeit zeigte auch der Innsbrucker Diözesanbischof keine Aktivitäten, die in irgend einer Weise im Zusammenhang mit der Leitung des Kennedy-Hauses oder mit Vorfällen innerhalb der MK standen, – zumindest sind keine solchen dokumentiert. Die Vorbereitungen zu der am 1. Mai 1971 eröffneten Diözesan-

synode liefen Ende 1970/Anfang 1971 auf Hochtouren und zu Pfingsten war ein
gesamtösterreichischer Kongreß der KAJ in Innsbruck angesagt.[544] Rusch hatte also
neben seinen alltäglichen bischöflichen Aufgaben zusätzliche Herausforderungen
zu bewältigen, die ihn aber nicht davon abhielten, die Entwicklung der MK genau
im Auge zu behalten.

Als Kripp im Juni 1971 die Eltern der MK-Mitglieder zu einem gemeinsamen
Gespräch über ein Alternativmodell zum Religionsunterricht einlud und in der Juli-
Nummer der „Wd" darüber berichtet wurde,[545] kam es neuerlich zu heftigen Kontroversen. Nach Ruschs eigenen Angaben verlangten die „sämtlichen Direktoren der
Innsbrucker Mittelschulen" von ihm, „daß P. Kripp nun endlich versetzt werden
müsse".[546] Unter Auflistung einer ganzen Reihe von „Vorfällen", bei denen es sich u.a.
um Kirchenaustritte von MK-Mitgliedern und Stellungnahmen von Jugendlichen
zu Religion und Kirche, Meinungsäußerungen von Kripp zur Gewissensfreiheit
und seine „Alternativlösung für den Religionsunterricht" ging, teilte Rusch jenes
Anliegen sowohl dem Jesuitenprovinzial in Wien wie auch dem Generalassistenten
P. Schasching in Rom mit. Von beiden erbat er „dringend", dem Verlangen der Direktoren, dem sich auch das gesamte Konsistorium sowie der Bischof selbst ange-
schlossen hätten, zu entsprechen. Besonders eindringlich richtete er diese Bitte nach
Rom, von wo ihm – Rusch – schon vor über einem Jahr seitens des Ordensgenerals
eine „Lösung der Schwierigkeiten" mit Kripp zwar versprochen worden, aber keine
zustande gebracht worden sei. Während „wir hier viel und große Geduld gehabt
haben", hätten sich die Probleme vermehrt und erforderten aus der Sicht des Bischof
nun „zwingend" eine Lösung.

Genau drei Wochen später kam es in Zams zu einer Aussprache zwischen dem
Innsbrucker Bischof und den Patres Pilz und Schasching, deren Ergebnis in vier
Punkten von Rusch festgehalten wurde.[547]

DER BISCHOF VON INNSBRUCK

Gedächtnisprotokoll über die Aussprache zwischen
P. Schasching, P. Pilz und mir, stattgefunden am
2. August 1971 im Mutterhaus Zams.

Nach längeren Besprechungen, in denen die verschiedenen Auffassungen zum Ausdruck kamen, wurde festgelegt:
1. Ich meinerseits gab der Unzufriedenheit darüber Ausdruck, daß mein schon öfter
   geäussertes Anliegen immer noch nicht berücksichtigt ist.
2. Pater Provinzial Pilz gab die ausdrückliche Zusage, daß P. Kripp spätestens bis zum
   Sommer 1972 von seiner Arbeit in Innsbruck abgezogen wird.
3. Ich meinerseits gab die Zusage, daß ich die Direktionen der Innsbrucker Mittelschulen von den Gegebenheiten in einer zurückhaltenden Weise informieren werde.
4. Pater Provinzial gab seinerseits die Zusage, daß er P. Kripp jedes weitere Betreiben
   seiner Idee von Alternativreligionsunterricht untersagen werde.

Zams, am 2. August 1971

+ Paul Rusch e.h.
Bischof von Innsbruck

Diese Vereinbarung bewahrte den Innsbrucker Bischof jedoch nicht vor weiteren Ärgernissen, mit denen er sich wenige Monate später neuerlich konfrontiert sah. Nicht das Kripp'sche Alternativmodell zum Religionsunterricht war es dieses Mal, sondern das Sexualverständnis, das der MK-Präses in der Oktober-Ausgabe von „Wir diskutieren" dargelegt hatte.[548] Nur kurz berichtete Rusch davon dem Jesuitenprovinzial in Wien und bat ihn „nochmals dringend",[549] Kripp von der Leitung des Kennedy-Hauses zu entheben. Ausführlicher richtete Rusch sein Anliegen dagegen an den Ordensgeneral in Rom, den er an sein früheres Versprechen erinnerte. Seit eineinhalb Jahren sei jedoch nichts geschehen, sondern im Gegenteil hätten die Schwierigkeiten mit Kripp zugenommen, wobei Rusch die inzwischen vorgefallenen Geschehnisse ausführlich und geradezu dramatisch schilderte. Neben seinen pastoralen und moralischen Bedenken führte er als Argumentationsverstärkung die Beschwerde der Innsbrucker Mittelschulprofessoren an, zumal sich Kripps „Plan einer Alternativlösung für den Religionsunterricht als Abwerbung vom Religionsunterricht ausgewirkt hätte".[550] Sie hätten ihn „außerdem hart getadelt", dass er „solche Vorgänge" dulde und damals bereits verlangt, „dass nun endlich eine Änderung zustande komme". Die jüngsten Äußerungen von Kripp, wonach „es für das geschlechtliche Verhalten keine überzeitlichen Normen gebe und daß man daher voreheliche geschlechtliche Beziehung auch nicht einfach verbieten, sondern auf unerwünschte Folgen verschiedener Art hinweisen könne", gereichten nun wiederum – so Rusch – „vielen unserer katholischen Mittelschulprofessoren zum Ärgernis" und die „schon im Sommer vorhandene Empörung" breche neuerlich auf. Daraus ergäbe „sich also eindeutig, daß keine Ruhe entsteht, ehe P. Kripp abberufen wird". Und flehentlich fügte der Innsbrucker Oberhirte hinzu, dass sein „schon früher geäußertes Anliegen endlich erfüllt werde. Wenn nicht aus einem anderen Grunde, so doch um der Ehre der Gesellschaft Jesu willen."

Rusch legte seinem Schreiben die betreffende Nummer von „Wir diskutieren" bei, aus der der Jesuitengeneral ersehen konnte, dass die von Kripp angestellten Überlegungen ein wenig komplexer und differenzierter waren, als die etwas verkürzte Zusammenfassung des Bischofs.[551] Entsprechend kurz fiel auch die Antwort aus Rom aus. Die Abberufung Kripps sei – wie Rusch aus dem Gespräch im Sommer ja wisse – ohnehin geplant, „auch unabhängig von den konkreten Ereignissen" und außerdem sei „Pater Kripp unverzüglich die Verwirklichung eines Alternativunterrichts untersagt"[552] worden. Weiters wurde aus dem Generalat der Jesuiten zu bedenken gegeben, dass das Kennedy-Haus ein sehr komplexes Gebilde sei, das viel Widerspruch, aber auch große Zustimmung erfahre, weshalb eine Ablösung in seiner Leitung auf sehr umsichtige Weise geschehen müsse und „ihre Durchführung […] sowohl von der Sache als auch vom Personalmangel der Provinz her eine gewisse Zeit" brauche. – Auf die sexualpädagogischen Äußerungen ging der Brief aus Rom mit keinem einzigen Wort ein!

Anders dagegen P. Pilz, der hinsichtlich „des Artikels ‚Begegnung von Buben und Mädchen' von P. Kripp in ‚Wir diskutieren' vom 18. Oktober 1971" gegenüber Rusch feststellte, „daß verschiedene Fachleute, die den Artikel beurteilt haben, der Meinung waren, daß er für das pastorelle [sic!] Anliegen gegenüber der heutigen Jugend positiv zu bewerten sei. Gewisse Formulierungen könnten freilich mißverstanden werden."[553] Außerdem setzte sich P. Pilz mit einem weiteren Vorfall auseinander, der ihm telefonisch geschildert worden war. Es handelte sich dabei um einen Elternabend, zu dem Kripp am 3. November in das Kennedy-Haus eingeladen hatte. Rund 300 Erwachsene und etwa 150 Jugendliche hatten an dem Gespräch über das Thema „Beziehungen zwischen Buben und Mädchen" teilgenommen, in dem im Beisein und unter Beteiligung von Fachleuten der theologischen Fakultät sowie eines Frauenarztes Fragen jugendlichen Sexualverhaltens und die Einstellung der Eltern dazu erörtert wurden.[554] Als Einstieg in die Diskussion wurde ein Tonband mit Aussagen von „3 Buben und 2 Mädchen" abgespielt, in denen drei von ihnen „ungeniert zu[gaben], daß sie intime Beziehungen zu einem oder mehreren Angehörigen des anderen Geschlechtes haben und Verhütungsmittel gebrauchen". In kleinen Arbeitskreisen seien sodann Fragen und Probleme jugendlicher Sexualität und ihrer Entfaltungsmöglichkeiten eingehender diskutiert worden.

„Als Mißtrauen wurde das ohne Einladung erfolgte Kommen der beiden Herren Msgr. Dr. Weiser und Msgr. Schramm bitter empfunden, da es sich um eine interne Gruppe handelte. Andererseits", so P. Pilz, „hätten die beiden Herren auch Gelegenheit gehabt, in die Diskussion einzugreifen",[555] was aber offenbar nicht geschehen sei. Vielmehr verfaßten sie (Prof. Weiser darüberhinaus auch einen Brief an P. Schasching in Rom) ein Protokoll über diesen Gesprächsabend, das Bischof Rusch als Grundlage für neuerliche und heftige Vorwürfe gegen Kripp diente. Dazu äußerte sich P. Pilz recht ausführlich, schob das pastorale Anliegen P. Kripps in den Vordergrund, stellte einige Fehlinformationen richtig und meinte schließlich, daß es vielleicht „für Exzellenz wertvoll [wäre], die beiden [an der Diskussion – H.A.] beteiligten Professoren P. Rotter und P. Sbandi zusammen mit den beiden hochwürdigsten Herren zu einem Gespräch einzuladen, um auch von der anderen Seite her eine Information über diesen Abend zu haben und in gegenseitigem Gespräch eine Abklärung zu finden".[556]

Bei aller Höflichkeit und schuldigem Respekt, die in dem Schreiben des Jesuitenprovinzials zum Ausdruck kommen, war aber auch deutlich zu erkennen, daß P. Pilz recht ungehalten über die Vorgehensweise des Innsbrucker Bischofs war und sich keineswegs von ihm drängen lassen wollte. Er stehe zu seiner Zusage hinsichtlich einer Änderung in der Leitung des Kennedy-Hauses, doch sei eine solche Vornahme im Augenblick, besonders „im Interesse des kirchlichen Bonum commune" nicht sinnvoll und es sollte genügen, wenn P. Kripp „etwa entstandene Mißverständnisse" bereinige. Noch weniger hielt Pilz von einer angedeuteten Kanzelverkündigung gegen die MK, die Rusch in seinem Telefongespräch mit Wien angedeutet hatte. Er bat deshalb den Bischof eindringlich, „solches nicht zu tun, und zwar nicht etwa mit Rücksicht auf den Jesuitenorden, sondern im gesamten Interesse der Kirche von Innsbruck".

Trotz vollstem Verständnis für die Sorgen und Nöte des Innsbrucker Oberhirten stellte der Jesuitenprovinzial aber auch klar, daß er sich in seiner Handlungsweise in keiner Weise bevormunden lassen wolle und ersuchte Rusch, das ohnehin belastete Verhältnis zwischen dem Bischof und dem Orden nicht noch weiter aufzuschaukeln. Er empfinde es nämlich – so P. Pilz – „persönlich und im Namen [s]einer Mitbrüder schmerzlich, daß oft nur auf Gerüchte hin oder auf einseitig interpretierte Vorkommnisse hin Mitglieder des Ordens oder die ganze Gemeinschaft diskreditiert werden". Außerdem deutete er an, daß sie die Bewältigung der Gegenwartsprobleme anders angehen, als der Innsbrucker Bischof, daß sie sich der Verantwortung „für die Kirche von heute und morgen bewußt [seien], die aber nicht nur im Festhalten an der Tradition bestehen kann, sondern auch im Bemühen, so zeitgemäß für das Heil der Seelen zu arbeiten, daß die Kirche auch heute und in Zukunft den Weg zu den Menschen findet".

Damit mußte Rusch nun klar sein, daß Kripp innerhalb des Ordens mit wohlwollender Förderung rechnen und sich auf das Vertrauen seines Vorgesetzten stützen konnte. Dennoch konnte er die an ihn gerichteten Vorwürfe, auch wenn sie nur zwischen den Zeilen zu lesen waren, nicht auf sich sitzen lassen. Insbesondere betrachtete er die Vermutung, daß Ordensmitglieder auf Gerüchte hin von ihm diskreditiert werden würden, als Beleidigung und wies diese Unterstellung ebenso wie den ebenfalls erweckten Anschein, daß er die Schuld an den aufgetretenen Spannungen trage, schärfstens zurück. „Bin etwa ich an den Aufweichungstendenzen, die von P. Kripp ausgehen, schuld? Und bin ich daran schuld, daß auch auf der Theologischen Fakultät […] nicht alles in Ordnung ist?"[557] Und mit Andeutungen auf tatsächliche oder vermeintliche Mißstände in anderen Ländern stellte er dem Jesuitenprovinzial die Frage, ob er, Rusch, denn der einzige sei, „der etwas auszusetzen hat? […] Und ist denn der Heilige Vater zufrieden? Ist Ihnen den wirklich unbekannt, daß viele Bischöfe äusserst enttäuscht sind darüber, daß man bei einem Teil des Jesuitenordens von dem alten Erbe des Kampfes für die Kirche nicht mehr viel bemerken kann?" Und um die Gesellschaft Jesu oder zumindest deren Provinzial in Wien wieder in die Reihen der Verfechter des alten Erbes zurückzuholen, schlug er P. Pilz vor, sich von Prof. Weiser und Kanzler Schramm persönlich über den Verlauf des Elternabends informieren zu lassen. Wenn er darauf eingehen würde, werde auch die in Erwägung gezogene Kanzelerklärung zurückstellen.

Parallel zu seiner Replik nach Wien schickte Rusch auch an den Jesuitengeneral in Rom ein Schreiben, in dem er einige ihm wichtig erscheinende Aspekte der Diskussionsveranstaltung im Kennedy-Haus anführte, die ihm „Anlaß zu einer Beunruhigung" gaben und die er als „praktische Folge der theologischen Ausführungen von P. Kripp" betrachtete, über die er sich bereits in einem früheren Schreiben beklagt hatte. Ihm schienen „diese Dinge untragbar zu sein",[558] weshalb er sich dazu eine Stellungnahme erwartete.

Bevor die Antwort aus Rom kam, die eher ausweichend ausfiel und deutlich zu erkennen gab, daß die Angelegenheit vom zuständigen Provinzial in die Hand genommen werden solle,[559] fand in Innsbruck am 27. November eine Besprechung zwischen Rusch und P. Pilz statt, in dem dieser zusagte, P. Kripp „im Sommer 1972" abzuberufen, dessen Nachfolger „eine andere Orientierung" zu geben und „den am 3. November (Elternabend) angerichteten Schaden durch eine geeignete Maßnahme"[560] gut zu machen. Solche Maßnahmen sollten darin bestehen, daß „Fachleute zu Eltern und Jugendlichen über die diskutierten Themen entsprechend informative Vorträge halten sollten",[561] die für die nächste Zeit ins Auge gefaßt werden sollten. Dieses Vorhaben entsprach im wesentlichen dem Arbeitsprogramm der MK, wie es P. Kripp im Oktober bereits angekündigt hatte, und nach dem „mehr gemeinsame Gespräche zwischen Eltern und Jugendlichen im Kennedy-Haus"[562] angesetzt werden sollten. Ganz in diesem Sinne war denn auch bei der Elternveranstaltung am 3. November vorgeschlagen worden, bei der nächsten Zusammenkunft über Religion diskutieren zu wollen;[563] diese fand dann am 30. November statt.

Im Kennedy-Haus war inzwischen die beabsichtigte Abberufung Kripps durchgesickert und nicht zu Unrecht wurde der Bischof als treibende Kraft dahinter vermutet. Das Erzieherteam wandte sich deshalb mit der Bitte um Aufklärung an Rusch, der er aber mit dem Hinweis auf die Vertraulichkeit der Angelegenheit nicht nachkam.[564] Provinzial Pilz, der davon informiert worden war, sah sich seinerseits einem verstärkten Druck seitens des Teams ausgesetzt, das eine Stellungnahme zu den Absichten des Bischofs verlangte. Er gab dazu zu verstehen, daß er, falls es zu einer Abberufung kommen sollte, „es nicht deswegen oder deswegen allein sein wird, weil der hochwürdigste Bischof es will".[565] Damit brachte er aber deutlich zum Ausdruck, daß Rusch in der Angelegenheit nicht ganz unbeteiligt war. Er versicherte zwar, Kripp immer wieder die bischöflichen Bedenken vorgebracht, niemals aber irgendwelche schriftliche Unterlagen oder Briefe des Innsbrucker Oberhirten ausgehändigt zu haben. Damit wollte Pilz vermeiden, daß der Konflikt mit Kripp allzu große Kreise ziehen oder gar in die Öffentlichkeit gelangen könnte, denn er betrachtete nach wie vor „das ganze" als eine Angelegenheit, die zwischen ihm und dem Bischof geregelt werden müßte.[566]

Rusch sah dies jedoch völlig anders und ungeachtet der zwischen ihm und P. Pilz getroffenen Vereinbarung vom 27. November, die ja als Bedingung zur Vermeidung einer Kanzelerklärung gestellt und erfüllt worden war, unterzog der Innsbrucker Bischof die MK in seiner Silvesterpredigt 1971 einer vernichtenden Kritik und „brandmarkte tief erregt die Vorgänge im Kennedy-Haus".[567]

„Sag es der Gemeinde"[568] – Heimspiel

Bischof ruft in Silvesterpredigt zu moralischer Aufrüstung[569]

„[...] Es zeigt sich der Verfall der Sittlichkeit auf fast allen Gebieten des Lebens. Aufweichungstendenzen sind hie und da auch in unsere Jugendseelsorge gedrungen: Hier muß ich mit großem Bedauern das *Kennedyhaus* nennen. Dort hat man zunächst edle Schamhaftigkeit auf die Seite gestellt. Nun aber finden geschlechtliche Vergehen dort verkehrender junger Menschen eine erstaunlich nachgiebige Beurteilung. Anscheinend weiß man dort nicht, was ich eben erwähnte, daß Mädchen, die verfrüht geschlechtlichen Umgang haben, bis zu zwölfmal häufiger Krebs der Mutterorgane bekommen als normal. Und anscheinend ebenso nicht, daß die Geschlechtskrankheiten wieder auf das Dreifache, ja in manchen Ländern auf das Fünffache angestiegen sind, weil diese Krankheitserreger gegen Penicillin weitgehend immun geworden sind.

Ich wundere mich daher nicht, daß einer der Besten unserer Mittelschuldirektoren *den Eltern* seiner Schüler davon *abgeraten* hat, ihre Kinder in das Kennedyhaus gehen zu lassen. Ich muß meinerseits diese Abmahnung bestätigen und unterstreichen.

Dazu kommt ein Zweites: Im Kennedyhaus ist man weitgehend *schulkritisch* bis *schulgegnerisch* eingestellt. Daher geschieht es denn auch, daß gerade junge Leute, die dort verkehren, unseren Religionslehrern in den Mittelschulen die größten Schwierigkeiten machen. Ich erkläre mich aber solidarisch mit unseren Diözesanpriestern, die den heute schwer gewordenen Dienst als Religionslehrer in den Mittelschulen verrichten. Ich kann mich nicht damit abfinden, daß junge Menschen aus katholischen Organisationen den Religionsunterricht stören und unwirksam machen.

So muß ich denn mit großem Bedauern feststellen, daß gefährliche Tendenzen auch in unsere Kreise eingedrungen sind. [...]"

Mit dieser Philippika erreichte nun auch Rusch eine breite Öffentlichkeit, zumal deren Inhalt mehrmals in der Tagespresse thematisiert wurde. Die Reaktionen waren vielfältig und reichten von uneingeschränkter Zustimmung – wie etwa von „sämtlichen [Tiroler – H.A.] Regierungsbehörden"[570] – bis hin zu strikter Ablehnung. Die einen fühlten sich erleichtert, daß der Innsbrucker Oberhirte endlich einmal die schon lange erwarteten deutlichen Worte gesprochen habe, und hofften nun „auf ein weiteres gewichtiges Eingreifen ihres Bischofs [...] gegen die satanischen Demolierungserscheinungen in Fragen des Glaubens, des religiösen Lebens und der Sitte".[571] Andere waren tief verletzt und fragten, warum er „von der Kanzel herab" anklage, „Schützenhilfe bei einem Schuldirektor" suche, „gleichsam hinter den Kulissen"[572] arbeite und die Eltern bevormunde, anstatt das Gespräch mit denjenigen zu suchen, um deren Kinder es gehe.

MK-Schülerzeitung „Wir diskutieren" vom 25. Jänner 1972 mit einem ausführlichen Beitrag zur Silvesterpredigt des Innsbrucker Bischofs vom 31. Dezember1971.

Und natürlich blieben auch die Reaktionen aus dem Jesuitenorden nicht aus. Das Erzieherteam wies die in der Silvesterpredigt erhobenen „Pauschalvorwürfe"[573] auf das heftigste zurück und verurteilte mit scharfen Worten die Vorgehensweise des Bischofs. Kripp wandte sich empört (aber letztlich erfolglos) an den Bischof und verlangte eine Konkretisierung der Anschuldigungen, damit er dazu Stellung nehmen könne. Auch Rektor Muck war bestürzt, daß Rusch leichtfertig ein „großes seelsorgliches und erzieherisches Werk"[574] in dieser Weise öffentlich verurteilt und damit nicht nur das Kennedy-Haus und seine Leitung, sondern auch die „Stellung und das Ansehen aller Jesuiten in Innsbruck" in Mißkredit gebracht habe. Er war davon überzeugt, daß „die Vorwürfe und Gerüchte zum größten Teil nicht berechtigt" seien und erwartete deshalb eine „öffentliche Berichtigung", zumindest aber, sofern der Bischof den durch seine Predigt entstandenen „Eindruck in der Öffentlichkeit belassen" wolle, eine schriftliche Bekanntgabe der Gründe, die ihn zu einer solch „schweren Verurteilung veranlaßt haben". Besonders betroffen und enttäuscht zeigte sich Provinzial Pilz, der in der Vorgehensweise Ruschs auch einen Vertrauensbruch sah, für den er keine Worte und noch viel weniger eine Erklärung fand. Er war nämlich fest davon überzeugt, daß der Bischof nach dem letzten gemeinsamen Gespräch von „einem solchen Vorhaben Abstand nehmen würde[…],"[575] da er seine Absicht, Kripp ablösen zu wollen, „klar zum Ausdruck" gebracht habe. Und so wie Rektor P. Muck betrachtete auch er das Vorgehen des Bischofs als „eine ungerechtfertigte und unverdiente Diskriminierung des Ordens in der Öffentlichkeit", gegen die er sich „im Interesse des Ordens und seiner Tätigkeit" nachdrücklichst verwahrte.

Rusch ließ Rektor Muck vierzehn Tage,[576] Jesuitenprovinzial Pilz sogar mehr als einen Monat auf eine Antwort warten, bevor er seine Vorgehensweise damit begründete, daß nach der kaum beruhigten Aufregung um die Vorgänge beim Elternabend Anfang November, am Ende dieses Monats neuerlich eine ähnliche Gesprächsveranstaltung über religiöse Fragen stattgefunden habe. Dabei hätten Jugendliche „weitgehend ihre negative Einstellung zur Kirche"[577] ausgesprochen. Vor allem habe jedoch an jenem Abend die ausweichende bzw. nicht erbrachte Antwort von Dogmatikprofessor Franz Schupp auf die Frage „Ist Christus denn nicht der Sohn Gottes?" für großes Aufsehen gesorgt und „in nicht kleinen Kreisen katholischer Intellektueller von Innsbruck Ärgernis" hervorgerufen. Deswegen sei er, Rusch, „genötigt" gewesen, dazu „öffentlich Stellung zu nehmen."

Es seien aber nicht alleine die Behandlung von Glaubensfragen, die ihm Sorgen bereite, sondern vor allem auch die „Gefährlichkeit einer Erziehung, die in den Anpassungen an heutige, angebliche oder wirkliche Jugendbedürfnisse"[578] zu weit gehe. Bei einer solchen Art von „weicher Erziehung" würden Neurosen hervorgerufen und die Menschen seien „im späteren Leben der Lebenswirklichkeit, die vielfach harte Forderungen stellt," nicht mehr gewachsen. Rusch sah seine Mahnworte durchaus in einem gesamtgesellschaftlichen Zusammenhang und politischen Kontext, die er gegenüber Rektor Muck folgendermaßen darstellte: „Es ist erwiesen, daß vom Osten sehr viel Geld eingeschleußt [sic!] wird, um den Westen zu erweichen. Es ist erwiesen, daß chinesische Führer ausdrücklich gesagt haben, der Westen müsse entmoralisiert werden, dann werde er von selbst erliegen. […] Wenn die Dinge aber so sind, dann hat eine kirchliche Jugenderziehung heute die Aufgabe, echte Soldaten des Geistes heranzubilden, die an Selbstüberwindung und Opfer gewöhnt sind, und Selbstüberwindung und Opfer auch nach Innen hin zu leisten bereit sind." Solche Vorgaben für die katholische Jugendarbeit boten Rusch die Gewähr für die Erhaltung der christlichen Werte der westlichen Welt, die von außen durch das kommunistische Lager bedroht und im Innern in ihren Grundfesten durch Erziehungskonzepte wie das von Kripp aufgeweicht werde.

Hinsichtlich der „Verwahrung" des Jesuitenprovinzials gegen die Diffamierungen seines Ordens zitierte Rusch ausführlich zwei Konzilsdekrete, nach denen die Bischöfe „als Zeugen der göttlichen Wahrheit zu verehren"[579] seien und die Gläubigen

„mit einem im Namen Christi vorgetragenen Spruch ihres Bischofs in Glaubens-
und Sittensachen übereinkommen und ihm im religiös gegründeten Gehorsam an-
hangen" müssen. Außerdem würden alle Ordensleute der Gewalt des Oberhirten
unterstehen, besonders auch „in Bezug auf die Seelsorge, die heilige Predigt für
das Volk, die religiös-sittliche Unterweisung der Gläubigen, besonders der Kinder,
den katechetischen Unterricht und die liturgische Bildung, sowie die Würde des
Klerikerstandes, und endlich die verschiedenen Werke, insoweit sie die Ausübung
des Apostolats betreffen". Und um nicht den geringsten Verdacht aufkommen zu
lassen, etwa Verständnis für die Bedenken aus dem Jesuitenorden aufgebracht zu
haben, fragte Rusch den Provinzial, ob er nicht etwa glaube, daß die angeführten
Konzilsdekrete ihm „schon früher Anlass gegeben hätten, [sich] gegen manches zu
verwahren, was im Kennedyhaus geschehen ist?"

Ton und Gangart des Bischofs waren inzwischen schärfer geworden und es schien
sich abzuzeichnen, daß Rusch eine Lösung der Causa Kripp nicht mehr im Einver-
nehmen mit der Leitung des Jesuitenordens suchte, sondern stärkere Verbündete
dafür gewinnen wollte. Dafür zeugen nicht nur die schulmeisterlichen Ermahnun-
gen und maßregelnden, arrogant wirkenden Aufklärungen[580] eines in hierarchischen
Kategorien denkenden Bischofs mit einem autoritär-autoritativen Amtsverständnis,
sondern auch seine Weigerung, Gründe und Hintergründe seiner Attacke gegen das
Kennedy-Haus, P. Kripp und in gewisser Weise auch gegen Teile der Innsbrucker
Jesuiten einer breiteren Öffentlichkeit offen darzulegen. Er habe so gehandelt, weil er
– so eine spätere Rechtfertigung gegenüber Provinzial Pilz – „keine weitere Belastung
aussprechen wollte, also um zu schonen".[581] Darauf konnte sich nun jede und jeder
selber seinen Reim machen, was in der Bevölkerung durchaus auch geschah!

Diese war ja von der Silvesterpredigt durch die Berichterstattung in den Medien
informiert und dadurch auf die Causa Kripp aufmerksam gemacht worden. Die
Reaktionen waren – wie bereits erwähnt – zustimmend oder ablehnend; aber es
gab auch besondere Fleißaufgaben, wie etwa der denunziatorische Bericht eines
Innsbrucker Religionsprofessors über ein eineinhalb Jahre zurückliegendes Ereignis,
der jetzt erst verfaßt und dem Bischof übermittelt wurde. Damit konnte das „Sündenregister" Kripps um eine weitere „Verfehlung" noch verlängert werden.[582]

Im Gegensatz zu Rusch suchte der ORF auf einer breiteren Plattform eine Aussprache über die in der Silvesterpredigt erhobenen Vorwürfe und gestaltete dazu
eine Radiosendung,[583] in der sich neben P. Kripp, einigen Jugendlichen aus der MK
sowie Mütter und Väter von MK-Mitgliedern auch die beiden Professoren für Er-
ziehungswissenschaft an der Universität Innsbruck, Dr. Rudolf Weiss und Dr. Horst
Rumpf zur Kritik des Bischofs am Kennedy-Haus äußerten. Der in der Bischofspre-
digt angesprochene Gymnasialdirektor war ebenso wie auch einige angesprochene
Religionslehrer, deren Unterricht angeblich von MK-Mitgliedern gestört worden
war, zu keiner Stellungnahme bereit!

Rusch selbst wurde „für diese Sendung um eine Präzisierung seiner Feststellungen [ersucht], die er mit der Begründung ablehnte, daß durch Diskussionen
seine Auffassung nur verwässert und bagatellisiert würde und die Kirche hier, wie
es immer einmal notwendig sei, ein Machtwort gesprochen habe".[584] Wenn auch
der Bischof hier nach dem vatikanischen Motto „Roma locuta, causa finita" han-

deln zu müssen glaubte, hielt es immerhin die Rundfunkanstalt für angebracht, zumindest die in der Predigt erwähnten „medizinischen" Feststellungen Ruschs zu korrigieren,[585] zumal die Behauptung der häufigeren Krebserkrankungen „äußerst spekulativ wie auch wissenschaftlich nicht fundiert" sei und es auch absolut kein „Versagen einer richtig durchgeführten Penizillinbehandlung" bei den in Mitteleuropa vorkommenden Geschlechtskrankheiten gäbe. Den beiden Universitätsprofessoren waren die vom Bischof zitierten „Forschungsergebnisse" trotz umfassenden Studiums der Fachliteratur ebenfalls vollkommen unbekannt. Als gesichert konnten sie dagegen geltend machen, daß eine wie auch die vom Bischof vertretene Moral, „die sich auf die Angst vor einer Krebserkrankung gründet", äußerst fragwürdig sei. Es handele sich dabei um „negative Sexualerziehung, deren schädliche Folgen", im Gegensatz zu den bischöflichen Horrormeldungen, jedoch vielfach nachgewiesen werden konnten.

So wie die beiden Pädagogen stellten auch die übrigen, in der ORF-Sendung zur Sprache gekommenen Personen – mit wenigen Ausnahmen – der Jugendarbeit im Kennedy-Haus ein positives Zeugnis aus, was den Bischof anscheinend aber wenig beeindruckte. Er schwieg gegenüber der Öffentlichkeit und scheute den öffentlichen Dialog mit Kripp, denn er fürchtete, daß durch ein solches „Zwiegespräch" seine Kanzelerklärung, die immerhin „amtlicher Natur" war, „wieder abgeschwächt werden könnte".[586] – Korrekturen gab es für Rusch nicht, denn solche hätten die bischöfliche Autorität untergraben; eine Infragestellung eigener Ansichten schien ihm schwer zu fallen, auch wenn solche von kompetenten Fachleuten mit überzeugenden Argumenten widerlegt wurden. Das Festhalten an einmal verkündeten Wahrheiten und die Verteidigung einmal eingenommener Positionen beinhalteten oft schulmeisterliche Zurechtweisungen und Besserwissereien, glichen bisweilen trotziger Rechthaberei oder mündeten in verbale Spitzfindigkeiten. Mit solchen Meldungen nahm er gegensätzlichen bzw. entkräftenden oder richtigstellenden Äußerungen den Wind aus den Segeln, führte sie auf Mißverständnisse der sich zu Wort meldenden Personen, auf deren unkorrekte Wahrnehmungen, ihre Unkenntnis mancher Sachverhalte, den falschen Gebrauch von Begriffen, auf fehlendes Erkennen komplexer Zusammenhänge oder einfach nicht vorhandenes Fach- und Hintergrundwissen zurück. In vielen Antwortschreiben auf die an ihn gerichteten Briefe legte Rusch seine Standpunkte ausführlich dar und untermauerte sie, wie auch die Gründe seiner Handlungsweisen unter Anführung „verbürgter" Nachrichten und „gesicherten" Wissens. Solcherlei Beweise spiegelten allerdings oft die unhinterfragte Perspektive der jeweiligen Informanten wider, ein „audiatur et altera pars" – das Anhören, was andere dazu zu sagen haben – ist kaum erkennbar. Ebenso lassen sich unmittelbare und authentische Wahrnehmungen oder das Sammeln eigener Eindrücke, etwa durch direkte Kontakte mit Akteuren und Betroffenen bei Vor-Ort-Besuchen – beispielsweise im Kennedy-Haus – kaum dokumentieren.[587]

Rusch agierte nicht als Mann des Dialogs oder der Diskussion, sondern er verkündete – oder korrespondierte. Zu seinen Adressaten gehörte auch der Apostolische Nuntius in Wien, Opilio Rossi, der durch das Kirchenblatt von der Silvesterpredigt Kenntnis erhalten hatte und dadurch auf die Kontroversen um das Kennedy-Haus aufmerksam gemacht worden war. Er bat den Innsbrucker Bischof um aufklärende Informationen, die Rusch umgehend und ausführlich lieferte.[588] Der Inhalt des Briefes ist weitgehend ident mit denen, die Rusch bereits an P. Muck oder P. Pilz geschickt hatte.

Nuntius Rossi versuchte darauf hin zwischen dem Jesuitenorden und dem Innsbrucker Bischof zu vermitteln, weshalb er von Provinzial Pilz eine Stellungnahme zu den von Rusch erhobenen Vorwürfen erbat. Diese fiel recht differenziert aus,[589] relativierte manche der sogenannten Ärgernisse und stellte für andere die Verantwortung von Kripp nachdrücklichst in Frage. Hinsichtlich der Schülerzeitung „Wir diskutieren" verdeutlichte Pilz, daß diese der Meinungsäußerung von Jugendlichen diene wie auch als Plattform für Diskussionsbeiträge, um bestimmte Probleme stärker ins Bewußtsein zu rücken. Im übrigen würden die Artikel einem bischöflichen Zensor vorgelegt werden. Im Zusammenhang mit den Elternabenden wurden einige mißverständliche Äußerungen richtig bzw. in einen größeren Rahmen gestellt und damit aufgeklärt oder gewannen dadurch eine völlige andere Bedeutung, insbesondere auch jene von P. Schupp. Wie immer jedoch die einzelnen Vorfälle auch bewertet werden konnten, hätten sie auf keinen Fall eine Rechtfertigung für die Kanzelerklärung des Bischofs geliefert. Vielmehr sei er, P. Pilz, davon ausgegangen, daß nach dem Gespräch mit Rusch am 27. November die Schwierigkeiten bereinigt gewesen wären. Die Silvesterpredigt habe dann keineswegs nur Zustimmung seitens hoher Tiroler Regierungsbeamter erfahren, wie der Bischof behaupte, sondern es hätten viele auch die Ausführungen Ruschs für unbewiesen und ungerecht gehalten „und als Pauschalverdächtigung der Jugend des Kennedyhauses zurückgewiesen. Tatsächlich wurde diese Kanzelerklärung", so der Jesuitenprovinzial weiter, „Anlaß von wilden Gerüchten […] über das Kennedyhaus." Es habe seitens des Ordens „nicht an Bereitschaft gefehlt," versicherte P. Pilz dem Apostolischen Nuntius, „jeweils auftretende Mißstände zu unterbinden, bzw. Einwände zu klären u. vorgebrachte Kritik zu überprüfen. Aber was mit der Predigt ausgelöst worden ist, erschwert dies und kann nicht dem Orden zur Last gelegt werden. Es sollte doch auch das Positive gesehen werden, und gegenüber Schwierigkeiten, wie sie in der Jugendarbeit heute überall vorhanden sind, doch abgewogen werden. Manches an Schwierigkeiten scheint auf eine nicht sehr glückliche Information des Ordinarius zurückzuführen sein, vielleicht auch auf die Vorstellung von Jugendarbeit, wie sie heute kaum mehr realisierbar sein dürfte."[590]

Dies waren deutliche und für Rusch zweifellos schwer verdauliche Worte, die ihm von der Leitung der österreichischen Jesuitenprovinz über die Wiener Nuntiatur mitgeteilt wurden. Nuntius Rossi übermittelte aber auch einen Vorschlag von P. Pilz, der hinsichtlich der mit dem Bischof vereinbarten Ablösung Kripps für das weitere Vorgehen des Ordens eine Erleichterung bieten würde. Es sollte ein gewisser Ausgleich ermöglicht werden, der auch in der Öffentlichkeit zur Geltung kommen solle und „etwa in Form eines gemeinsamen Kommuniqués als Beendigung der Auseinandersetzungen"[591] zum Ausdruck gebracht werden könnte.

Der Innsbrucker Bischof war zu diesem Zeitpunkt an einem „Ausgleich", wie es P. Pilz nannte, offenbar kaum mehr interessiert, sondern verfolgte unbeirrt und konsequent die Absetzung Kripps (und in weiterer Folge auch die von P. Schupp). Er ging auf das Streitbeilegungsangebot überhaupt nicht ein, sondern wärmte bereits

Vorgebrachtes wieder auf, ergänzte anderes mit neuen Facetten, wie etwa damit, daß in „Wir diskutieren" schon in früherer Zeit „das alte Tiroler Brauchtum mit Andreas Hofer lächerlich gemacht [und] das Bundesheer angegriffen"[592] worden sei. Damit sich Nuntius Rossi eine eigene Meinung über die bereits hinlänglich breit getretene Antwort P. Schupps auf die „Sohnschaft" Christi bilden könne, legte er dessen Skriptum bei, aus dem der Dogmatikprofessor fast wörtlich vorgetragen habe und in dem nach des Bischofs Dafürhalten der katholische Glauben nicht mehr gewahrt werde. Außerdem klärte Rusch den Vertreter des Vatikans in Österreich darüber auf, daß Kripp mit seiner Initiative gegen den Mittelschulunterricht klar und eindeutig die Bestimmungen des II. Vatikanischen Konzils verletzt habe und fragte sich (und damit natürlich auch den Nuntius), wie solche Dinge noch tragbar wären, wenn das Konzil ernst genommen werden soll. Im Übrigen sei es keineswegs so, daß alle Patres des Innsbrucker Jesuitenkollegs eine einheitliche Auffassung über all' diese Dinge hätten. Zum Beweis dessen zitierte Rusch aus einem Schreiben des Pastoraltheologen Walter Croce, in dem vollstes Verständnis für die Stellungnahme des Bischofs gegen das Kennedy-Haus sowie die Hoffnung zum Ausdruck gebracht wurde, daß die Oberen des Ordens „endlich einmal ihre tatenlose Haltung aufgeben und Entscheidungen treffen"[593] wie sie der Bischof von ihnen erwarte.

P. Walter Croce SJ, Inhaber des Lehrstuhls für Pastoraltheologie samt Homiletik und Katechetik in Innsbruck von 1957 bis 1977; kurz nach seiner Berufung.
[Archiv des Jesuitenkollegs, Innsbruck]

Rusch konnte also auf Verbündete innerhalb der Gesellschaft Jesu zählen und sah vielleicht auch deshalb keine Notwendigkeit, sich mit der ihm zugesandten Stellungnahme des Jesuitenprovinzials auseinander zu setzen. Sie sei ohnehin „keine Widerlegung, sondern im Allgemeinen nur eine mehr oder weniger geglückte Einschränkung [s]einer Behauptungen […], die aber zugleich noch vieles offen läßt". Mit keiner einzigen Andeutung ließ Rusch erkennen, solche offenen Fragen klären zu wollen, sondern ließ deutlich anklingen, daß seiner Meinung nach schon genügend Gründe für eine Absetzung Kripps vorliegen würden und er endlich entsprechende Maßnahmen vom österreichischen Jesuitenprovinzial erwarte. Um eine solche Lösung zu garantieren und vielleicht sogar zu beschleunigen, erhoffte sich Rusch auch Unterstützung aus Rom, wo die „heikle Angelegenheit"[594] inzwischen dem Heiligen Stuhl bekannt gemacht worden war.

Eine Annäherung zwischen Bischof und Jesuitenprovinzial hätte in dieser Situation nur dadurch erfolgen können, daß sich P. Pilz die Einschätzungen und Handlungsvorgaben von Rusch zu eigen gemacht und in dessen Sinne gehandelt hätte. Insofern waren die Vermittlungsversuche des Nuntius von vornherein zum Scheitern verurteilt. Sie führten lediglich dazu, daß Fakten, Vorwürfe, Verdächtigungen und Vermutungen mit Aufklärungen, Relativierungen, Richtigstellungen oder Widerlegungen beantwortet wurden. Mit seiner Silvesterpredigt hatte Rusch einen bereits vorhandenen Konflikt publik gemacht und auf die Spitze getrieben. Er hatte damit zwar massiven Druck auf den Jesuitenorden ausgeübt, sich selber aber auch heftigen Angriffen der Öffentlichkeit ausgesetzt. – Strategisches Kalkül und diplomatisches Geschick, zunehmender Realitätsverlust mit Fehleinschätzungen geistlicher sowie weltlicher Machtverhältnisse und Interessenslagen? Bei Ruschs Vorgangsweise ist von allem etwas erkennbar und die Kenntnis der weiteren Entwicklung hilft nicht sehr viel weiter, um die ausschlaggebenden Gründe seiner damaligen Handlungsweise eindeutig zu erklären. Mündliche und schriftliche Interventionen haben zweifellos einen gewissen Druck auf ihn bewirkt, seine Sorgen um den Zustand von Moral und Sitte im Land (nicht nur bei der Jugend) dürften ihn bewegt und sein bischöfliches Amtsverständnis ihn verpflichtet haben, ein ihm ernstes pastorales Anliegen mit allen ihm zu Gebote stehenden Mitteln durchzusetzen. Mit Sicherheit dürfte auch eine weiter zurückliegende Erfahrung eine wichtige Rolle gespielt haben, die in den ersten Jahren seines Episkopats begründet lag. Damals war sein Handlungsspielraum massiv eingeschränkt, hatte er die Gefahren für Glaube und Religion nicht abwenden und das Kirchenvolk nicht mobilisieren können. Rusch hat seine damalige Passivität immer vor diesen Hintergrund gestellt und mit den damit verbundenen Risiken begründet, aber er hatte den biblischen Auftrag, „Sag es der Gemeinde!" nicht erfüllt! Es gab jedoch Bischöfe, die auch damals Kanzelerklärungen abgaben, eine Öffentlichkeit für ihr Anliegen erreichten und somit eine nicht zu unterschätzende Zahl von Menschen zumindest als stille Verbündete gewonnen haben.

In der Innsbrucker Bevölkerung blieben die Bischofsworte der Silvesterpredigt ebenso wie das Kennedy-Haus im Frühjahr 1972 eine Weile Gesprächsthemen, die in der lokalen Berichterstattung behandelt, aber auch von überregionalen Medien aufgegriffen wurden. Die in Wien erscheinende „Wochenpresse" ortete einen „Religionskrieg" zwischen Rusch und Kripp und die „Tiroler Tageszeitung" brachte die MK durch eine mißverständliche Berichterstattung in einen Zusammenhang mit Hakenkreuzschmierereien an diversen Gebäuden der Tiroler Landeshauptstadt.[595] Während Rektor Muck sich bemühte, einen Ausweg aus der verfahrenen Lage zu finden und die Situation wieder einigermaßen zu beruhigen,[596] trafen bei

Tirol

Der Religionskrieg

Der Tiroler Landesbischof Rusch kämpft gegen Jesuiten im Kennedy-Haus
Pater Kripps neuer Stil reizte den Oberhirten

„Es ist mir unverständlich, warum der Bischof diese völlig unbegründeten Pauschalvorwürfe gegen uns erhebt."

Der fast kahlköpfige 43jährige Brillenträger im schwarzen Priesterrock schüttelt den Kopf. Sigmund Kripp ist Jesuit und leitet das Innsbrucker Kennedy-Haus, ein in Öster-

finanziert wird, wurde vom Tiroler Landesbischof heftig angegriffen.

Paulus Rusch, 1938 „jüngster Bischof Großdeutschlands", heute wegen seines Kampfes gegen den Sittenverfall im heiligen Land Tirol auch jenseits der Grenzen bekannt — wiederholt hatte er die Fleischeslust deutscher Urlauberinnen aufs Korn genommen, im Vorjahr hatten ihn katholische Innsbrucker Hochschüler als „Porno-Paul" verteufelt —, wetterte diesmal von der Kanzel des Innsbrucker Doms.

Sexualität und Krebs

Nachdem er in seiner Silvesteransprache in dem überfüllten Gotteshaus die allgemeinen „Aufweichungstendenzen" in der Jugendseelsorge gerügt hatte, ging er frontal zum Angriff über. „Hier muß ich mit großem Bedauern das Kennedy-Haus nennen", eiferte der asketische Prediger, der wegen seines Engagements für die Arbeiter in den Nachkriegsjahren als „fortschrittlichster Oberhirte" Österreichs gegolten hatte: In dem modernen Bau in der Innsbrucker Sillgasse habe man nicht nur „edle Schamhaftigkeit auf die Seite gestellt", sondern auch die „geschlechtlichen Vergehen dort verkehrender junger Menschen" toleriert. Ja wisse man denn nicht, „daß Mädchen, die verfrüht geschlechtlichen Umgang haben, bis zu zwölfmal häufiger Krebs der Mutterorgane bekommen als normal" und „daß die Geschlechtskrankheiten wieder auf das Dreifache ... angestiegen sind"?

Er wundere sich daher nicht, „daß einer der besten unserer Mittelschuldirektoren*) den Eltern seiner Schüler davon abgeraten hat, ihre Kinder in das Kennedy-Haus" zu schicken.

Natürlicher Geschlechtsverkehr

Dazu geselle sich ein zweites Vergehen: „Im Kennedy-Haus ist man weitgehend schulkritisch bis schulgegnerisch eingestellt." Daher machten die „jungen Leute, die dort verkehrten, unseren Religionslehrern in den Mittelschulen die größten Schwierigkeiten." Er könne sich jedoch „nicht damit abfinden, daß

Welt, mit Berghütten im Kühtai, Bungalows und einem Schloß in Südtirol, ans Kennedy-Haus zu fesseln verstand, schien wieder grünes Licht zu haben wie schon nach den verschiedenen bisherigen Querelen mit dem Oberhirten:

● Vor zwei Jahren hatte Kripp mit einem revolutionären Artikel in der Schülerzeitung über den Religionsunterricht zum erstenmal den Zorn des Bischofs erregt.

● Als er im Mai 1971 diese Frage in einem Elternabend wieder aufs Tapet brachte und darüber hinaus forderte, Schüler, die sich vom Religionsunterricht abmeldeten, außerhalb der Schule religiös zu betreuen, wallte der Groll des Oberhirten erneut auf, der fürchtete, das attraktive Kennedy-Haus würde seinen Religionslehrern noch mehr junge Leute abspenstig machen. Rusch forderte — ergebnislos — vom Wiener Jesuitenprovinzial die Abberufung des Ketzers.

● Als sich der Pater schließlich im vergangenen Oktober erdreistete, in seiner Hauszeitung, auf die sich wandelnden Moralbegriffe anspielend, zu schreiben: „Konkrete Normen haben nur für konkrete Zeitspannen Gültigkeit", verlor Rusch erneut die Nerven und verlangte wieder Kripps Eliminierung.

Da die Auseinandersetzung zwischen Rusch und dem Jesuiten nun auch schon Kreise in der Öffentlichkeit zog und das Land in zwei Hälften zu spalten drohte — Kripp: „Die Leute kennen sich nicht mehr aus" —, ersuchte der Leiter des Kennedy-Hauses Rusch brieflich, er möge doch, statt weiter „unbegründete Pauschalvorwürfe" zu erheben, seine Kritik präzisieren und damit den „wie Pilzen aus dem Boden schießenden Gerüchten" die Grundlage entziehen.

Der Bischof reagierte nicht darauf, er ging vielmehr mit seinem Anliegen in seiner Silvesterpredigt an die Öffentlichkeit.

Seither ist der Religionskrieg in Tirol mit neuer Heftigkeit aufgeflammt.

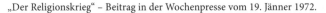

„Der Religionskrieg" – Beitrag in der Wochenpresse vom 19. Jänner 1972.

Rusch neuerliche Beschwerden ein, die eher gegenteilig wirkten. So wurde P. Kripp u.a. indirekt die Schuld an einem Selbstmordversuch einer 14jährigen Schülerin zugeschrieben. Der Vater des Mädchens bestätigte für den „innerkirchlichen Gebrauch" schriftlich, daß seine Tochter in suizidaler Absicht eine größere Menge

Schlaftabletten eingenommen hätte und meinte dazu, daß man als Ursache hierfür „Pubertätskrisen und den Konflikt zwischen der elterlichen Erziehung und der
antiautoritären Erziehung in der MK (Kennedyhaus Innsbruck) anführen"[597] kann.
Vier Wochen später benützte Rusch diesen Vorfall bereits als Argumentationshilfe
gegen Kripps Leitungskompetenz und Erziehungskonzept im Kennedy-Haus, wo
die Buben- und Mädchenkongregation zusammen gelegt worden seien (dies erfolgte
bereits 1969!)[598] und es einen gemeinsamen Konsult gäbe. „Das bringt selbstverständlich etwas verfrühte Begegnung zwischen Buben und Mädchen mit sich, die
auch nicht selten in frühe Verliebtheiten ausarten. So hatten wir gerade jetzt im
Jänner 1972 den versuchten Selbstmord eines Mädchens im 15. Lebensjahr aus eben
dieser Kongregation. Dieses Mädchen hatte deswegen Selbstmord versucht, weil der
17jährige Bub, den sie im Kennedyhaus kennen gelernt hatte […], sich von ihr mit
einem schäbigen Vorwand zurückzog."[599]

Diese zweifellos tragische Begebenheit setzte Rusch neben anderen Vorfällen
ebenfalls als Argument für einen Leitungswechsel im Kennedy-Haus ein, wobei er
allerdings den Nachweis eines wie auch immer dafür zu Grunde liegenden Versa-
gens von Kripp schuldig blieb.[600]

Trotz aller Horrormeldungen, Gerüchten, Tratsch und Klatsch, denen durch die
Silvesterpredigt Tür und Tor geöffnet worden waren, gab es auch eine große Zahl
von Eltern, die weiterhin hinter dem Kennedy-Haus und seiner Leitung standen und
sowohl P. Kripp wie den Bischof aufforderten, die „so unglückliche Situation durch
Vermeidung weiterer öffentlicher Stellungnahmen zu entschärfen", zumal es sich
dabei „nicht so sehr um religiöse, sondern um pädagogische Probleme bzw. unterschiedliche pädagogische Ansichten" handele. „Kirche, Schule und Jugendgruppen"
sollten die „Pflicht der Eltern für die Erziehung ihrer Kinder" nicht beschneiden,
sondern sie dabei „nach Kräften unterstützen".[601]

In einem recht ausführlichen Antwortschreiben an die Elternvereinigung des
Akademischen Gymnasiums zählte Rusch einzelne Fakten auf, die zur Entwicklung
der Differenzen zwischen ihm und dem Leiter des Kennedy-Hauses beigetragen
hatten:[602] Nacktbaden mit Jungen aus der MK bereits vor mehreren Jahren (was
Kripp auch zugegeben habe), Aufführung jugendverbotener Filme, sein „Plan auf
Abschaffung des schulischen Religionsunterrichtes", „Lächerlichmachen der Os-
terfeier mit Verlangen nach voller Ausnützung der Möglichkeit, Untergrundfilme
im Kennedyhaus darzustellen, und so noch vieles", was vor allem in Artikeln der
Schülerzeitung „Wir diskutieren" nachzulesen sei; dazu die beiden Elternabende im
November 1971 und die „verschiedenen Aussprachen […] mit den Beteiligten im
kleinen Kreis", die kein Ergebnis gebracht hätten. Nachdrücklich wies Rusch darauf
hin, daß es sich bei den Kripp'schen Verfehlungen keineswegs „nur um pädagogische, sondern um religiöse Anliegen gehandelt" habe und verwahrte sich dagegen,
das Recht der Eltern auf Erziehung ihrer Kinder beschnitten zu haben. Vielmehr sei
dieses, wie auch die Elternpflichten, von ihm immer „nur unterstützt" worden.

Die Mitglieder der Elternvereinigung empfanden dies nicht so, dankten aber dem
Bischof für seine Ausführungen, wobei sie nochmals bekräftigten, daß sie „nicht
ganz so streng zu urteilen vermögen und manches Problem nicht so stark konturiert
sehen"[603] würden wie er.

Ganz ähnlich fiel die Einschätzung der bischöflichen Haltung durch den Eltern-
aufsichtsrat des Kennedy-Hauses aus. Dieser hatte sich nach Jahresbeginn gebildet
und verstand seine Aufgabe darin, die Interessen der Eltern von MK-Mitgliedern
zu wahren und zu vertreten. Dieses Gremium teilte dem Bischof Anfang Februar
1972 mit, daß es sich mit den Richtlinien für die Erziehungsarbeit im Kennedy-
Haus auseinandergesetzt und diese nach Vornahme einiger Verbesserungen gebilligt habe. Sie würden nach Auffassung des Elternaufsichtsrats „auf eine zeitgemäße
christliche Jugenderziehung ausgerichtet" sein und in „Übereinstimmung mit den
Anliegen anderer kirchlicher Jugendgruppen"[604] stehen. Mit einem Gesprächsangebot an den Bischof zur Vermeidung eventueller Unklarheiten oder Beseitigung
von Mißverständnissen hofften die Unterzeichner damit einen positiven Beitrag zur
Entspannung der inzwischen recht aufgeheizten Stimmung im Umfeld von Bischof,
MK und Jesuitenorden beigetragen zu haben. Rusch reagierte aber weder auf die
Bildung des Elternaufsichtsrats im Kennedy-Haus, noch zeigte er Interesse an einem
Gespräch.[605]

So wurden die erwähnten Erziehungsgrundsätze lediglich innerhalb der MK einer eingehenden Prüfung sowie intensiven Beratung und breiten Diskussion zwischen Erziehern, Vertretern der Eltern von Jugendlichen und verschiedenen Patres
unterzogen. Das Ergebnis dieser Arbeit stellte klare Grundsätze und Richtlinien dar,
die „den 40 Mitgliedern des Elternaufsichtsrates des John-F.-Kennedy-Hauses zur
Begutachtung vorgelegt und von ihnen genehmigt"[606] wurden und die Kripp wenig
später als Broschüre drucken ließ.

John-F.-Kennedy-Haus, Innsbruck

**gedanken
zur erziehung**

Zusammengestellt von P. Sigmund Kripp SJ

Titelseite der Broschüre
„Gedanken zur Erziehung"
von P. Sigmund Kripp.

Dieses Manuskript wurde den 40 Mitgliedern
des Elternaufsichtsrates des John-F.-Kennedy-Hauses
zur Begutachtung vorgelegt und von ihnen genehmigt

Sie sollte als Information für alle Interessierten dienen, aber auch vermeiden helfen, „dass Schwierigkeiten dadurch entstehen, dass Eltern ihre Kinder mit unangemessenen Erwartungen ins Kennedyhaus schicken".[607] Kripp übermittelte ein Exemplar dieser „Gedanken zur Erziehung" an Bischof Rusch zur Kenntnis, der sie einer kritischen Prüfung unterzog. Überflüssig zu erwähnen, daß er keine Freude damit hatte. Was er da, wie übrigens auch wenig später in „Wir diskutieren"[608] zu lesen bekam, entsprach überhaupt nicht seinen eigenen Vorstellungen oder Grundsätzen von Erziehung. Außerdem waren sie ohne ihn bzw. ohne Beteiligung „seiner" Pädagogen (etwa aus dem Kreis des Diözesanklerus oder der Religionslehrer, die sein Vertrauen besaßen) formuliert worden und an ihm, dem Bischof, vorbei in die Öffentlichkeit gebracht worden. Ohne dieses Mal näher auf die Inhalte der Kripp'schen Erziehungsgrundsätze einzugehen, teilte Rusch Anfang Juli 1972 dem Jesuitenprovinzial in Wien lediglich mit, daß der Artikel „Erziehung zur Verantwortung" in der MK-Zeitung „bei unseren Bischöfen wieder peinliches Aufsehen erregt"[609] habe. Er erinnerte P. Pilz an seine Zusagen vom August und November des Vorjahres, wonach P. Kripp im Sommer 1972 abberufen werden würde. Nun erwartete Rusch die Einhaltung dieser beiden Zusagen und die Ablösung Kripps bis Ende Juli.

Nachdem dieser Brief P. Pilz wegen dessen Abwesenheit von Wien nicht erreicht hat und deshalb keine Reaktion erfolgte, urgierte Rusch mit Datum vom 17. Juli neuerlich sein Anliegen,[610] auf das der Jesuitenprovinzial zwei Tage später ausführlich antwortete.[611] Er stellte eingangs kurz fest, daß die „Erziehung zur Verantwortung" in der „Wd" auch seine Kritik gefunden habe und P. Kripp deswegen von ihm zu einer Stellungnahme sowie einer entsprechenden Darstellung durch einen Moraltheologen in der nächsten Nummer der MK-Zeitung aufgefordert worden sei. Zur Ablösung des Kennedy-Haus-Leiters erklärte er neuerlich, daß sich die Rahmenbedingungen dafür durch die Silvesterpredigt nachhaltig geändert hätten und die Stellung P. Kripps „sowohl ordensintern wie auch in Kreisen der Eltern und darüber hinaus nur gestärkt worden" sei. Außerdem habe die Öffentlichkeit wie auch das Innsbrucker Jesuitenkolleg bis heute keine entsprechende Begründung für die Kanzelerklärung erhalten, so daß er eine Abberufung nur „mit dem Hinweis auf das Verlangen des Bischofs [...] glaubhaft machen" könne, was ihm aber „aus dem Bewußtsein der Verantwortung für die kirchliche Situation in Innsbruck" nicht vertretbar erscheine. P. Pilz brachte deutlich zum Ausdruck, daß seiner Meinung nach von Rusch zu viel Porzellan zerschlagen worden sei und eine auch vom Orden gewünschte Lösung nur und um so eher möglich wäre, „je weniger sie ‚autoritär' von außen verlangt und durchgeführt wird". Auch deshalb warnte er ausdrücklich davor, „ein weiteres Mal eine öffentliche Angelegenheit der Kirche daraus zu machen".

Zu seinem Versprechen, das er „damals in ehrlicher Absicht gegeben habe", stellte Pilz fest, daß er sich „nach allen Regeln der herkömmlichen Moraltheologie" nicht mehr daran gebunden fühle, zumal auch der Bischof zugesagt habe, „nicht in die Öffentlichkeit zu gehen".[612] Der Jesuitenprovinzial ließ deutlich erkennen, daß er sich von dem Innsbrucker Bischof nicht unter Druck setzen lassen wollte. Er sah aber auch deshalb keinen dringenden Handlungsbedarf, da Rusch sich ja an die Studienkongregation und Religiosenkongregation in Rom gewandt habe und es ihm „unangebracht [schien], vor deren Stellungnahme, falls eine solche kommt, eine Entscheidung zu treffen". Dazu kam noch der Umstand, daß P. Pilz mit Ende des Monats als Provinzial abgelöst werden würde, weshalb er sich nicht mehr in der Lage sah, „etwas Wesentliches zu tun".

Rusch nahm die Darlegungen und Vorwürfe aus Wien keineswegs widerspruchslos hin, sondern stellte diesen seine Sichtweise der Dinge entgegen:[613] der Öffentlichkeit habe er keine Aufklärung gegeben, um eine „weitere Belastung" zu vermeiden; dem Rektor des Jesuitenkollegs habe er eine ausführliche schriftliche „Begründung" zukommen lassen und die Geschlossenheit des Ordens in der Causa Kripp stellte Rusch unter Anführung von Passagen aus dem Brief von P. Croce an ihn massiv in Abrede; seine Silvesterpredigt wie auch ein eventuell weiterer Schritt in die Öffentlichkeit, seien eine „Kleinigkeit" gegen das Vorgehen, das ihm von Rom empfohlen wurde, wovon er zunächst jedoch absehen „und noch einmal einen Versuch zum Guten machen" möchte. Im Übrigen sei der Hl. Stuhl nicht von ihm, sondern von „dritter Seite" informiert worden, er habe nur Anfragen beantwortet.

Besonders verwundert zeigte sich Rusch allerdings über das Bekenntnis des Jesuitenprovinzials, sich nicht mehr an seine Zusage gebunden zu fühlen. Er habe doch auf die Frage, ob er, Rusch, „die Öffentlichkeit in angesagter [sic!] Weise unterrichten wolle, nämlich in allen Kirchen Innsbruck eine Erklärung abzugeben", wörtlich gesagt: „‚Auf diese Weise werde ich es nicht machen.'" Es sei ihm damals schon nicht klar gewesen, daß Pilz, so die Argumentation von Rusch, „die Zurückhaltung in [s]einer Antwort nicht gesehen habe". Denn auf jene Weise habe er es ja wirklich nicht gemacht! – Damit hatte Rusch zweifellos Recht, doch für P. Pilz machte es keinen Unterschied, ob die bischöflichen Äußerungen nur in einer oder in allen Kirchen verkündet wurden, schon gar nicht, wenn sie wenig später im Kirchenblatt nachzulesen waren.[614]

Bischof Rusch hatte bereits oft erkennen müssen, daß er die Oberen des Jesuitenordens mit seinen Argumenten nicht leicht überzeugen konnte, seine Standpunkte sowie Ansichten keineswegs uneingeschränkt und ohne Widerspruch akzeptiert wurden. Doch die Möglichkeiten, bei P. Pilz einen Meinungsumschwung zu bewirken und seinem Anliegen zu einem Durchbruch zu verhelfen, schwanden, denn ihm drohte die Zeit davon zu laufen. Von einer in seinem Amtsverständnis begründeten und für ihn zweifellos echten Sorge, vielleicht auch ein wenig von Panik getrieben, versuchte Rusch deshalb in dieser Situation einen letzten, pathetisch anmutenden Versuch, mit dem er den Jesuitenprovinzial dazu bewegen wollte, sein gegebenes Versprechen einzulösen. Er erklärte zum Abschluß seines Briefes „feierlich", daß er „die Verantwortung nicht tragen kann, die durch vom Kennedyhaus ausgehende Einflüsse auch unsere übrige Jugendarbeit in schlechter Weise beeinflussen; ich muss diese Verantwortung auf Ihre Schultern legen. Nochmals bitte ich daher, Ihre Entscheidung zu überprüfen und grüsse Sie in tiefer Sorge um das Reich Gottes in unserm Land!"[615]

Um vor dem Ende der Amtszeit des österreichischen Jesuitenprovinzials noch eine Entscheidung herbeizuführen und seinem Anliegen größeren Nachdruck zu verleihen, wandte sich Rusch an P. Schasching in Rom.[616] Ihm gegenüber brachte er mit deutlichen Worten seine Empörung über die Haltung von P. Pilz zum Ausdruck, drohte ebenfalls mit Maßnahmen, die er gegenüber dem Jesuitenprovinzial bereits angedeutet hatte und stellte in drastischer Weise das Fortschreiten der Gefahren dar, die von P. Kripp ausgingen. Dieser würde nämlich unvermindert mit „seiner Methode", die Rusch „mit vielen [s]einer Mitbischöfe für untragbar halte, auch bereits andere Jugendseelsorger" anstecken, wodurch sich die „Gefährdungskreise" zusehends ausweiten würden. Dafür könne er als Ortsbischof nicht die Verantwortung tragen, sondern müsse diese vielmehr auf die „zuständigen Obern des P. Kripp legen". Rusch appellierte deshalb „in aller Dringlichkeit, daß die Zusage vom letzten Jahr nun eingehalten werde".

Dieser Versuch, über die vorgesetzte hierarchische Ebene der Gesellschaft Jesu auf die österreichische Leitung des Ordens Druck auszuüben, zeigte allerdings keine unmittelbare Wirkung, obgleich P. Pilz wenige Tage vor dem Ende seiner Amtszeit als Jesuitenprovinzial nochmals einen ausführlichen Brief an den Innsbrucker Bischof verfaßte.[617] Darin versuchte er ein letztes Mal, seine Haltung und Handlungsweise in der Causa Kripp verständlich zu machen.

Pilz versicherte, sich seiner Verantwortung in dieser Angelegenheit durchaus bewußt zu sein, doch verwahrte er sich dagegen, den nicht erfolgten Wechsel an der Spitze des Kennedy-Hauses als Bruch eines gegebenen Versprechens oder gar als Ausdrucks des Ungehorsams gegenüber seinem Vorgesetzten zu werten. Er hatte niemals eine entsprechende Weisung von seinem Generaloberen bekommen, aber selbst „ein so eindeutiges vertikales Gehorsamsverhältnis", klärte Pilz mit Hinweis auf Ignatius v. Loyola und das Neue Testament den Innsbrucker Bischof auf, „schließt in unserem Orden eine Darlegung der eigenen Gedanken, eine geistige Auseinandersetzung ein". – Eine solche war für den Jesuitenprovinzial in den letzten Monaten seiner Amtszeit selten erkennbar gewesen und besonders mußte er sie im Hinblick auf das Konzept der Jugendarbeit in der MK vermissen. Es sei hierbei in Erwägung zu ziehen, daß es darüber verschiedene Auffassungen gäbe, wobei sein Eindruck der sei, daß „im Kennedy-Haus echtes seelsorgliches Bemühen vorhanden und [...] manches verwirklicht [werde] von dem, was man heute über Jugendarbeit zu lesen bekommt, was auch u.a. von österreichischen Synoden ausgesprochen worden ist". Ohne sich jedoch in diese Thematik weiter zu vertiefen, gestand er ein, daß er Rusch „im Grundsätzlichen viel näher stehe [...], aber im Hinblick auf die praktische Lösung keinen andren Weg sah", als den von ihm beschrittenen. Mit der Hoffnung, daß „es in Zukunft in der Angelegenheit bald zu einer entsprechenden Lösung kommen kann", schloß Pilz seinen Brief und überließ die weitere Vorgangsweise in der Causa Kripp auf seiten des Ordens seinem Nachfolger P. Emerich Coreth, der das Amt des Provinzials am 31. Juli 1972 antrat.

Mit dem neuen Jesuitenprovinzial führte P. Schasching in den Sommermonaten einige Gespräche, in denen auch die Causa Kripp ausführlicher behandelt wurde. Dabei ist für die Beteiligten deutlich erkennbar geworden, daß die Situation in Innsbruck, die dortigen Konflikte und Differenzen mit dem Bischof sich nicht alleine auf die MK beschränkten, sondern weitaus komplexer lagen und deren Lösung größte Umsicht erforderte.[618] – Coreth hatte von seinem Vorgänger ohne Zweifel ein schweres Erbe übernommen!

Im September 1972 kritisierte P. Coreth in einem Gespräch mit Bischof Rusch den „Weg v. P. Kripp als falsch"[619] und sagte eine Lösung der betreffenden Sache bis

P. Emerich Coreth SJ,
1972-1977 Provinzial der
Österreichischen Ordensprovinz der Jesuiten.
[Universitätsarchiv Innsbruck]

zum Ende des laufenden Schuljahres zu. Eine solche Aussage gab Anlaß für eine gewisse Hoffnung, die Rusch jedoch ebenso hoch einschätzte wie den Wert ähnlicher
früherer Versprechungen. Möglicherweise konnte Coreth aber die Skepsis des Bischofs durch seine Einschätzung und „Beurteilung der Gesamtlage" sowie mancher
Strömungen innerhalb des Jesuitenordens ein wenig beseitigen, vermittelte er doch
den Eindruck, darin einer Meinung mit dem Bischof zu sein. Konkrete Maßnahmen
wurden jedoch zunächst nicht ins Auge gefaßt, weil sich der neue Ordensobere in
Österreich erst mit der Causa Kripp näher vertraut machen musste. Auch schienen
sie nicht dringend nötig zu sein, zumal das Schuljahr 1972/73, nach der Einschätzung von P. Kripp, „verhältnismäßig konfliktfrei"[620] verlief.

Rusch befand sich im Herbst 1972 in einer Warteposition, beobachtete, wie sich
die Verhältnisse im Kennedy-Haus weiter entwickelten und im besonderen, wie
der neue Vorgesetzte von Kripp damit umging. Ein für ihn zweifellos immer noch
vorhandener Handlungsbedarf konnte unmittelbar nicht in konkrete Maßnahmen
umgesetzt werden, doch falls neue Umstände solche erforderten oder sich abzeich-
nen sollte, daß der Provinzial seine Zusage nicht erfüllen würde, hätte der Bischof
zweifellos wieder „ante portas" seine Position bezogen und solche eingemahnt.
Dann würde er jedoch nicht mehr so leicht abgewiesen werden können, wie im
zurückliegenden Sommer, denn er hatte inzwischen gewichtige Verbündete gewonnen und sich ihrer Unterstützung versichert. Er wußte, daß Rom über verschiedene
Vorfälle in Innsbruck genau informiert war, die Entwicklung der kirchlichen bzw.
religiösen Zustände aufmerksam verfolgte und mit vielem nicht einverstanden war.
Und er hatte aus dem Vatikan Rückendeckung und Ratschläge erhalten, wie eine
Änderung dieser Situation herbeigeführt werden könnte.

„[…] darf ich also sehr ergeben um Ihre hohe Intervention bitten"[621] – Schauplatz Rom

Mit der Veröffentlichung von Auszügen aus der Silvesterpredigt gelangten des Bischofs Mahnworte zum Kennedy-Haus auch bis nach Rom. Die „Dinge" seien dort auf jeden Fall, wie Rusch dem Apostolischen Nuntius in Wien versicherte, „ohne [s]ein Zutun bekannt geworden".[622] Kardinal Franjo Šeper habe dann von ihm entsprechende Aufklärungen erwünscht,[623] worauf er einen ausführlichen Brief an den Präfekt der Kongregation für die Glaubenslehre geschickt habe.

In seinem Schreiben an Šeper schilderte Rusch, wie die MK „prius optima, nunc in deterius vertitur",[625] listete die seiner Meinung nach schwerwiegendsten Ursachen und Anzeichen für diese Fehlentwicklung auf, wobei er u.a. die bereits erwähnten Tonbandaussagen beim Elternabend am 3. November, allerdings in einer etwas verschärften Form erwähnte. „In quo dialogo verificatum est, ex quinque juvenibus annorum 16-18 tres relationes sexuales cum puellis habere, etiam cum pluribus puellis!"[626] Zur Untermauerung seiner Ausführungen legte Rusch seinem Brief nicht weniger als 14 Schriftstücke bei. Sie sollten einerseits als Beweismittel für die pastoralen und pädagogischen Verfehlungen Kripps dienen sowie andererseits die bisher unternommenen Anstrengungen des Bischofs dokumentieren, mit denen er einen Kurswechsel im Kennedy-Haus herbeizuführen beabsichtigte. Aus dem Brief geht klar hervor, daß solche Bemühungen vor allem deshalb nicht zum Ziel führten, weil die Erziehungsarbeit wie die Ansichten Kripps zu Fragen von Religion und Moral nicht nur von einzelnen Ordensangehörigen gestützt, sondern auch von der Leitung der Gesellschaft Jesu nicht ernsthaft in Frage gestellt wurden. In diesem Zusammenhang referierte Rusch insbesondere auch Aussagen des Moraltheologen P. Rotter und des Dogmatikprofessors P. Schupp, die seiner Meinung weder eine kirchenkonforme sittliche Haltung vermittelten noch auf christlichen Glaubensgrundlagen basierten. Deswegen und weil auch manche Eltern bei ihm „de hisce rebus lamendando" erschienen

Die Heilige Kongregation für die Glaubenslehre

Heilige Kongregation für die Glaubenslehre (*Sacra Congregatio pro Doctrina Fidei*) heißt seit 1965 die Nachfolgeinstitution der 1542 gegründeten Kongregation der römischen und allgemeinen Inquisition (*Congregatio Romanae et Universalis Inquisitionis*), die 1908 in Heilige Kongregation des Heiligen Offiziums (*Sacra Congregatio Sancti Officii* bzw. *Sanctum Officium*) umbenannt worden war. Ihre ursprüngliche Aufgabe bestand darin, die Kirche vor Irrlehren zu schützen, späterhin sollte das aus Kardinälen, Erzbischöfen und Bischöfen bestehende 25köpfige Gremium die Glaubens- und Sittenlehre in der ganzen katholischen Kirche fördern und schützen.

Franjo Šeper, 1968 zum Präfekt der Kongregation ernannt, galt als Reformer, der das weit verbreitete Negativbild einer Inquisitionsbehörde der ihm unterstellten Einrichtung korrigieren wollte. Gegenüber der Presse erklärte er im Juli 1968, daß die „Kongregation keine geheimnisvolle Einrichtung ist, kein Schreckgespenst, als welches sie sogar Katholiken häufig ansehen. Hier wird energisch für das Wohl der Kirche gearbeitet. Alle Entscheidungen werden kollektiv getroffen – in den wöchentlichen Sitzungen auf verschiedenen Ebenen. Dabei haben wir nicht so sehr die Verurteilung doktrinärer Fehler im Auge als vielmehr die Unterstützung theologischer Forschungen … Wie in allen Wissenschaften, so ist auch in der Theologie der Fortschritt nur unter der Bedingung möglich, daß die Substanz und der Sinn der Wahrheit, die Offenbarung, unerschütterlich bleibt, wie das der wahren Lehre der Kirche entspricht."[624] – Auf dieser Basis wurde 1979 dem seit 1960 in Tübingen lehrenden Theologen und von Papst Johannes XXIII. ernannten offiziellen Konzilsberater (1962-1965) Hans Küng die kirchliche Lehrerlaubnis entzogen!

seien, habe er in „concione die 31. dec. 71 verbotenus" verkündet, „ne etiam", wie er erklärte, „ego culpam de hisce rebus habeam".[627] Damit lag nun klar auf der Hand, wer die Verantwortung für die vermeintlich untragbaren Zustände in der MK sowie fragwürdigen und zweifelhaften theologischen Lehrmeinungen trug, die nicht nur unter den Jugendlichen, sondern auch unter den jungen Priesteramtskandidaten zu massiven Erschütterungen der Glaubenfestigkeit führten.

Damit war die Causa Kripp nun auch in Rom aktenkundig und der Vatikan hatte sich mit der Angelegenheit zu beschäftigen, der aber bald noch eine weitere folgen sollte, zumal Rusch sein Schreiben mit dem Postskriptum „Actus de P. Schupp sub brevi sequentur" – die Akte über P. Schupp wird in Kürze folgen – schloß. Kardinal Šeper bedankte sich wenig später für das übersandte Dossier, erklärte jedoch, daß seine Kongregation für die Prüfung der erhobenen Vorwürfe – „Abwerbung vom Religionsunterricht, sexuelle Libertinage im ‚Kennedy-Haus‘"[628] – nicht zuständig sei, und teilte mit, die gesamten Unterlagen der Kongregation für die Ordensleute weiter geleitet zu haben. Er gab jedoch dem Innsbrucker Bischof den Ratschlag, „als Ordinarius von den in ‚Pastorale Munus‘ Nr. I, 39[629] erwähnten Möglichkeiten"[630] Gebrauch zu machen. Diese bestehen darin, daß der Ortsbischof in schweren Kon-fliktfällen auch einzelne Ordensangehörige aus seiner Diözese weisen kann, falls deren direkter Vorgesetzter seine Aufsichts- und Sorgfaltspflicht vernachlässigt haben sollte, obwohl er nachdrücklichst darauf aufmerksam gemacht worden war. Diese Maßnahme könnte auch dann noch ergriffen werden, wenn die Angelegenheit bereits vor den Heiligen Stuhl gebracht worden wäre. Grundsätzlich hätte Rusch also unter jenen Bedingungen sofort auch dem Jesuitenpater Kripp einen Diöze-sanverweis erteilen und damit einen Wechsel in der Leitung des Kennedy-Hauses erzwingen können. Freilich hätte er dann mit massivem Widerstand aus der MK wie der Gesellschaft Jesu rechnen und sich wahrscheinlich auch den Vorwurf ge-fallen lassen müssen, mit Kripp genau so verfahren zu sein, wie rund dreißig Jahre zuvor die Nationalsozialisten mit Provikar Lampert, als sie diesem – wie es damals hieß – ein Gauverbot auferlegten. Wie immer auch eine solche Maßnahme in der Öffentlichkeit aufgenommen worden wäre, sie hätte auf keinen Fall eine demokra-tische oder wenigstens konsensuale Entscheidungsgrundlage für sich beanspruchen können. Außerdem hätte Rusch mit einer solchen autoritären Vorgangsweise mit Sicherheit eine weitaus tiefere Spaltung des Kirchenvolks verursacht, als Kripp mit seinen Erziehungsgrundsätzen in der MK jemals hätte bewirken können. Welche Gründe letztlich den Innsbrucker Bischof dazu bewogen haben, die ihm gebotenen Möglichkeiten des „Pastorale Munus" nicht sogleich anzuwenden, muß offen blei-ben. Er behielt sie jedoch als Joker im Ärmel, um sie zu gegebener Zeit ausspielen zu können.

Unterdessen war es zweifellos sinnvoller, wenn auch zeitraubender, die Ergebnis-se der Heiligen Kongregation für die Ordensleute und Säkularinstitute abzuwarten, die nun die gegen Kripp gerichteten Anschuldigungen einer Prüfung unterzog. Al-lerdings erbat sich deren Sekretär, Erzbischof P. Augustin Mayer OSB, noch zusätz-liche Informationen vom Innsbrucker Diözesanbischof.

Rusch unterbreitete Ebf. Mayer Mitte Februar „wunschgemäß" zu dem bereits be-kannten Dossier einige Ergänzungen. Sie bestanden in der Nennung diverser „Freiheiten", die sich P. Kripp bei der Gottesdienstgestaltung erlauben würde, sowie anderer Verfehlungen in der Leitung des Jugendhauses. Außerdem wies er darauf hin, daß Kripp mit „großem Eifer" versuche, „die Eltern, Schuldirektoren und alle irgendwie interessierten Kreise im Sinne seiner Auffassung zu beeinflussen".[631] Diesen Ausführungen folgten rund ein Vierteljahr später weitere Zusatzinformationen, womit Rusch die „Religiosenkongregation" über die jüngste Entwicklung in Innsbruck auf dem Laufenden hielt. So schickte er am 25. Mai 1972 ein Exemplar der Kripp'schen „Gedanken zur Erziehung" nach Rom, das er mit diversen Unterstreichungen versah, um die Aufmerksamkeit von Ebf. Mayer besonders auf solche Aussagen zu lenken, die ihm unverantwortlich, gefährlich oder sittenwidrig erschienen bzw. mit dem „Geist einer marianischen Kongregation"[632] nicht verträglich seien. In seinem Begleitschreiben kommentierte der Innsbrucker Bischof mit Hinweis auf bestimmte Artikel in den März- und April-Nummern von „Wir diskutieren" auch Verhalten und Aussagen von P. Kripp sowie einzelner Erzieher im Kennedy-Haus und resümierte, daß „die zugegebene Tatsache, daß es in der MK immer

Die Heilige Kongregation für die Ordensleute und Säkularinstitute

– „Religiosenkongregation" – (*Sacra Congregatio pro Religiosis et Institutis Saecularibus*) geht zurück auf die 1586 errichtete *Sacra Congregatio super consulta̵ ̵nibus regularium,* die 1601 mit der *Con̵ ̵ ̵atio pro consultationibus episcoporum ̵ ̵alio̵rum praelatorum* vereinigt wurd̵e ̵1908 wieder als selbständige Religiosenkongregation errichtet, wurde sie 1967 in Kongregation für die Ordensleute und Säkularinstitute, 1988 in Kongregation für die Institute des geweihten Lebens und die Gesellschaften des apostolischen Lebens (*Congregatio pro Institutis Vitae Consecratae et Societatibus Vitae Apostolicae*) umbenannt.

Sie ist personaler Art, hat keine territorialen Grenzen und ist zuständig für alle Aspekte des geweihten Lebens, so auch für das Ordensleben, befaßt sich mit allem, was Männer- und Frauenorden, Männer- und Frauenkongregationen, Säkularinstitute sowie Gesellschaften des apostolischen Lebens betrifft, und zwar in Bezug auf Leitung, Disziplin, Studien, Ausstattung, Rechte und Privilegien.

mehr Jugendliche gibt, die nichts mehr glauben, geradezu Bände" spreche. Aus diesen und vielen anderen Gründen hätten sämtliche Direktoren der Innsbrucker höheren Lehranstalten von ihm „kategorisch verlangt, daß P. Kripp (mit Einschluß jenes Teiles der Betreuer der MK, die mit ihm gleichen Sinnes sind und sämtliche aus dem Jesuitenorden stammen) von Innsbruck weg versetzt werden". Rusch bat deshalb Ebf. Mayer nachdrücklichst, „das Notwendige zu veranlassen, damit diese [sic!] berechtigten Wünsche […] Gerechtigkeit widerfahre"; dies umso mehr, weil er selbst ja keinerlei Rechte gegenüber einem exemten Orden wie den der Jesuiten habe, „und auch die Ordensleitung es trotz [s]einer begründeten Vorsprachen bisher nicht getan hat und es auch unsicher bleibt, ob sie es in Zukunft tun will". Rusch setzte also alle seine Hoffnungen auf Rom, wo nicht alleine gegen P. Kripp Untersuchungen angestellt, sondern auch andere Jesuitenpatres, wie etwa P. Schupp, ebenfalls unter die Lupe genommen wurden. Über dessen jüngste Äußerungen berichtete der Innsbrucker Oberhirte dem Sekretär der „Religiosenkongregation" ebenfalls und setzte darüber hinaus auch den Sekretär der „Studienkongregation" – Kongregation für die Seminarien und Universitäten (*Congregatio de Seminariis et Universitatibus Studiorum*) –, Erzbischof Josef Schröffer, davon sowie über die Causa Kripp in Kenntnis. Ihm ließ er auch ein Skriptum P. Schupps zukommen, dessen Inhalt mit dem katholischen Glauben nicht „identisch"[633] sei. Dieser Dogmatikprofessor halte Vorlesungen, die – wie er bereits Kardinal Šeper mitgeteilt habe – „nicht mehr den Glauben, sondern bloß einen neuen Intellektualismus lehren". Rusch bat deshalb auch Erzbischof Schröffer, sich dieser „Angelegenheit annehmen zu wollen", da ansonsten „schwere Gefährdungen sowohl in der Innsbrucker Fakultät wie auch in der von den Jesuiten ausgeübten Jugenderziehung heraufziehen würden". Dabei versäumte er es nicht, einen Seitenhieb auf den Jesuitenoberen und -obersten, P. Provinzial Pilz sowie P. General Arrupe auszuteilen, die bisher nichts unternommen hätten und scheinbar auch nicht beabsichtigten, etwas dagegen zu tun, obwohl sie wiederholt über alle diese Dinge informiert worden waren.

Rusch versuchte also in Rom eine breite Front gegen zahlreiche Mißstände im Jesuitenorden aufzubauen bzw. zu stärken und er wurde auch nicht müde, immer wieder auf die bisherigen Unterlassungen seitens der Ordensleitung auf regionaler wie auf höchster Ebene hinzuweisen. Solche Versäumnisse waren eine wichtige Bedingung für die etwaige Anwendung der bereits erwähnten Maßnahmen, wie sie im „Pastorale munus" genannt sind. Mit einem Hinweis darauf hatte er bereits die Absetzung Kripps vom österreichischen Jesuitenprovinzial verlangt und auch gegenüber dem Regionalassistenten des Jesuitengenerals für die deutschsprachigen Ordensprovinzen, P. Schasching, seiner Forderung entsprechenden Nachdruck verliehen.

Letztlich erwiesen sich solche Androhungen als unwirksam, ebenso wie die von der Religiosenkongregation gegebene „Anregung auf gütliche Regelung leider ohne Wirkung auf der Ordensseite geblieben"[634] ist. Deshalb blieb für den Innsbrucker Bischof nur mehr die Möglichkeit, sein Recht als Ortsordinarius wahrzunehmen, „einen Ordensmann als für pastorale Dienste in der Diözese nicht mehr geeignet zu erklären und von seinem Provinzial die nötigen Konsequenzen zu verlangen".

In Rom war es leicht, solche Ratschläge zu erteilen, denn die „Ewige Stadt" war weit weg. Vor Ort sah die Situation jedoch ganz anders aus und die Durchführung einer solchen Maßnahme hätte bedeutet, dem gerade einmal zwei Monate im Amt befindlichen Jesuitenprovinzial das Messer auf die Brust zu setzen. Darüber hinaus wäre die Nichteignung Kripps für seelsorgliche Aufgaben ohne Zweifel nur schwer begründbar gewesen. So bedankte sich Rusch recht freundlich beim Sekretär der Religiosenkongregation und berichtete ihm vom neuen Jesuitenprovinzial, der ihm eine Versetzung Kripps bis Sommer 1973 zugesagt habe.[635] Er hege zwar gewisse Zweifel, zumal P. Coreth zwar „ein schätzenswerter Mann" sei, sich aber auch „als nachgiebig erwiesen" habe, so daß es fraglich ist, „ob er sich zur rechten Zeit durchsetzen wird". Aus der Sicht des Innsbrucker Bischofs mögen solche Vorbehalte durchaus eine gewisse Berechtigung besessen haben, denn zu oft hatte er sich von der Leitung des Jesuitenordens im Stich gelassen gesehen. Trotz ehrlicher Bemühungen und Verständnis einzelner seiner Mitglieder, mußte ihm die Gesellschaft Jesu wie eine geschlossene Festung erscheinen, hinter deren Mauern einzelne Patres in seinen Augen jugendschädliche Erziehungskonzepte verwirklichten, religionskritische und kirchenfeindliche Standpunkte vertraten, theologisch fragwürdige Lehrmeinungen verbreiteten und dadurch die Grundfesten des christlichen Glaubens sowie geistliche und weltliche Autoritäten unterminierten. Dies alles war für Rusch inakzeptabel und er suchte dem fortschreitenden Glaubensverlust und dem schwindenden Einfluß der Kirche auf die Jugendarbeit, einst eine ihrer Domänen, einen Riegel vorzuschieben. Dafür erbat er auch die „hohe Unterstützung" von

Erzbischof Mayer, weil ihm der „Rumor peinlich ist, der jetzt durch sehr gutgesinnte hochstehende akademische Kreise in Innsbruck geht, daß man den Bischof von Rom aus nicht wirksam unterstütze, obwohl er sich für die richtige Linie einsetze. Ich meinerseits", bekräftigte Rusch, „bin an diesem Rumor jedenfalls unschuldig, aber er ist leider da", was auch nicht verwunderlich sei, zumal „man im Kennedy-haus triumphiert" wegen der befürchteten, aber nicht erfolgten Absetzung Kripps. Um so mehr sei es nötig, daß der neue Jesuitenprovinzial Rückenstärkung aus Rom bekomme, weshalb Rusch den Sekretär der Religiosenkongregation nochmals „sehr ergeben" um dessen „hohe Intervention" bat.

Die Ruhe vor dem Sturm

Tatsächlich kehrte im Herbst 1972 Ruhe in die Causa Kripp ein und bis in den Mai 1973 hinein finden sich keine Unterlagen des Bischofs, die irgendwelche Aktivitäten in dieser Angelegenheit verraten. So gibt es auch keinen Hinweis zu der am 3. März 1973 geforderten Ablöse des Kennedy-Haus-Leiters, die Kripp in seinen Erinnerungen an die Zeit als Jesuitenpater erwähnt,[636] obgleich Bischof Rusch seine diesbezüglichen Bemühungen immer wieder akribisch auflistete. Es kann jedoch angenommen werden, daß er nicht müde wurde, mit einem wiederholten „ceterum censeo ..." auf die Einlösung gegebener Zusagen zu drängen, zumal ihm solche Anstöße auf Grund der bisherigen Erfahrungen wie auch seiner Einschätzung der Durchsetzungskraft des neuen Jesuitenprovinzials zweifellos geboten erschienen. Um aber auch ein stärkeres Druckmittel anwenden zu können, das nötigenfalls als Rechtsinstrument für eigene Maßnahmen eingesetzt werden könnte, erkundigte sich Rusch im Mai, ob er Kripp – immerhin Mitglied eines Ordens, der dem Papst direkt unterstand – nicht nur die Jurisdiktion[637] entziehen, also quasi ein Berufsverbot aussprechen, sondern auch den Aufenthalt in der Diözese verbieten könne. Die Antwort vom Sekretär der Religiosenkongregation enthielt ein eindeutiges „Ja", sofern die im „Pastorale munus, I, 39" genannten Voraussetzungen erfüllt seien.[638] Erzbischof Mayer riet dem Innsbrucker Bischof jedoch, den verantwortlichen Provinzial „vorerst noch einmal förmlich aufzufordern, den P. Kripp innerhalb einer bestimmten Zeitfrist aus der Diözese zu versetzen", bevor er selbst bzw. die bischöfliche Kurie entsprechende Disziplinarmaßnahmen ergreifen müßte.

Rusch nahm diese Empfehlung auf und führte Gespräche mit P. Coreth,[639] die jedoch noch nicht zu einer Lösung, sondern zunächst zu einer weiteren Eskalation in der Causa Kripp führten. Der Jesuitenprovinzial hatte tatsächlich vor, Kripp abzuberufen, doch erklärte das Erzieherteam für diesen Fall, ebenfalls nicht mehr weiter zu arbeiten. Coreth schlug deshalb die Einsetzung einer Kommission von Fachleuten vor, zur Überprüfung der Vorwürfe gegen P. Kripp und der erzieherischen Linie des Kennedy-Hauses, von deren Ergebnissen weitere Maßnahmen abhängig gemacht werden sollten. Rusch wies dieses Ansinnen jedoch kategorisch zurück, weil er keine Kommission brauche, sondern schon genügend Informationen habe[640] und außerdem eine solche erst im Herbst ihre Arbeit aufnehmen könnte, ein Abschluß der Untersuchung ungewiß sei und er nicht mehr weiter vertröstet werden wolle. Er könne und wolle nicht mehr länger warten und wegen der Erfahrungen des

Vorjahres auch keine weiteren Verzögerungen mehr zulassen. Er sei entschlossen, zu handeln.

Rusch scheute eine Überprüfung der Erziehungsgrundsätze Kripps und der Vorfälle im Kennedy-Haus wie der Teufel das Weihwasser. Dem Urteil unabhängiger Experten hätte er sich beugen müssen, auch wenn es sich gegen seine Auffassungen von Jugendarbeit richten würde, oder sein Ansehen in der Öffentlichkeit hätte großen Schaden genommen. Das Risiko, sich darauf einzulassen war groß, hatten sich doch genau in jenen Tagen zahlreiche Gutachter im „Fall Larcher" für die entlassene Hauptschullehrerein und deren pädagogische Praxis ausgesprochen und damit gegen weltliche (und geistliche) Obrigkeiten Stellung bezogen?[641]

Es schien Eile geboten, weil während des Schuljahres ein Wechsel in der Kennedy-Haus-Leitung nicht leicht möglich war und mit dem 31. Juli der Termin immer näher rückte, zu dem bei den Jesuiten üblicherweise allfällige Versetzungen erfolgten. Er sah also Gefahr in Verzug – „periculum in mora" – und so erklärte er dem Provinzial am 23. Juni, „die angedeutete Strafe" des Jurisdiktionsentzugs „mit Rechtswirksamkeit vom 31. Juli" verhängen zu wollen. Coreth versprach, „die Sache [...] lojal [sic!] durchführen" zu wollen.

Ohne hiervon Kenntnis zu haben, entschloß sich auch das Kennedy-Haus in eigener Sache aktiv zu werden. Mit einer öffentlichen Stellungnahme unterbreiteten Erzieher, gewählte Eltern- und Mitgliedervertreter der MKler über die „Tiroler Tageszeitung" all' jenen einen Weg zur Versöhnung, die mit ihrer Jugendarbeit nicht einverstanden waren, indem sie ankündigten, diese einer – wie es heute bezeichnet werden würde – Evaluierung unterziehen zu wollen.

> ### Stellungnahme des Kennedy-Hauses[642]
>
> Rückblickend auf das vergangene Arbeitsjahr konnte trotz aller Problematik, welche die heutige Jugenderziehung mit sich bringt, manch Erfreuliches und Positives erreicht werden. Bleibende Sorgen bereitet uns jedoch, daß die Spannung zwischen dem Kennedy-Haus und den verantwortlichen Leitern der Diözese Innsbruck zum Schaden der Kirche schon viel zu lange dauert.
>
> Als Ergebnis vieler Besprechungen möchten wir, die Erzieher und gewählten Vertreter der Eltern und Jugendlichen des Kennedy-Hauses, hiermit unseren Willen kundtun, in der konkreten Kirche von Innsbruck einen Weg zu suchen, angesichts der schwierigen erzieherischen Aufgaben füreinander mehr Verständnis zu finden.
>
> Deshalb erklären wir vor der Öffentlichkeit unsere Absicht, im kommenden Herbst die pädagogische Linie des Hauses von einer Fachkommission beurteilen zu lassen. Wir schlagen vor, diese Fachkommission aus Theologen, Pädagogen und Eltern zusammenzusetzen. Wir erklären weiterhin, ehrliche und vorurteilslose Gespräche mit den zuständigen kirchlichen Amtsträgern, möglichst vielen Eltern und Jugendlichen führen zu wollen, um die christliche Erziehung in einer von Spannung gezeichneten Welt so zu verwirklichen, daß nicht Uneinigkeit, sondern Friede als Zeugnis der Liebe in der Kirche verwirklicht wird. Selbst dort, wo schwerwiegende Unterschiede in der Beurteilung des zu beschreitenden Weges bestehen, muß es für ‚Menschen, die guten Willens sind', möglich sein, ohne zu ermüden den Weg des Dialogs zu gehen.
>
> Wir wollen diesen Weg in aller Geduld und in der Hoffnung auf Versöhnung – dem Thema des kommenden Katholikentages – zum Wohl der Kirche, die unser gemeinsames Anliegen ist, beschreiten.

Verständlich, daß die Empörung seitens des Kennedy-Hauses groß war, als bekannt wurde, daß bereits ein Schreiben aus der Bischofskanzlei an den Jesuitenprovinzial unterwegs war, mit dem P. Kripp nicht nur „jegliche Jurisdiktion", sondern auch die „Aufenthaltsberechtigung mit Berufung auf Pastorale munus Nr. 39" zum 31. Juli entzogen wurde.[643]

A b s c h r i f t ![644]

DER BISCHOF VON INNSBRUCK   Innsbruck, am 4. Juli 1973

    Hochwürden
    P. Dr. Emerich Coreth SJ.
    Provinzial der Jesuiten

    Wien I
    Dr. Ignaz Seipel-Platz 1

Eure Paternität!

Hiermit komme ich auf die Angelegenheit von P. Kripp, die zwischen Ihnen und mir wiederholt mündlich besprochen wurde, zurück. Da die Gravamina sich so sehr gesteigert haben, sehe ich keinen anderen Weg mehr, als den Weg einer entscheidenden Änderung.

Die ganze Angelegenheit zog sich durch Jahre hin. Ich hatte im ganzen mindestens 12 Besprechungen mit P. Kripp, die praktisch ergebnislos verlaufen sind.

Aus dem Jahr 1970 betone ich als besondere Beschwerde die Initiative gegen den Religionsunterricht an den höheren Mittelschulen, die von P. Kripp unter dem 24.1.1970 gestartet wurde. Diese Initiative hat den Protest aller Religionslehrer der Mittelschulen ausgelöst.

Außerdem möchte ich aus dem Jahr 1971 festhalten, daß am 16. Mai dieses Jahres alle Mittelschuldirektoren von Innsbruck von mir die Abberufung von P. Kripp gefordert haben. Begründung war die schulgegnerische Einstellung von P. Kripp, die sich selbstverständlich auf die MK-Angehörigen auswirkt und das schulische Arbeiten erschwert hat. Daraufhin fand am 2.8.1971 eine Besprechung mit P. Schasching und P. Pilz statt, in welcher Besprechung die Zusage auf Abberufung von P. Kripp im Sommer 1972 gegeben wurde.

Im übrigen weise ich hinsichtlich vieler Beschwerden, die bis 31.12.1971 aufgetreten sind, auf mein Schreiben vom 24.1.1972 an Hochw. P. Rektor Muck hin. Dieses Schreiben lege ich abschriftlich bei. Es stellt einen integrierenden Bestandteil dieser meiner heutigen Mitteilung dar.

Auf dieses Schreiben erhielt ich unter dem 26.1.1972 eine Antwort von dem Hochw. P. Rektor Muck, in welcher es wörtlich hieß: „Ich erwarte, daß dies (Schreiben) für uns ein Anlaß zu ernster Besinnung sein wird. Ich möchte trachten, daß wir nicht bei jenen Punkten stehen bleiben, wo sich aus unserer Sicht manches anders darstellt, als aus Ihrer Sicht. Ohne solche Differenzen zu verharmlosen, scheint es mir wichtig, daß wir uns bemühen, Ihre Anliegen zu verstehen, die Sie als Bischof mit Recht bewegen, und daß wir nach Wegen suchen, wie wir Ihnen besser entsprechen können."

Eine weitere Antwort erhielt ich nicht. Die Dinge haben sich vielmehr auch im Jahre 1972 weiterhin verschlechtert.

Am 23. Februar 1972 hielt P. Schupp im Rahmen der MK-Mitglieder und deren Eltern einen Vortrag, der von P. Kripp gelobt wurde. Im Vortrag wurde dargestellt, daß Jesus keine Hoheitstitel für sich beansprucht habe und daß die Wesensfrage heute überholt sei. Es gehe um die Frage der Funktion Christi für uns. Unter dem 24.3.1972 wird von Fr. Runggaldier im „Wir diskutieren" dargestellt, daß es in der MK immer mehr Jugendliche gibt, die nicht mehr glauben.[645]

Im März des gleichen Jahres kommen die Gedanken zur Erziehung von P. Kripp heraus, die ich einer Prüfung unterzogen habe, welche Prüfung ich in der Anlage beilege. Diese Beilage stellt ebenfalls einen integrierenden Bestandteil dieses meines heutigen Schreibens dar. Unter dem 26.5.1972 erscheint im „Wir diskutieren" ein Artikel von P. Kripp, der darlegt, daß die Abtreibung durch Verhütungsmittel verhindert werden müsse und daß es Pflicht der Erzieher sei, die Jugendlichen über die Abtreibungsmittel[646] aufzuklären. Diese Aussage ist in flagranti gegen die Lehre des Heiligen Vaters gerichtet. Im Sommer 1972 wird die Zusage auf Abziehung von P. Kripp nicht eingehalten. Im September 1972 erfolgte Ihr erster Besuch. Die Bereinigung der Frage Kripp wurde zugesagt. Außerdem sagten Sie mir: „Der Weg ist falsch. Der ganze Provinzkonsult ist für Bereinigung."

Ostern 1973 kommen neue Beschwerden: Erstens die Beschwerde eines hohen Innsbrucker Beamten, daß in dem Ferienheim von P. Kripp in Terlago Burschen und Mädchen ein gemeinsames Nachtquartier haben und daß das dort allgemein so geübt wird. Dieses Quartier besteht in einem großen Raum, in dem Matratzenlager mit Decken vorzufinden sind. Die Jugendlichen verbringen dort ohne Geschlechtsunterschied auch die Nächte.

Zweitens die Beschwerde eines angesehenen Innsbrucker Arztes über die Meßfeier im Kennedyhaus selbst. Abschrift dieses Schreibens liegt ebenfalls bei. Auch dieses Schreiben bildet einen integrierenden Bestandteil meines heutigen Briefes.

Am 31. Mai d.J. machten Sie mir darum einen Besuch, in welchem Besuch ich die letzten zwei Beschwerden vorgebracht habe. Nachdem mir eine bestimmte Zusage auf endliche Abberufung von P. Kripp nicht gegeben wurde, erklärte ich, daß ich dann genötigt sei, P. Kripp jegliche Jurisdiktion zu entziehen. Am 23. Juni d.J. fand eine abschließende Besprechung zwischen Ihnen und mir statt. Sie erklärten mir, daß Sie P. Kripp nun abberufen wollten, daß aber das mit P. Kripp arbeitende Team dann seine Arbeit nicht mehr weiterführen [sic!] wolle. Deswegen sei eine Abberufung nicht möglich. Sie boten mir eine Untersuchung an, die offensichtlich durch Ihre Patres vorgenommen werden sollte. Nach einiger Überlegung wäre ich bereit gewesen, dieses Angebot anzunehmen, wenn dann diese Untersuchung bis September eine Klärung ergeben hätte. Daraufhin sagten Sie mir, daß das schlechterdings nicht möglich sei, weil jetzt eine Kommission nicht zusammengestellt werden könne, sondern erst im Herbst, woraus sich dann ergeben hätte, daß im Laufe des Jahres 1973/74 wieder keine Änderung zu erreichen gewesen wäre, da mir schon öfters gesagt wurde, innerhalb des Schuljahres könne eine solche Änderung nicht Platz greifen.

Daraufhin war ich genötigt, zu erklären, daß ich dann gemäß meiner Mitteilung vom 31. Mai vorgehen müsse, weil jetzt periculum in mora sei.

Ich fragte Sie hierauf: Hätten Sie solche Dinge in einer MK vor 10 Jahren jemals für möglich gehalten?, worauf Sie mir in aller Offenheit und Entschiedenheit antworteten: Nein!

Im übrigen weise ich noch darauf hin, daß im „Wir diskutieren" weiterhin ein antiautoritärer, libertinistischer, religiös skeptischer Kurs eingeschlagen wurde, was eine Reihe von Artikeln bezeugen.

Wenn dazu gesagt wird, daß unser Dr. Meinrad Schumacher ja die Kontrolle darüber hatte, so muß ich antworten, daß mir Dr. Schumacher wiederholt sagte, er bekomme nicht alle Artikel und erfahre des öfteren erst aus dem gedruckten Blatt, was eigentlich darin stehe.

Ich weise darauf hin, daß mehrere Jesuitenpatres mir unmittelbar ihre Beschwerden über die Causa Kripp gegeben haben. Ein aktiver Theologieprofessor schrieb mir noch im Jahr 1972: „Ich wünsche sehr, daß unsere Obern endlich einmal ihre tatenlose Haltung aufgeben und Entscheidungen treffen, wie Sie sie von ihnen erwarten. Anderen Patres geht es genau so wie mir und ich möchte Sie bitten, auch das zur Kenntnis zu nehmen."

Im heurigen Jahr sprachen mehrere Patres mündlich bei mir vor und klagten darüber, daß durch die Arbeit der Jesuiten den Gläubigen Ärgernis gegeben werde. Es ist also immerhin auch die Absicht eines spürbaren Teiles des Jesuitenkollegs selbst, daß hier entscheidende Änderungen zu treffen sind.

Aus all den dargelegten Gravamina, für die P. Kripp als Leiter eine Verantwortung trägt, und vor allem aus Artikeln, die er selbst verfaßt hat und in denen er sich also zu Gehör brachte, bin ich genötigt, *P. Kripp consentientibus sacris Congregationis pro fide er pro Religiosis gemäß Artikel 39 von „Pastorale manus" [sic!] die Jurisdiktion, umfassend Beichtjurisdiktion und Berechtigung zur Glaubensunterweisung, und das Aufenthaltsrecht in unserer Diözese zu entziehen.*

Dies mit Rechtswirksamkeit vom 31. Juli 1973.

Nachdem Sie mir ausdrücklich erklärten, Sie würden eine solche Entscheidung loyal [sic!] annehmen, muß ich nicht darauf hinweisen, daß ich andernfalls durch die Umstände genötigt würde, meine Gravamina, auch öffentlich zugängig zu machen. Ich vertraue also auf Ihre Aussage.

Für die zukünftige Arbeit in der MK wird notwendig sein, daß sie im Einklang mit der Bestimmung des Bischofsdekretes Nr. 35[647] erfolgen wird. Diese Konzilsbestimmung lautet wie folgt: „Alle Ordensleute, die exemten und die nicht exemten, unterstehen der Gewalt des Ortsoberhirten in den Dingen, die den öffentlichen Vollzug des Gottesdienstes betreffen, jedoch unter Wahrung der Verschiedenheit der Riten. Ferner in Bezug auf die Seelsorge, die heilige Predigt für das Volk, die religiöse und sittliche Unterweisung der Gläubigen, besonders der Kinder, den katechetischen Unterricht und die liturgische Bildung, sowie die Würde des Klerikerstandes und endlich die verschiedenen Werke soweit sie die Ausübung des Apostolates betreffen." Der letzte Satz ist hier von besonderer Bedeutung.

Ich schließe mit dem großen Bedauern, daß mir aus meiner Verantwortung, die ich als Bischof trage, nun kein anderer Weg mehr offenstand, als diese Entscheidung zu fällen.

In herzlicher Verehrung verbleibe ich
Ihr
+ Paul Rusch m.p.

3 Beilagen!

Sogleich nach dem Bekanntwerden des Diözesanverweises für Kripp bat das Exekutivkommitee des Elternaufsichtsrats des Kennedy-Hauses Bischof Rusch, diese Maßnahme wieder zurückzunehmen, die von P. Provinzial vorgeschlagene Kommission arbeiten zu lassen und deren Ergebnisse abzuwarten.[648] Weit davon entfernt, sich darauf einzulassen, verwies der Innsbrucker Oberhirte auf ihm zugetragene Informationen, wonach es im Ferienlager der MK in Terlago gemeinsame Schlafräume von Jungen und Mädchen gäbe. Außerdem wären bei einer Meßfeier im Kennedy-

Haus, die von einem Priester in Zivilkleidung (es handelte sich dabei nicht um Kripp) zelebriert worden sei, „Kaffeehausmusik" gespielt worden, geweihte Hostien zu Boden gefallen und wieder aufgelesen worden, Jugendliche seien in „lümmelhafter" Haltung herumgestanden und manche hätten sich sogar in der Dunkelheit „geküsst und Zärtlichkeiten ausgetauscht".[649] „Ich muß mir", so der Bischof weiter, „schon erlauben die Frage zu stellen, ob Sie denn über die Vorgänge im Kennedy Haus unterrichtet sind und ob Sie als Mitglied des Exekutivkommitee's [sic!] nicht die, mit dieser Eigenschaft verbundenen Pflichten vernachlässigt haben". Solche Vorwürfe ließ der Aufsichtsrat freilich nicht auf sich sitzen und verwies darauf, daß in der Tatsache, „dass gemischte Gruppen fallweise die Bungalows bewohnt haben, nicht von vornherein ein unsittliches Verhalten" gesehen werden muß. In Taizé[650] sei die Jugend teilweise ebenfalls gemischt untergebracht worden und niemand habe den Jugendlichen eine unsittliche Haltung untergeschoben. Was den Gottesdienst betrifft, könne sich das Exekutivkommitee des Elternbeirats „des Eindruckes nicht erwehren," daß der betreffende Informant „die Messe nicht unvoreingenommen und mit dem Willen, sie mitzufeiern, besucht hat". Auf jeden Fall haben verschiedene Eltern aus dem Exekutivkomitee andere, sehr positive Erfahrungen gemacht. Deshalb wiederholten sie nochmals ihre Bitte an den Bischof, „in Zukunft bei auftretenden Beschwerden gegen das Kennedyhaus Massnahmen erst nach einer klärenden Aussprache mit der Elternvertretung zu ergreifen".

Rusch ging auch darauf nicht ein, sondern stellte eine Reihe von Gegenfragen, die sich auf Artikel in „Wir diskutieren" bezogen und wunderte sich, daß das Exekutivkomitee des Kennedy-Haus-Elternbeirats daran nichts auszusetzen hätte. Die Antwort darauf, mit der auch der Briefwechsel zwischen Exekutivkommitee und Bischof ein Ende fand, verwies auf die von P. Coreth einzurichtende Untersuchungskommission, der auch die von Rusch vorgebrachten Anschuldigungen vorgelegt werden würden. Um einem Ergebnisse dieser Überprüfungen nicht vorzugreifen, wollte sich das Komitee zu den vom Bischof vorgelegten Fragen nicht äußern.

Tatsächlich war es dem österreichischen Jesuitenprovinzial gelungen, im Laufe des Sommers, das Ruder noch einmal herumzureißen, um den von Rusch eingeschlagenen Weg zur Lösung der Causa Kripp zu verändern und in eine neue Richtung zu lenken. Obwohl mit dem Entlassungsschreiben des Bischofs eine klare und endgültige Entscheidung getroffen zu sein schien, zumal Coreth ja „loyale Durchführung" des bischöflichen Ansinnens zugesagt hatte, zeigte sich der Jesuitenprovinzial höchst verwundert über Ruschs Vorgangsweise. Für ihn stellten sich die im Vorfeld der bischöflichen Maßnahmen erfolgten Gespräche ein wenig anders dar, als Rusch sie etwa Ebf. Mayer in Rom mitgeteilt hatte.[651]

Der Jesuitenprovinzial erkannte zwar die Rechtmäßigkeit des Jurisdiktionsentzugs an, fragte sich jedoch, ob eine solche harte Maßnahme ohne Anerkennung der vierzehnjährigen, mühevollen und einsatzfreudigen Arbeit von P. Kripp mit all' ihren auch positiven Leistungen (über die Rusch nicht ein einziges Wort verlor) - „ohne sorgfältige Prüfung der Tatbestände - auch notwendig und gerecht war". Am meisten verwunderte ihn jedoch, daß mit jener Maßnahme auch das Aufenthaltsverbot in der Innsbrucker Diözese ausgesprochen wurde. Es sei doch

„nie, weder schriftlich noch mündlich" die Rede davon gewesen, daß Rusch die Entfernung Kripps aus seinem Kirchengebiet verlange. Coreth sei diesbezüglich niemals gemahnt worden, weshalb ihm auch keine darauf beruhende Vernachlässigung vorgeworfen werden könne, ebenso wenig wie bei Kripp eine „gravissima causa urgens" vorliege, zumal gegen ihn ein berechtigter Vorwurf nicht erhoben werden kann, nach dem „er schweren Anstoß erregt [habe] und dadurch in der Diözese untragbar" geworden sei. Die Bedingungen des „Pastorale munus" für einen Diözesanverweis seien in keiner Weise erfüllt, die Maßnahme Ruschs entbehre also jeglicher rechtlichen Grundlage. Außerdem forderte der Jesuitenprovinzial für Kripp unter Anführung einiger Artikel des Codex Iuris Canonici ein ihm zustehendes Appellations- und Rekursrecht und ließ es dabei an deutlichen Worten nicht fehlen: „Ist es in der Kirche heute noch möglich und berechtigt, eine solche Strafe zu verhängen, ohne den Betreffenden anzuhören und ihm eine Stellungnahme zu den Anklagen zu ermöglichen? Ist es heute noch möglich, ihm das Rekursrecht von vornherein abzusprechen?"

Coreth kündigte an, über den Generaloberen des Ordens unverzüglich in Rom zu rekurrieren, zumal es seine Aufgabe sei, seine Mitbrüder vor Unrecht zu schützen. Gleichzeitig stellte er Überlegungen an, welcher Weg zu einer einvernehmlichen Lösung mit dem Bischof beschritten werden könne. Der Konflikt um die MK beruhe auf zahlreichen schweren Anschuldigungen gegen Kripp, die sich jedoch – so Coreth – „zumeist als Mißverständnisse oder einseitige Darstellungen herausgestellt" hätten. Deshalb sollte unverzüglich eine Kommission eingesetzt und mit der Überprüfung der gesamten erzieherischen Linie beauftragt werden. Falls der Bischof damit einverstanden sei, sollte er seine „Maßnahme vorläufig suspendieren, bis ein Urteil der Kommission vorliegt", und seinerseits einen oder zwei Vertreter für die Kommission nominieren.

Falls Rusch jedoch nicht auf diesen Vorschlag eingehen sollte, bedeutete dies für Coreth, daß der Entzug der Jurisdiktion in Geltung bleibt, Kripp als Leiter des Kennedy-Hauses suspendiert und vorläufig ein neuer eingesetzt werden würde. Außerdem würde der Jesuitenprovinzial seinerseits „eine Kommission zur Überprüfung der Anklagen und der erzieherischen Linie des Werkes einsetzen und um möglichst baldiges Urteil bitten". Das Aufenthaltsverbot für Kripp werde er aber auf keinen Fall anerkennen.

Rusch teilte natürlich nicht die Beurteilungen Coreths und zog für sich Parallelen zum „Fall Küng",[652] dessen „Methode"[653] darin bestanden hätte, „durch Verfahren (1 Jahr keine Antwort) alles unmöglich machen und dann den anderen beschuldigen". Rekurse verzögerten nur unnötig, weshalb er auch von einem Rechtsverfahren wenig hielt. Wenn aber ein solches durchgeführt werden müßte, wäre seiner Meinung das Diözesangericht zuständig. Aber dafür gab es für ihn keine Notwendigkeit, denn er verstand das Aufenthaltsverbot als eine Verwaltungsmaßnahme, gegen die es keinen aufschiebenden Einspruch gäbe. Rusch teilte solche Überlegungen dem Jesuitenprovinzial jedoch nicht mit und ging auch nicht weiter auf die rechtliche Seite seiner Vorgangsweise ein, sondern verwies darauf, daß die ganze Angelegenheit inzwischen bei der Religiosenkongregation in Rom liege, also bei einer höheren Instanz, und ihm daher entzogen sei. Deshalb könne er auch nicht mehr darüber befinden.[654]

Allerdings eröffnete Rusch einen Weg, den er seiner Meinung auch in Rom rechtfertigen könnte und der darin bestünde, daß Coreth und sein hiesiges Team ihm „eine verpflichtende Erklärung über eine Neuorientierung der MK" übergäbe. Eine solche Erklärung müßte nach des Bischofs Vorstellungen folgende Punkte enthalten: „Distanzierung von Libertinismus und antiautoritären Ideen, besondere Pflege der gläubigen Gesinnungsbildung und Beobachtung der liturgischen Gesetze. Für eine zu diesem Behuf notwendige Besprechung würde", so Rusch weiter, er sich „zur Verfügung stellen". Zur Frage der Einrichtung einer Untersuchungskommission wie auch über das vom Jesuitenprovinzial „einseitig" aufgehobene Diözesanverbot nahm Rusch mit keinem Wort Stellung.

Coreth ging dennoch „gern" auf das Angebot des Bischofs ein, da es ihm ein ebenso ehrliches wie dringliches Bedürfnis war, eine einvernehmliche Lösung zu finden. Wenige Tage später legte er bereits einen Entwurf für die vom Bischof gewünschte Erklärung vor, die sowohl von ihm wie auch von Kripp unterschrieben war.[655] Rusch bestand auf einigen Ergänzungen, die von seiten des Provinzials und des Kennedy-Haus-Leiters schließlich auch akzeptiert wurden.[656]

Erklärung[657]

Die Unterzeichneten verpflichten sich dazu, vom Anfang des Schuljahres 1973/74 an zusammen mit den Eltern, Erziehern und Jugendlichen des Kennedy-Hauses unter Beratung durch zuständige Fachleute eine sachliche Überprüfung und Neuorientierung der Erziehung im Kennedy-Haus vorzunehmen. Ein religiöser Aktivistenkreis (MK) von Jugendlichen soll die Arbeit der Erzieher unterstützen.
Sie bekennen sich ausdrücklich zu folgenden Grundsätzen der Erziehung:
1. Das Hauptanliegen geht dahin, die Jugendlichen für den christlichen Glauben und zur Pflege gläubiger Gesinnung und Lebensführung zu gewinnen.
Sie sollten im besonderen zu ehrfurchtsvoller Teilnahme am Gottesdienst erzogen werden. Die Jugendmesse wird nach den liturgischen Richtlinien der Kirche gefeiert. Die hl. Kommunion wird durch Priester oder geweihte Kommunionhelfer gespendet.
Bezüglich der liturgischen Kleidung werden die Richtlinien der Österreichischen Bischofkonferenz für die Meßfeier kleinerer Gemeinschaften eingehalten: „Wenn die Feier in einem gottesdienstlichen Raum stattfindet, sollen Albe, Stola und Meßgewand benutzt werden, sonst in der Regel wenigstens Albe und Stola. In außergewöhnlichen Fällen kann die Kennzeichnung des Priesters, wie sie bei der Spendung anderer Sakramente vorgesehen ist, noch als ausreichend angesehen werden, wobei freilich die Stola niemals fehlen darf."
Kirchlich nicht approbierte Hochgebete werden nicht verwendet. Wenn pastorale Bedürfnisse es verlangen, wird für die Verwendung anderer, nicht allgemein approbierter Canontexte die Erlaubnis der kirchlichen Behörde erbeten.
2. Die Jugendlichen sollen zur Anerkennung und Wertschätzung jeder echten Autorität herangeführt werden. Insbesondere werden die Erzieher keine Mühe scheuen, um ein gutes Verhältnis der Jugendlichen zum Elternhaus zu fördern. Jedem Nationalismus abhold, soll sowohl die Wertschätzung der Heimat als auch völkerverbindende Verständigung gefördert werden.
Die Kontaktaufnahme zwischen den Erziehern des Kennedy-Hauses und den Professoren an verschiedenen Schulen soll weiter ausgebaut werden, sodaß ein gemeinsames Bemühen um die Erziehung der Jugendlichen gefördert wird. Der Religionsunterricht als Glaubensangebot soll in der außerschulischen Erziehung nach Kräften unterstützt werden.

3. Die Jugendlichen sollen gegen Disziplinlosigkeit gewappnet werden. Sie sollen dazu angeleitet werden, sich selbst und ihre Situation beherrschen zu lernen. Das Konsumdenken wird entschieden abgelehnt. Kriterium des Handelns soll nicht „angenehm" oder „unangenehm", sondern das zu erstrebende Ziel sein.

Bei Jugendlichen u. dgl. werden die Schlafräume nach Geschlechtern getrennt bewohnt. Wenn es praktisch nicht anders möglich ist, sollen die Schlafräume wenigstens durch leichte Zwischenwände getrennt sein.

Bei Tanzveranstaltungen wird auf anständiges Verhalten Wert gelegt. Sie finden nur unter ständiger Aufsicht eines hauptamtlichen Erziehers statt.

Untergrundfilme werden nicht vorgeführt.

4. Für die Zeitschrift „Wir diskutieren" übernimmt ein Pater die Verantwortung. Bei Artikeln, die Glaube und Sittlichkeit verunsichern, wird sofort in derselben Nummer des Blattes im Sinn des Glaubens dazu Stellung genommen.

Die Erzieher des Kennedy-Hauses nehmen die Einladung zu Gesprächen mit dem Hochwürdigsten Herrn Bischof oder mit einem der leitenden Herren der bischöflichen Behörde jeweils vor Weihnachten, Ostern und Jahresende dankbar an.

Auf Einhaltung dieser Grundsätze durch die
Erzieher im Kennedy-Haus werde ich bestehen.

Innsbruck, 9.8.73   [E. Coreth S.J. – Unterschrift]   [Sigmund Kripp – Unterschrift]
                     Provinzial

Coreth war sichtlich erleichtert über die getroffene Vereinbarung, die Rusch als „verpflichtende Erklärung"[658] ebenfalls annahm. Allerdings lagen die Absichten, die beide damit verfolgten, nicht völlig, aber in gewisser Weise doch weit auseinander. Für den Provinzial war der erste Absatz am „wichtigsten", worauf er Rusch eigens hinwies, zumal darin „– auch verpflichtend – eine Überprüfung der gesamten erzieherischen Arbeit im Kennedy-Haus in Aussicht genommen ist".[659] Rusch hatte damit noch nie große Freude gehabt und legte auch keinen besonderen Wert auf sie. Er hielt es deshalb für nötig, dazu festzustellen, daß eine „solche Überprüfung" von ihm nicht angeregt worden sei und er sie auch nicht für so wichtig erachte. Es gehe ihm „nicht um Vergangenheit, sondern um Zukunft",[660] doch wenn Coreth eine Überprüfung vornehmen wolle, werde er selbstverständlich zwei seiner Diözesanpriester in die zuständige Kommission schicken.

Seitens der Jesuiten war aber gerade eine Überprüfung ein zentrales Anliegen und unabdingbar. Das Kennedy-Haus sei immerhin durch „vielerlei Vorwürfe und umlaufende Gerüchte belastet", weshalb nur eine eingehende Untersuchung und Beurteilung der erhobenen Anschuldigungen notwendig sei, sofern „eine positive Jugendarbeit fortgeführt werden soll".[661] – Tatsächlich wurde die Kommission in den folgenden Wochen gebildet, trat, nachdem einige Mißverständnisse mit den beiden von Rusch entsandten Diözesanvertretern aus dem Weg geräumt waren, im November auch einmal zusammen, aber in der Causa Kripp nicht mehr weiter in Erscheinung.[662] Diese hatte inzwischen schon eine andere Entwicklung genommen!

Rusch sah in der „Erklärung" die Möglichkeit für einen Schlußstrich unter die jüngste Vergangenheit, mit der ein Wechsel in der MK-Jugendarbeit erreicht werden konnte, und zwar sowohl hinsichtlich ihrer Mittel und Wege wie auch ihrer Richtung. Für Coreth war die bisherige Richtung mit Ausnahme einiger geringer

Kursabweichungen nicht unbedingt falsch und lediglich in der Wahl von Mittel und Wegen bestanden für ihn gewisse Zweifel (die durch eine Expertenkommission behoben werden sollten). Kripp hingegen betrachtete die ganze Geschichte als einen faulen Kompromiß, mit dem er sich dazu verpflichtete, christlich zu erziehen, was er seiner Meinung ohnehin schon immer getan hatte. Das Problem lag jedoch darin, daß seine Auffassung von christlicher Pädagogik sich von den ebenfalls christlich verstandenen Erziehungsgrundsätzen des Bischofs vollkommen unterschied.[663] Damit waren in seinen Augen weitere Konflikte vorprogrammiert, die tatsächlich nicht ausblieben und auf die Spitze getrieben eine explosive Lage geschaffen haben. Dafür baute Kripp jedoch selbst – leichtfertig oder als ganz bewußte Inszenierung? – nicht nur den Zündsatz, sondern betätigte auch den Auslöser.

Finale furioso – Abschied von Kripp

Im Sommer 1972 wurde P. Kripp von einem Verlag gebeten, über seine Jugendarbeit zu schreiben, was er in den folgenden Monaten auch tat. Er wollte darin in Form eines Erlebnisberichtes seine Gedanken so ehrlich wie möglich niederschreiben, um damit, nach eigenem Bekunden, „Klarheit" zu schaffen, „für [s]eine Arbeit im Jugendzentrum den Durchbruch zu erzielen oder zu scheitern".[664] – Kripp scheiterte!

Sein Manuskript, das er als Beitrag für eine kirchliche Pädagogik verstanden wissen wollte, wurde von einigen Jesuitenpatres begutachtet, die seine Veröffentlichung als „vertretbar, wenn auch nicht für wünschenswert"[665] erachteten. Dennoch wurde dem Autor die Freigabe seines Textes durch den Ordensoberen in Österreich erteilt, worauf die Drucklegung des Buches „Abschied von morgen" erfolgen konnte. Dies geschah etwa zeitgleich mit den vorgenannten erfolgreichen Bemühungen P. Coreths um eine einvernehmliche Lösung mit Bischof Rusch in der Causa Kripp. Sie schienen eine neue, ruhigere Phase in der konfliktbeladenen Situation in Innsbruck zwischen Jesuiten und Bischof einzuläuten, wozu zweifellos auch die Einstellung von „Wir diskutieren" – für Rusch immer wieder ein Stein des Anstoßes – im September 1973 beitragen konnte.[666]

„Dann erschien [Ende Oktober – H.A.] ‚Abschied von morgen'. – Erst war es ganz ruhig. [...] Tagelang nichts. Dann sickerte durch, daß zwölf Patres aus dem Jesuitenkolleg an den Bischof geschrieben hatten, um von ihm meine Ablöse als Leiter des Kennedy-Hauses zu erflehen, weil sie sich ordensintern mit diesem Verlangen während der vergangenen Jahre nicht hatten durchsetzen können. [...] Es wurde im Hintergrund gearbeitet. Die innerkirchlichen Machtträger stimmten sich untereinander ab. Der Provinzial setzte sich mit der Jesuitenzentrale in Rom, der Bischof mit dem Vatikan in Verbindung. Die Zentralen standen auch untereinander in Kontakt."[667] Und während Kripp eine „Diskussion über die Inhalte des zum Anstoß gewordenen Buches wünschte, wurde diskussionslos [s]eine Absetzung in die Wege geleitet."

So stellten sich für den Leiter des Kennedy-Hauses – nicht ganz unzutreffend – die Vorgänge um seine Entlassung dar, die am 27. November 1973,[668] nur etwa einen Monat nach Erscheinen des „Abschied von morgen" vom Provinzkonsult der

SIGMUND KRIPP   PATMOS

ABSCHIED VON MORGEN
AUS DEM LEBEN IN EINEM JUGENDZENTRUM

Titelseite des im Oktober 1973
erschienenen Buches von
Sigmund Kripp, „Abschied
von Morgen".

Jesuiten beschlossen wurde. Eine im Vergleich zu den vorangegangenen jahrelangen
Bemühungen relativ schnelle Entscheidung, die höchst erklärungsbedürftig ist.

Wenige Wochen bevor Kripps Buch Ende Oktober 1973 erschien, hatte der Papst
eine deutliche Mahnung an die Jesuiten ausgesprochen, die geradezu den Rahmen
für die nun folgenden Ereignisse abgibt.

Paul VI. mahnt Jesuiten zu „Gehorsam und Treue" gegenüber dem Hl. Stuhl[669]

[…] Mit Nachdruck besteht Paul VI. auch auf der Treue gegenüber dem Apostolischen
Stuhl, „sei es auf dem Gebiet der Studien und der Erziehung der jungen Menschen,
wie auch in der Erarbeitung und Publikation von Schriften." Der Papst fährt fort:
„Tatsächlich können Wir nicht übersehen, dass in verschiedenen Teilen der Gesellschaft
Jesu – wie es sich nicht anders in grösserem Ausmass im Leben der ganzen Kirche
vollzieht – in den letzten Jahren Tendenzen intellektueller und disziplinären Ordnung
aufgetaucht sind, die, wenn sie Unterstützung fänden, schwerste und vielleicht unheil-
bare Veränderungen in ihrer wesentlichen Struktur hervorrufen würden."
[Der Papst] erinnert an das Konzil und die von ihm nach den Erfordernissen der
Zeit angeregten Erneuerungen für die religiösen Gemeinschaften. Das Konzil habe

---

aber nicht gewollt, dass sich die Reformen auf Kosten gefährlicher Experimente verwirklichen, herausgerissen aus dem eigenen Boden der einzelnen religiösen Familien, noch viel weniger, dass sie in einem Verlassen der primären Werte eines gottgewollten Lebens bestehen. Das Konzil habe vielmehr die „Absage an die Welt" bekräftigt. Es geht heute darum, „die bereits begonnene Erneuerung nach dem Konzil zu einem Ende zu führen, indem auch die neuen Umstände und Erfordernisse unserer Zeit berücksichtigt sind", räumt Paul VI. ein. Das aber müsse „in der Treue zur eigenen Tradition" geschehen.

Die Vorbereitungen für die Zusammensetzung der im Sommer vereinbarten Untersuchungskommission über die pädagogischen Grundsätze und Erziehungspraxis des Kennedy-Hauses waren damals in vollem Gange. P. Coreth, der das Manuskript zwar nicht gelesen hatte, die Druckerlaubnis jedoch – gestützt auf das Urteil der Ordenszensoren sowie vor allem auf die Wirkung eines kritischen Nachworts von P. Karl Rahner vertrauend – nolens volens erteilt hatte, mußte nun erkennen, daß das Buch „Abschied von morgen" Kripp schwer belastete und dessen Position immer fragwürdiger wurde. Er konnte sich auch lebhaft vorstellen, daß der Innsbrucker Bischof „über dieses sorgenvoll entsetzt"[670] war. Für den Jesuitenprovinzial war es klar, „entsprechende Maßnahmen" gegen Kripp ergreifen zu müssen, doch glaubte er, die ganze Angelegenheit ordensintern regeln zu können. Er bat deshalb Rusch am 30. Oktober dringend, „im Augenblick nicht mit einer Verurteilung in die Öffentlichkeit zu gehen, weil das eine Lösung des Problems nur erschweren" würde.

Tatsächlich gab es keine von außen erkennbare Reaktion des Bischofs und es blieb – wie Kripp festgestellt hatte – zunächst ruhig! Doch wurde hinter den Kulissen emsig gearbeitet. Der bereits erwähnte Pastoraltheologe P. Croce, der bereits eineinhalb Jahre zuvor den Bischof ermuntert hatte, energisch gegen Kripp vorzugehen, wandte sich am 7. November mit elf seiner Mitbrüder schriftlich an den vorgesetzten Provinzial in Wien. Sie baten ihn, „seine Verantwortung nicht gar so leicht zu nehmen"[671] und forderten ihn auf, den Leiter des Kennedy-Hauses abzusetzen und auch das dortige Team teilweise umzubilden. In Anbetracht der zurückliegenden Vorfälle empfänden es die Unterzeichner „schon lang als einen beschämenden Mißbrauch der Exemtion", daß es die Ordensoberen dem Diözesanbischof „unmöglich zu machen versuchen, jene Pflicht zu erfüllen, die schon auf Grund seines Amtes und nicht erst durch das Kirchenrecht auferlegt ist." Tags darauf schickte Croce eine Abschrift dieses Appells an Rusch und teilte ihm in einem Begleitschreiben mit, daß sehr viele seiner Mitbrüder in Sachen Kripp die „allzu weiche Haltung unserer Oberen"[672] nicht decken würden. Er bat ihn deshalb, „dieses Mal bei [seinen] Forderungen kompromißlos hart zu bleiben". Dabei könne sich der Bischof „selbstverständlich" auch auf diesen Brief ebenso wie auf das Schreiben an P. Provinzial berufen. Denn „es ist", so versicherte Croce, „uns nur recht, wenn es auch in der Öffentlichkeit bekannt wird, daß ein großer Teil von uns die Vorgänge im Kennedy-Haus zutiefst bedauert".

Am 11. November fand in Innsbruck eine Besprechung unter den Jesuiten über das Buch von Kripp statt, in der jedoch keine Entscheidung getroffen wurde, um nicht einem Ergebnis des wenige Tage später zusammentretenden Provinzkonsults in Wien vorzugreifen. Dieses Beratergremium sprach sich am 16. November im Gegensatz zum Provinzial zunächst gegen eine sofortige Abberufung Kripps aus, weshalb eine Entscheidung hierüber vertagt wurde.[673] „Der Provinzkonsult war der Meinung, daß ein sachliches Vorgehen, wie es von der Kirche heute erwartet wird, die Einsetzung einer Kommission zur Überprüfung des Buches auf dem Hintergrund der tatsächlichen Arbeit im Kennedy-Haus verlangen würde, bevor er eine weitere Entscheidung fällt."[674]

Zur gleichen Zeit hielt sich Rusch zu einem sogenannten ad-limina-Besuch in Rom auf,[675] ein alle fünf Jahre wahrzunehmender Pflichttermin für katholische Bischöfe, bei dem sie der römischen Kurie über den Zustand ihrer Diözesen berichten und auch persönlich beim Papst vorsprechen. Hierbei fragte der Papst „von sich aus"[676] den Innsbrucker Oberhirten nach der Causa Kripp, bestätigte Rusch in seiner Haltung – „Ich danke Ihnen für Ihre bewiesene Festigkeit nicht nur in meinem Namen, sondern im Namen Christi"[677] – und beauftragte ihn sodann „ausdrücklich […] die Sache Kennedy-Haus in Innsbruck unverzüglich in Ordnung zu bringen"[678] und „die marianische Kongregation in Innsbruck zu reformieren".[679]

Bischof Rusch mit seinen Amtsbrüdern Johann Weber und Bruno Wechner bei Papst Paul VI. in Rom. [Erinnerungsalbum, ABSZ]

Während seines Aufenthalts in Rom erbat Rusch auch ein Gespräch mit dem Präfekt der Kongregation für die Glaubenslehre, Kardinal Franjo Šeper, über Kripps Buch. Er ließ ihm ein Exemplar und entsprechende Informationen darüber zukommen, so daß sich Šeper ein Urteil darüber bilden konnte. Es habe die jesuitische Zensur passiert, obwohl es „eindeutig falsche Glaubens- und Sittenaussagen"[680] enthalte. Außerdem gehe aus seinem Inhalt eindeutig hervor, „dass die Sakramente nur Magie sind, und daß geschlechtlich ziemlich alles erlaubt ist: Onanie ist natürlich, Homosexualität ist nur Krankheit, vorehelicher Geschlechtsverkehr ist erlaubt". – Da mußten beim obersten Hüter des christlichen Glaubens natürlich die Alarmglocken läuten, zumal solche „Lehren" von einem Jesuitenpater verbreitet würden und das Buch „mit grosser Propaganda an alle Priester geschickt werde". Deshalb sei nach Ansicht des Innsbrucker Bischofs „Abwehr […] dringend notwendig"! – Eine Erkenntnis, der sich Kardinal Šeper uneingeschränkt anschloß und von Rusch im Namen der „Religionskongregation [sic!] unbedingt ein rasches Beseitigen von Pater Kripp"[681] verlangte. All' dies teilte der Innsbrucker Oberhirte noch während seines Besuches in der „Ewigen Stadt" auch den „führenden Jesuiten", General Arrupe, P. Schasching und Provinzial Coreth mit.

Am 23. November war Rusch wieder in Innsbruck, während Provinzial Coreth noch in Rom weilte, wohin er tags zuvor von seinem Generaloberen zitiert worden war. Die jüngste Entwicklung in der Angelegenheit um den Innsbrucker Kennedy-Haus-Leiter war auch hier in der Jesuiten-Zentrale Tagesthema, und zwar sowohl in Gesprächen zwischen P. Arrupe und P. Coreth sowie in einem eigens einberufenen Generalkonsult. Dieser vertrat die Auffassung, daß nicht erst das Eingreifen des Bischofs abgewartet werden soll, sondern die Angelegenheit ordensintern geregelt werden müsse.[682] Damit waren die Weichen für die Maßnahmen gestellt, die P. Coreth zu ergreifen hatte und mit Zustimmung des Provinzkonsults vom 27. November schließlich auch vollzog, – die Abberufung P. Kripps!

Freilich hätten die Jesuiten ihre ursprüngliche Absicht – Einsetzen einer Kommission, umfangreiche Prüfungen – verfolgen können, wodurch Rusch gezwungen worden wäre, selbst zu handeln, Kripp die Jurisdiktion zu entziehen und ihn aus seiner Diözese zu verweisen. Damit hätten die Jesuiten den „schwarzen Peter" zwar dem Innsbrucker Bischof zuschieben können, hätten gleichzeitig aber einen „Pyrrhus-Sieg" eingefahren, der ihnen mit Sicherheit noch größere Probleme als die bereits vorhandenen bereitet hätte. Sie mußten handeln, denn in Rom ging es schon lange nicht mehr nur um Kripp und das Kennedy-Haus, sondern um die Reputation und in gewisser Weise auch um die Existenz der Theologischen Fakultät in Innsbruck.

Von Rom waren in den vorangegangenen Monaten dunkle Wolken über die Alpen in die Tiroler Landeshauptstadt gezogen und hatten sich zu einem drohenden Gewitter zusammengebraut, das sich über dem Jesuitenorden jederzeit entladen konnte, sofern die lokalen Klimaverhältnisse nicht radikal geändert werden würden.

Am meisten betroffen davon war die theologische Fakultät in Innsbruck, an der traditioneller Weise eine Reihe von Studenten aus osteuropäischen Ländern studierte, die zum Teil von einem in Rom ansässigen Hilfswerk unterstützt wurden.[683] Diese Praxis wurde zu Beginn der 1970er Jahre von der „Rechtgläubigkeit" einiger Fakultäten abhängig gemacht, denn manche von ihnen würden einen „verderblichen Einfluß" ausüben und „die Priesterberufe nicht fördern, sondern zerstören oder pervertieren". Fortan wurde das Theologiestudium nur mehr an solchen Universitäten gefördert, „wo die Orthodoxie der Professoren und ihre Treue zum kirchlichen Lehramt […] über jeden Zweifel erhaben" waren. Dies schien notwendig, um den

„Bazillus, der im Westen bereits so viel verursacht hat, durch Stipendiaten", die auf Kosten ihrer Wohltäter studieren, nicht auch noch „in den Osten hineinzutragen".

Die „Anwendung dieses Prinzips" führte dazu, dass mit Beginn des Wintersemesters 1973/74 keine Stipendien mehr für die rund 30 osteuropäischen Priesterkandidaten oder Priester, die an der Universität Innsbruck studierten oder ihr Studium aufzunehmen gedachten, bereitgestellt werden sollten. Die dort bereits geförderten Studenten hätten deshalb nach Rom oder an einen anderen Studienort zu wechseln, wo sie mit weiterer Hilfe rechnen könnten. Nach einem französischen Gutachten bestanden nämlich große Zweifel an der „Orthodoxie der Professoren und ihrer Treue zum kirchlichen Lehramt" bei den Patres Kehl, Schupp, Kern und Rotter, die zum Teil fundamentale Glaubensgrundsätze in Frage stellen und dadurch letztlich jungen Theologiestudenten den Weg zum Priesteramt oder anderen geistlichen Berufen verlegen würden. „Si nous pouvions disposer de statistiques précises, le bilan de vocations détruites serait catastrophal."[684] Außerdem seien die Professoren in zwei Lager gespalten, wobei das der Progressiven die Sympathien der meisten Studenten genieße; die Disziplin liege im Argen, weil die Leiter des Jesuitenkollegs und des Studentenkonvikts Canisianum nicht in der Lage seien, die Zügel in der Hand zu halten.[685]

Über den Rektor des Innsbrucker Jesuitenkollegs gelangten diese Informationen in das Jesuitenprovinzialat nach Wien, wo P. Coreth die Anschuldigungen gegen die Theologische Fakultät in der Tiroler Landeshauptstadt entschieden und geradezu als „lächerlich" zurückwies.[686] Das französische Gutachten entbehre jeder Grundlage und zeige lediglich, daß sein Verfasser „weder die Personen kennt, gegen die er schwere Vorwürfe erhebt, noch deren theologische Lehren in weiterem Zusammenhang kennt und verstanden hat". Neben dem „Rufmord", der aufgrund dieser „ungeheuerlichen Diffamierung einer der bedeutendsten theologischen Fakultäten" geschehen, entstehe durch die Einstellung der sogenannten „Ostpriesterhilfe" auch enormer finanzieller Schaden für das Canisianum sowie in weiterer Folge auch für das Jesuitenkolleg. Er forderte deshalb dringendst, das Urteil über die Theologische Fakultät in Innsbruck zu revidieren und den Stipendienstopp aufzuheben. Dieser Forderung schlossen sich auch P. Muck und der Regens des Canisianums, P. Robert Miribung,[687] an, die darüber hinaus unter anderem auch auf die ungeheuren bürokratischen Schwierigkeiten eines Studienortwechsels für Studenten hinwiesen, die nur eine Aufenthaltsbewilligung für Österreich besitzen.[688]

Jesuitenpatres im Collegium Canisinanum in Innsbruck, Jahrgang 1971/72, v.l.n.r.: P. Otto Muck SJ, (Rektor), P. Robert Miribung SJ, (Regens), P. Stefan Hofer SJ, (Spiritual), P. Mllarcell Smits van Waesberghe SJ, (Bibliothekar), P. Hans Rotter SJ, P. Franz Schupp SJ. [Archiv des Collegium Canisianum, Innsbruck]

Der Leiter des römischen Hilfswerks, P. Werenfried van Straaten, ließ daraufhin die Innsbrucker Theologische Fakultät durch zwei andere Gutachter in näheren Augenschein nehmen, änderte seine Entscheidung insofern, dass er denjenigen, die bereits ein Stipendium bezogen, bis Dezember des laufenden Jahres weitere Unterstützungen gewährte, neue Bewerber jedoch nicht berücksichtigte. „Was wir später tun werden, hängt vom neuen Gutachten ab."[689]

Das Ergebnis einer neuerlichen Untersuchung fiel – mit einigen Relativierungen der ersten Expertise – insgesamt vernichtend aus. Direkte oder indirekte Stellungnahmen eines Kardinals, zweier Bischöfe und vier Universitätsprofessoren hätten die Richtigkeit der früheren Entscheidung eindeutig bestätigt. Im besonderen geriet durch die neuen Gutachten auch Jesuitenprovinzial Coreth unter heftigsten Beschuß. Ihm wurden nicht nur „progressistische[…] Neigungen" und „Inkompetenz in der Beurteilung über Rechtgläubigkeit und wissenschaftliches Niveau theologischer Arbeit" unterstellt, sondern auch vorgeworfen, „ein Engagierter" zu sein, „der im Dienst der ‚autodistruzione della Chiesa' steht".[690] Trotz heftigster Proteste gegen eine solche „ungeheuerliche Verleumdung"[691], konnte Provinzial Coreth an der negativen Beurteilung der theologischen Studien in Innsbruck nichts ändern. Der Stipendienstopp wurde vorläufig jedoch ausgesetzt, aber nur, weil er zu spät erlassen wurde und deshalb kaum vertretbare Schwierigkeiten verursachen würde. Die Aussicht auf Stipendien für das folgende Studienjahr wurde aber davon abhängig gemacht, ob „sich die Lage in Innsbruck bis Juli 1974 nach der Meinung der bereits konsultierten Berater wesentlich verbessern würde".[692] – Damit war den Jesuiten in Innsbruck gleichsam die Schlinge um den Hals gelegt!

P. Coreth erreichte diese Nachricht inmitten der Turbulenzen, die das Erscheinen von Kripp's Buch „Abschied von morgen" verursacht hatten und die einer raschen Klärung bzw. Beruhigung bedurften. Sein Handlungsspielraum war eng, die Brisanz der Lage für die Innsbrucker theologische Fakultät möglicherweise zunächst noch nicht allen Mitgliedern des Provinzkonsults klar. Nach dem Besuch Coreths in Rom, wo sich drei römische Kongregationen mit der Causa Kripp beschäftigten und dazu die Schriften von P. Schupp einer Prüfung unterzogen wurden, gab es keine andere Möglichkeit, als unbedingt für Schönwetter zu sorgen und Kripp „fallen zu lassen". Seine Abberufung war ein notwendiges und unaufschiebbares Signal, eine unabdingbare Voraussetzung für den Beginn einer einsetzenden Aufklarung am Gewitterhimmel über Innsbruck.

P. Coreth erklärte am 29. November bereits öffentlich die Gründe für seine Vorgangsweise[693] und teilte vier Tage später, am 3. Dezember, P. Kripp schriftlich seine Entscheidung mit.[694] Am gleichen Tag meldete sich auch Bischof Rusch erstmals über Radio und Presse zur Abberufung Kripps, indem er eine Stellungnahme zum „Abschied von morgen" abgab.[695]

Er betonte nachdrücklichst, daß es in dem Buch nicht so sehr um pädagogische, sondern um Glaubensfragen gehe. Solche werden mit Antworten bedacht, die als Irrlehren und Häresien bezeichnet werden können und zum Teil eine „Verführung zum Unglauben" beinhalten. Ähnlich wie mit den Glaubensirrtümern verhalte es sich auch mit der Moral. So vermittle das Buch, daß im „6. Gebot[696] […] so ziemlich alles erlaubt [sei]. Selbstbefleckung ist *natürlich* und keine Sünde, Homosexualität ist Krankheit, daher auch keine Sünde. Der Autor scheut sich nicht einmal, jungen unverheirateten Paaren Belehrungen über Verhütungsmittel zu geben usw. usf.". Und um solche Aussagen auf die Ebene der Religion zu heben bzw. ihren Widerspruch zu Glaubenssätzen des Neuen Testaments zu stellen, zitierte Rusch aus einem Paulusbrief, in dem es heißt: „‚Täuscht euch nicht; weder Unzüchtige noch Götzendiener, weder Ehebrecher noch Lüstlinge noch Knabenschänder … werden das Reich Gottes besitzen'." [697] Rusch hätte in diesem Zusammenhang auch die „Ungerechten" nennen können, die der betreffende Absatz an erster Stelle nennt!

Anstatt sittliche Gebote zu verkünden, die zur Lebensbewältigung notwendig sind, betreibe Kripp in seinem Buch eine „moralische Substanzaufweichung [...], die den Menschen für die Zukunft in der Bewältigung seiner Lebensprobleme nur schwächen kann". Insofern sei es nicht verwunderlich, daß immer mehr Jugendliche „bei Pater Kripp glaubenslos geworden seien und [...] den Eltern völlig entfremdet seien". Aus all' diesen Gründen sei er als „Glaubenswächter" dazu verpflichtet gewesen, auf die Gefahren des Buches hinzuweisen, denn es beinhalte nicht nur Belehrungen, sondern stelle auch die Kripp'sche Erziehungsmethode selbst dar. Durch „Abschied von morgen" würden – wie Rusch einige Wochen später in einem Antwortschreiben auf einen Protestbrief bekannte – die jungen Menschen „der transzendentalen Dimension beraubt werden. Dadurch wird ihr Leben viel ärmer, die Tiefe geht weithin verloren".[698] Deshalb würden ihm die Jugendlichen leid tun.

Titelseite des „profil" vom 21.12.1973.

Rusch war aber auch persönlich von Kripp enttäuscht, fühlte sich zweifellos gekränkt und sah die Autorität des Bischofs beeinträchtigt. Denn der Leiter des Kennedy-Hauses habe im Sommer schriftlich erklärt, sich „von dem libertinistischen, sittenfreien Kurs"[699] seiner Erziehung distanzieren zu wollen, was er jedoch nicht gehalten habe. „Er hat sein Wort dem Bischof gegenüber, der einem Priesterwort Glauben geschenkt hat, gebrochen." Und zu dem vielfach erhobenen Vorwurf, nach dem Kripp „ohne Überprüfung von seinem Amt enthoben worden" sei, stellte Rusch ausdrücklich fest, daß P. Coreth mit ihm zahlreiche Gespräche geführt habe.[700] Bei diesen Gelegenheiten hätte Kripp oft genug seine Ansichten verteidigen können, woraus Rusch den Schluß zog, daß auch jene Meinung, „die jetzt wieder in die Welt gesetzt" werde, „falsch" sei.

Unbeeindruckt von diesen Bischofsworten gab es – neben einzelnen Bekundungen der Zustimmung – in der Tiroler Landeshauptstadt und darüber hinaus heftige Proteste gegen die Abberufung Kripps. Zahlreiche öffentliche Aktionen, Solidaritätsbekundungen, Appelle und Interventionen forderten kategorisch die Wiedereinsetzung des Kennedy-Haus-Leiters, zumindest aber „Gerechtigkeit für Pater Kripp"[701] durch eine Untersuchung mit Anhörung des Beschuldigten und Einbeziehung von Beteiligten und Betroffenen.[702]

Allein, es half alles nichts und die einmal getroffene Entscheidung wurde nicht mehr rückgängig gemacht. Am 31. Dezember 1973 verließ Kripp Tirol in Richtung München.[703] – In der Vorbemerkung von „Abschied von morgen" hat der Verlag angedeutet, daß in früheren Zeiten das Buch auf den Index[704] gesetzt worden wäre und sein Autor mit kirchlichen Strafen, die bis zur Exkommunikation reichen konnten, hätte rechnen müssen. Immerhin hatten sich zumindest auf diesem Gebiet die Disziplinierungsmaßnahmen der Kirche inzwischen etwas geändert!

P.S.: Nach der Entlassung Kripps war ein absolut konfliktfreies Verhältnis zwischen MK und Bischof keineswegs gegeben; dennoch „normalisierte" sich allmählich die Lage: Das Kennedy-Haus verlor aber zusehends „trotz vielfältiger Bemühungen an Vertrauen, Elan und brisanten inhaltlichen Auseinandersetzungen, die eine magische Anziehungskraft auf Jugendliche ausgeübt hatten".[705]

Verleihung des Verdienstkreuzes der Stadt Innsbruck an Sigmund Kripp durch den ehemaligen MKler, Vizebürgermeister Dr. Michael Bielowski; 29.1.2005.
[Stadtarchiv Innsbruck]

2. „[…] weder katholisch noch überhaupt christlich."[706] – Der Fall Schupp

Glaubenswissenschaft und Theologie

Auch nach der Abberufung Kripps standen der Jesuitenorden in Innsbruck bzw. einzelne seiner Mitglieder weiterhin im Kreuzfeuer der bischöflichen Kritik. Diese konzentrierte sich jetzt verstärkt auf den im Zusammenhang mit der Causa Kripp bereits mehrfach erwähnten Jesuitenpater Dr. Franz Schupp, der als Lehrbeauftragter seit 1968 an der Innsbrucker Universität unterrichtete und sich im Jahr darauf auf einen der beiden Lehrstühle für dogmatische Theologie beworben hat. Das Vorgehen Ruschs gegen Schupp verlief zeitlich wie auch strategisch nahezu parallel zu seinen Anstrengungen in der Causa Kripp.

P. Franz Schupp SJ, Dogmatikprofessor in Innsbruck von 1971-1974. [Universitätsarchiv Innsbruck]

Rusch war kraft seines Amtes in das Bestellungsverfahren von Professoren an der Innsbrucker theologischen Fakultät eingeschaltet und mußte laut Konkordat[707] als Ortsbischof sein „Placet" für eine Berufung geben, um dessen Erteilung ihn Schupp im Jänner 1970 gebeten hatte.[708] Der Innsbrucker Bischof zögerte damit jedoch, zumal sich Theologiestudenten bei ihm „lebhaft"[709] über die Vorlesungen von P. Schupp beklagt hatten. Sie seien für den Durchschnitt der Hörer unverständlich und vermittelten weniger Theologie, sondern mehr Philosophie. Rusch studierte darauf hin, nach eigenen Angaben, rund 1.000 Seiten der Skripten von Schupp und kam zu dem Schluß, daß diese „eine Theologie darbieten, die sich von der katholischen Theologie doch ziemlich weit entfernt hat und im Einzelnen ihrer Sentenzen nicht mehr tragbar erscheint"[710] und somit nicht „für die Glaubensverkündung geeignet"[711] sei. Er wurde darin von P. Franz Lakner bestärkt, der einige Vorlesungsmitschriften begutachtet hatte und zu der Erkenntnis gelangt war, daß „zukünftige junge Priester" mit Schupps „Einführungen und Erklärungen wenig anfangen können". Statt ihnen zu „innerer und äußerer Klarheit" zu verhelfen, würden sie „in eine kritische Haltung gedrängt, die früher oder später fast notwendig eine Glaubenskrise auslösen wird".[712]

P. Franz Lakner SJ, Professor für Dogmatik an der Theologischen Fakultät in Innsbruck bis 1970; hier als Rektor der Universität Innsbruck 1965/66. [Universitätsarchiv Innsbruck]

Ruschs Aufgabe als Bischof bestand auch darin, in seiner Diözese die Beachtung der Glaubensgrundsätze zu gewährleisten und auf die Reinheit der Lehre zu achten, denn das „Lehramt ist in der katholischen Kirche", so der Innsbrucker Oberhirte, „nicht bei den Professoren, sondern bei den Bischöfen".[713] Deshalb teilte er seine Bedenken dem Jesuitenprovinzial in Wien ebenso wie P. Schasching in Rom mit, ohne damit allerdings irgendwelche Eile an den Tag zu legen. Die Angelegenheit sei zwar „noch wichtiger" als die Causa Kripp, dränge aber „glücklicherweise" nicht so, auch wenn „sie bis Herbst geklärt sein" und „etwas Entscheidendes geschehen" müsse.[714]

P. Schasching teilte die Meinung des Bischofs und unterbreitete ihm den Vorschlag, die Schriften Schupps durch den Orden, und zwar von P. Karl Rahner und P. Otto Semmelroth überprüfen zu lassen.[715] Die beiden Gutachten fielen grundsätzlich positiv aus, wenn auch mit einigen kritischen Anmerkungen, die Schupp für seine künftige Lehrtätigkeit jedoch berücksichtigten wollte. Rusch verlangte jedoch eine schriftliche Erklärung, die ihm garantieren sollte, daß Schupp seine Skripten im Sinne des Bischofs bzw. des Lehramtes verfassen würde.[716]

Hinsichtlich der Skripten von P. Schupp erscheinen folgende Punkte zur Beachtung im Sinn des Lehramtes notwendig zu sein:
1. Die Ausführungen methodologischer Art gehören im Wesentlichen in die wissenschaftlichen Seminare.
2. Die spezifische Eigenart der Theologie als wissenschaftlich vertieftes Glaubensverständnis ist herauszuarbeiten. Daher sind auch die Quellen und Texte (Heilige Schrift, Konzilsentscheidungen) entsprechend heranzuziehen.
3. Der etwas ungeklärte Begriff „Verifizierbarkeit" ist als allgemeines Kriterium nicht ausreichend, besonders dann nicht, wenn die Verifizierbarkeit in die Zukunft verschoben wird.
4. Das Verständnis der christlichen Grundbegriffe, wie Offenbarung, Erlösung usw. ist in der entsprechenden theologischen Eigenart darzustellen. (Identifikation genügt zum Beispiel nicht). Soweit lehramtlich vorgeschrieben, ist der verpflichtende Charakter zu nennen. Daraus ergibt sich von selbst, daß einige satzhafte Aussagen, die der kirchlichen Lehre nicht entsprechen, vermieden werden können.
5. Didaktisch ist die Überforderung der Hörer zu vermeiden. Ebenso die „Schizophrenie" zwischen Vorlesung und Lehrbuch. Am Schluß kann auf diese Weise dem Hörer die Eigenart des christlichen Menschen- und Gottesverständnisses aus den durch Spekulation bereicherten theologischen Quellen klar sein.
6. Gemäß neuen Weisungen des Heiligen Stuhles übernimmt jeder theologische Lehrer seine Aufgabe im Auftrag der Kirche.

Ich verpflichte mich hiermit, mich an diese oben genannte Festlegungen zu halten.

Innsbruck, am 21. September 1970

P. Franz Schupp SJ
[Unterschrift]

Tags darauf erteilte Rusch seine Zustimmung für die Berufung Schupps auf den Lehrstuhl für Dogmatik an der katholisch-theologischen Fakultät der Universität Innsbruck.[717]

Mit Datum vom 1. Januar 1971 war P. Franz Schupp ordentlicher Professor, lehrte Dogmatik[718] und – machte bald wieder dem Innsbrucker Bischof große Sorgen, weil er den fünften Punkt der zwischen ihnen beiden getroffenen Vereinbarung, „die Überforderung der Hörer zu vermeiden",[719] nicht einhalten würde. Konnten solche Bedenken im persönlichen Gespräch im Herbst 1971 noch abgeschwächt werden, gab es Ende November neuerliche Beschwerden über P. Schupp, der bei einem Elternabend im Kennedy-Haus „die Gottessohnschaft Jesu Christi und sein Fortwirken in der Geschichte verneint"[720] habe. Auf die Frage „Ist Christus denn nicht der Sohn Gottes?" habe Schupp nämlich „gesagt, die Frage sei zu gewichtig, um sie kurz beantworten zu können und hat darauf lange ausgeführt, es müßte zunächst der Begriff des Seins, dann der Begriff der Sohnschaft angeführt werden. Im Rahmen dieser intellektualistischen Antwort kam aber nicht die Antwort auf die gestellte Glaubensfrage."[721]

Dieser Vorfall wurde dem Innsbrucker Bischof sogleich berichtet, der natürlich die Aussagen bzw. Darlegungen Schupps auf keinen Fall akzeptieren konnte. Die Diskussionsveranstaltung über Glaubensfragen zeigte aber auch, daß die Causa Kripp – die Frage der Jugenderziehung im Kennedy-Haus – eine Negativ-Verstärkung durch die theologische Lehre des Dogmatik-Professors erhielt, weil „nämlich" – wie Schupp späterhin erkannte – „die pädagogischen Schwierigkeiten mit den Schülern, die mit dem Konzept von Kripp in Verbindung gebracht wurden, nun nach Meinung der Religionslehrer durch Schupp im Bereich der theoretischen Fragen auftauchten. […] Es gab einige, die gesagt haben, jetzt bekommt Kripp in der Fakultät die theoretische Stütze für das, was er da macht. So einfach war das", nach Schupp, „natürlich nicht, aber es war etwas Richtiges daran: Was Kripp in praktischer Hinsicht versuchte – christliche Jugenderziehung in einer veränderten, säkularisierten Welt – das versuchte ich auf der theoretischen Seite mit meiner Theologie in einer säkularisierten Welt."[722]

Beide Versuche akzeptierte Rusch jedoch in keiner Weise, da ihre Vorgaben und Inhalte weder seinen Vorstellungen von christlicher Jugenderziehung noch seinem Verständnis von katholischer Glaubenslehre entsprachen. Er bildete sich sein Urteil darüber, indem er die Artikel in „Wir diskutieren" wie auch die „Gedanken zur Erziehung" ebenso eingehend studierte wie die Skripten des Dogmatik-Professors, – „es war aber eine für ihn völlig fremde Welt".[723] Und auf diese „Welten" wollte und konnte er sich möglicherweise nicht einlassen.

Ruschs Haltung war in seinem Glaubensverständnis unverrückbar verankert und sie wurde von Gleichgesinnten verstärkt, die ihm auch entsprechende Informationen lieferten, aus denen die vermeintlichen Gefahren für Glauben, Sitte und Moral scheinbar deutlich erkannt werden konnten. Er stand also zweifellos für sich selbst und sein Amt – was bei ihm wohl kaum zu trennen war – und er gehörte in den Auseinandersetzungen um Kripp und Schupp zu „den wenigen, die damals den Mut hatten, persönlich für ihre Position einzustehen, [… der] seine Positionierung nicht verschleierte und sie auch öffentlich zu vertreten bereit war. Was ihn im Laufe des Konflikts um Schupp [wie auch um Kripp – H.A.] bemerkenswert machte, war seine Authentizität und eine gerade Haltung, die sich nicht dazu hergab, als jemandes Marionette zu fungieren."[724]

Dieser Einschätzung ist nicht uneingeschränkt zuzustimmen, zumal sein „öffentliches" Einstehen für seine Haltung immer aus dem Schutzraum der Kirche heraus erfolgte, von der Kanzel, aus dem Kirchenblatt und sich nicht in einer öffentlichen Aussprache oder Diskussion und niemals in einer direkten Konfrontation behauptete. Solchen wich er bis zu seinem Lebensende konsequent aus. Stattdessen berief er sich und stützte seine Auffassungen auch und immer wieder auf solche Kräfte, die ihn und sein Amt uneingeschränkt als Autorität anerkannten und seinen Standpunkten ungeteilt zustimmten. Abweichende oder auch nur kritische Stimmen engagierter Elternvertreter oder Jugendlicher aus dem Kennedy-Haus fanden kaum Gehör – „Einfluß hatten nur die Hintertreppeneltern"[725] – und auf der akademisch-theologischen Ebene konnten wohlwollende, aber nicht im Sinne des Bischofs abgegebene Stellungnahmen von Fachgelehrten den Innsbrucker Oberhirten bestenfalls zu einem Einlenken (und Stillhalten) bewegen, jedoch nicht davon überzeugen, einen vielleicht „verheißungsvolle[n] theologische[n] Neuaufbruch"[726] aktiv zu unterstützen. Stattdessen vertraute er – im Fall Schupp – immer wieder auch auf einen Gutachter, der – nach Karl Rahner – „nicht das geringste Bemühen [zeigte], die Arbeit Schupps in ihrer Ganzheit und von ihrer eigentlichen Mitte und ihrem letzten Anliegen her zu würdigen".[727]

Rusch agierte nicht als Marionette von irgend jemandem, er handelte im Sinne seines Selbstverständnisses von Glauben, Erziehung, Sitte, Moral und Hirtenamt. Falls er damit auf fach- und sachlich gut begründete Widerstände stieß und seine Positionen nicht durchsetzen konnte, erzwang er gleichsam kraft seines Amtes die Beachtung bestimmter Grundsätze, die er seinem Gegenüber diktierte und deren Einhaltung er sich durch eine Unterschriftsleistung des Betreffenden garantieren ließ. Mit solchen Unterwerfungsakten nahm der Bischof sowohl Kripp wie auch Schupp in die Pflicht und ließ ihnen keinen Handlungsspielraum für ein eigenes Erziehungskonzept bzw. einen „eigenständigen und innovativen Ansatz des Denkens".[728]

Rusch ließ sich zu Beginn der 1970er Jahre auf keine Experimente und nicht einmal auf Kompromisse ein. Er forderte die Beachtung und Einhaltung seiner Grundsätze und wenn ihm dies schwarz auf weiß bestätigt wurde, zog er sich in seine Kanzlei zurück. Er verfolgte von hier aus das weitere Geschehen im Kennedy-Haus oder in der theologischen Fakultät, allerdings nicht durch eigene Beobachtung oder direkte Kontakte, sondern anhand der ihm zugetragenen, meist nicht weiter hinterfragten und oft recht unkritisch aufgenommenen Informationen. Sobald sich diese in einem solchen Maße verdichteten, daß Rusch glaubte, seine Grundsätze wie auch seine Autorität gefährdet zu sehen, agierte er über die Köpfe der Betroffenen hinweg, wandte sich an deren Vorgesetzte oder setzte seine Amtsgewalt öffentlichkeitswirksam ein und suchte sich mächtige Verbündete, deren langer Arm auch dort eingreifen konnte, wo ihm als Bischof gewisse Grenzen gesetzt waren.

Eine solche Situation trat nach dem Elternabend Ende November 1971 ein, als Rusch Informationen zugetragen wurden, wonach Schupp angeblich die „Gottessohnschaft Jesu Christi" geleugnet habe. Sie trugen mit dazu bei, daß der Innsbrucker Bischof wenige Wochen später in seiner Silvesterpredigt die Zustände im Kennedy-Haus heftigst anprangerte und sich in weiterer Folge an die Glaubenskongregation in Rom wandte.

Rusch schilderte Kardinal Šeper zunächst jene Vorgänge sowie das Verhalten Schupps[729] und führte in einem weiteren Schreiben aus, daß er schwerwiegende Bedenken gegen die theologische Lehre des Dogmatikprofessors hätte, die auch von zwei Fachtheologen uneingeschränkt bzw. zumindest in manchen Punkten geteilt würden. Das im Vorfeld der Berufung Schupps erstellte, durchaus vernichtende Gutachten Lakners sowie das eher kritische von Semmelroth legte Rusch seinem Schreiben bei, nicht jedoch das von Karl Rahner, dem wohl bedeutsamsten katholischen Theologen des 20. Jahrhunderts, der Schupps Theologie nicht nur positiv bewertet, sondern auch das „Lakner-Gutachten nach Strich und Faden zerlegt [...]" hatte.[730] Sodann führte Rusch aus, daß seine Zustimmung zu Schupps Lehrbefugnis erst gegeben worden sei, nachdem dieser ihm die Beachtung bestimmter Grundsätze schriftlich zugesichert habe. Allerdings hätte sich in der Folgezeit wenig geändert

P. Karl Rahner SJ, Dogmatiker und Konzilstheologe;
hier während seiner Zeit als Inhaber des Lehrstuhls
für dogmatische Theologie in Innsbruck (1948-1964),
1958 am Zenzenhof bei Innsbruck.
[Archiv des Jesuitenkollegs, Innsbruck]

und die Vorlesungen würden, was ihm P. Lakner auch bestätigt habe, nach wie vor fast nur Philosophisches und keine Lehrmeinungen der Kirche enthalten.[731] Deswegen habe er Schupp zu sich gebeten, um mit ihm – wie Rusch später auch in seinen Erinnerungen berichtete – über dessen „ungewöhnliche Auffassungen"[732] zu sprechen. Insbesondere ging es dabei darum, den Standpunkt Schupps zu klären, wonach es „wahre, falsche und sinnlose Sätze"[733] gäbe, wobei sinnlose Sätze solche seien, „die eine überzeitliche Wahrheit ausdrücken".[734] In der Unterredung habe Rusch dann gefragt, „ob ihm [Schupp – H.A.] nicht klar sei, daß die jungen Theo-logen durch solche Auffassungen im Glauben verunsichert werden. Bei uns gehe es doch weithin um überzeitliche Gültigkeit. Am Schluß der etwas schwierigen Aussprache", so Rusch weiter, „stellte ich ihm die Frage: ob denn ‚zwei mal zwei ist vier' nicht überzeitlich gültig sei, worauf er [Schupp – H.A.] antwortete: Da müssen Sie mir zuerst sagen, auf Grund welchen mathematischen Systems Sie diese Aussage machen."[735]

Auf eine solche Gesprächsebene wollte sich Rusch mit dem Dogmatikprofessor jedoch nicht begeben und so kam zwischen den beiden keine Annäherung zustande. Ihre Zugänge zu Glaubensfragen und ihr Verständnis von Theologie lagen zu weit auseinander, was auch in einem Gespräch der beiden zum Ausdruck kam, bei dem Rusch fragte, warum Schupp „ständig ‚Gott' unter Anführungszeichen setze. Ich", so Schupp im Originalton, „sagte ihm, daß sich Theo-Logie mit der Bedeutung des Wortes ‚Gott' beschäftigt, und wenn man die Bedeutung eines Wortes analysiert, setzt man dies in der modernen Logik und Semantik in Anführungszeichen."[736] Für Rusch waren solche Ausführungen nichts anderes als ein „neue[r] Intellektu-alismus"[737] und solchen Gedankengängen wollte er nicht folgen. Möglicherweise konnte er sie auch gar nicht nachvollziehen, denn sie lagen außerhalb seiner Vorstel-lungswelt und waren unvereinbar mit seinem Glaubensverständnis. Deshalb hatte er sich nach Rom gewandt, wo er auf Zustimmung und Unterstützung hoffte und seine Klagen auch tatsächlich gehört wurden.[738]

Wunschgemäß versorgte Rusch kurz darauf die Glaubenskongregation mit den
Skripten Schupps, die sich in den folgenden Monaten damit ebenso wie die „Religiosenkongregation" und die „Studienkongregation" eingehender beschäftigte.[739]
Darüber hinaus bat Rusch auch den Vorsitzenden der österreichischen Bischofskonferenz, Kardinal Franz König, in Rom bei der Glaubenskongregation zu intervenie-
ren, damit der Fall Schupp überprüft und geklärt werde.[740]

hauptsächlich darin, daß dargelegt wird, Christus hat keinerlei Hoheitsprädikate für sich beansprucht und die metaphysische Fragestellung sei eigentlich überhaupt schon überholt. Nebenbei kommt auch eine sehr zweifelhafte Aussage über die Auferstehung Christi.

Ohne mein Zutun wurde Kardinal Šeper in Rom einiges über P. Franz Schupp bekannt. Deswegen hat der Kardinal von mir die Einsendung der gesamten Skripten verlangt. Dies ist meinerseits auch geschehen.

Da ich nun die Erfahrung machen muß, daß durch die Vorlesung von P. Schupp viel Unsicherheit in unsere junge Theologenschaft hineinkommt, wäre ich überaus zu Dank verpflichtet, wenn Eminenz die große Güte hätten, an Kardinal Šeper ein kleines Schreiben etwa folgenden Inhalts zu richten: „Als Vorsitzender der österreichischen Bischofskonferenz teile ich die Sorgen des Bischofs von Innsbruck in Angelegenheit der Skripten von P. Schupp. Ich bitte daher die Glaubenskongregation, diese Angelegenheit zu überprüfen und zu klären. Wie mir der Innsbrucker Bischof mitteilt, sind seine Theologen durch diese Vorlesungen in Glaubensunsicherheit geraten."

Für ein solches Schreiben wäre ich sehr zu Dank verpflichtet, im Besonderen aus folgenden Gründen: Kardinal Šeper hat mich wissen lassen, daß er über die Skripten beunruhigt ist und in einem ähnlichen Fall in einem anderen Erdteil schon die Erfahrung machte, daß er dort von dem Vorsitzenden der Bischofskonferenz nach seiner Entscheidung nicht gedeckt, bzw. desabouniert [sic!] wurde. Dies möchte er begreiflicherweise vermeiden.

Die Skripten (ich habe sie selbst studiert) sind übrigens sehr schwer zu lesen, so daß die Glaubenskongregation einige Zeit Arbeit haben wird, sich durch die vorliegenden ca. 800 Seiten durchzumühen.

Diesen Punkt 2 trage ich nur an Euer Eminenz heran und möchte die BK damit nicht belasten.

Indem ich Ihnen hinsichtlich Punkt 2 diese meine sehr ergebene Bitte unterbreite, verbleibe ich

mit dem Ausdruck meiner Hochschätzung
und Verehrung
Ihr sehr ergebener
+ Paul Rusch, e.h.

2 Beilagen!

Aus den vorliegenden und eingesehenen Unterlagen geht nicht hervor, ob Kardinal König der Bitte Ruschs entsprochen hat.[741] Es kann aber durchaus angenommen werden, daß auch ohne die Intervention aus Wien das römische Räderwerk schon in Gang gesetzt war, zumal die Glaubenskongregation ja bereits – wie Rusch versicherte – ohne sein „Zutun" auf die theologischen Lehrmeinungen Schupps aufmerksam geworden war. Wenn auch nach den vorliegenden Unterlagen nicht zweifelsfrei auszuschließen ist, daß der Innsbrucker Bischof den Fall Schupp in Rom selbst ins Rollen gebracht hat,[742] so kann doch mit Sicherheit davon ausgegangen werden, daß er dieses Räderwerk in der Folgezeit am Laufen hielt. Im März 1973 wurde er nämlich von Papst Paul VI. zum Mitglied der „Sacra Congregatio pro Doctrina Fidei" ernannt, wodurch sich sein Einfluß auf die obersten Glaubenswächter im Vatikan zweifellos gewaltig erhöht haben dürfte.[743]

Außerdem darf auch nicht vergessen werden, daß sich der Jesuitenorden in jenen Jahren in einer krisenhaften Umbruchsphase befand[744] und ohnehin keinen guten Stand in Rom hatte, sich diverse Kongregationen bereits mit der Causa Kripp, in

Während des Studientags „Die Frau in der Kirche" in Wien am 8.11.1982, vor der vom 9. bis 11. November stattfindenden Herbstkonferenz der österreichischen Bischöfe. V.l.n.r.: Karl Berg (Erzbischof von Salzburg), Franz Zauner (Altbischof von Linz), Kardinal Franz König und Altbischof Paul Rusch.
[Diözesanarchiv, Bestand Rusch – Mappe 55]

deren Zusammenhang immer wieder auch der Name Schupp genannt wurde, beschäftigten und die in Rom ansässige „Ostpriesterhilfe", die osteuropäische Theologiestudenten finanziell unterstützte, schon seit einiger Zeit die Vorgänge an der Innsbrucker theologischen Fakultät mit ebenso sorgenvollen wie kritischen Blicken verfolgte. Dem Leiter dieses Hilfswerks lag im Frühsommer 1973 ein Gutachten über den Innsbrucker Lehr- und Studienbetrieb vor, aus dem u.a. hervorging, daß P. Schupp seit vielen Jahren eine stark ausgeprägte „Ökumenitis" an den Tag lege, da er nicht weniger als 90 % seiner Zeit der Darstellung anderer Religionen widme. Seine Schüler würden daher nicht zu behaupten wagen, dass er selbst noch gläubig sei. Der Gipfel sei gewesen, als er letztes Jahr am Ende seiner Vorlesung die Studierenden mit der Bemerkung verabschiedete, dass alles, was er von sich gegeben hatte, insgesamt nicht mehr als Hypothesen seien.[745]

Auf den recht kurzen Kommunikationswegen im Vatikan dürften sich die diversen Informationen über die Innsbrucker theologische Fakultät im allgemeinen wie über P. Schupp im speziellen unter den Amtsträgern der katholischen Kirche in der „Ewigen Stadt" zweifellos rasch verbreitet und verdichtet haben.[746] Und vor dem Hintergrund all' dieser Probleme mit den Innsbrucker Jesuiten, sind die von Rusch übersandten Skripten Schupps von der römischen Glaubenskongregation in Augenschein genommen worden. Am 6. August 1973 erging sodann von dessen Vorsitzenden, Kardinal Šeper, an den Jesuitengeneral P. Arrupe ein Schreiben, in dem er schwerwiegende Bedenken hinsichtlich der theologischen Auffassungen von Schupp äußerte und ihn aufforderte, „die Sache zu überprüfen und zu bereinigen".[747]

Damit hatte der Orden offenbar jedoch keine große Eile und möglicherweise teilte er auch nicht die Notwendigkeit einer Überprüfung, zumal ja bereits positive Gutachten über ein Skriptum, das nun wiederum unter Verdacht stand, von zwei namhaften Dogmatikern (und Konzilsberatern) aus dem Berufungsverfahren Schupps vorlagen. Auf jeden Fall schien für Rusch in jener Angelegenheit nicht viel voran zu gehen, weshalb er während seines ad-limina-Besuchs in Rom Mitte November 1973, zu einem Zeitpunkt also, als die Causa Kripp auf ihren Höhepunkt zusteuerte, im Vatikan auch den Fall Schupp wiederum zur Sprache brachte. Er intervenierte beim Präfekt der Glaubenskongregation, Kardinal Šeper, und fragte ihn, ob „nicht der Ordensleitung wenigstens intimiert werden" könnte, daß in den Skripten Schupps die „Theologie nicht mehr das bleibt, was sie in ihrem katholischen Verständnis zu sein hat, nämlich Glaubenswissenschaft, dass hier Dogmatik vielmehr wesentlich auf Philosophie reduziert erscheint. Die Ordensleitung möge demnach für Besserung besorgt sein."[748]

Darum bemühte sich denn auch der Jesuitenprovinzial in Wien, der seit November von der Aufforderung der Glaubenskongregation wußte und auch P. Schupp davon in Kenntnis gesetzt hatte. Zu Beginn des Jahres 1974 „suchte der Orden zwei seiner besten Dogmatiker aus, die über alle, auch die letzten Schriften von Pater Schupp, ein Gutachten ausarbeiten sollten".[749] Während zumindest eine der beiden Beurteilungen bereits erstellt war, wandte sich Schupp Ende April 1974 an die Glaubenskongregation in Rom, ersuchte um eine Konkretisierung der gegen ihn erhobenen Vorwürfe, forderte die Transparenz des Verfahrens und Bekanntgabe der Gutachter. Kardinal Šeper verweigerte Schupp jedoch sämtliche Auskünfte und teilte ihm lediglich mit, daß im „Auftrag der Glaubenskongregation zwei Gutachten erstellt worden waren, auf die sich die Aktion der Kongregation stützte",[750] in die Schupp jedoch keine Einsicht nehmen durfte.

Im Sommer lagen die beiden von Jesuitenprovinzial P. Coreth in Auftrag gegebenen Gutachten vor, die zwar negativ – nach Ruschs Worten „erschreckend"[751] – ausfielen, jedoch „keinerlei Verurteilung von kirchlicher Seite"[752] bedeuteten. Es wurde festgestellt, daß die Theologie bei Schupp „– die nach katholischem Verständnis Glaubenswissenschaft und damit Wissenschaft eigener Art ist – zur Philosophie"[753] werde. Diese Erkenntnis war in Wort und Inhalt fast ident mit der des Innsbrucker Bischofs, der im November 1973 über Kardinal Šeper die Leitung des Jesuitenordens intimieren lassen wollte, daß in den Skripten Schupps die „Theologie nicht mehr das bleibt, was sie in ihrem katholischen Verständnis zu sein hat, nämlich Glaubenswissenschaft, dass hier Dogmatik vielmehr wesentlich auf Philosophie reduziert erscheint".[754] Damit jedoch nicht genug! Die Gutachter setzten ihre Kritik im besonderen bei der „Gefährlichkeit der Sch[upp]'schen Theologie an […], die vor allem methodischer Art"[755] sei. „Die Theorien des Verfassers [Schupp – H.A.] werden in den Kollegheften so vorgelegt, dass der Student sich nicht leicht ihrem Einfluß entziehen kann."[756] Allerdings entspreche Schupps „theologische Lehrmethode den Forderungen des Vat. II (Dekret über die Priestererziehung, bes. Nr. 16)[757] nicht", ebenso wie sein dogmatisches Lehrsystem – was der Gutachter glaubte „mit Bedauern sagen zu müssen" – „aufgrund des katholischen Glaubens nicht vertretbar ist, und […] seine Lehrtätigkeit für die katholische Priestererziehung schädlich ist".[758] – „Schlimmeres konnte man über einen Professor der Dogmatik wirklich nicht sagen",[759] wie Schupp späterhin einbekannte, und so schien sich das Ende seiner akademischen Karriere in der theologischen Lehre immer deutlicher abzuzeichnen.

Im August übersandte Provinzial Coreth die beiden Gutachten, „die – nach der üblichen Verfahrensweise – anonym sind",[760] an P. Schupp, mit der Bitte, „dazu aus seiner Sicht Stellung zu nehmen".[761] Schupp erkannte – wie er rückblickend bemerkte – die Aussichtslosigkeit solcher Erklärungen und weigerte sich, der Aufforderung seines Vorgesetzten nachzukommen und „auf anonyme Gutachten zu antworten. Die störende Tatsache der Anonymität war" – nach Schupp – aber nur die eine Seite. Außer der formalen Seite der Anonymität (die natürlich auch etwas mit dem Inhalt zu tun hatte), gab es auch die wichtigere Frage des Inhalts. Eine Antwort auf die Gutachter hätte nur Sinn gehabt, wenn grobe Missverständnisse vorgelegen hätten, so dass bei deren Beseitigung das Urteil der Gutachter anders ausfallen hätte können. Dies war aber eben nicht der Fall. Die beiden Gutachter waren ja, wer immer sie auch gewesen sein mögen,[762] doch sehr kompetente und gescheite Leute und jedenfalls Kollegen vom Fach. […] Die haben […] sehr gut und ganz genau begriffen, welche Art von Theologie ich betrieb, und sie waren der Meinung, dass dies eben gar keine Theologie mehr sei. Das war ein klares Urteil und da gab es nichts zu klären."[763] Die Ordensleitung teilte Schupp darauf hin mit, daß ihm bei Aufrechterhaltung seiner Weigerung, zu den Gutachten Stellung zu nehmen, „aufgrund des Inhaltes der Gutachten die venia legendi entzogen werden müsse".[764] Dennoch lehnte es Schupp weiterhin ab, sich mit anonymen Gutachten auseinander zu setzen.

Der Innsbrucker Bischof hatte für die Verweigerungshaltung des Dogmatikprofessors absolut kein Verständnis. Er stellte fest, daß die Anonymität der Gutachter nicht vergleichbar sei mit der eines unbekannten Briefschreibers, von dem absolut nichts bekannt sei und gegen den sich niemand wehren könne. Schupp könne sich jedoch verteidigen, nicht bei den Absendern der Gutachten, wohl aber bei einer Zwischeninstanz, dem Jesuitenprovinzial, der die Beurteilungen in Auftrag gegeben habe. Freilich könne die Ansicht vertreten werden, daß die Namen der Gutachter genannt werden sollten, aber auch eine andere Meinung sei nicht von der Hand zu weisen, „und zwar um der Freiheit der Wissenschaft willen. Ein Theologe nämlich", wußte Rusch seinen Lesern mitzuteilen,[765] „der zu modernen Ansichten ein negatives Urteil abgibt, bekommt gewisse Schwierigkeiten zu spüren, die nicht zu den angenehmeren gehören". – Damit hatte der Innsbrucker Bischof gar nicht so Unrecht, wußte er doch sehr genau, wie nonkonformistisches Denken und abweichendes Verhalten sanktioniert werden.

Um „der Freiheit der Wissenschaft willen" ging es aber auch Schupp! Er hatte erkennen müssen, daß er als Theologe, Priester und Ordensmitglied in ein System eingebunden war, „das sich dagegen sperrt, die Wahrheit gemeinsam zu suchen und anstelle dessen autoritäre Herrschaftsansprüche und dementsprechende Verfahrensweisen stellt. Ich sehe," so die Erkenntnis Schupps nach den zurückliegenden Erfahrungen, „die Freiheit der Wissenschaft von seiten der kirchlichen Autoritäten in einem solchen Maß eingeschränkt, daß dies mit meinen Überzeugungen von christlicher Freiheit nicht mehr übereinstimmt. Auch kann ich diese Einschränkungen nicht akzeptieren, weil ich dadurch in Konflikt mit meinen Überzeugungen von Lehrverantwortung gegenüber Studierenden und von intellektueller Verantwortung gegenüber der Gesamtgesellschaft gerate."[766] In dieser Situation und angesichts des drohenden Entzugs der Lehrbefugnis sah Schupp für sich keine Möglichkeit mehr einer „sinnvollen Weiterarbeit in der Gesellschaft Jesu" und entschloß sich, „seinen Rücktritt als Professor"[767] beim Wissenschaftsministerium einzureichen und aus der Orden auszutreten. Provinzial Coreth versuchte den Ende August bereits nach Wien übersiedelten Schupp zu einer Meinungsänderung zu bewegen, doch mußte er letztlich auch schriftlich zur Kenntnis nehmen, daß dieser von seinem Entschluß nicht abrückte. In einem Schreiben vom 24. September erklärte Schupp, alle seine Funktionen in der Kirche zurückzulegen und brachte außerdem zum Ausdruck, daß er sich fortan von allen Aufgaben befreit sähe, die aus seinem Priesteramt wie aus seiner Ordenszugehörigkeit resultierten.[768]

P. Coreth teilte die von Schupp angestellten Schlußfolgerungen und akzeptierte auch dessen Entschluß um Entlassung aus dem Jesuitenorden. Er hatte diesen Schritt erwartet, zumal er von Schupp bereits Ende August angekündigt worden war. Die Angelegenheit war äußerst heikel und gerade zu Semesterbeginn war zweifellos mit studentischen Protesten zu rechnen, die weder der Fakultät noch der Kirche gelegen sein konnten. Denn außer Schupp bat im Herbst 1974 ein weiterer Theologe um seine Versetzung in den Laienstand, zumal auch dieser hatte erkennen müssen, daß er, so Coreth, „in der Kirche nicht den nötigen Freiheitsraum" finde, „in dem auch ein ‚kritisches Bewusstsein' […] Platz habe"[769] und er somit „nicht mehr ehrlich und ‚amtlich' die Lehre der Kirche vertreten"[770] könne. Darüber war Rusch unterrichtet, als er wenige Tage später aus dem Provinzialat von der schriftlichen erfolgten Eingabe Schupps um Entlassung aus dem Jesuitenorden erfuhr. Während Coreth die Unterlagen für die Laisierung und ihre Weiterleitung nach Rom zur Erledigung vorbereitete, ersuchte er den Innsbrucker Oberhirten, dem Dogmatikprofessor das bischöfliche Placet zur theologischen Lehrtätigkeit zu entziehen. Als Begründung dafür sei es „sicher rechtlich klarer und einwandfreier", wenn die Eingabe Schupps um Entlassung aus dem Orden und gleichzeitige Laisierung angeführt werde, wodurch „die Sache rasch und rechtlich einwandfrei geklärt"[771] werden könne.

Rusch war über die Art der Vorgangsweise Schupps einigermaßen verwundert, denn „das war", so der Innsbrucker Bischof,[772] „immerhin etwas Neues. Eine Selbstlaisierung war bisher nicht bekannt", doch sei damit „der Stein ins Rollen" gekommen, der seine folgenden Maßnahmen notwendig gemacht hätte. Aber er fühlte sich zweifellos auch gekränkt, weil in seinen Augen der Dogmatikprofessor ihm und seinem Amt gegenüber so wenig Respekt gezeigt hat. Denn mit der fortgesetzten Verbreitung seiner bereits früher vom Bischof monierten Lehrmeinungen, habe Schupp die während seines Berufungsverfahrens getroffene Vereinbarung – u.a. mit einer Forderung, die „eine Beleidigung jedes wissenschaftlich denkenden Menschen darstellt"[773] – nicht eingehalten.[774] – Hier drängen sich deutliche Parallelen zu Causa Kripp auf, der ebenfalls eine Übereinkunft mit dem Bischof nicht befolgt habe!

Nachdem Schupp nun aber selbst nicht mehr Priester sein wollte und seine Lehre „weder katholisch, noch überhaupt christlich" war, konnte der Bischof gar nicht anders und mußte kraft seines Amtes aus „jedem dieser Gründe […] gemäß den Gesetzen der Kirche eingreifen".[775] Am 1. Oktober 1974 teilte er Professor Schupp menschlich kühl, amtlich aber korrekt, den Entzug der Lehrbefugnis mit.[776]

Innsbruck, 1. Oktober 1974

Geehrter Herr Professor!

Ihr Hochwürdiger Pater Provinzial hat mir mitgeteilt, daß Sie mit dem Schreiben vom 24. September eine Eingabe um Laisierung eingereicht haben.

Danach bin ich nun gemäß den römischen Weisungen, die für uns Bischöfe verbindlich sind, verpflichtet, die Ihnen früher gegebene venia legendi zurückzuziehen, sodaß Sie also hiermit die Vollmacht verloren haben, Vorlesungen für die theologische Fakultät zu halten.

Sehr bedauere ich, daß Sie durch Ihren Entscheid den Weg des gemeinsamen Priestertums verlassen und wünsche Ihnen für die Zukunft alles Gute.

Mit freundlichen Grüßen
Bischof Dr. Paul Rusch

Damit war Schupps akademischer Karriere als Theologe faktisch ein Ende gesetzt. Gegenüber dem Bundesministerium für Wissenschaft und Forschung, gab Rusch kurz darauf die amtlich erforderliche Erklärung ab, daß „P. Schupp für die Lehrtätigkeit nicht mehr geeignet"[777] sei, worauf hin Schupp zunächst beurlaubt, mit 1. März 1975 sodann in den Ruhestand versetzt wurde, übrigens", wie Rusch sich gegenüber der Tiroler katholischen Öffentlichkeit nicht verkneifen konnte, „mit dauerndem Ruhegenuß".[778]

Proteste und Reaktionen des Bischofs

Anfang November 1974 meldete Rusch dem Präfekten der Glaubenskongregation, Kardinal Šeper, mit kurzen, z.T. verkürzenden Worten die Erledigung des Falles Schupp, wobei er wieder einmal die Gelegenheit nützte, um die Aufmerksamkeit Roms neuerlich auf eine ihm bedenklich scheinende Angelegenheit im Umfeld des Innsbrucker Jesuitenordens zu lenken.[779]

Innsbruck, 2. Nov. 1974

Sr. Eminenz
dem Hochwürdigsten Herrn
Kardinal Franz Šeper

R o m
Heiliges Offizium

Verehrte Eminenz!
Die Angelegenheit von Pater Schupp ist nun amtlich klar geworden. Pater Provinzial Coreth hat Pater Schupp im August 2 Gutachten von Dogmatikprofessoren überreicht, welche Stellungnahmen zu ungunsten von Pater Schupp ausfielen. Pater Schupp hat daraufhin in einer eigenmächtigen Erklärung alle priesterlichen Funktionen zurückgelegt und sich geweigert, zu den Stellungnahmen seine persönlichen Aufklärungen zu geben.

Dadurch war ich gemäß der kirchlichen Vorschriften verpflichtet, von den Bestimmungen des österreichischen Konkordates Gebrauch zu machen. Ich habe also dem Wissenschaftsministerium mitgeteilt, daß gemäß Artikel 5, § 3 [rechte: § 4[780] – H.A] Pater Schupp nicht mehr geeignet ist, Vorlesungen an der theologischen Fakultät zu halten. Daraufhin hat das Ministerium Pater Schupp zunächst beurlaubt, ist aber dann verpflichtet, Pater Schupp von seinem Dienst zu entheben. Dies ebenfalls gemäß Vorschrift des Konkordats.

Die Sache hat im Canisianum in Innsbruck Unruhe hervorgerufen. Eine Gruppe von Theologen im Canisianum hat einen dreitägigen Hörerstreik durchgeführt, der jedoch dann durch Erklärungen von Pater Coreth wieder beendigt wurde. Freilich haben es einige Theologen dem Pater Coreth nicht leicht gemacht. Diese stellen sich auch jetzt noch hinter Pater Schupp. Bedauerlicherweise hat sich Pater Miribung mit dem Anliegen dieser Theologen identifiziert und diesbezüglich einen eigenen Brief an Pater General Aruppe [sic!] geschrieben.

Dies möge zur Information Euer Eminenz dienen. Ich füge [...] den Brief von Pater Miribung, Regens im Canisianum, in Ablichtung bei. Auf Wunsch stehe ich selbstverständlich während meines Rom-Aufenthaltes bei Eminenz auch zur Verfügung. Mit dem Ausdruck meiner Hochschätzung und Verehrung verbleibe ich

Ihr sehr ergebener
+ Paul Rusch, eh.

Beilagen!

Der erwähnte Brief an Jesuitengeneral Arrupe war Ausdruck des Protestes, der sich inzwischen in Innsbruck formiert hatte. Die Vorgänge um die Beurteilung der theologischen Schriften P. Schupps sowie dessen Weggang von Innsbruck blieben der Öffentlichkeit und insbesondere den Studenten an der theologischen Fakultät nicht verborgen. Zu Beginn des Wintersemesters artikulierten sie deutlichen Unmut und heftigen Protest in einem Vorlesungsboykott am 7. und 8. Oktober und verfaßten in einer Hörerversammlung eine Resolution, in der sie ihre Empörung über das Vorgehen der für den Weggang Schupps verantwortlichen kirchlichen Stellen zum Ausdruck brachten. Sie verlangten außerdem eine Bekanntgabe der vollständigen Gutachten und Namen ihrer Autoren, eine Aussprache zwischen diesen und den Innsbrucker Theologiestudenten sowie „eine Klärung, welche Kriterien von Seiten des Bischofs und der Ordensoberen als entscheidend für den Entzug des Placet im Fall Schupp angegeben werden".[781] Diese Forderungen wurden im wesentlichen auch vom Assistentenverband sowie teilweise sogar vom Professorenkollegium der theologischen Fakultät unterstützt.[782] Erfüllt wurden sie zwar nicht, doch konnte Jesuitenprovinzial Coreth in einer Reihe von Gesprächen mit Professoren, Assistenten und Studenten eine weitgehende Klärung herbeiführen und die Situation so weit beruhigen, daß der Studienbetrieb in geregelte Bahnen gelenkt werden und ordnungsgemäß anlaufen konnte.[783]

Die Studierenden verlangten jedoch vom Bischof weiterhin Aufklärungen darüber, wie er den Entzug des „Placets" für P. Schupp begründet habe. Rusch ging darauf zunächst jedoch nicht ein, da „bei der Ausrufung des Streiks der Theologenschaft keine echte demokratische Mitwirkungsmöglichkeit und Durchsichtigkeit gewährt" worden sei und seiner Meinung nach die verantwortlichen Studenten „bei der Vorbereitung des Streiks offenbar das Streikrecht nicht genau gekannt"[784] hätten. Mit solchen haltlosen Verdächtigungen ließen sich die Vertreter der theologischen Fachschaft jedoch nicht einschüchtern, legten den Entscheidungsprozeß für die Durchführung des Streiks offen dar und das Gutachten eines Arbeitsrechtlers der Innsbrucker Universität über dessen Rechtmäßigkeit vor.[785] Darauf hin nannte Rusch als Gründe für die Entziehung der Venia legendi für Pater Schupp dessen Erklärung vom 24. September, auf Grund derer er verpflichtet gewesen sei, sein früher gegebenes „Placet" zurückzuziehen. Außerdem führte er einige Stellungnahmen aus den Gutachten über Schupps theologische Schriften an, die mit den Ergebnissen seines eigenen Studiums der Skripten übereinstimmen würden.[786]

Der wunde Punkt in der Angelegenheit um P. Schupp war und blieb jedoch die Art und Weise, mit der gegen ihn und seine Schriften vorgegangen wurde. Diese Vorgehensweise stieß unter den Studierenden großteils auf Unverständnis, das die Paters und Studenten des Canisianums in einem Brief an P. Arrupe vom 22. Oktober auch deutlich zum Ausdruck brachten. Außerdem verlangten die Unterzeichner Regelungen zur Wahrung der Unabhängigkeit und Freiheit theologischer Arbeit sowie die Festlegung einer Verfahrensweise, „die eine öffentliche, argumentative Diskussion jener Ergebnisse theologischer Forschung ermöglicht, die von der Sacra Congregatio de doctrina fidei oder außerhalb des Ordens beanstandet werden".[787]

Die Veröffentlichung dieses Briefes war für Bischof Rusch der Anlaß,[788] um im Kirchenblatt der Diözese Innsbruck aus seiner Sicht eine Darstellung „Zum Fall Schupp" abzugeben.[789] Gegen diesen Artikel erhoben nicht alleine der Dekan der theologischen Fakultät heftigen Protest,[790] sondern auch die Theologiestudenten mit ihrer Fakultätsvertretung. Die Professoren monierten insbesondere die von Rusch erhobenen Pauschalvorwürfe gegen die theologische Fakultät, seine abwertend aufgefaßten Aussagen zur analytischen Philosophie sowie seine Beurteilung der Schupp'schen Theologie, wonach diese weder katholisch noch christlich sei. In einem Gespräch mit der Professorenschaft präzisierte Rusch seine Darlegungen und stellte klar, daß er keineswegs die theologische Fakultät habe angreifen wollen, sondern seine diesbezüglich verstandenen Äußerungen sich auf Vorgänge außerhalb der Universität bezogen hätten. Ebenso habe er nichts gegen die analytische Philosophie einzuwenden, sondern lediglich einige Vorbehalte, „wenn sich daraus eine Ablehnung metaphysischer und theologischer Aussagen ergäbe". Und schließlich sei es nicht seine Absicht gewesen, „ein letztes Urteil über die Lehre von P. Schupp abzugeben", sondern er habe nur „die Meinung der Gutachter wiederholen wollen".[791] Über diese wenig später auch medial verbreiteten Aufklärungen zeigte sich Dekan Rotter zunächst sehr erleichtert,[792] kurze Zeit später war er allerdings ein wenig betrübt darüber, daß sein Gedächtnisprotokoll über die Aussprache mit Rusch als Informationsgrundlage dafür gedient hat. Gegenüber Bischof Rusch erklärte er, wie es dazu kam und hoffte entschuldigend, daß ihm diese Publicity nicht unangenehm sei.[793] Diese Hoffnung wollte Rusch jedoch nicht erfüllen, zumal ihm nicht nur dessen Veröffentlichung unangenehm war, sondern weil auch der Inhalt nicht mit seinem „Gedächtnisprotokoll"[794] übereinstimmte.

Während sich die Innsbrucker Theologieprofessoren mit Erklärungen zufrieden gaben, die der Bischof offenbar so gar nicht abgegeben hatte, wie sie von ihnen aufgenommen wurden, verlangten die Studierenden von Rusch nach wie vor eine Offenlegung der Hintergründe, die zum Entzug der Lehrbefugnis für Professor Schupp geführt haben, so wie eine Richtigstellung der unvollständigen und einseitigen Ausführungen des Innsbrucker Oberhirten im Kirchenblatt. Dafür wollten sie auch die Unterstützung der Professoren und Assistenten gewinnen, wobei erstere es aber vorgezogen haben, ihre Differenzen mit Rusch in einem persönlichen Gespräch zu klären.[795] Darauf hin traten sie mit einer Flugblattaktion an die Öffentlichkeit, um diese über den Fall Schupp aufzuklären. Am Vorabend sowie am Vormittag des Sonntags, dem 8. Dezember 1974, verteilten sie vor den Kirchen in Innsbruck Flugblätter, in denen sie auf die „unvollständig[en]" und „unsachgemäß[en]" Ausführungen des Bischofs aufmerksam machten und dagegen protestierten, wie Rusch in „verfälschender und an Rufmord grenzender Einseitigkeit" seine Diözese „„informiere"".[796] Ein offener Brief mit aufklärenden und erläuternden Ausführungen zum „Fall Schupp" an alle katholischen Pfarrer Tirols, Hörerversammlungen sowie eine Nummer der Studentenzeitschrift „Kontestation", die sich großteils mit der Theologie Schupps, dem Entzug seiner Lehrbefugnis und der Rolle des Innsbrucker Bischofs in dieser Angelegenheit auseinandersetzte, waren weitere Aktionen, die in den Tagen nach dem 8. Dezember erfolgten.[797] Außerdem faßten die Studierenden in einer Hörerversammlung den Beschluß, „am Freitag, den 13. Dezember, Vormittag, einen Schweigemarsch mit anschließender Kundgebung zur Sache ‚Professor Schupp' zum Domplatz von Innsbruck zu veranstalten".[798]

Bevor es dazu kam, empfing der Innsbrucker Bischof jedoch eine Delegation von Professoren, Assistenten und Studenten, bei der Rusch von seiner Einstellung zur Theologie Schupps zwar nichts zurück nahm, hinsichtlich seiner Ausführungen im Kirchenblatt jedoch in Aussicht stellte, eine Darstellung aus der Sicht der Studierenden in der diözesanen Kirchenzeitung zu veröffentlichen, die jedoch zuvor mit ihm diskutiert werden sollte.[799] Tags darauf beschloß die Hörerversammlung der theologischen Fakultät, die geplante Demonstration abzusagen. Die Studenten nahmen das Angebot des Bischofs an, eine Stellungnahme zu verfassen, die ihm vorgelegt und noch vor Weihnachten im Kirchenblatt erscheinen sollte. Da die Zeit knapp war, wurde dem Bischof am Samstag, dem 14. Dezember, bereits ein Entwurf vorgelegt, der in einem weiteren Gespräch mit Rusch am darauf folgenden Montag für die Drucklegung abgestimmt werden sollte.[800]

Bei dieser Aussprache, die ohne Professoren und Assistenten stattfand, schüchterte Rusch zunächst einmal die Studenten gehörig ein, indem er sie mit dem Hinweis auf das Kirchenrecht verwarnte und ihnen vor Augen führte, daß sie sich „mit ihren Aktivitäten bereits auf dem Boden des kirchlichen Strafrechts"[801] befänden. Sodann nahm der Bischof seine ursprünglich gegebene Zusage zurück, weil die nächste Nummer des Kirchenblattes bereits in Druck gegangen sei. Außerdem entspreche der von den Studenten vorgelegte Artikel wegen formaler Mängel bei der Zitation von Konzilstexten nicht „seiner Auffassung von wissenschaftlicher Redlichkeit". Trotz der Bereitschaft, notwendige Korrekturen anzubringen, sah sich der Bischof nicht in der Lage, den Beitrag im Kirchenblatt abdrucken zu lassen. Auf eine inhaltliche Auseinandersetzung mit dem Text ließ sich der Bischof erst gar nicht ein. Die Studentenvertreter waren zu Recht empört und beschlossen, nach den Weihnachtsferien die daraus ergebenden Konsequenzen zu beraten.

Falls die Bereitschaft des Bischofs ernst gemeint gewesen wäre, die Studierenden im Kirchenblatt zu Wort kommen zu lassen, hätte er ihnen trotz der Terminenge zweifellos einen Platz in seiner Zeitung reservieren können. Als der Brief des Canisianums an Jesuitengeneral Arrupe Ende November in der „Orientierung" erschienen ist,[802] blieb Rusch auch nicht mehr Zeit, um darauf in der nächstfolgenden Nummer des Kirchenblatts zu reagieren. Außerdem hatte er dazu noch vom Pastoralrat „dringend aufgefordert werden"[803] müssen. Vieles deutet jedoch darauf hin, daß das Entgegenkommen des Bischofs – im Beisein von Professoren und Assistenten – ein taktisches Manöver war, um die angesagte Demonstration zu verhindern. Wenn sich die Studenten auf dem Boden des kirchlichen Strafrechts befunden hätten, dann hätte er sie zweifellos bei jenem Gespräch schon darauf aufmerksam machen können, doch wagte er offenbar in Gegenwart der Theologieprofessoren nicht, eine solche Rechtsmeinung zu vertreten. Mit Studenten konnte und mußte er offenbar eine andere Sprache sprechen, insbesondere mit solchen, von denen er „den deutlichen Eindruck gewonnen [hatte], daß sie ein Bischofsamt jedenfalls praktisch nicht anerkennen".[804] Eine solche Respektlosigkeit gegenüber den kirchlichen Institutionen habe er seit längerem schon bei den Theologiestudenten des Canisianums feststellen müssen, was Rusch auch gegenüber römischen Stellen nicht verborgen und somit zweifellos mit dazu beigetragen hat, dort das Ansehen des Innsbrucker Theologenkonvikts in Mißkredit zu bringen. Kurz vor Weihnachten erhielt Regens Miribung eine Mitteilung der Ostpriesterhilfe in Rom, wonach ganz im Sinne und auf der gleichen Argumentationsschiene wie die des Innsbrucker Bischofs dem Canisianum bescheinigt wurde, daß es die „Verderblichkeit einer Gesinnung" fördere, in der die „Studenten ausgebildet und erzogen werden in einem Geist, der für die von unserem Werk zu unterstützende Osteuropäische Kirche schädlich ist".[805] Deshalb wurden rund 20 Theologiestudenten kurzerhand die finanzielle Unterstützung gestrichen[806] und sechs weiteren sollte eine Weiterzahlung der Stipendien nur deshalb gewährt werden, weil sich ihre Ortbischöfe für sie eingesetzt hatten, jedoch auch nur dann, wenn die betreffenden Konviktoren sich „schriftlich von dem Brief an Pater General und von der Flugblattaktion [vom 7./8. Dezember 1974 – H.A.] distanzieren"[807] würden. Den beiden Studenten, die damals für den Inhalt der Flugblätter verantwortlich gezeichnet hatten, ließ der Innsbrucker Bischof über den Regens des Canisianums eine Ermahnung androhen, die in den Tiroler Medien als Kirchenstrafe bezeichnet wurde und großen Wirbel verursachte.[808] Dieser schien sich erst wieder zu legen, als Bischof Rusch öffentlich erklärte, eine solche niemals ausgesprochen, sondern lediglich „den Vertretern der Theologenschaft bei ihrer letzten Vorsprache vor Weihnachten" deutlich gemacht zu haben, daß sie „sich mit ihren Aktionen bereits im Gebiet der Strafbestimmungen des kirchlichen Rechtes bewegen würden".[809] Mit dieser Stellungnahme erreichte Rusch zunächst jedoch das Gegenteil einer Beruhigung, sondern forderte vielmehr den Vorsitzenden der Hochschülerschaft heraus. Dieser empörte sich in der „Tiroler Tageszeitung" öffentlich über die „versuchten Verfälschungen von Tatsachen" seitens des Bischofs und legte schärfsten Protest dagegen ein, „daß zwei politische Mandatare der ÖH in Ausübung ihrer Funktion durch Kirchenstrafen derart gemaßregelt werden"[810] würden. Eine noch am gleichen Tag einberufene Krisensitzung mit Bischof Rusch, der Leitung des Canisianums und der

Hochschülerschaft sollte eine Klärung der beiden, unterschiedlichen Auffassungen bzw. Behauptungen schnellstmöglich herbeiführen, zumal die Angelegenheit auch außerhalb Tirols bereits ihr mediales Echo fand.[811] Als Ergebnis jener Besprechung wurde eine von Rusch vorgeschlagene Sprachregelung und öffentliche Erklärung akzeptiert,[812] wonach die widersprüchlichen Aussagen auf ein Mißverständnis zurückzuführen seien. Dabei war plötzlich nicht mehr die vorweihnachtliche Vorsprache der Studenten beim Bischof die Ursache der allgemeinen Irritationen, sondern ein Gespräch zwischen Rusch und der Leitung des Canisianums, der vom Bischof nahe gelegt worden sei, gegen die beiden, für den Inhalt der beiden Flugblätter verantwortlichen Canisianern, „eine Mahnung (monita canonica) zu erteilen"[813]. Dabei handelte es sich „um eine Vorbeugungsmaßnahme, damit *nicht* eine kirchliche Strafe verhängt werden müsse". Die den Tatsachen nicht entsprechende Stellungnahme der Hochschülerschaft sei durch eine Reihe von Mißverständnissen zu erklären, weshalb ihr Vorsitzender die „scharfen Ausdrücke" nun bedaure. Vieles wäre, nach den Worten des Bischofs, „zu vermeiden gewesen, wenn das altbewährte römische Prinzip beachtet worden wäre: audiatur et altera pars".[814]

Die vermeintliche Harmonie, die der Bischof damit hergestellt hatte, gründete auf der Resignation der Studentenschaft, die es für aussichtslos hielt, das Gespräch mit Rusch weiter zu führen. Die fehlende Bereitschaft des Bischofs, auf Vorschläge der Studenten einzugehen wie auch sein hinhaltendes Taktieren schienen konstruktive Lösungen und eine Beilegung des Konflikts unmöglich zu machen. In einer neuerlichen Hörerversammlung beschlossen rund 200 Theologiestudenten, auf eine „Demonstration zur öffentlichen Darstellung ihrer Anliegen" zu verzichten, da sie nach den „bisherigen Erfahrungen nur zu Mißverständnissen geführt hätte und massive rechtliche und finanzielle Sanktionen seitens der kirchlichen Stellen zu befürchten"[815] gewesen wären.

Seit Jahresbeginn lagen auf Ruschs Schreibtisch die Gutachten zweier Innsbrucker Rechtsanwälte über diverse Druckschriften der Hochschülerschaft, in denen zahlreiche Verstöße gegen das Strafrecht festgestellt wurden.[816] – Die „Überzeugungskraft" bischöflicher Argumente hatte wieder einmal ihr Ziel erreicht und eine kritische Studentenschaft mundtot gemacht.

Zustimmung und Anerkennung

Innerhalb der Kirche fanden Ruschs pastorales Engagement sowie seine soziale und wirtschaftliche Kompetenz vielfache Anerkennungen, seine Leistungen wurden von der Republik Österreich, dem Land Tirol und der Stadt Innsbruck öffentlich gewürdigt und mit höchsten Ehrungen bedacht.

Während des II. Vatikanischen Konzils (1962-1965) war Rusch Mitglied der Kommission für Priesterfragen;[817] innerhalb der österreichischen Bischofskonferenz war er u.a. für theologische und soziale Fragen, die Priesterausbildung und die Katechismuskommission zuständig, Referent für die Auslandsseelsorge, die Arbeitsgemeinschaft christlicher Unternehmer sowie von 1951 bis 1981 für die katholische Arbeiterbewegung.[818] „Von 1952 bis 1971 wirkte er auch als erster österreichischer ‚Pax-Christi‘-Bischof und Vizepräsident in dieser internationalen katholischen Friedensbewegung. In dieser Funktion gründete er auch 1963 das Wiener Institut für Internationale Zusammenarbeit – IIZ. Im Sinne des Schlagwortes ‚Entwicklungsarbeit ist Friedensarbeit‘ setzte er sich auch durch neun Jahre hindurch als Vorsitzender des Kuratoriums des IIZ für die entwicklungspolitischen Aufgaben dieses Instituts, vor allem für die Vorbereitung und Entsendung von qualifizierten Fachkräften im Dienste des Friedens und der Entwicklung in der Dritten Welt ein.“[819] Als Vertreter Österreichs nahm er 1967 an der ersten Bischofssynode in Rom teil, war seit 1970 Vertreter der Österreichischen Bischofskonferenz in der Glaubenskommission der deutschen Bischöfe und wurde 1973 von Papst Paul VI. für fünf Jahre in die Römische Glaubenskongregation berufen.

Bischof Rusch und der damalige Münchner Kardinal Josef Ratzinger während der Feierlichkeiten zum 40jährigen Bischofsjubiläum im November 1978. [Erinnerungsalbum, ABSZ]

1962 wurde ihm das Große Goldene Ehrenzeichen mit Stern der Republik Österreich verliehen, im Jahr darauf der Ehrenring des Landes Tirol. Zehn Jahre später beschloß die Tiroler Landesregierung aus Anlaß seines 70. Geburtstages, seines 40. Priester- und 35. Bischofsjubiläums die „Errichtung einer ‚Bischof-Paulus-Rusch-Stiftung' in der Höhe von einer Million Schilling, deren Zinsen (rund 80.000 Schilling pro Jahr) für seelsorgliche Zwecke nach Gutdünken des Bischofs verwendet werden"[820] sollten. Außerdem bekam er die Ehrenbürgerschaft der Stadt Innsbruck verliehen, die er dankend, aber auch mit kritischen Worten für die Bevölkerung der Landeshauptstadt annahm.[821] Rusch kam auf deren „Antlitz und […] Seele" zu sprechen und stellte vor dem Hintergrund massiver, gegen ihn gerichteter Proteste nach der kurz zuvor erfolgten Entlassung P. Kripps als Leiter des Kennedy-Hauses, fest, daß ihn das, „was derzeit in unserer Stadt vorgeht, […] mit Sorge erfülle".[822] – Auch in der Feierstunde seiner Ehrung glaubte er, sein bischöfliches Wächteramt nicht ablegen zu dürfen und die in seinen Augen Irregeleiteten auf den rechten Weg zurückführen zu müssen.

Rusch während seiner Dankesrede anläßlich der Verleihung der Ehrenbürgerschaft von Innsbruck, 4.12.1973. [Stadtarchiv Innsbruck, Sign. Ph-A-10172-12]

Nach seiner Auffassung hatte er immer seine Verantwortung als oberster Repräsentant der katholischen Kirche in Tirol wahrgenommen und seinem Glaubens- und Amtsverständnis gemäß richtig gehandelt. Seine Stellungnahmen zu tatsächlichen oder von seinem Standpunkt aus so wahrgenommenen gesellschaftlichen Mißständen und die ihm notwendig erschienenen Maßnahmen während seiner Amtszeit allesamt zu erwähnen, würde zu weit führen. Grundsätzlich hat Rusch hierbei – wie etwa im Zusammenhang mit der obligatorischen Zivilehe oder in der Diskussion um die Legalisierung von Schwangerschaftsabbrüchen – keine von anderen österreichischen Bischöfen abweichende Haltung dazu eingenommen; manchmal vielleicht nur etwas deutlicher. Das war – mit Ausnahme der NS-Zeit – während seines gesamtes Episkopats der Fall und es sollte auch so bleiben, als er sich bereits im Ruhestand befand.

„Ewig-Gestriger" –
„Fels im Strom der Zeit"

In den letzten Jahren seiner Amtszeit begann für viele Tiroler und Tirolerinnen Bischof Rusch, „ ‚dieser pausenlos Mahnende' unbequem zu werden, für sie ist aus dem umjubelten Fortschritts- und Jugendbischof ein Nörgler geworden, ein Besserwisser, ein Ewig-Gestriger. Immer lauter und zahlreicher wurden die Stimmen, die Rusch einen weltfremden, humorlosen und streng autoritären Menschen schimpften".[823] Zu diesem Image trugen zweifellos seine Kritik an der Tiroler Fremdenverkehrsentwicklung, die Mahnungen an die Katholische Arbeiterjugend, seine Maßnahmen gegen die KHG, seine Wortmeldungen zur MK, sein Vorgehen gegen den Leiter des Kennedy-Hauses oder gegen P. Schupp wesentlich bei, die dem Innsbrucker Bischof auch eine überregionale Presse verschafften. Die ausführlicher geschilderten Vorgänge spitzten sich fast alle am Beginn der 1970er Jahre zu und die Fälle, in denen Rusch, ungeachtet massiver öffentlicher Proteste, zu einem rücksichtslosen Rundumschlag gegen Jugendinitiativen, „linke" Studenten oder fortschrittliche Seelsorger und Theologen ausholte, häuften sich besonders in den Jahren 1973 und 1974. Dazu gehörte auch die Entlassung der Absamer Hauptschullehrerin Agnes Larcher im Sommer 1973, bei der Rusch rhetorische Schützenhilfe leistete, mit der er bei vielen Menschen auf großes Unverständnis stieß. Larcher hatte beabsichtigt, in ihrer Deutschstunde Texte aus „Stallerhof" von Franz Xaver Kroetz zu lesen und zu interpretieren, was der Landesschulbehörde Anlaß und Grund genug war, sie vom Unterricht zu suspendieren.[824] Der Innsbrucker Oberhirte, der die Behörde „in dieser umstrittenen Sache, die über das Land Tirol hinaus Aufmerksamkeit erregte", uneingeschränkt unterstützte, verkündete dazu in seiner Fronleichnamspredigt, daß der Inhalt von „Stallerhof" „kranker Sex, Schwachsinn, Schmutz, Verführung, Abtreibung" sei. Gegen eine Einführung in „die positiv verstandene Lebensentstehung" habe er nichts einzuwenden, doch – so Rusch – zur „Einführung in die Perversität sagen wir ein klares ‚Nein'. Daher danke ich der Lehrerschaft und der Schulbehörde, daß sie trotz Schwierigkeiten dieses ‚Nein' durchgehalten hat." Und nachdrücklichst stellte Rusch fest, daß auch er „diese Ablehnung entschieden, eindeutig und klar"[825] ausspreche, wodurch die Entscheidung des Landesschulrats „von der Amtskirche klar und deutlich legitimiert wurde und so die Behörden entlastet waren."[826]

Zu erwähnen ist auch die Schließung des Jugendzentrums „Z6", in der Innsbrucker Zollerstraße, das der damalige Stadtjugendseelsorger Dr. Meinrad Schumacher, Ende der 1960er/Anfang der 1970er Jahre mit Förderung des Bischofs aufgebaut hatte. Als dort die Jugendarbeit allmählich auch als eine Art von Sozialarbeit mit jugendlichen Randgruppen praktiziert wurde, die heute als „Streetworking" bezeichnet werden würde, fand sie jedoch bald nicht mehr die Akzeptanz und noch weniger den Segen des Innsbrucker Bischofs. Er war der Meinung, daß solche Projekte in einem Jugendzentrum keinen Platz hätten und begründete diese Einstellung damit, daß man auch nicht „gesunde und faule Äpfel nebeneinander lagern"[827] dürfe. Im Sommer 1974 verlangte Rusch die Schließung des Hauses zwecks Renovierung und die Erstellung eines neuen Konzepts für die Jugendarbeit. „Durch einen – beiderseitigen – Irrtum bezüglich eines Bischofsbriefes schlossen wir zwar das Z6, aber die Kanzlei blieb geöffnet", worauf hin – wie im Jahr zuvor bei den Räumen der KHG – „vom bischöflichen Bauamt in einer Nacht- und Nebelaktion die Schlösser ausgewechselt"[828] wurden. – Das Z6 löste sich auf!

Dr. Schumacher, der seine Jugendarbeit wenig später mit Förderung des Bischofs auf eine neue Basis stellte, hat späterhin die 42jährige Amtszeit von Bischof Rusch in drei Phasen eingeteilt und m.E. recht zutreffend charakterisiert:[829] Von 1938 bis 1945 wurde Rusch von den damaligen Machthabern nicht anerkannt, weshalb seine Wirkungsmöglichkeit äußerst eingeengt war. Nach Kriegsende bis etwa 1968 hatte Rusch Gelegenheit, „seine sozialen Ideen und sein seelsorgerisches Programm in die Tat umzusetzen. Er wurde zum ‚Sozialbischof', zum Liebling der Jugend, er galt als zeitaufgeschlossen, ja seiner Zeit voraus." In der dritten Phase bis 1980 galt Rusch als „Hort des Traditionalismus, wurde häufig angegriffen und in den Medien lächerlich gemacht", in denen er u.a. als Inbegriff von „Purismus als Diät und als Weltanschauung"[830] bezeichnet wurde.

Bischof Rusch, gemalt von Gerald Nitsche in Öl auf Leinwand, 1978.
[Barmherzige Schwestern des Hl. Vinzenz von Paul, Mutterhaus Zams; Foto: H. Alexander]

Nach der Einschätzung seines Nachfolgers, war Rusch ein „Fels im Strom der Zeit",[831] an dem immer wieder die Wellen der Macht aufschäumten und die Strömungen der Zeit sich brachen.[832] Und insofern war die Selbsteinschätzung Ruschs wohl zutreffend, als er resignierend, aber nicht gebeugt bekannte: „Vor und während des Konzils war ich als Progressiver verrufen. In Rom hat man sogar Bischöfe im Umgang mit mir gewarnt. Nun gelte ich als Konservativer, obwohl ich nichts anderes vertrete als früher."[833] – Damit gestand Rusch selbst unumwunden ein, dass er stehen geblieben war, die Dynamik der nachkonziliaren Zeit für eine Erneuerung der Kirche nicht nur immer wieder bremste, sondern ihr auch entgegen wirkte. Sein in hierarchischen Strukturen verhaftetes Verständnis von Kirche hinderte ihn daran, gesellschaftliche Reformimpulse aufzugreifen und in einen Neu- bzw. Umgestaltungsprozeß der Kirche einfließen zu lassen. Ebenso wenig vermochte er im gesamtgesellschaftlichen Wandel positive Kräfte für Veränderungen zu erkennen und in sein Weltbild zu integrieren, in eines, das von Autoritäten getragen und von ihnen zum Guten gelenkt wird.

„Er hat sich nicht gewandelt", charakterisierte ihn Kardinal König und betonte, daß darin seine Größe wurzelte, „aber auch die Ursache manch bitterer Erfahrung. Er ist immer gegen seine Zeit gestanden, wenn seiner Meinung nach diese Zeit gegen Gott stand."[834] Sie stand während seiner Amtszeit in den Augen des Bischofs oft gegen seinen Gott, auch gegen Ende seines Episkopats. Und so erhob er in seiner letzten Silvesterpredigt im Innsbrucker Dom wieder einmal seine Stimme, befaßte sich ausführlich mit der gesellschaftlichen Lage in Österreich, wo er einen „zunehmenden Moral- und Sittenverfall" ortete. „Ursache dafür sei in erster Linie die Gesetzgebung in Wien, die nicht nur die Abtreibung erlaubt hat, sondern Erleichterungen zur Auflösung der Ehe schafft und das ehelose Beisammensein begünstigt."[835]

Solche Aussagen können durchaus als konservativ oder antiquiert gewertet werden, und insofern möge die Etikettierung des Bischofs als „Ewig-Gestriger" wohl für manche seiner Meldungen und für manche Jahre seiner Amtszeit ihre Berechtigung haben. Sie beschreibt aber nur einen Aspekt eines facettenreichen Lebens und eines vielschichtigen Charakters, der bis ins hohe Alter auch rebellische Züge erkennen ließ, die sich sogar gegen die eigene Kirche richten konnten. Im Herbst 1985 sprach er sich mit klaren Worten für eine Überprüfung bestimmter Positionen der katholischen Ehe- und Sexualmoral aus, denn er betrachtete das vatikanische Verbot der Empfängnisverhütung durch die päpstliche Enzyklika „Humanae Vitae" vom 25. Juli 1968 schlichtweg und im vollen Bewußtsein, damit von der kirchlichen Lehrmeinung abzuweichen, „als ein Unglück".[836] – Allein, auch hier verhallten, wie so oft in den Jahren zuvor, seine mahnenden Worte. Nichtsdestotrotz trafen sie nicht selten ins Schwarze und wiesen zu Recht auf Gefahren hin, die sich späterhin erst als solche deutlich zeigten. Der „Fels" konnte den „Strom der Zeit" nicht aufhalten, geschweige denn in eine andere Richtung lenken, und er fand immer weniger Gehör bei jenen, die sich von ihm fortreißen ließen.

In der zweiten Hälfte der 1970er Jahre war es um den Innsbrucker Bischof medial ein wenig ruhiger geworden. Er meldete sich nicht mehr so häufig zu Wort, wie früher, wenn er Ereignisse und Entwicklungen feststellte, vor denen er glaubte, warnen zu müssen. Möglicherweise wollten die Gläubigen seine „Predigten" nicht mehr hören, vielleicht waren seine Mahnungen der Presse keine Artikel, geschweige denn eine Schlagzeile wert. Es kann aber auch sein, daß ihm die vorangegangenen Konflikte sehr viel Kraft gekostet haben und er sich hin und wieder zurück lehnte

Altbischof Rusch in der Hl.
Kreuzkirche in Bludenz an-
läßlich der Glockenweihe am
20.12.1981.
[Diözesanarchiv, Bestand
Rusch – Mappe 55]

und nachdachte über das Vorgefallene, seine Handlungsweise und ihre Verhältnis-
mäßigkeit, über das von ihm so oft eingeforderte „rechte Maß" und ob er es auch
immer „angemessen" angewendet habe. Kritik an ihm hat es genug gegeben, von
außen, aus einer Welt, die sich in seinen Augen mancherorts nicht zum Besten entwickelte und von Menschen, die sich von Religion und Kirche abgewandt hatten.
Dagegen ist er aufgetreten, hat sich mit allen ihm zur Verfügung stehenden Mittel
gewehrt und sich mit der ganzen Macht seiner Autorität behauptet. Bei nicht wenigen ist er damit jedoch auf Unverständnis und Ablehnung gestoßen.

Aber auch innerhalb des Klerus seiner eigenen Diözese regte sich mit den Jahren
eine gewisse Unzufriedenheit und verhaltener Unmut, der sich schließlich auch
artikulierte und ihm zur Kenntnis gebracht wurde.[837]

Bischöfliches Ordinariat Innsbruck
DER BISCHOFSVIKAR UND KANZLER   A-6021 Innsbruck, 1975-06-27
                                       Wilhelm Greil-Straße 7
                                       Telefon: 33 6 21 / 16

Hochwürdigsten Herrn
Bischof Dr. Paulus RUSCH

Domplatz 5
6020 I n n s b r u c k

Hochwürdigster Herr Bischof!

Ihrem Wunsche entsprechend, gebe ich Ihnen nachstehend die bereits bei der Consistorialsitzung am 13.ds. mündlich vorgebrachten Details bekannt, die in den Stellungnahmen der Dekane als persönliche Kritik an Ihnen genannt worden sind:
1. Der Bischof hat keine guten Berater.
2. Vorgebrachte Meinungen und Anliegen werden vom Bischof meist vom Tisch gewischt, ohne recht darauf einzugehen. Er widerspricht grundsätzlich und apodiktisch und nimmt Stellungnahmen vor allem der jüngeren Priester nicht an. Er zeigt kein Verständnis für persönliche Anliegen und Schwierigkeiten. Eine vertrauenserweckende Gesprächsbereitschaft fehlt. Es fällt ihm schwer, vorurteilslos andere Meinungen anzuhören und andere Vorstellungen und Standpunkte zu akzeptieren. Darum wird bezweifelt, ob die Priester des Ordinariates dem Bischof gegenüber eine eigene Meinung vertreten können.
3. Die Leitbilder der Seelsorge und der Priester- und Menschenführung sind zu stark vom Autoritätsdenken geprägt. Dieser autoritäre Führungsstil löst unvernünftige Forderungen, Unzufriedenheit und Murren aus. Der Bischof belehrt über Dinge, die er nicht versteht (z.B. Autofahren) und weist auf seine Erfahrungen aus der Katechetenzeit hin, die längst nicht mehr gelten. Es kommt oft das Gefühl auf, vom Bischof wie ein Kind behandelt zu werden. Die Vertretung einer eigenen Meinung entgegen der Meinung des Bischofs wird als Insubordination gewertet. Gelegentlich hat man das Gefühl, nicht die Wahrheit zu erfragen.
4. Der Bischof ist nachträgerisch. Ein Fehler, oder eine dem Bischof bereitete Enttäuschung habe den dauernden Verlust des Vertrauens des Bischofs zur Folge. Darum sei man versucht, unaufrichtig zu sein und Schwierigkeiten mit dem Bischof aus dem Wege zu gehen.
5. Aussetzung von Kleinigkeiten bei der Visitation und zu wenig Anerkennung der sonstigen Seelsorgearbeit.
6. Als positiv wird vermerkt:
a) Viele Vorzüge der starken Persönlichkeit des Bischofs werden anerkannt.
b) In letzter Zeit ist der Bischof nicht mehr so autoritär, sondern eher freundlich und nahbar geworden. Im kleinen Kreis ist es fein, mit dem Bischof zusammen zu sein.
c) Dankbar wird vermerkt, dass der Bischof kranke Mitbrüder fleißig besucht und auf Kartengrüße von Urlaubs- und Pilgerfahrten stets eine nette Antwort gibt.

Mit ergebenem Gruß
Ihr
[Unterschrift:] Hans-Joachim Schramm

Die angeführten Kritikpunkte wie auch die erwähnten Vorzüge werfen ein erhellendes Licht auf einige Charakterzüge des Bischofs und erklären auch manche seiner Handlungsweisen in den vorangegangenen Jahren, die nicht unbedingt zu den „Highlights" seines Episkopats zählen. Rusch war zeitlebens nicht unumstritten, konnte auf eine loyale Anhängerschaft zählen (die freilich mit der Zeit auch weniger wurde) und forderte häufig heftigen Widerspruch und scharfe Kritik heraus. Der „Strom der Zeit" hat viele und vieles hinweg geschwemmt. Dennoch bleiben mit seinem Namen auch unzweifelhafte positive Beiträge verbunden, von denen an erster Stelle ein echtes soziales Engagement zu nennen ist, das nicht nur im Sozialhirtenbrief der österreichischen Bischöfe aus dem Jahre 1956 zum Ausdruck kam, sondern sich vor allem auch in der Verwirklichung diverser Wohnbauprojekte in Tirol niedergeschlagen hat. Als Apostolischer Administrator wie als Innsbrucker Oberhirte hat er die Kirche und das religiöse Leben in Tirol geprägt, in der Zeit seines Wirkens Zeichen gesetzt und Entwicklungen eingeleitet, die auch Österreich entscheidend verändert haben.

42 Jahre nach seiner Inthronisation als Bischof trat Rusch im Alter von 77 Jahren anfangs 1981 in den Ruhestand. Papst Johannes Paul II. nahm am 13. August 1980 das Rücktrittsgesuch des Innsbrucker Bischofs an, bat ihn jedoch, weiterhin bis zur Ernennung seines Nachfolgers Reinhold Stecher am 25. Januar 1981 die Diözese als Apostolischer Administrator zu leiten.

Seine letzten Lebensjahre verbrachte Rusch im Mutterhaus der Barmherzigen Schwestern des hl. Vinzenz von Paul in Zams. Hier las er Messen, nahm Beichten ab, erteilte Religionsunterricht, widmete sich der Krankenhausseelsorge sowie einer regen Firmungs-, Vortrags- und Predigttätigkeit, brachte seine Erfahrungen und Erkenntnisse zu Papier und verfaßte einige kleinere Schriften.[838]

Am Ostermontag, dem 31. März des Jahres 1986, verstarb Bischof Paul Rusch nach kurzer Krankheit im 83. Lebensjahr. Die feierliche Beisetzung in der Gruft des Domes zu St. Jakob in Innsbruck fand am 4. April 1986 statt.

Reisepaß von Paul Rusch, ausgestellt am 30.6.1966. [Diözesanarchiv, Bestand Rusch – Mappe 55]

Anmerkungen

1 Heimat-Schein der Gemeinde Bludenz für Paul Rusch, L.Z. 5098, 7.8.1937; Erinnerungsalbum an Bischof DDr. Paul Rusch; Archiv der Barmherzigen Schwestern des hl. Vinzenz von Paul zu Zams (=ABSZ).

2 Geburts- und Taufschein Nr. 243, v. 12.3.1921 [Abschrift aus dem Geburts- und Taufregister der Pfarre Bludenz, Tom. 1857]; Erinnerungsalbum, ABSZ. Zum folgenden siehe auch: Vorarlberger Landesarchiv, Bregenz (= VLA), Verfachbuch Montafon 1887, folio 240: 28. Jänner 1887, Jakob Rusch, Bautechniker in Bludenz, kauft ein Sägewerk in Tschagguns; BH Bludenz H 5/1887 (Gewerbeanmeldung für Sägewerk); BH Bludenz Sch. 140, G 126/187 (Anmeldung Baumeistergewerbe in Schruns); Verfachbuch Montafon 1893, folio 690: 30. April 1893, Jakob Rusch, Baumeister in Bludenz verkauft das Sägewerk in Tschagguns; BH Bludenz, Einlaufprotokoll 1894, Eprot. 11/62 [kein Akt vorhanden]: Zl. 499, 15.1.1894, J. Rusch verzichtet auf die Ausübung des Brettersägegewerbes in Tschagguns wegen Verkauf; BH Bludenz, Einlaufprotokoll 1897, Eprot. 11/65 [kein Akt vorhanden]: Zl. 7253, 14.7.1897, Ehefähigkeitszeugnis f. J. Rusch, derzeit in München u. Zl. 7516, 21.7.1897, Bestätigung durch die k.k. Statthalterei in Innsbruck; BH Bregenz Sch. 84, Gew. 808/1907 (Baumeister-Konzession); BH Bregenz Gew. 645/1907 (Inkorporationsgebühr) [Akt fehlt]; BH Bregenz Kanzl. 24/1908 (Architekten-Dekret), [Akt fehlt]; BG Bregenz A 153/21 VL. Im folgenden wird statt der beiden Taufnamen Johann Jakob nur mehr der Rufname angeführt; desgleichen gilt auch für dessen Kinder Wilhelm Wolfgang und Peter Paul. Großen Dank möchte ich an dieser Stelle Frau Cornelia Albertani vom Vorarlberger Landesarchiv in Bregenz aussprechen, die prompt und ganz selbstverständlich keinen Aufwand scheute, relevante Quellen für die Familiengeschichte der Ruschs aufzufinden und mir in unbürokratischster Weise zur Verfügung zu stellen. Ebenso hat Mag. Thomas Klagian vom Bregenzer Stadtarchiv durch seine Vor-Ort-Recherchen und mit zahlreichen Informationen zur Bregenzer Stadtgeschichte meine Arbeit an diesem Beitrag ungemein erleichtert.

3 Sein Vater war der Zimmermeister Johann Josef Rusch, die Mutter hieß Magdalena, war eine geborene Tschanett und stammte aus Bregenz.

4 Die Steingewölbe-Brücke (Halbkreisgewölbe 3x22m=66m Lichtweite und anschließende Gewölbeöffnungen 2x12m), etwa 1,5 km westlich des Bahnhofs Dalaas, mißt eine Länge von 120,4 m und eine Fahrbahnhöhe von 55,8 m über der Talsohle; vgl. dazu: Lothar Beer, Die Geschichte der Bahnen in Vorarlberg, Bd. 1, Hard 1994, S. 111.

5 Vgl. dazu: Stadtarchiv (= StA) München, Polizeimeldebogen, PMB R 290. Jakob Rusch habe – wie die Vorarlberger Landes-Zeitung vom 2.3.1921 zu berichten wußte – „im Erwachsenenalter als Spätberufener die Technische Hochschule in München besucht und nach Abschluß seines Studiums bei großen Baufirmen in Deutschland gearbeitet". In den Beständen des Archivs der TU München findet sich jedoch „rein gar keine Spur" von Jakob Rusch (Mitteilung von der Leiterin des Archivs der TU München, Frau Margot Fuchs M.A., vom 27.11.2000).

6 Der Vater Leo Reichelmeyr wurde später kgl. Oberamtsrichter in Neumarkt an der Rott; die Mutter hieß Anna und war eine geborene Käsbohr (Zuschrift aus dem Archiv des Erzbistums München und Freising, Rusch AZ544/1234, vom 6.12.2000 und mündliche Auskunft des Katholischen Pfarramts Ellingen, vom 12.12.2000).

7 Mündlich überliefert und von Generaloberin Sr. Dr. Maria Dominika Moosbrugger, Barmherzige Schwestern des hl. Vinzenz von Paul, Mutterhaus zu Zams, niedergeschrieben; Erinnerungsalbum, ABSZ. Darin ist ebenfalls festgehalten, daß Emilie einer tiefreligiösen Familie entstammte (der ältere Bruder war Geistlicher, zwei Schwestern bei den Englischen Fräulein) und von „einer warmen Frömmigkeit" war.

8 Vgl. dazu: Hans Weiser, Die Kirche Österreichs geprägt, in: Kirche 15, 13.4.1986, S. 2 und Franz König, Paulus Rusch, 35 Jahre Bischof, 40 Jahre Priester zum 70. Geburtstag, in: Tiroler Tageszeitung 272, 24.11.1973, S. 10; zur Vorarlberger Bahn, speziell zur Strecke Lindau – Grenze Bayern/Vorarlberg, siehe: Beer, Die Geschichte der Bahnen in Vorarlberg, Bd. 1, S. 71 und S. 238/239.

9 Vgl. dazu: StA München, Polizeimeldebogen, PMB R 290.

10 Im Taufzeugnis des Kath. Stadtpfarramts St. Johann Baptist ist dokumentiert, daß Peter Paul Rusch am 4. Oktober geboren und am 8. Oktober 1903 nach katholischem Ritus getauft wurde; vgl. auch: Geburtsschein des Standesamts der Kgl. Haupt- und Residenzstadt München, Geb.Reg. Nr. 3294/03; beide Dokumente im Erinnerungsalbum, ABSZ.

11 VLA, BH Bregenz Sch.84, Gew. 808/1907 (Baumeister-Konzession) und BH Bregenz, Kanzl. 24/1908 (Architekten-Dekret).

12 Siehe dazu: „Die Bauhütte." Halbmonatsblatt für das konzession. Baugewerbe des Landes Vorarlberg. Organ der 6 Genossenschaften der Bau-, Maurer-, Steinmetz- und Zimmermeister der drei politischen Bezirke des Landes. Organ des Bundes der Zimmermeister und der Bau- und Maurermeister des Landes, Bregenz, 1. Jg., Nr. 1 bis 2. Jg. Nr. 13 vom 6.6.1914 bis 4.12.1915 (danach ist das Erscheinen der Zeitschrift aus Kostengründen und wegen des Krieges eingestellt worden).

13 Jakob Rusch, Krieg! In: Die Bauhütte 1/6 (1914), S. 1/2; S. 1.

14 Jakob Rusch, Zum Geleite, in: Die Bauhütte 1/1 (1914), S. 1-3; S. 2.

15 Rusch, Zum Geleite, in: Die Bauhütte 1/1 (1914), S. 1.

16 Jakob Rusch +, in: Vorarlberger Landes-Zeitung 49, 2.3.1921, S. 1/2; hier S. 2. Im Erinnerungsalbum hat Sr. Maria Dominika festgehalten, daß der Vater „kirchenfern" war und hierin, „vielleicht auch sonst" ihm seine Tochter Sofie sehr ähnlich war.

17 Vgl. dazu: „Die Bauhütte" Nr. 4, 18.7.1914, S. 8 (Inserat) sowie die Adreßbücher der Landeshauptstadt Bregenz, 1910-1915. In der Todesanzeige für Jakob Rusch wird als Adresse des Trauerhauses die Römerstr. 14 genannt; Vorarlberger Landes-Zeitung 44, 24.2.1921, S. 4.

18 Emilie Rusch war die 162. Patientin (Karteikarte aus dem Lungensanatorium Walenstadtberg; Privatbesitz). In Vorarlberg gab es damals noch keine Lungenheilstätte, die Anstalt in Gaisbühel bei Feldkirch wurde erst im August 1920 eröffnet.

19 Vgl. dazu die Todesanzeige und Danksagung für Emilie Rusch im Vorarlberger Volksblatt 26, 1.2.1911, S. 3 und 28, 4.2.1911, S. 4.

20 Siehe dazu die Aufnahme des Grabdenkmals im Erinnerungsalbum, ABSZ; zu Josef „Sepp" Piffrader siehe: Kunst in Verruf 1900-1950 [Ausstellungskatalog des Vorarlberger Landesmuseums in Bregenz], Bregenz 1976, S. 155.

21 Paul Rusch, Gott will es. Zur sozialen Gerechtigkeit, Innsbruck/Wien/München 1935, S. 79/80.

22 Vgl. dazu: Pfarramt St. Gallus, Bregenz, Sterbebuch der Pfarre St. Gallus 1915 bis 1922, S. 128; sowie Vorarlberger Landes-Zeitung 44, 24.2.1921, S. 2 (Todfallmeldung) und S. 4 (Todesanzeige); 48, 1.3.1921, S. 4 (Danksagung).

23 Vgl. dazu: Archiv der Landeshauptstadt Bregenz [= ALB], Schulakten 10, Schulmatrik: Mädchenschule des Frl. Waldner; Pfarramt St. Gallus, Bregenz, Sterbebuch der Pfarre St. Gallus 1915 bis 1922, S. 106 (darin steht, daß Sofie ledig und „Haustochter" war; als Todesursache ist „Phtisis pulmon[um]" angeführt); Vorarlberger Landes-Zeitung 16, 21.1.1920, S. 2 (Todfallmeldung), 17, 22.1.1920, S. 4 (Todesanzeige) und 20, 26.1.1920, S. 4 (Danksagung). Vor diesem Hintergrund ist eine Passage aus Ruschs Buch, „Gott will es", S. 24 zwar sehr vielsagend, für die eigene familiäre bzw. häusliche Situation jedoch nicht aussagekräftig: „Indes stirbt in der Dachkammer eines Mietshauses eine Wäscheausträgerin an Schwindsucht. Es ist die ehemalige Schulkameradin. Ein kleiner Teil des Überflusses, den die andere gehabt, hätte genügt, sie zu retten. Die Brosamen der Reichen – aber niemand gab sie ihr, wie es im Evangelium steht."

24 21. Jahresbericht des k.k. Staatsgymnasiums in Bregenz für das Schuljahr 1915/16, Bregenz 1916, S. 16.

25 22. Jahresbericht des k.k. Staatsgymnasiums in Bregenz für das Schuljahr 1916/17, Bregenz 1917, S. 16.

26 Mitteilung von Administrator Prof. Mag. Peter Hutter auf Grund der Einsichtnahme in die Schülerkataloge des Bundesrealgymnasiums Bregenz.

27 VLA Bregenz, Militärisches Grundbuchblatt für Wilhelm Rusch.

28 Die Adreßbücher der Landeshauptstadt Bregenz führen Wilhelm 1925 als Studierenden, 1928 als Privaten und 1934 als Trafikanten an.

29 Dokument im Erinnerungsalbum, ABSZ; Mitteilung des Alters- und Pflegeheims „Jesuheim" vom 28.8.2003 an den Verfasser.

30 Wolfgang Ingenhaeff, Lehrer, Richter, Hirten. Die Bischöfe Tirols, Innsbruck 1981, S. 135.

31 Vgl. dazu: Ingenhaeff, Lehrer, S. 136. Im Erinnerungsalbum ist geschrieben, daß es zu der Zeit, als Paul die Volksschule besuchte, Kindern aus deutschen Familien nicht möglich war, in Österreich zu maturieren. Dieser Feststellung widersprechen die Tatsache, daß nach österreichischem Recht die gesamte Familie in Bludenz, dem Herkunftsort des Vaters, das Heimatrecht besaß sowie das Faktum, daß der ältere Bruder Wilhelm ja bereits das Realgymnasium in Bregenz besuchte (in dem übrigens einige deutsche Schüler zusammen mit den österreichischen gemeinsam die Schulbank drückten).

32 56. Jahres-Bericht über die Königl. Realschule mit Handelsabteilung und die Gewerbl. Fortbildungsschule zu Lindau i.B. für das Schuljahr 1914/15, Lindau 1915, S. 2. Hier sind auch die Schulen aufgezählt, zu deren Besuch das Absolutorium der sechsklassigen Realschule berechtigte, sowie Berufsmöglichkeiten aufgelistet, die den Absolventen grundsätzlich offen standen. Das Abschlußzeugnis der Realschule beinhaltete keine Hochschulzugangsberechtigung, weshalb damit ein Universitätsstudium nicht aufgenommen werden konnte.

33 In manchen Jahres-Berichten sind Angaben über die Konfession der Schüler angegeben; von 40 Schülern in Pauls erster Klasse waren 13 Protestanten, in der fünften 9 von 23 und in der sechsten 5 von 18. Vgl. dazu den 56., 60. und 61. Jahres-Bericht über die Königl. Realschule mit Handelsabteilung und die Gewerbl. Fortbildungsschule zu Lindau i.B. für die Schuljahre 1914/15, 1918/19 und 1919/20, Lindau 1915, 1919, 1920, S. 10, 12 u. 11.

34 Jahres-Zeugnisse und Schlußzeugnis für Paul Rusch 1915-1920; Erinnerungsalbum, ABSZ. Bis 1921 gab es 4 Notenstufen, von sehr gut (=1), gut (=2), genügend (=3), nicht genügend (=4); vgl. dazu: Festschrift zum 455-jährigen Bestehen der ehemaligen Lateinschule zu Lindau und zum 125-jährigen Bestehen der ehemaligen Handels- und Gewerbeschule bzw. Realschule zu Lindau, beide heute vereint im Bodensee-Gymnasium Lindau (B) und Jahresbericht über das Schuljahr 1983/84, Lindau 1984, S. 30.

35 Die Klassenzimmer der Realschule in Lindau dienten zeitweilig als Truppenunterkünfte, mehrere Lehrer waren zum Wehrdienst einberufen, weswegen Unterrichtsstunden ausfallen mußten, und die Schüler „meldeten sich zum Einsatz in der Landwirtschaft und als Helfer in den Lazaretten." (Festschrift, S. 30).

36 Schlußzeugnis der Realschule Lindau für Paul Rusch, 15.7.1920; Erinnerungsalbum, ABSZ.

37 Nähere Angaben dazu sind leider nicht bekannt, zumal Primärquellen zu seiner beruflichen Tätigkeit als Bankangestellter sich weder im Archiv der BTV erhalten haben, noch anderenorts aufgefunden werden konnten. Nach eigener Aussage sei in der Zeit während seiner Matura der Vater gestorben, was zweifellos nicht stimmt; daß Paul wegen der Geldentwertung und auf Grund der Tatsache, daß die Bezahlung der Erbschaftssteuer das Vermögen des Vaters weitgehend zunichte gemacht hätte, einen „praktischen Beruf" ergreifen mußte, ergibt nur einen Sinn, wenn Paul erst nach dem Tod des Vaters (23.2.1921) und somit viele Monate nach seinem Schulabschluß in Lindau in die BTV eingetreten wäre; vgl. dazu: Herbert O. Glattauer, Bischof DDr. Paul Rusch, in: Kurier – Blickpunkt Tirol 115, 25.4.1976, S. 3, unter Anführung von wörtlichen Zitaten aus einem Interview mit dem Bischof.

38 Mitteilung von Herrn Mag. Martin Hütter, BTV Kommunikation, an den Verfasser vom 4.7.2003.

39 Glattauer, Bischof DDr. Paul Rusch.

40 Vgl. dazu: Ingenhaeff, Lehrer, S. 136.

41 Vgl. dazu: 56. Jahres-Bericht über die Königl. Realschule (1914/15), S. 3.

42 Glattauer, Bischof DDr. Paul Rusch.

43 Franz Knabl, DDr. Paulus Rusch: Geburtstag und 40jähriges Bischofs-Jubiläum, in: Innsbrucker Stadtzeitung, 11/3, Nov. 1978, S. 44/45; S. 45.

44 Knabl, DDr. Paulus Rusch, S. 44.

45 Bezirksgericht Bregenz, Verlassenschaftsabhandlung nach Jakob Rusch, GZ A 153/21/6, 19.12.1921 und Einantwortungsurkunde A 153/21/7, 22.12.1921; VLA, BG Bregenz A 153/21 VL.

46 Errechnet aus dem Preis für einen Herrenanzug vom Januar 1922 (= 77.500 K); Österreichisches Statistisches Zentralamt, Die Entwicklung der Verbraucherpreise seit 1900 [Beiträge zur Österreichischen Statistik, H 956], Wien 1990, S. 25.

47 Das Sparbuch der BTV befindet sich im Erinnerungsalbum, ABSZ. Der Gegenwert für diese Summe betrug mehr als 50 Herrenanzüge; vgl. dazu: Österreichisches Statistisches Zentralamt, Die Entwicklung der Verbraucherpreise seit 1900, S. 30.

48 Vgl. dazu: Erinnerungsalbum, ABSZ.

49 Daß Paul sein Vetter sei, erwähnt Ulrich Jehly in einem Brief vom 25.8.1927; DAI, Bestand Rusch, Mappe 54 – Persönliches. Vgl. auch: Josef Böckle, Ulrich Jehly zum Gedenken, in: Die Quelle, Nov. 1947, S. 171/172.

50 Erinnerungsalbum, ABSZ.

51 Bundesrealgymnasium in Bregenz, Nr. 19, Abschluß- und Reifezeugnis für Paul Rusch, 7.7.1927; Erinnerungsalbum, ABSZ. Im Stammbuch 1925-1930, Nr. 2902 im Archiv des Theologischen Konvikts Canisianum, Innsbruck ist vermerkt, daß Rusch „2 Klassen Realgymnasium in Bregenz" besucht hätte, was jedoch wegen des Eintrags im Reifezeugnis („Studienunterbrechung von sechs Jahren"), der regelmäßigen Spareinlagen zwischen September 1925 und Juni 1926 sowie der „Abfindungssumme" vom 31.8.1926 nicht stimmen kann und es dafür auch in den Katalogen des Bundesrealgymnasiums in Bregenz keinen Beleg gibt; (Mitteilung von Dir. HR Dr. Alfons Bechter auf Grund der Einsichtnahme in die Schülerkataloge des Bundesrealgymnasiums Bregenz).

52 Bundesrealgymnasium in Bregenz, Katalog Nr. 19, Abschluß- und Reifezeugnis für Paul Rusch, 7.7.1927; Erinnerungsalbum, ABSZ.

53 Möglicherweise war dieser ein Verwandter seines Wohnungsnachbars, des Tierarztes Ludwig Vonach; vgl. Adreß-Buch der Landeshauptstadt Bregenz 1925, Bregenz 1925, S. 128; auch Ingenhaeff, Lehrer, S. 136, erwähnt im Zusammenhang mit dem Erwerb von Lateinkenntnissen, einen „wohlwollenden Mittelschulprofessor aus Bregenz, der hin und wieder zur Überprüfung des Wissensstandes zu einer Förderstunde bat".

54 Vgl. dazu: Abschluß- und Reifezeugnis sowie Adreß-Buch, Bregenz 1925, S. 128.

55 Anton Vonach, Das Bregenzer Gymnasium. Werdegang u. Entwicklung 1895-1949, Bregenz 1950, S. 134.

56 Vgl. dazu: Bundesrealgymnasium in Bregenz, Katalog Nr. 19, Privatisten-Semestralausweis, 23.2.1927 sowie Abschluß- und Reifezeugnis; Erinnerungsalbum, ABSZ.

57 Leopold-Franzens-Universität Innsbruck, Personalstand, Anstalten und Vorlesungen im Winterhalbjahr 1927/28, Innsbruck 1927, S. 3.

58 Über dieses Institut, das obligatorische Biennium sowie über die Anforderungen des Doktorandenkurses wie die Voraussetzungen zum Erwerb des Titels eines „Doktors der scholastischen Philosophie", siehe: Heinrich Pohl, Das Institutum Philosophicum Oenipontanum, in: Zeitschrift für Katholische Theologie 80/1958; S. 184-192, bes. S. 185 f. u. 188.

59 Vgl. dazu: Nationale für Paul Rusch, Philosophische Fakultät, WS 1927/28 und SS 1928; UAI, Nationale Phil. Fakultät. Von den Studierenden waren damals pro Stunde 1,- S an Kollegiengeldern zu entrichten, weiters war ein Auditoriengeld von 12,- S zu zahlen, Matrikel- und Stempelgebühren in der Höhe von 7,- S und für die Bibliotheksbenützung 3,- S. Im Juli 1927 kostete ein Liter Bier 87 Groschen; vgl. dazu: Österreichisches Statistisches Zentralamt, Die Entwicklung der Verbraucherpreise seit 1900, S. 30.

60 Archiv des Collegium Canisianum, Innsbruck; Stammbuch 1925-1929, Nr. 2902.

61 Bestätigung des Rektors der Universität Innsbruck und des Dekans der theologischen Fakultät, 9.10.1928; Erinnerungsalbum, ABSZ.

62 Vgl. dazu: Nationale der betreffenden Semester.

63 Archiv des Collegium Canisianum, Innsbruck; Stammbuch 1925-1929, Nr. 2902.

64 Protokollbuch des Institutum Philosophicum Oenipontanum, Bd. II, 1922-1959, S. 110; Archiv des Instituts für christliche Philosophie, der theologischen Fakultät der Universität Innsbruck, S. 110; Donat und Santeler beurteilten Rusch mit „mediocritatem bene superasse", Fuetscher und Dander mit „mediocritatem cum laude superasse"; im Stammbuch 1925-1929, Nr. 2902 im Archiv des Collegium Canisianum, Innsbruck steht fälschlicherweise das Datum „4. VII. 1930".

65 Pohl, Das Institutum Philosophicum Oenipontanum, S. 185.

66 Gertrud Labenbacher, Tiroler Bibliographie, Heft X: Dissertationen-Verzeichnis der Universität Innsbruck, Bd. II: Theologische Fakultät, Rechts- und Staatswissenschaftliche Fakultät, Medizinische Fakultät [Beihefte zu Tiroler Heimat], Innsbruck-Wien 1986, S. 35, Nr. 3413. Labenbacher stellte fest, daß die Dissertation nicht aufzufinden ist; auf einem Karteiblatt am Institut für Christliche Philosophie an der Theologischen Fakultät der Universität Innsbruck wird dies mit einem fehlenden „D" hinter Ruschs Namen ebenfalls vermerkt. Eine Abgabepflicht für das meist einzige Dissertationsexemplar gab es damals noch nicht, so daß die Arbeit höchstwahrscheinlich beim Verfasser verblieben ist. Allerdings ist in diesem Zusammenhang noch zu erwähnen, daß

auch kein Gutachten über Ruschs Arbeit vorhanden ist, zumindest ist in einem Ordner, in dem die Gutachten der am Institut verfaßten Dissertationen aufbewahrt werden, keines zu finden.

67 Das Promotionsdekret befindet sich im Erinnerungsalbum, ABSZ.

68 Vgl. dazu: UAI, Nationale der betreffenden Semester.

69 So der Titel eines Buches von: Bernardin Goebel, Auf sieben Stufen zum Altar. Besinnung auf die Weiheliturgie, Regensburg 1962.

70 Die Ordination vollzieht sich in einer Stufenfolge von den niederen zu den höheren Weihen, wobei zu den niederen Weihen das Ostiariat, Lektorat, Exorzistat und Akolythat zählen, zu den höheren Weihen das Subdiakonat, Diakonat und schließlich die Priesterweihe gerechnet werden.

71 Die diesbezüglichen Dokumente befinden sich im Erinnerungsalbum, ABSZ.

72 Heinz Huber, Bischof Dr. Paulus Rusch vollendet sein 50. Lebensjahr, in: Tiroler Tageszeitung 227, 3.10.1953, S. 6.

73 Vgl. dazu: Die Quelle, Herbst 1958, S. 3.

74 Vgl. dazu: Adolf Ammann, Christus dem König unser ganzes Leben. Unser Oberhirte Dr. Paulus Rusch 25 Jahre Priester – 20 Jahre Bischof, in: Die Quelle, Herbst 1958, S. 3-5; S. 3; eine Kopie der Dissertation befindet sich in der Universitätsbibliothek Innsbruck, Sig. Dg. 16670; auf dem Titelblatt dieser Arbeit befindet sich auch der handschriftliche Vermerk „N. 424, Einger. 29. März 1933".

75 H.B., Eine starke Persönlichkeit, in: Kirche 15, 13.4.1986, S. 3.

76 König, Paulus Rusch, 35 Jahre Bischof.

77 Gutachten über die Dissertation: „Wurzeln und Anfänge der allegorischen Liturgieerklärung in Morgen und Abendland" von Paul Rusch, 12.5.1933. Das Gutachten ist vom damaligen Dekan der theologischen Fakultät, P. Pangerl, und von Jos. A. Jungmann unterzeichnet; Archiv der Theologischen Fakultät der Universität Innsbruck, Gutachten über die Dissertationen, Nr. 400-500, Nr. 424.

78 Archiv des Collegium Canisianum, Innsbruck; Stammbuch 1925-1929, Nr. 2902.

79 Archiv der Theologischen Fakultät der Universität Innsbruck, Liber suffragiorum Examinum Rigorosorum ab anno 1901-1968, No. 1804.

80 Das Dokument trägt das Datum vom 7. Juli 1934 und befindet sich im Erinnerungsalbum, ABSZ.

81 Propst Huber bezeichnete Regens Hofmann auch als „Protektor" von Rusch (Gespräch, 21.3.1979; Stadtarchiv Innsbruck [= StA Innsbruck], Cod. 904, S. 14). Zu Hofmann siehe auch: Albert Oesch, P. Michael Hofmann S.J., Regens des Theologischen Konviktes Canisianum in Innsbruck, Innsbruck 1951.

82 Archiv des Collegium Canisianum, Innsbruck, Stammbuch 1925-1929, Nr. 2902.

83 Generalvikariat der Diözese Innsbruck, Personalblatt Paul Rusch.

84 Sowohl im Personalblatt wie auch im VIII. Schematismus des Welt- und Ordensklerus der Apostolischen Administratur Innsbruck-Feldkirch, Innsbruck 1935, S. 194 ist zwar vermerkt, daß Rusch erst ab 1.9.1935 in Hohenems gewesen sei, doch geht aus den Taufbüchern im Pfarrarchiv Hohenems eindeutig hervor, daß er bereits seit September 1934 in Hohenems seine priesterlichen Dienste verrichtet hat (Mitteilung von Pfarrsekretär Alfred Willam, Pfarre St. Karl, Hohenems, vom 17.10.2003).

85 G. Amman, Der Landesverband der Katholischen Arbeiter- und Arbeiterinnenvereine in den Jahren 1933 bis 1938, in: Ders., Werden und Wirken der christlichen Arbeiterbewegung Vorarlbergs (vervielfältigte maschinengeschriebene Arbeit), Hohenems, o.J., S. 7 f.; zit. nach: Manfred Dünser, Politischer Katholizismus in Vorarlberg. Katholische Aktion und Katholische Männerbewegung 1920-1990 [Schriftenreihe der Rheticus-Gesellschaft 27], Feldkirch 1991, S. 81.

86 Jakob Fußenegger, Zeitzeuge eines Jahrzehnts – 1938 bis 1948. Ein Priester erzählt, Dornbirn 1988, S. 56.

87 Das Buch erhielt das Imprimatur der Apostolischen Administratur Innsbruck am 17. Juli 1935.

88 Ingenhaeff, Lehrer, S. 138.

89 Vgl. dazu: Ulrike Kemmerling-Unterthurner, Die Katholische Jugendbewegung in Vorarlberg 1918 bis 1938 [Vorarlberg in Geschichte und Gegenwart, Bd. 5], Dornbirn 1991, S. 223.

90 Beschwerdeschreiben der Apostolischen Administratur Innsbruck an den Reichsminister des Innern in Berlin wegen staatlicher Anforderung des Canisianums, 11.2.1939; zit. nach: Helmut

Tschol, Die katholische Kirche, in: Dokumentationsarchiv des österreichischen Widerstandes (Hg.), Widerstand und Verfolgung in Tirol 1934-1945. Eine Dokumentation, Bd. 2, Wien/München 1984, S. 1-284; Dok. 55, S. 36-37; S. 37; vgl. dazu auch: Johann Steinringer, Seminar auf Wanderschaft. Geschichte des Seminars von Brixen bis Hötting, in: In Christo. Berichte aus dem Priesterseminar in Innsbruck 1, Dezember 1953, S. 4-7; S. 4, wo jedoch der Wechsel nach Innsbruck mit immer größer werdenden „Grenzschwierigkeiten" begründet wird.

91   Vgl. dazu: Josef Gelmi, Geschichte der Kirche in Tirol. Nord-, Ost- und Südtirol, Innsbruck-Wien/Bozen 2001, S. 492. In diesem Zusammenhang ist die Einschätzung der Beziehung zu Brixen in der damaligen Zeit wie auch die der dortigen Theologiestudenten recht interessant, die Rusch in einem Interview zum Besten gegeben hat; vgl. dazu: Gespräch über die nationalsozialistische Zeit in Tirol, geführt am 18. Juli 1978. Gesprächsteilnehmer: Bischof DDr. Paul Rusch, Propst Dr. Heinz Huber, Univ.-Prof. Dr. Josef Riedmann, Archivdirektor Dr. Franz-Heinz Hye, Rektor Mons. Viktor Zorzi [Transkript]; StA Innsbruck, Cod. 871 u. Cod. 872; hier: Cod. 871, S. 19: „Da war keine gute Beziehung und auch keine lebhafte Beziehung, muß ich offen sagen. Wie soll ich sagen, man war der Ansicht – jedenfalls wir und zum Teil habe ich das in Brixen bestätigt gefunden –, daß Südtirol sehr stark nazistisch war. Ich selber mußte damals, wie ich noch im Männerheim junger Regens war, mußte ich auch die Theologen, die aus Brixen kamen – außer den Nordtiroler Theologen – aufnehmen und habe dort eindeutig erfahren –, eine bestimmte Zahl von unseren Nordtiroler Theologen waren auch schon Nazisten geworden, eindeutig. Ich mußte sie dann kurieren, was mir auch zu meinem großen Erstaunen gelungen ist. Aber da war es schon sehr stark oft braun hin."

92   Vgl. dazu: Bruno Wechner, Die Apostolische Administratur Innsbruck-Feldkirch, in: Österreichisches Archiv für Kirchenrecht 3/1952, S. 69-85; S. 78.

93   Ingenhaeff, Lehrer, S. 138. Nach König, Paulus Rusch, 35 Jahre Bischof, S. 10, soll die Berufung Ruschs zum Regens auf Vorschlag von Propst Josef Weingartner erfolgt sein.

94   Vgl. dazu: Katholische Aktion für Tirol, Jugendabteilung, „An die Leitungen der kathol. Jugend Tirols", o. Datum [Feb. 1937]; DAI, Akten der NS-Zeit 1938-1945 und Nachkriegszeit 1945-1947, Mappe 9/1: Jugendvereine vor 1938. Verhältnis von Jungvolk der Vaterländischen Front und der Konkordatsjugend. Im Schematismus lautete die Bezeichnung hierfür: „Referent der Katholischen Aktion für die gesamte katholische männliche Jugendbewegung" (Schematismus des Welt- und Ordensklerus der Apostolischen Administratur Innsbruck-Feldkirch, X. Ausgabe 1937, S. 45); das Sekretariat der KA-Jugendabteilung befand sich in der Innsbrucker Maria-Theresien-Str. 40, Stöcklgebäude, 1. Stock.

95   Franz X. Schredt, Logbuch der Tiroler Pfadfinder, Innsbruck 1982, S. 61.

96   Schredt, Logbuch der Tiroler Pfadfinder, S. 61; vgl. weiters S. 62/63.

97   Horst Schreiber, Die Machtübernahme. Die Nationalsozialisten in Tirol 1938/39 [Innsbrucker Forschungen zur Zeitgeschichte, Bd. 10], Innsbruck 1994, S. 230.

98   Franz Josef Waitz, Dr. Sigismund Waitz – Fürstbischof in schwerster Zeit. Sein Leben und Wirken nach seinen Aufzeichnungen und vorhandenem Quellenmaterial, f. 476; KAS 19/39 – Waitz.

99   Ingenhaeff, Lehrer, S. 138/139; vgl. dazu auch Gelmi, Geschichte der Kirche, S. 504. Waitz, Dr. Sigismund Waitz, f. 475, schreibt, daß Ebf. Waitz Ende Mai 1938 einen Vorschlag an den Nuntius weiterleitete, der für das Amt des Administrators Propst Dr. Weingartner nannte.

100   Waitz, Dr. Sigismund Waitz, f. 477.

101   Chronik der Propsteipfarre, St. Jakob in Innsbruck, 30.10.1939, in: Tschol, Die katholische Kirche, Dok. 371, S. 180. Das Schutzkalkül der Jesuiten ging allerdings nicht auf, denn das Canisianum wurde im März 1939 aufgehoben.

102   Dr. Robert Leiber SJ war von 1924 bis 1958 vom damaligen Nuntius für das Deutsche Reich und späteren Papst Pius XII., Eugenio Pacelli, „wie ein Sekretär zur Mitarbeit herangezogen" worden; (LThK).

103   Vgl. dazu: Gespräch, 18.7.1978; StA Innsbruck, Cod. 872, S. 13; daraus auch die folgenden Zitate.

104   Huber trat am 5. Oktober 1931 ins Canisianum ein; Archiv des Collegium Canisianum, Innsbruck, Stammbuch 1930-1935.

105   Papst Pius XII. hat Rusch nicht zum Apostolischen Administrator ernannt, sondern sein Vorgänger Pius XI.; möglicherweise hat jedoch dessen damaliger Kardinalstaatssekretär (seit 7.2.1930),

Eugenio Pacelli (und mit ihm sein „Privatsekretär" P. Leiber) diese Entscheidung in hohem
Maße mitbestimmt.

106 Vgl. dazu: Gespräch über die nationalsozialistische Zeit in Tirol, geführt am 21. März 1979. Ge-
      sprächsteilnehmer: Monsignore Bernhard Praxmarer, Dekan in Hall i.T., Univ.-Prof. Dr. Josef
      Riedmann, Archivdirektor Dr. Franz-Heinz Hye [Transkript], S. 5; StA Innsbruck, Cod. 904;
      daraus stammen auch die folgenden Zitate.

107 Hierbei handelte es sich um die sogenannte Feierliche Erklärung der Österreichischen Bischöfe
      für die geplante Volksabstimmung über den „Anschluß" vom 18.3.1938, die mit einem Vorwort
      der beiden Erzbischöfe Waitz und Kardinal Theodor Innitzer und einer zusätzlichen Interpreta-
      tion des Nuntius in Wien versehen am 27. März 1938 in allen Kirchen Österreichs (in Vorarlberg
      eine Woche später) verlesen wurde.

108 Im weiteren Verlauf des Interviews konkretisierte Praxmarer diese Aussage mit der Feststellung:
      „Er [Rusch – H.A.] hat mich persönlich hinuntergeschickt", zusammen mit dem damaligen Ko-
      operator in Götzens und – wie Praxmarer – cand.theol., dem nachmaligen Propst Dr. Hans
      Weiser; (Gespräch, 21.3.1979; StA Innsbruck, Cod. 904, S. 5/6).

109 Gespräch, 18.7.1978; StA Innsbruck, Cod. 871, S. 16.

110 Tiroler Tageszeitung 276, 29.11.1958, S. 3.

111 Vgl. dazu: Johann Konrad Nussbaumer, Festführer zur Sankt-Gebhard-Tausendjahrfeier, Bregenz
      1949; Edwin Fasching, 2x7 Jahre. Eine kleine Kirchengeschichte Vorarlbergs der Kriegs- und
      Nachkriegszeit nach Tagebuchaufzeichnungen von Dr. Edwin Faschung, in: Die Quelle 1952,
      Sonderheft Vorarlberg, S. 130–135; S. 130; Heinz Huber, Geist und Tat. Exzellenz Dr. Paulus
      Rusch 20 Jahre Bischof, in: Kirchenblatt 14/48, 30.11.1958, S. 2; ebenso: König, Paulus Rusch, 35
      Jahre Bischof, der vermutet, daß die Benediktiner im Bregenzer Gallusstift „sehr seine Freude
      an der Liturgie im engeren Sinne geweckt" hätten.

112 Vgl. dazu: Erinnerungsalbum, ABSZ.

113 Vgl. dazu: Paul Rusch, Bischof unter sechs Päpsten, in: Reimmichls Volkskalender (Innsbruck),
      63/1984, S. 91-96; S. 91. „Ungefähr zur gleichen Zeit kam auch Hitler nach Rom" (ebd.), d.h., daß
      die Audienz Ende April/Anfang Mai 1938 stattgefunden hat.

114 Chef der Sicherheitspolizei und des SD (Berlin) an Herrn Reichsminister und Chef der Reichs-
      kanzlei, Dr. Lammers (Berlin), Zl. 4a-586/39, 3.5.1940; Bundesarchiv Berlin, R 5101/21736; dar-
      aus auch die folgenden Zitate. Außer diesem Schreiben aus dem Bestand des Reichsministeriums
      für kirchliche Angelegenheiten konnten im Bundesarchiv Berlin anhand der „Findmittel wei-
      terer einschlägiger Sachaktenbestände [...] keine Hinweise" zu Bischof Rusch ermittelt werden.
      „Generell kann nicht ausgeschlossen werden, dass in einzelnen Akten allgemeiner Titelbildung
      themenbezogene relevante Unterlagen vorliegen. Hier wären jedoch intensive Aktenrecherchen
      erforderlich"; „in den personenbezogenen Überlieferungen des ehemaligen Berlin Document
      Center konnten zu Paul Rusch keine Unterlagen nachgewiesen werden", ebensowenig wie solche
      im Zwischenarchiv Dahlwitz-Hoppegarten, wo personenbezogene Unterlagen des Deutschen
      Reiches aus der Verwaltung der DDR verwahrt werden. [Schreiben des Bundesarchivs Berlin, Zl.
      R3-00/A-Alexander, vom 21.8.2000 und 17.11.2000 an den Autor].

115 Ekkart Sauser, Rusch Paul, in BBKL, Bd. 8, Sp. 947-950; Sp. 947/948.

116 Gespräch, 18.7.1978; StA Innsbruck, Cod. 871, S. 5.

117 Knabl, DDr. Paulus Rusch, S. 45.

118 Gespräch, 18.7.1978; StA Innsbruck, Cod. 871, S. 5.

119 Gespräch, 18.7.1978; StA Innsbruck, Cod. 871, S. 5.

120 Dieser Titel wurde am 9.12.1947 nach Meloë in Isaurien transferiert; vgl. dazu: Annuario Ponti-
      ficio per l'Anno 1960, Città del Vaticano 1960, p. 655.

121 Vgl. dazu: Antonia Leugers, Gegen eine Mauer bischöflichen Schweigens. Der Ausschuß für
      Ordensangelegenheiten und seine Widerstandskonzeption 1941 bis 1945, Frankfurt a.M. 1996,
      S. 67.

122 Vgl. dazu: Schreiber, Die Machtübernahme, S. 227 ff.

123 Siehe dazu Tschol, Die katholische Kirche, S. 1-284; Josef Riedmann, Das Bundesland Tirol
      (1918 bis 1970), [Geschichte des Landes Tirol, Bd. 4/II], Bozen/Innsbruck-Wien, 1988, S. 1014
      ff.; Gelmi, Geschichte der Kirche, S. 503 ff. sowie Schreiber, Die Machtübernahme, S. 225 ff.
      Für Vorarlberg: Gerhard Wanner, Kirche und Nationalsozialismus in Vorarlberg [Schriften zur
      Vorarlberger Landeskunde, Bd. 9], Dornbirn 1972; ders., Kirche und Nationalsozialismus in

Vorarlberg, in: Maximilian Liebmann/Hans Paarhammer/Alfred Rinnerthaler (Hg.), Staat und Kirche in der „Ostmark" [Veröffentlichungen des Internationalen Zentrums für Grundfragen der Wissenschaften Salzburg, N.F., Bd. 70], Frankfurt a.m./Berlin/Bern u.a. 1998, S. 451-471; Harald Walser, Anpassung und Widerstand: Vorarlbergs Kirche im NS-Staat, in: Johann-August-Malin-Gesellschaft (Hg.), Von Herren und Menschen. Verfolgung und Widerstand in Vorarlberg 1933-1945 [Beiträge zu Geschichte und Gesellschaft Vorarlbergs, 5], Bregenz 1985, S. 110-126; Gretl Köfler, Auflösung und Restitution von Vereinen, Organisationen und Verbänden in Tirol [Veröffentlichungen der Österreichischen Historikerkommission. Vermögensentzug während der NS-Zeit sowie Rückstellungen und Entschädigungen seit 1945 in Österreich, Bd. 21/3], Wien/München 2004, S. 25-45.

124 Schreiber, Die Machtübernahme, S. 238.

125 Gespräch, 21.3.1979; StA Innsbruck, Cod. 904, S. 22.

126 Ebf. Waitz (Salzburg) an den Staatskommissär für Erziehung, Kultus und Volksbildung, Univ.-Prof. Dr. Friedrich Plattner (Wien), Zl. 1/39, 2.1.1939 (Abschrift); DAI, NS-Akten, Mappe 6/5: Priesterseminar Canisianum 1938/39 u. Fragen der Bischofsanerkennung durch weltl. Behörde (Briefe v. Ebf. Waitz); ebenso: Tschol, Die katholische Kirche, Dok. 364, S. 177; vgl. auch: Dok. 366, ebd. S. 178. Ergänzend ist hier noch anzumerken, daß Österreich bzw. die damals sog. „Ostmark" sich in jenen Jahren in einem konkordatsfreien Raum befand, zumal die Rechtsgültigkeit des österreichischen Konkordats vom 5. Juni 1933 seitens der Nationalsozialisten bestritten wurde, die vertraglichen Regelungen des Vatikans mit dem Deutschen Reich vom 20. Juli 1933 in der „Ostmark" jedoch keine Gültigkeit besaßen; vgl. dazu: Gelmi, Geschichte der Kirche, S. 503.

127 Vgl. dazu: Apostolische Nuntiatur Deutschland, Berlin, Cesare Orsenigo, an den Reichsminister des Auswärtigen, Berlin, Joachim von Ribbentrop, Nr. 25319 vom 11.11.1938 (Abschrift); DAI, Bestand Rusch, Mappe 58: Hammerle – NS-Akte.

128 Vgl. dazu: Beatrix Scherlacher, Widerstand und Verfolgung der Konservativen und der Kirche in Nordtirol 1938-1945, phil. Diss. (Manuskript), Wien 1984, S. 31.

129 Ingenhaeff, Lehrer, S. 142; Riedmann, Das Bundesland Tirol, S. 1016; Gelmi, Geschichte der Kirche, S. 505.

130 Gespräch, 18.7.1978; StA Innsbruck, Cod. 871, S. 6.

131 Schreiben des Landeshauptmanns von Tirol, Franz Hofer, an alle Abteilungen und Dienststellen der Behörde des Landeshauptmannes, alle Landräte in Tirol und alle Landesämter und Landesanstalten in Tirol, Zl. 221/1 prs, 10.1.1939 mit Anführung eines Erlasses des Ministeriums für innere und kulturelle Angelegenheiten, Abteilung IV – Erziehung, Kultus und Volksbildung, Z. IV-3-48427/a, 24.12.1938 (Abschrift); DAI, NS-Akten, Mappe 4/3: Politische Verfolgungen; daraus auch die folgenden Zitate. Ebenso: Tschol, Die katholische Kirche, Dok. 365, S. 177/178; vgl. auch: Dok. 367, ebd. S. 178/179; vgl. dazu auch: Josef Kremsmair, Nationalsozialistische Maßnahmen gegen Katholisch-theologische Fakultäten in Österreich, in: Liebmann/Paarhammer/Rinnerthaler (Hg.), Staat und Kirche in der „Ostmark", S. 133-169; S. 150/151, Anm. 55; Jakob Fried, Nationalsozialismus und katholische Kirche in Österreich, Wien 1947, S. 40.

132 „Übergebe hiermit Msg. Dr. Karl Lampert Vollmacht, meine Angelegenheiten zu vertreten. + Dr. Paul Rusch [Unterschrift], Innsbruck 15. Dez. 38"; Bischof Rusch, handschriftliche Notiz, 15.12.1938; DAI, NS-Akten, Mappe 6/5: Priesterseminar Canisianum 1938/39 u. Fragen der Bischofsanerkennung durch weltl. Behörde (Briefe v. Ebf. Waitz).

133 Fußenegger, Zeitzeuge eines Jahrzehnts, S. 55; vgl. auch: Gaudentius Walser, Carl Lampert – Sein Leben und sein Wirken für die Kirche, in: Diözese Feldkirch (Hg.), Provikar Dr. Carl Lampert. Zeuge in gnadenloser Zeit. Dokumentation, Innsbruck 1999, S. 9-24; S. 20.

134 Weiters waren u.a. auch Bruno Wechner (Dr. phil., Dr. iur.cand., geb. 1.7.1908 in Götzis, gest. 28.12.1999 in Feldkirch; Priesterweihe am 26.7.1933; Weihbischof und Generalvikar der Apostolischen Administratur bzw. Diözese Innsbruck-Feldkirch für den Vorarlberger Anteil von 1955 bis 1968, Diözesanbischof von Feldkirch 1968 bis 1989) als Diakon und der Salzburger Hofkaplan Eduard Macheiner (geb. 18.8.1907 in Fresen, gest. 17.7.1972 in Salzburg, Priesterweihe am 10.7.1932; Erzbischof von Salzburg seit 18.10.1969) bei der Weihe zugegen.

135 Während sich in den (nichtkirchlichen) Tiroler Zeitungen keine Hinweise auf Ernennung und Weihe des neuen Bischofs finden, brachte die „Münchner Neueste Nachrichten" am 24.11.1938 eine diesbezügliche Meldung mit der Überschrift: „Innsbruck wird Bistum. Der neue Bischof der jüngste im Reich – Wichtige Veränderungen innerhalb des Ostmarkepiskopats."

136 Ernst Hanisch, Der österreichische Katholizismus zwischen Anpassung und Widerstand (1938-1945), in: Zeitgeschichte 15/5 (1988), S. 171-179; S. 177.

137 Diese Eidesformel lautete: „Ich schwöre bei Gott diesen heiligen Eid, daß ich dem Führer des Deutschen Reiches und Volkes, Adolf Hitler, dem Obersten Befehlshaber der Wehrmacht, unbedingten Gehorsam leisten und als tapferer Soldat bereit sein will, jederzeit für diesen Eid mein Leben einzusetzen."

138 Vgl. dazu die Berichte über die Bischofsweihe in: Tiroler Sonntagsblatt (Kufstein), Nr 48, 4.12.1938, S. 10 und Katholisches Sonntagsblatt (Brixen), Nr. 50, 11.12.1938, S. 7; ebenso: Fußenegger, Zeitzeuge eines Jahrzehnts, S. 53 ff.

139 Gespräch, 21.3.1979; StA Innsbruck, Cod. 904, S. 7.

140 Knabl, DDr. Paulus Rusch, S. 45. Die Unterlagen und Akten der Innsbrucker Gestapo wurden nahezu vollständig vernichtet, so daß sich im Tiroler Landesarchiv in Innsbruck keinerlei Materialien befinden, aus denen sich irgendwelche Angaben zu solchen Vorladungen, Einvernahmen, Verhören usw. entnehmen ließen.

141 Vgl. dazu: Josef Weingartner, Zehn Jahre Bischof, in: Die Quelle, November 1948, S. 197-199; S. 198.

142 Gespräch, 21.3.1979; StA Innsbruck, Cod. 904, S. 7; vgl. dazu auch: Sauser, Rusch, Sp. 947: „[...] bewirkte sein jugendliches Alter bei einem größeren Teil des älteren Klerus nicht gerade die vollste Annahme, auch aus dem Grunde, weil R. für dieses Kirchengebiet als erster sehr profiliert und ohne viel Rücksicht die Tore in eine neue Zeit zu öffnen versuchte. So war R. in der Zeit der Naziherrschaft auf weite Strecken ein ‚einsamer Mann', für den eigentlich nur die Jugend und der junge Klerus Verständnis und zum Teil echte Begeisterung aufgebracht haben."

143 Fußenegger, Zeitzeuge eines Jahrzehnts, S. 57. Msgr. Viktor Zorzi und Prälat Hermann Nagele berichteten 1996 in einem Interview von heimlichen Besuchen bei den Jugendgruppen in der NS-Zeit; vgl. dazu: Kirche 13, 31.3.1996, S. 4/5.

144 Damit meinte er seinen Provikar Dr. Carl Lampert.

145 Knabl, DDr. Paulus Rusch, S. 45.

146 Knabl, DDr. Paulus Rusch, S. 45.

147 Ekkart Sauser, Neururer, Otto, in: BBKL, Bd. 6, Sp. 652-653; Sp. 652.

148 Vgl. dazu: Helmut Tschol, Otto Neururer. Priester und Blutzeuge, Innsbruck ²1983; Neururer wurde an den Füßen mit dem Kopf nach unten aufgehängt, bis sein Tod eintrat.

149 Gespräch, 18.7.1978; StA Innsbruck, Cod. 871, S.7.

150 Vgl. dazu: Gelmi, Geschichte der Kirche, S. 519.

151 Vgl. dazu: Gespräch, 18.7.1978; StA Innsbruck, Cod. 871, S. 12; anders dagegen Gelmi, Geschichte der Kirche, S. 519: „Angesichts der brutalen Kirchenverfolgung verfaßte Bischof Rusch am 2. März 1940 unter Mitwirkung des Seelsorgeamtsleiters Mons. Michael Weiskopf eine Gedenkschrift, die er durch Boten an den damaligen Berliner Nuntius Cesare Orsenigo schickte.

152 Gespräch, 18.7.1978; StA Innsbruck, Cod. 871, S. 12; daraus auch die folgenden Zitate. Im gleichen Interview teilte Rusch wenige Seiten später (S. 20) mit, daß er auf seinen Fahrten nach Berlin immer unter Beobachtung stand und diese auch sonst recht abenteuerlich verlaufen konnten. Ihm sei nämlich gesagt worden, „daß mir jedesmal auf der Fahrt ein Gestapo-Beamter mitgeschickt worden ist. Selbstverständlich nicht in Uniform, sondern in Zivil. Einmal kann ich mich erinnern, daß ich so einen Gestapo-Beamten abgehängt habe, weil ich ein paarmal den Zug gewechselt habe; auf einmal war der nicht mehr da."

153 Diese Episode kursiert in verschiedenen Versionen in der Literatur, so etwa bei Ingenhaeff, Lehrer, S. 144: Gauleiter „Hofers Sündenregister gelangte über Berlin nach Rom und wenige Tage später strahlte Radio Vatikan Hofers und des Nationalsozialismus Greueltaten in die Welt. Der Vorwurf Hofers gegen Rusch lautete nun auf Landesverrat. Eine Verhaftung des aus Berlin nach Tirol zurückkehrenden Bischofs schien wahrscheinlich. Auf dem Innsbrucker Hauptbahnhof wartete bereits die Gestapo auf die Ankunft des Zuges. Dieser Umstand setzte einige Priester und Laien in Bewegung: im Bahnhof Hötting holten sie Rusch aus dem Zug und brachten ihn in Sicherheit. Am nächsten Tag stellte sich der Bischof den erstaunten Behörden – ohne allerdings bereit zu sein, ein vorbereitetes ‚Geständnis' zu unterschreiben." Hans-Joachim Schramm, Bischof DDr. Paul Rusch. Bischof der Bewährung und des Aufbruchs, 1903-1986, in: Hans Humer/Werner Kunzenmann (Hg.), Grosse Gestalten der Kirche in Tirol. Lebensbilder, Innsbruck 2002, S. 96-99; S. 96: „Die Serviten, Jesuiten, Kapuziner, die Prämonstratenser und die Schwestern von der Ewi-

gen Anbetung wurden aus ihren Klöstern gewiesen. Bischof Rusch ließ den Vatikan von dieser Klosteraufhebung durch einen persönlichen Gesandten informieren. Der Papst veröffentlichte dieses Faktum im Radio Vatikan. Während Bischof Rusch bei der Bischofskonferenz in Wien war, kamen SS-Leute, um die Bischofswohnung zu durchsuchen. Ein Innsbrucker Kaplan hörte die SS-Leute in die Bischofswohnung hinaufsteigen und ließ Bischof Rusch aus dem Wien-Zug in Wörgl holen. Daraufhin fuhr Bischof Rusch nach Berlin und bereinigte dort die Affäre, da die Reichsregierung gegen Bischöfe nicht mit Verhaftungen vorgehen wollte."

154 Riedmann, Das Bundesland Tirol, S. 1016.

155 Ekkart Sauser, Orsenigo Cesare, in: BBKL, Bd. 21, Sp. 1136-1140; Sp. 1138.

156 Das „Im Namen des Deutschen Volkes" gefällte „Feldurteil" ist abgelichtet in: Diözese Feldkirch (Hg.), Provikar Dr. Karl Lampert. Zeuge in gnadenloser Zeit – Dokumentation, Innsbruck 1999, S. 53.

157 Johann Neuhäusler, Kreuz und Hakenkreuz. Der Kampf des Nationalsozialismus gegen die katholische Kirche und der kirchliche Widerstand. Erster Teil, München 1946, S. 82/83.

158 August Hinteregger, Gedanken zur vorliegenden Arbeit, in: Vorarlberger Priester-MK (Hg.), Vorarlberger Priester in den Jahren der Bedrängnis, 1938-1945, o.O., 1988, S. 4-5; S. 4. In diesem Sinne auch Jakob Fußenegger – „Provikar Lampert ist das Opfer für Paulus Rusch. Gauleiter Hofer haßte ihn und trägt die Hauptschuld an seiner Verhaftung und an seiner Hinrichtung. Man konnte unternehmen, was man wollte. Hofer bestand auf seinen Tod. Dieser Kopf muß fallen!" – und Bruno Wechner, beide zit. nach: Walser, Carl Lampert, S. 22: Gauleiter Hofer habe immer wieder betont, den „Rusch kann ich nicht einsperren lassen, so muß eben Lampert herhalten!"

159 Bischof Rusch in einem Schreiben an die amerikanischen Militärbehörden vom 27.6.1945; zit. nach: Walser, Anpassung und Widerstand, S. 116.

160 Diesen Aspekt heben Tschol, Die katholische Kirche, S. 1, Riedmann, Das Bundesland Tirol, S. 1014, Schreiber, Die Machtübernahme, S. 228 und Martin Kofler, Osttirol im Dritten Reich 1938-1945, Innsbruck-Wien 1996, S. 142 besonders hervor.

161 Schreiber, Die Machtübernahme, S. 228; vgl. dazu auch: Walter Sauer, Loyalität, Konkurrenz oder Widerstand? Nationalsozialistische Kultuspolitik und kirchliche Reaktionen in Österreich 1938-1945, in: Emmerich Tálos/Ernst Hanisch/Wolfgang Neugebauer/Reinhard Sieder (Hg.), NS-Herrschaft in Österreich. Ein Handbuch, Wien 2000, S. 159-186.

162 Neuhäusler, Kreuz und Hakenkreuz, S. 350; ebenso: Gelmi, Geschichte der Kirche, S. 519/520.

163 Gelmi, Geschichte der Kirche, S. 504.

164 Vgl. dazu: Erika Weinzierl, Widerstand, Verfolgung und Zwangsarbeit, in: Rolf Steininger/Michael Gehler (Hg.), Österreich im 20. Jahrhundert. Ein Studienbuch in zwei Bänden, Bd. 1: Von der Monarchie bis zum Zweiten Weltkrieg, Wien/Köln/Weimar 1997, S. 411-463; S. 422/423. Die gleiche Autorin schreibt aber auch in: Kirche und Demokratie in Österreich 1918-1945, in: Ulrich H.J. Körtner (Hg.), Kirche – Demokratie – Öffentlichkeit. Ort und Auftrag der Kirchen in der demokratischen Gesellschaft, Innsbruck-Wien 2002, S. 47-64; S 59: „[…] und der Klerus der Diözese Linz war in der Zahl der verhafteten und ins KZ verbrachten Priester führend"; vgl. auch: Erika Weinzierl, Österreichische Priester über den katholischen Widerstand gegen den Nationalsozialismus. Ergebnisse einer Umfrage, in: Erika Weinzierl, Ecclesia semper reformanda. Beiträge zur österreichischen Kirchengeschichte im 19. und 20. Jahrhundert, Wien/Salzburg, 1985, S. 331-341; S. 335.

165 Riedmann, Das Bundesland Tirol, S. 1098; vgl. dazu auch: Tschol, Die katholische Kirche, S. 8. Eine Liste von verhafteten Priestern und Ordensleuten nennt 9 im Bundesland Tirol geborene Geistliche (8 aus dem Tiroler Anteil der Apostolischen Administratur Innsbruck-Feldkirch, von denen einer Priester der Erzdiözese Salzburg war, sowie einer aus dem Salzburger Kirchengebiet in Tirol, ebenfalls Priester dieser Diözese); 2 aus Vorarlberg stammende Geistliche und 2 in Südtirol geborene Priester. Dazu sind noch zwei weitere, nicht in Tirol oder Vorarlberg geborene, aber hier wirkende Priester (P. Alois Grimm SJ und Johann Schroffner) zu nennen; vgl. dazu: Helmut Tschol/Johann Reiter, Liste der verhafteten Priester und Ordensleute, in: Dokumentationsarchiv des österreichischen Widerstandes (Hg.), Widerstand und Verfolgung in Tirol 1934-1945. Eine Dokumentation, Bd. 2, Wien/München 1984, S. 332-350.

166 Schreiber, Die Machtübernahme, S. 228.

167 Vgl. dazu: Sauer, Loyalität, Konkurrenz oder Widerstand? S. 159, 173 ff., 181; Hanisch, Der österreichische Katholizismus, S. 172.

168 Vgl. dazu: Sauer, Loyalität, Konkurrenz oder Widerstand?, S. 175; Augustin Rösch, Kampf gegen den Nationalsozialismus. Herausgegeben von Roman Bleistein, Frankfurt a.M. 1985, S. 174. Der Hirtenbrief beginnt mit den Worten: „In dem ungeheuren Ringen an der Ostfront führt Deutschland nicht bloß einen Kampf gegen ein Reich, das seine Untertanen in bisher unerhörtem Mass unterdrückt, sondern gegen eine Weltanschauung, die für die ganze abendländische Kultur von nicht absehender Gefahr ist.
Das verderbliche Wesen des Bolschewismus liegt in der Gottlosigkeit, die er der ganzen Menschheit aufzwingen will. Er ist ein Feind jedweder, vor allem der christlichen Religion und greift daher die katholische Kirche mit den verwerflichsten Waffen, mit Lüge, Verleumdung, Unterdrückung und blutiger Verfolgung an. Nicht allein in den vergangenen Jahren, auch in der Gegenwart hat die Oeffentlichkeit diese traurige Tatsache festgestellt." (Mitteilungen des Oesterreichischen Episkopates zur Frage: „Kirche und Bolschewismus"; Pfarrexemplar der Pfarre Braunsdorf, dzt. im Archiv der Erzdiözese Wien).

169 Am 15. Dezember 1943 erfolgte die erste und folgenschwerste Bombardierung Innsbrucks durch alliierte Luftstreitkräfte, bei der 269 Personen ums Leben kamen, 500 verwundet, 1627 obdachlos, 45 Häuser total zerstört, 92 mittelschwer und 203 leicht beschädigt wurden; vgl. dazu: Thomas Albrich/Arno Gisinger, Im Bombenkrieg. Tirol und Vorarlberg 1943-1945 [Innsbrucker Forschungen zur Zeitgeschichte, Bd. 8], Innsbruck 1992, S. 142.

170 Paul Rusch, Hirtenwort vom 2. Januar 1944, in: Scherlacher, Widerstand und Verfolgung, S. 229-232; S. 229.

171 Rusch, Hirtenwort vom 2. Januar 1944, S. 230.

172 Hans Baumgartner, Aus der Verfolgung zu neuer Freiheit. Ein Weg voller Dornen und Hoffnungen., [Interview mit Paul Rusch], in: Land der Dome. Österreich nach 1945 – Kirche und Staat im Wiederaufbau [Sonderbeilage der Kirchenzeitung 18, 5.5.1985], S. 2-4; S. 2.

173 Nach einem Vortrag Ruschs über seine Erfahrungen in der NS-Zeit entstand im Anschluß eine rege Diskussion, in der „Rusch allerdings nicht bereit war, zu den erhobenen Vorwürfen gegen die zu wenig klar akzentuierte Haltung der Kirche während des Nationalsozialismus näher Stellung zu beziehen". (Tiroler Tageszeitung 76, 30./31.3.1985, S. 18.)

174 Vgl. dazu: Baumgartner, Aus der Verfolgung zu neuer Freiheit; S. 2 sowie Paul Rusch, Waage der Zeit – Wege der Zeit. Erfahrungen, Erkenntnisse, Wege. Geleitwort von Bischof Dr. Reinhold Stecher, Innsbruck/Wien/München 1983, S. 16: „Beim Innenministerium wurde ich um die Rücknahme der kirchenfeindlichen Maßnahmen vorstellig. Dort gab es immerhin hohe politische Beamte von durchaus rechtlichem Sinn. Ich argumentierte in gleicher Weise, also z.B. bei der Beschlagnahme des Priesterseminars: Wir leben in einem Rechtsstaat[!]. Die Beschlagnahme ist gesetzeswidrig. Also erwarte ich die Rücknahme dieser Verfügung und bitte darum. Die Antwort war: Das ist so, ja. Sie haben recht. Aber ich kann Ihnen nicht helfen, der Gauleiter besteht auf dem Gegenteil."

175 Vgl. dazu: Wechner, Die Apostolische Administratur, S. 80: „Der Bischof selbst ist einer Verhaftung nur deswegen entgangen, weil dies von den übergeordneten Stellen in Berlin nicht gestattet wurde. Gauleiter Hofer hätte keine Bedenken gehabt, den Bischof zu entfernen"; Gelmi, Geschichte der Kirche, S. 506: „Zu seiner Verhaftung kam es nicht, weil die NS-Führung dagegen war"; Ingenhaeff, Lehrer, S. 142: „Der Verhaftung entging Rusch nur, weil dazu aus Berlin die Zustimmung ausblieb. Der Führer hütete sich peinlichst davor, auch nur *einen* Bischof zum Glaubensmärtyrer zu machen." Kursive Hervorhebungen sind in der Vorlage gesperrt gesetzt.

176 Roman Bleistein, Lebensbild, in: Rösch, Kampf gegen den Nationalsozialismus, S. 11-54; S. 35; vgl. dazu auch: Leugers, Gegen eine Mauer bischöflichen Schweigens, S. 249 ff. sowie bes. S. 256-258; zum folgenden siehe auch: Michaela Kronthaler, Die Würde des menschlichen Lebens, insbesondere die „Euthanasie"-Problematik und Tötung von „Geisteskranken", in gemeinsamen Hirtenbriefkonzepten und Denkschriften des deutschen und österreichischen Episkopats (1938-1945), in: Sonia Horn/Peter Malina (Hg.), Medizin und Nationalsozialismus – Wege der Aufarbeitung [Wiener Gespräche zur Sozialgeschichte der Medizin], Wien 2001, S. 59-84, bes. S. 71-74.

177 Vgl. dazu: Leugers, Gegen eine Mauer bischöflichen Schweigens, S. 256.

178 Rösch, Kampf gegen den Nationalsozialismus, S. 172/173.

179 Rösch, Kampf gegen den Nationalsozialismus, S. 174.

180 Dies bestätigte auch Bischof Rusch; vgl. dazu: Gespräch, 18.7.1978; StA Innsbruck, Cod. 871, S. 17.

181 Rösch, Kampf gegen den Nationalsozialismus, S. 175; daraus (S. 175/176) auch die folgenden Zitate.

182 Am 22. März 1942 wurde dieser Hirtenbrief in zahlreichen Pfarren der bayerischen Diözesen verlesen und löste bei den Katholiken Begeisterung, Dank und Zufriedenheit aus. Auch bei Andersgläubigen hinterließ er einen sehr großen und günstigen Eindruck und selbst bei den Anhängern der Partei zeigte er Wirkung: „a) bei den noch rechtlich denkenden, vor allem den sog[enannten] alten Kämpfern: volle Zustimmung, nicht so sehr wegen des ersten Teiles, sondern wegen des zweiten Teiles, wo die Menschenrechte verteidigt werden. b) bei den anderen: ungewöhnliche Betroffenheit, Schweigen, Sorge, eine gewisse Hilflosigkeit." (Rösch, Kampf gegen den Nationalsozialismus, S. 178).

183 Erinnert sei in diesem Zusammenhang nur an die Predigten des Bischofs von Münster, Graf Clemens August von Galen im Sommer 1941, in denen er unerschrocken und mit scharfen Worten die Beschlagnahmungen von Ordenshäusern ebenso verurteilte, wie die verbrecherischen Euthanasiemaßnahmen der Nationalsozialisten. Daß Ruschs „Predigten – so weiß man – […] nichts an Deutlichkeit und Einsatz für die Wahrheit zu wünschen übrig" ließen, (Heribert Berger, Künder des Wortes und Hirte des Bistums. Zum 40jährigen Bischofsjubiläum von DDr. Paulus Rusch, Bischof der Diözese Innsbruck, in: Kirchenblatt 48, 26.11.1978, S. 1 u. 3; S. 3), mag sein, doch „man" ist kein guter Zeuge für den Historiker und andere Belege dafür sind diesem, zumindest aus der NS-Zeit, nicht bekannt geworden!

184 Gespräch, 18.7.1978; StA Innsbruck, Cod. 871, S. 18; daraus auch das folgende Zitat, das der Autor an dieser Stelle unkommentiert stehen lassen möchte, in der Hoffnung, daß die historische Vorstellungskraft oder auch nur die Phantasie der LeserInnen den Realitätsbezug in Ruschs Darstellung selber herstellen können!

185 Vgl. dazu: Wolfgang Neugebauer, Zwangssterilisierung und ‚Euthanasie' in Österreich 1940-1945, in: Zeitgeschichte 19/1,2 (1992), S. 17-28, S. 24 sowie insgesamt: Stefan Lechner, Zwangssterilisationen von „Erbkranken" im Reichsgau Tirol-Vorarlberg 1940-1945, in: Geschichte und Region/Storia e regione 6/1997, S. 117-161.

186 Gelmi, Geschichte der Kirche, S. 519; zu Vorarlberg siehe: Gernot Egger, Vernichtung „lebensunwerten Lebens", in: Johann-August-Malin-Gesellschaft (Hg.), Von Herren und Menschen. Verfolgung und Widerstand in Vorarlberg 1933-1945 [Beiträge zu Geschichte und Gesellschaft Vorarlbergs, 5], Bregenz 1985, S. 207-213.

187 Vgl. dazu: Gerhard Podhradsky, Das Dominikanerinnenkloster Altenstadt. Geschichte, Professen, Regesten, Feldkirch 1990, S. 96-99.

188 Ingenhaeff, Lehrer, S. 144.

189 Riedmann, Das Bundesland Tirol, S. 1102.

190 Hanisch, Der österreichische Katholizismus, S. 178.

191 Kofler, Osttirol im Dritten Reich, S. 143; vgl. dazu auch: Schreiber, Die Machtübernahme, S. 239.

192 „Die Tiroler sind keine Helden". Innsbruck: Bischof Rusch über die NS-Zeit, von Michael Forcher, in: Kurier 317, 15.11.1978, S. 14.

193 Gelmi, Geschichte der Kirche, S. 521.

194 Bischof Rusch über das Hirtenamt in der NS-Zeit. Von jungen Priestern geführte Katholische Jugend selbst von der Gestapo gefürchtet, in: Kirchenblatt für Tirol 48, 26.11.1978, S. 2.

195 „Die Tiroler sind keine Helden", S. 14; im Februar 1946 hat Rusch in seinem Fastenhirtenbrief bereits das vielfach feststellbare „Defizit der Tapferkeit" unter den Tirolern während der NS-Zeit moniert; (vgl. dazu: Kirchenblatt 2/8, 24.2.1946, S. 1).

196 „Seine Exzellenz bleibt den Tirolern unbequem", von Michael Forcher, in: Kurier 321, 19.11.1978, S. 12.

197 „Die Tiroler sind keine Helden", S. 14.

198 Es handelte sich dabei um den nachmaligen Generalstaatsanwalt in Innsbruck, Dr. Ernst Grünewald.

199 Vgl. dazu: Paul R. Sweet (OSS), Political Developments in Land Tirol, 15.6.1945; in: Oliver Rathkolb (Hg.), Gesellschaft und Politik am Beginn der Zweiten Republik. Vertrauliche Berichte der US-Militäradministration aus Österreich in englischer Originalfassung, Wien/Köln/Graz 1985,

S. 374-385; S. 385: „"Personally the Bishop is a weak individual,' Grünnewald [sic!] said, and he added that this was the opinion of many of the clergy as well. This was partly to be ascribed to his rather bad health, but it was felt that despite this he ought to have taken a firmer stand against the Nazis. ‚Many of the measures of the Nazis would not have been put through if we had a Faulhaber here,' Grünnewald [sic!] said. ‚Never a word against the concentration camps, never a word of thanks at our delivery from the Nazis, He might at least have done that."'

200 Über Ruschs „heimtückische Krankheit" (Gelmi, Geschichte der Kirche, S. 522) – „man sprach von Ansteckung durch Malaria" (Sauser, Paul Rusch, Sp. 947), einer „böse[n] Infektionskrankheit" (Fußenegger, Zeitzeuge eines Jahrzehnts, S. 115), – ist nichts wirklich eindeutiges bekannt. Tatsache ist, daß sie „auch ständig Fieber bringt" (Bf. Rusch an „Monsignore" [Lechleitner?], 20.10.1945; DAI Bestand Rusch, Mappe 61a: Schreiben an die jew. H.H. GV (1943/1946-1980)), ihn oft und lange ans Krankenbett fesselte und ihn – wie Weingartner, Zehn Jahre Bischof, S. 198 schreibt – „etliche Jahre fast arbeitsunfähig machte"; außerdem mußte Rusch zeitlebens eine strenge Diät einhalten. Um 1942 dürfte sich der Bischof eine „geheimnisvolle infektiöse Krankheit" – „von einem Frontsoldaten mit der ominösen Kreta-Krankheit [!] angesteckt", (Schramm, Bischof DDr. Paul Rusch, S. 96) – zugezogen haben, „die ihm noch viele Jahre nach dem Krieg zugesetzt hat; das machte ihn zum leidgeprüften Mitmenschen, aber auch zu einem Mann der Kirche, der nur durch eiserne Aszese [sic!] arbeitsfähig bleiben konnte; das ist, weil unfreiwillig und schicksalshaft auferlegt, viel schwerer zu ertragen, als ein freiwillig gewählter Bußgürtel!" (Jakob Fußenegger (Hg.), KZ-Lagerdekan Georg Schelling – 200 Briefe aus dem KZ, Dornbirn 1991, S. 327, unter Hinweis auf einen Brief Georg Schellings vom 28.6.1942). Es dürfte sich bei Ruschs Krankheit um einen viralen Infekt mit unbekannter Ursache gehandelt haben, der besonders unter psychischem Streß ausbrach und sich belastend auf Herz und Kreislauf auswirkte.

201 Sweet (OSS), Political Developments in Land Tirol, S. 385.

202 Fußenegger (Hg.), KZ-Lagerdekan Georg Schelling, S. 129.

203 Der damals bereits über 70jährige Vorarlberger Generalvikar, Weihbischof Franz Tschann, hat – wie aus Briefen Lamperts hervorgeht – den Innsbrucker Provikar sogar an der Ostsee bzw. während seiner Haft persönlich besucht. Von Rusch sind solche Aktivitäten nicht bekannt!

204 „Er hat bleibende Furchen gezogen." Interview mit Msgr. Viktor Zorzi und Prälat Hermann Nagele, in: Kirche 13, 31.3.1996, S. 4/5; S. 5. „Seine besondere Liebe gehörte den Priestersoldaten", (Gustav Glatthaar, Das Leben Christus dem König. Wir freuen uns mit unserem Bischof Paulus, in: Die Quelle, Winter 1963/4, S. 28/29; S. 29); vgl. auch: Huber, Bischof Dr. Paulus Rusch vollendet sein 50. Lebensjahr.

205 Rusch, Waage der Zeit, S. 15. Ebenso kurz äußerte sich Rusch zu Neururer und nicht weniger unbeteiligt in einem Bericht über eine Gedächtnisfeier für Provikar Lampert in Halle, den Rusch für die „Kirche" schrieb; vgl. dazu: Paul Rusch, 40-Jahr-Gedächtnis für Provikar Lampert, in: Kirche 48, 25.11.1984, S. 2.

206 Gelmi, Geschichte der Kirche, S. 522; siehe auch: Reinhold Stecher, Bischof im Wandel der Zeiten, in: Tiroler Schule. Fachzeitschrift des Katholischen Tiroler Lehrervereins 83/10, Nov./Dez. 1973, S. 1-4; S. 2 sowie Heinz Wieser, Vor 50 Jahren: Paulus Rusch wird zum Bischof geweiht, in: Kirche 48, 27.11.1988, S. 16.

207 Zum folgenden siehe: „Das Zeugnis der Kirche zu Fragen der Zeit. Die Predigt unseres Bischofs am 6. Jänner in Innsbruck", in: Kirchenblatt 3/3, 19.1.1947, S. 1-4; S. 4 sowie: Bischof Rusch gegen das Entnazifizierungsgesetz, in: Tiroler Nachrichten 10, 15.1.1947, S. 1. Bei dem erwähnten „Entnazifizierungsgesetz" handelt es sich um das damals in der Öffentlichkeit diskutierte, jedoch erst am 6. Februar 1947 erlassene „Bundesverfassungsgesetz über die Behandlung der Nationalsozialisten (Nationalsozialistengesetz)"; BGBl. 25/1947.

208 Tiroler Nachrichten 10, 15.1.1947, S. 1.

209 Tiroler Tageszeitung 76, 30./31.3.1985, S. 18; vgl. dazu auch: Rusch, Waage der Zeit, S. 19.

210 Weingartner, Zehn Jahre Bischof, S. 198 u. 199.

211 Stecher, Bischof im Wandel der Zeiten, S. 2/3.

212 Vgl. dazu: Tiroler Nachrichten 291, 16.12.1963, S. 1: "Ehrenbürger des Landes".

213 Gelmi, Geschichte der Kirche.

214 Vgl. dazu: Paul Rusch, 3. Mai 1945: Altbischof Paul Rusch erinnert sich, in: Kirche 18, 5.5.1985, S. 5 [dgl. etwas ausführlicher: Erinnerung an den 3. Mai 1945, in: Kirche 18, 30.4.1995, S. 16].

215 Huber, Bischof Dr. Paulus Rusch vollendet sein 50. Lebensjahr.

216 Reinhold Stecher, Bischof Rusch – ein Fels in der Brandung der Zeit, in: Kirche 15, 13.4.1986, S. 1/2; S. 2.

217 Huber, Bischof Dr. Paulus Rusch vollendet sein 50. Lebensjahr.

218 Huber, Bischof Dr. Paulus Rusch vollendet sein 50. Lebensjahr.

219 Vgl. dazu: August Paterno, Zum Gedenken an Paulus Rusch, in: Neue Vorarlberger Zeitung, 5.4.1986, S. 3/4, S. 3.

220 Präsent 15, 10.4.1986, S. 6; vgl. dazu auch: Ingenhaeff, Lehrer, S. 148 sowie den Text einer Rundfunkrede Wallnöfers zum 75. Geburtstag Ruschs, in der er einbekannte, daß der Innsbrucker Bischof in seinen Augen „ein ganz großer Kirchenfürst" sei; (Kirchenblatt 41, 8.10.1978, S. 3).

221 So hat zwar nicht Rusch, sondern der Salzburger Erzbischof Rohracher am 29. Juni 1946 vor dem Goldenen Dachl in Innsbruck vor tausenden Menschen die Hl. Messe am Gelöbnistag der Jugend zur Erneuerung des Herz-Jesu-Bundes gefeiert, doch ist er „trotz seiner Krankheit erschienen" und nahm, „obwohl gesundheitlich sehr angegriffen, [...] dennoch die Verlesung der Gelöbnisformel vor"; (Tiroler Nachrichten 136, 1.7.1946, S. 3; vgl. dazu auch: Volksbote 19, 4.7.1946, S. 3; Tiroler Tageszeitung 147, 1.7.1946, S. 3 sowie Kirchenblatt 2/28, 14.7.1946, S. 1-3, wo allerdings von einer gesundheitlichen Beeinträchtigung oder gar Krankheit des Bischofs nichts erwähnt wird).

222 „Dann konnte ich mehrmals mit dem Bischof nach Bühl-Baden oder nach Baden-Baden zur Nachkur kommen. Da haben wir fast den ganzen Schwarzwald abgewandert"; (Hans Grünbacher, Innsbruck, an „Wohlerwürdige Mutter Generaloberin", Zams, 3.4.1986; Archiv der Barmherzigen Schwestern des hl. Vinzenz von Paul, Mutterhaus zu Zams. Hans Grünbacher, geb. am 23.3.1910 in Innsbruck, gest. 12.4.1989 in Innsbruck; Priesterweihe am 25.7.1937, Pfarrer in Innsbruck-Dreiheiligen von 1954-1983.

223 Gelmi, Geschichte der Kirche; S. 522.

224 Tiroler Tageszeitung 122, 13.11.1945, S. 3; vgl. dazu auch: Josef Steinkelderer, Bischof der helfenden Liebe, in: Kirchenblatt für Tirol und Vorarlberg 50, 15.12.1963, S. 7; Rusch, Bischof unter sechs Päpsten, S. 93.

225 Vgl. dazu: Gelmi, Geschichte der Kirche, S. 527ff.

226 Vgl. dazu u.a.: [Franz Josef] Stark, Kirchlicher Aufbau seit 1945, in: Kirchenblatt für Tirol und Vorarlberg 14/48, 30.11.1958,S. 2/3.

227 Vgl. dazu: Schematismus des Welt- und Ordensklerus der Apostolischen Administratur Innsbruck-Feldkirch, 11. Ausgabe 1938, S. 32a sowie Scherlacher, Widerstand und Verfolgung, S. 31 u. 76.

228 Gottfried Griesl, Die Priesterbildung, in: Ferdinand Klostermann/Hans Kriegl/Otto Mauer/Erika Weinzierl (Hg.), Kirche in Österreich 1918-1965, Bd. 1, Wien/München 1966, S. 78-84; S. 79.

229 Volksbote 40, 4.10.1953, S. 5.

230 Vgl. dazu: Franz Josef Stark, Kirchliche Neubauten durch Initiative des Oberhirten, in: Kirchenblatt für Tirol und Vorarlberg 50, 15.12.1963, S. 7/8; Heinz Huber, Sorge um die neue Bischofsstadt, in: Kirchenblatt für Tirol und Vorarlberg 24/48, 1.12.1968, S. 3; Paul Rusch, Die Kirche von Innsbruck 1855-1980. Eine Darstellung ihrer äußeren Geschichte, in: Stadtgemeinde Innsbruck (Hg.), Innsbruck 1956-1981. Dr. Alois Lugger zum 25jährigen Bürgermeisterjubiläum gewidmet, Innsbruck. o.J. [1981], S. 27-33, Rusch, Waage der Zeit, S. 22, Wieser, Vor 50 Jahren: Paulus Rusch wird zum Bischof geweiht sowie: Norbert Moeller, Moderner Kirchenbau im Raum Innsbruck seit 1945 [Veröffentlichungen des Innsbrucker Stadtarchivs, N.F. 14], Innsbruck 1983.

231 Tiroler Nachrichten 291, 16.12.1963, S. 1 (Landeshauptmann Wallnöfer).

232 Vgl. dazu: Tiroler Nachrichten 90, 18.4.1963, S. 4 sowie Ingenhaeff, Lehrer, S. 150/151, der außerdem erwähnt, daß des Bischofs Bleibe als „Substandardwohnung" ausgewiesen war und die Verantwortlichen für deren Umbau „mehr Vorwurf denn Dank" ernteten. „Solange es in Tirol auch nur eine Familie gibt", soll Rusch die Aktion des bischöflichen Bauamts kommentiert haben, „will ich als Bischof nicht in einem Palais wohnen".

233 Siehe dazu die Auflistung der Referate und Arbeitsgemeinschaften des Innsbrucker Seelsorgeamtes für das Jahr 1980, in: Johann Juen/Josef Nussbaumer, Kirche und Land Tirol. In: Heinz Fischer/Susanne Preglau-Hämmerle (Hg.), Heile Welt in der Region? Beiträge zum politischen und sozialen System Tirols [Schriftenreihe der Michael-Gaismair-Gesellschaft 3], Bregenz 1983, S. 178-228; hier S. 207-209. Die Auflistung kirchlicher Ämter, Referate, Einrichtungen u.ä. nimmt mit Nennung der Adressen, MitarbeiterInnen etc. im Schematismus der Diözese Innsbruck aus dem Jahre 1995 insgesamt 21 Seiten ein (S. 31-51).

234 Steinkelderer, Bischof der helfenden Liebe, S. 7.
235 Vgl. dazu etwa die Ergebnisse der Armutsstudien für 1997 und 2003; Tiroler Tageszeitung 41, 19.2.1998, S. 3 und 209, 10.9.2003, S. 4; sowie: Österreichische Gesellschaft für Politikberatung und Politikentwicklung, Armuts- und Reichtumsbericht für Österreich, Wien 2004; (http://www.spoe.at/bilder/Armuts_und_Reichtumsbericht.pdf).
236 Siehe dazu: Ingenhaeff, Lehrer, S. 136.
237 Bischof Rusch bei der Firstfeier in der Völser Siedlung für volksdeutsche Flüchtlinge am 9.1.1954; zit. nach: Tiroler Tageszeitung 7, 11.1.1954, S. 3.
238 Osttiroler Bote 39, 1.10.1953, S. 5.
239 Vgl. dazu: Josef Nussbaumer, Sozial- und Wirtschaftsgeschichte Tirols 1945-1985. Ausgewählte Aspekte [Tiroler Wirtschaftsstudien, 42], Innsbruck 1992, S. 20-29.
240 Kirchenblatt 3/22, vom 1.6.1947, S. 2/3.
241 Paul Rusch, Kirchliche Sozialarbeit in Österreich. o.D.; DAI, Bestand Rusch, Mappe 56: Korrespondenz (amtlich). Vgl. dazu auch: Ingenhaeff, Lehrer, S. 146 und Baumgartner, Aus der Verfolgung zu neuer Freiheit, S. 4.
242 Benannt nach Engelbert Dollfuß (1892-1934), 1932-34 österreichischer Bundeskanzler und Außenminister, beim sog. Juliputsch der Nationalsozialisten am 25. Juli 1934 ermordet.
243 Vgl. dazu: Protokoll der Konstituierenden Versammlung am 13.1.1935 und Protokoll der Versammlung vom 21.9.1935; Archiv des Katholischen Arbeitervereins Hohenems, Protokollbuch der Wohn- und Siedlungsgesellschaft in Hohenems (1936-1969), für dessen Einsichtnahme ich an dieser Stelle Herrn Walter Amann recht herzlich danke. Außerdem: Katholischer Arbeiterverein Hohenems (Hg.), Festschrift 100 Jahre Katholischer Arbeiterverein Hohenems, Hohenems o.J. [1995], S. 30.
244 Die Kosten betrugen damals pro Eigenheim inklusive Baugrund 5.000,- Schilling, bei einem Wochenlohn eines Bauhilfsarbeiters von knapp 50,- Schilling (vgl. dazu: Katholischer Arbeiterverein Hohenems (Hg.), Festschrift 100 Jahre Katholischer Arbeiterverein Hohenems, S. 30 sowie Österreichisches Statistisches Zentralamt, Die Entwicklung der Verbraucherpreise seit 1900, S. 131).
245 Der englische Nationalökonom John Maynard Keynes (1883-1946) stellte 1936 in seinem großen Standardwerk, „Allgemeine Theorie der Beschäftigung, des Zinses und des Geldes", u.a. die Forderung an den Staat, bei einem gesamtwirtschaftlichen Nachfrageausfall durch wirtschaftspolitische Maßnahmen (etwa durch Investitionen im öffentlichen Sektor) die Lücke zwischen Gesamtangebot und -nachfrage zu schließen, wodurch Beschäftigungsimpulse erfolgen und Arbeitslosigkeit reduziert werden könnten.
246 Hans Weiser, Ein Bischof, der zur Schaufel griff, in: Tiroler Tageszeitung 272, 24.11.1973, S. 10.
247 Albert Andergassen, Heilig-Jahr-Siedlung und „Tiroler Bausteinplan", in: Caritas der Apostolischen Administratur Innsbruck (Hg.), Wohnbau ist Dombau. Vom Wirken der Caritas im Jahre 1950. Die Heilig-Jahr-Siedlung (Innsbruck o.J. [1950]), S. 11-12; S. 11. Vgl. dazu auch: Klaus Lugger, Die gemeinnützige Wohnungswirtschaft in Tirol [Tiroler Wirtschaftsstudien 41], Innsbruck 1989, vor allem S. 32-34.
248 Archiv der Wohnungsbau- und Siedlungsgesellschaft „Neue Heimat Tirol", Innsbruck, Bestand Landesrat Heinz, 53. Mappe: Arbeiter-Kammer-Tag, 13.3.1950.
249 Bericht über die Tagung der Arbeitsgemeinschaft Wirtschaft und Technik (Ernst Hundegger), vom 7.3.1950; TLA, Landesrats-Handakten, LR Tschiggfrey, Fasz. 4.
250 Kirchenblatt 6/12, 19.3.1950, S. 1/2 sowie Verordnungsblatt für das Gebiet der Apostolischen Administratur Innsbruck-Feldkirch 25/2, 1.3.1950, S. 1/2. Daraus auch die folgenden Angaben und Zitate.
251 Horst-Herbert Parson, Gesichter des sozialen Wohnbaues in Tirol, in: Hypo-Bank Tirol (Hg.), Sozialer Wohnbau in Tirol. Historischer Überblick und Gegenwart. Katalog für eine Ausstellung, Innsbruck 1987, S. 12-23; S. 18 sowie S. 55.
252 Vgl. dazu: Emil Tranquillini, Das „Wachsende Haus" in der Heilig-Jahr-Siedlung, in: Caritas der Apostolischen Administratur Innsbruck (Hg.), Wohnbau ist Dombau, S. 19-21. Konzepte für erweiterungsfähige Häuser wurden vor dem Hintergrund fehlender finanzieller Mittel und Mangel an Baumaterialien in den Nachkriegsjahren zur Linderung der Wohnungsnot gerne propagiert; siehe dazu: Ernst Längle, Kleinsiedlungen, in: Die Quelle, Mai 1947, S. 70-73.
253 Vgl. dazu: Kirchenblatt 6/31, 30.7.1950, S. 2-4.
254 Volksbote 12, 26.3.1950, S. 10.

255 Vgl. dazu: Kirchenblatt 6/14, 2.4.1950, S. 2.

256 Vgl. dazu: Kirchenblatt 6/15, 9.4.1950, S. 2.

257 Vgl. dazu: Egon Reinelt, Die Auswahl der Siedler für die Heilig-Jahr-Siedlung, in: Caritas der Apostolischen Administratur Innsbruck (Hg.), Wohnbau ist Dombau, S. 24/25.

258 Vgl. dazu: Kirchenblatt 6/17, 23.4.1950, S. 3.

259 Kirchenblatt 6/32, 6.8.1950, 3/4; S. 4.

260 Vgl. dazu: Kirchenblatt 6/33, 13.8.1950, S. 2.

261 Vgl. dazu: Kirchenblatt 7/4, 21.1.1951, S. 3.

262 Vgl. dazu: Kirchenblatt 7/36, 2.9.1951, S. 2.

263 Vgl. dazu: Kirchenblatt 7/48, 25.11.1951, S. 1/2.

264 Siehe dazu die diesbezüglichen Ausführungen in: Lugger, Die gemeinnützige Wohnungswirtschaft in Tirol, S. 101-108 sowie: Kirchliche Initiativen zur Wohnraumbeschaffung, in: Kirchenblatt 51/52, 21.12.1969, S. 4/5; ebenso: Kirchenblatt 47, 25.11.1973, S. 4-6.

265 Vgl. dazu: Tiroler Nachrichten 244, 22.10.1959, S. 2.

266 Vgl. dazu: Kirchenblatt 15/40, 3.10.1959, S. 1/2; Tiroler Bauernzeitung 42, 22.10.1959, S. 3.

267 Vgl. dazu: Tiroler Tageszeitung 301, 31.12.1959, S. 6; ebenso: Bausteinaktion für Wohnungsnotleidende, in: Tiroler Bauernkalender 1960, S. 69 sowie „Der Sozialapostel", in: Tiroler Nachrichten 289, 13.12.1963, S. 3.

268 Annemarie Fenzl, Der „rote" Bischof, in: Helmut Alexander /Bernhard Kriegbaum SJ (Hg.), Bischof Paulus Rusch. Wächter und Lotse in stürmischer Zeit, Innsbruck 2004, S, 32-49; S. 38.

269 Vgl. dazu etwa: Ingenhaeff, Lehrer, S. 146; Josef Gelmi, Die Kirche Tirols seit 1918. In: Anton Pelinka/Andreas Maislinger (Hg.), Zeitgeschichte. 2. Teil: Wirtschaft und Kultur [Handbuch zur neueren Geschichte Tirols, Bd. 2], Innsbruck 1993, S. 443-463, S. 459; ders., Geschichte der Kirche. S. 529; ders., Paul Rusch, S. 275; Schramm, Bischof DDr. Paul Rusch; S. 97.

270 KABÖ-Bundessekretär Leopold Summerauer, in: Neue Tiroler Zeitung, 3.4.1986, S. 5; vgl. dazu auch: Fenzl, Der „rote" Bischof, S. 32.

271 Leo XIII., geb. am 2.3.1810 in Carpineto Romano bei Agnani, gest. am 20.7.1903 in Rom, Papst seit 20.2.1878.

272 Brixner Chronik, 22.5.1881; vgl. dazu: Helmut Alexander, 100 Jahre „Rerum novarum". Editorial, in: Geschichte und Region/Storia e regione 2/1 (1993), S. 5-12; S. 6.

273 Vgl. dazu: Johann Schasching, Josef Biederlack und die soziale Frage, in: Zeitschrift für Katholische Theologie 80/1958; S. 211-225; S. 211. Biederlack verfaßte ein Standardwerk über „Die Soziale Frage. Ein Beitrag zur Orientierung über ihr Wesen und ihre Lösung", das im Innsbrucker Verlag von Felizian Rauch von 1895 bis 1925 in zehn Auflagen erschien.

274 Rusch, Gott will es, S. 56.

275 Jakob Rusch, Krieg! In: Die Bauhütte 1/6 (1914), S. 1/2; S. 1.

276 G. Amman, Der Landesverband der Katholischen Arbeiter- und Arbeiterinnenvereine, S. 7 f.; zit. nach: Dünser, Politischer Katholizismus in Vorarlberg, S. 81; vgl. dazu auch: Katholischer Arbeiterverein Hohenems (Hg.), Festschrift 100 Jahre Katholischer Arbeiterverein Hohenems, S. 32.

277 Vgl. dazu auch: Fenzl, Der „rote" Bischof, S. 35/36.

278 Rusch, Gott will es, S. 14.

279 Rusch, Gott will es, S. 15.

280 Vgl. dazu: Quadragesimo anno (Pius XI. 1931), in: Bundesverband der Katholischen Arbeitnehmer-Bewegung (KAB) Deutschlands (Hg.), Texte zur katholischen Soziallehre. Die sozialen Rundschreiben der Päpste und andere kirchliche Dokumente, mit einer Einführung von Oswald von Nell-Breuning SJ, Kevelaer ⁵1982, S. 91-150; Z. 45, S. 107.

281 Rund 20 Jahre später strapazierte Rusch neuerlich eine etwas befremdlich erscheinende Gegenüberstellung als er im „Fastenhirtenbrief 1957" feststellte: „Im Jahre 1914 hatten die slawischen Völker 37 Prozent von den Kindern in ganz Europa, heute haben sie mehr als 50 Prozent! Es wird euch klar sein, was das bedeutet!" (Fastenhirtenbrief 1957, in: Verordnungsblatt für das Gebiet der Apostolischen Administratur Innsbruck-Feldkirch 32/2, 1.3.1957, S. 1-3; S. 2 sowie Kirchenblatt 13/11, 17.3.1957, S. 1-3; S. 2).

282 Rusch, Gott will es, S. 20.

283 Reinhold Stecher, Dein Herz gedenkt der Schrecken …, in: Das Fenster 22/44 (1988), S. 4351-4352, hier S. 4352.

284 Siehe zum folgenden: Rainer Erb/Albert Lichtblau, „Es hat nie einen jüdischen Ritualmord gegeben." Konflikte um die Abschaffung der Verehrung des Andreas von Rinn, in: Zeitgeschichte
17/3 (1989), S. 127-162; Michael Langer, „Blutbegier'ge Judenhunde streichen durch dies fromme
Land …" Ritualmordwahn und Tiroler Volksfrömmigkeit sowie Werner Kunzenmann, Das Ende
einer Legende, in: Diözese Innsbruck (Hg.), Judenstein. Das Ende einer Legende, Innsbruck 1995,
S. 31-62 bzw. S. 63-111; Bernhard Fresacher, Anderl von Rinn. Ritualmordkult und Neuorientierung in Judenstein 1945-1995, Innsbruck-Wien 1998 sowie Helmut Alexander, Kirchen und
Religionsgemeinschaften in Tirol, in: Michael Gehler (Hg.), Tirol. „Land im Gebirge: Zwischen
Tradition und Moderne" [Schriftenreihe des Forschungsinstituts für politisch-historische Studien
der Dr.-Wilfried-Haslauer-Bibliothek, Bd. 6: Geschichte der österreichischen Bundesländer seit
1945, hrsg. von Herbert Dachs, Ernst Hanisch, Robert Kriechbaumer], Wien/Köln/Weimar 1999,
S. 379-483; S. 433/434.
285 „Dr. Albert Massiczek an seine Exzellenz Bischof DDr. Paul Rusch", Wien, 1.12.1954, in: Die
Zukunft. Sozialistische Monatsschrift für Politik, Wirtschaft, Kultur, Heft 5, Mai 1955, S. 143.
286 „Seine Exzellenz Bischof DDr. Paul Rusch an Dr. Albert Massiczek", Innsbruck, 9.12.1954, in: Die
Zukunft. Sozialistische Monatsschrift für Politik, Wirtschaft, Kultur, Heft 5, Mai 1955, S. 143/144;
S. 144.
287 „Dr. Albert Massiczek an seine Exzellenz Bischof DDr. Paul Rusch", Wien, 28.12.1954, in: Die
Zukunft. Sozialistische Monatsschrift für Politik, Wirtschaft, Kultur, Heft 5, Mai 1955, S. 144.
Der zuletzt formulierte Gedanke wurde bildlich in einem großartigen Gemälde des Innsbrucker
Künstlers Max Weiler im Innenraum der Theresienkirche auf der Hungerburg Ende der 1940er
Jahre zum Ausdruck gebracht. Diese Fresken waren jedoch von 1950 bis 1958 mit großen Vor-
hängen verhüllt. Vgl. dazu: Irmgard Plattner, Kultur und Kulturpolitik, in: Gehler (Hg.), Tirol.
„Land im Gebirge", S. 223-312; S. 278-281.
288 Seine Exzellenz Bischof DDr. Paul Rusch an Dr. Albert Massiczek", Innsbruck, 9.12.1954, in:
Die Zukunft. Sozialistische Monatsschrift für Politik, Wirtschaft, Kultur, Heft 5, Mai 1955,
S. 144/145.
289 Das 8. Gebot lautet nach 2 Mose 20, 16 bzw. 5 Mose 5,20: „Du sollst kein falsches Zeugnis abgeben
wider Deinen Nächsten."
290 Kunzenmann, Das Ende einer Legende, S. 82.
291 Kirche, 50/29, 24.7.1994, S. 3.
292 Vgl. dazu: Erb/Lichtblau, „Es hat nie einen jüdischen Ritualmord gegeben", S. 127 sowie insgesamt: Bernhard Fresacher, Gedächtnis im Wandel. Zur Verarbeitung von Traditionsbrüchen in
der Kirche (Salzburger Theologische Studien 2), Innsbruck-Wien 1996, bes. S. 383-443
293 Rusch, Gott will es, S. 22.
294 Rusch, Gott will es, S. 44.
295 Rusch, Gott will es, S. 53.
296 Nach Biederlack, Die sociale Frage (1895), S. 21 bzw. ([10]1925), S. 29, habe eine „Lostrennung des
Erwerbslebens von den Moralvorschriften" stattgefunden.
297 Rusch, Gott will es, S. 51.
298 Rusch, Gott will es, S. 50 u. 52.
299 Rusch, Gott will es, S. 53.
300 Nach Ansicht Biederlacks, Die soziale Frage, ist der Sozialismus ein Kind des Liberalismus, in
dem der Niedergang der Geschäftsmoral begründet liegt. Sie führte zu negativsten Erscheinungen
der Wirtschaftswelt. Daran änderten auch die Sanierungsversuche der gemäßigten Liberalen
nichts ([10]1925, S. 53-55). Der „Sozialismus hat seine hauptsächlichsten Ideen dem Liberalismus
entnommen, und die Einführung dieses letzteren in das Wirtschaftsleben der Völker verursachte
die Entstehung und Ausbreitung der Sozialdemokratie." ([10]1925, S. 24)
301 Rusch, Gott will es, S. 61.
302 Rusch, Gott will es, S. 99.
303 Rusch, Gott will es, S. 97/98.
304 In einem ständischen Modell ist „soziale Gerechtigkeit" mit „ständischer Gerechtigkeit" gleich-
zusetzen. Vor dem Hintergrund eines mittelalterlichen Gesellschaftsmodells, an dem sich Rusch
orientiert, heißt dies, daß in seinem hierarchischen Gesellschaftsaufbau jedes Mitglied darin
seine Position (im Normalfall auf Grund seiner Geburt) zugewiesen bekam und ihm auch sein
entsprechender Stellenwert zugeordnet wurde. Dahinter verbarg sich eine Sozialethik, welche

die Sicherung des sogenannten standesgemäßen Einkommens gewährleistete. Das soziale Quale bestimmte das ökonomische Quantum des Einkommens; das standesgemäße Einkommen hatte das standesgemäße Auskommen zu garantieren.

Der „Kunst der Maßhaltens" widmete Rusch den „Fastenhirtenbrief 1957"; das „rechte Maß" nimmt auch in Ruschs letztem großen Werk einen breiten Raum ein und wird immer wieder in den verschiedensten Zusammenhängen angeführt; vgl. dazu: Rusch, Waage der Zeit, S. 16, 19, 49, 53, 54, 63.

305 Rusch, Gott will es, S. 106.

306 Bernhard v. Clairvaux unterstützte in zahlreichen Predigten den Aufruf Papst Eugens III. (1145-1153) zum zweiten – aus der Sicht der christlichen Protagonisten letztlich gescheiterten – Kreuz-zug (1147-1149).

307 Rusch, Gott will es, S. 26. „Gott will es!" waren auch die Worte, mit denen Bundeskanzler Engel-bert Dollfuß (1892-1934) am 11. September 1933 seine berüchtigte Trabrennplatzrede beendete, in der er sein Programm zur Schaffung des Ständestaates präsentiert hat.

308 Kirche 4, 24.1.1982, S. 16.

309 Volksbote 40, 4.10.1953, S. 5.

310 Vgl. dazu: Paul Rusch, Katholische Sozialreform, in: Kirchenblatt 2/25, 23.6.1946, S. 1/2; 2/26, 30.6.1946, S. 7; 2/27, 7.7.1946, S. 6/7; dass. auch: Katholische Sozialreform, Feldkirch o.J. [1948].

311 Kirchenblatt 2/25, 23.6.1946, S. 1.

312 Vgl. dazu: Kirchenblatt 2/26, 30.6.1946, S. 7.

313 Kirchenblatt 2/25, 23.6.1946, S. 1.

314 Kirchenblatt 2/27, 7.7.1946, S. 6.

315 Kirchenblatt 2/27, 7.7.1946, S. 6.

316 Kirchenblatt 2/26, 30.6.1946, S. 7.

317 Kirchenblatt 2/27, 7.7.1946, S. 6.

318 Kirchenblatt 2/27, 7.7.1946, S. 6.

319 Kirchenblatt 2/27, 7.7.1946, S. 7.

320 Vgl. dazu die Liste seiner Schriften im Literaturverzeichnis sowie zahlreiche Beiträge in den Tages- und Wochenzeitungen Tirols.

321 Tiroler Nachrichten 104, 6.5.1957, S. 4; daraus auch die folgenden Zitate.

322 Siehe dazu: Paul Rusch, Gewerkschaft und Sozialhirtenbrief, in: Welt in Christus 15/1958, S. 9-12, woraus auch die folgenden Zitate entnommen sind. Vgl. dazu auch: Volksbote 46, 13.11.1955, S. 5; Der Sozialhirtenbrief der österreichischen Bischöfe. Herausgegeben im Auftrag der Bischofs-konferenz und mit Kommentar versehen von Bischof Dr. Paul Rusch, Innsbruck-Wien-München 1957, S. 27-29; Tiroler Tageszeitung 56, 8.3.1958, S. 7 sowie Paul Rusch, Menschen im Betrieb. [Sehen – Urteilen – Handeln, Schriftenreihe des "Volksboten" Nr. 8], Innsbruck/Wien/München 1961, S. 67-80.

323 Vgl. dazu: Rusch, Menschen im Betrieb, S. 33/34, wobei hier auch realpolitische Gründe ange-führt werden, die dazu führen, daß auf die Automation nicht einfach verzichtet werden kann. „Das geht schon deswegen nicht, weil es die Automatenfabrikation auch im östlichen Wirtschafts-raum gibt. Wollte man bei uns darauf verzichten, wäre der Westen in kurzer Zeit vom Osten überrundet. Die weiteren Folgen träten dann automatisch ein." (Ebd., S. 33).

324 Tiroler Nachrichten 104, 6.5.1957, S. 4; kursive Hervorhebungen sind in der Vorlage gesperrt gesetzt. Vgl. dazu auch: Rusch, Menschen im Betrieb, S. 35.

325 Volksbote 46, 13.11.1955, S. 5; kursive Hervorhebungen sind in der Vorlage gesperrt gesetzt.

326 Vgl. dazu: Paul Rusch, Technik und Gewissen, in: Die Quelle, März 1948, S. 33-36.

327 Tiroler Nachrichten 41, 19.2.1958, S. 1/2; daraus auch die folgenden Zitate. Vgl. dazu auch: Rusch, Menschen im Betrieb, S. 35-39.

328 Vgl. dazu und zu folgendem: Kirchenblatt 12/45, 5.11.1961, S. 2.

329 Tiroler Tageszeitung 1, 2.1.1956, S. 3.

330 Vgl. dazu: Fremdenverkehr – Licht- und Schattenseiten – Gefahren und Aufgaben, in: Kirchen-blatt 11/33, 14.8.1955, S. 2/3. Auch in späteren Jahren äußerte sich Bischof Rusch von der Kanzel herab zu diesem Thema: Fremdenverkehr – Gefahr oder Segen?, in: Kirchenblatt 13/25, 23.6.1957, S. 3-4 oder: Über den Fremdenverkehr, in: Kirchenblatt 19/10, 10.3.1963, S. 2-4.

331 Tiroler Tageszeitung 1, 2.1.1956, S. 3. Daraus auch das folgende Zitat.

332 Vgl. dazu: Osttiroler Bote 7, 13.2.1958, S. 1/2 sowie Volksbote 7, 13.2.1958, S. 8.
333 Tiroler Tageszeitung 1, 2.1.1956, S. 3. Daraus auch die folgenden Zitate.
334 Osttiroler Bote 7, 13.2.1958, S. 2.
335 Osttiroler Bote 34, 21.8.1958, S. 2.
336 Vgl. dazu: Kirchenblatt 12/45, 5.11.1961, S. 2.
337 Die Presse, 29.6.1967, S. 9; daraus auch das folgende Zitat.
338 Tiroler Tageszeitung 159, 12.7.1967, S. 3; daraus auch das folgende. Vgl. dazu auch die Ausfüh-
     rungen des Bischofs in: Paul Rusch, Kein heiliges Land, in: ORF-Landesstudio Tirol (Hg.), Tirol.
     Was ist das eigentlich? Eine Auswahl der ORF-Sendungen zum Gedenkjahr 1809-1984, Innsbruck
     1984, S. 98-109; S. 99.
339 Tiroler Tageszeitung 120, 23.5.1980, S. 3; vgl. dazu auch: Kurier 158/1980, S. 2.
340 Kirche 2, 11.1.1981, S. 2; vgl. dazu auch: Tiroler Tageszeitung 1, 2.1.1981, S. 6.
341 Der Sozialhirtenbrief, S. 12/13; vgl. ausführlich dazu: Fenzl, Der „rote" Bischof, S. 40-47 sowie
     Gerhard Steger, Der Brückenschlag. Katholische Kirche und Sozialdemokratie in Österreich,
     Wien/München 1982, S. 34-37.
342 Vgl. dazu: Der Sozialhirtenbrief, S. 18-21.
343 Der Sozialhirtenbrief, S. 20.
344 Der Sozialhirtenbrief, S. 21, Anm. 14.
345 Vgl. dazu: Der Sozialhirtenbrief, S. 19, Anm. 12. Der Familienlohn garantiert die Existenz der
     Familie, wodurch keine Notwendigkeit für Ehefrauen und Mütter besteht, etwas dazu zu verdie-
     nen. Der Verdienst des Familienerhalters, des Mannes, entspricht also nicht nur einer gerechten
     Entlohnung für geleistete Arbeit, sondern dient zur Erhaltung und Festigung eines Gesellschafts-
     modells, das auf der Familie als kleinster Zelle aufbaut, in der die Rollenverteilung von Mann und
     Frau klar definiert ist und ein Verstoß dagegen kirchlicherseits streng sanktioniert wird. Wenige
     Monate nach der Veröffentlichung des Sozialhirtenbriefes bezeichnete Rusch den Doppelverdienst
     von Mann und Frau als „Unglück für die Kinder. Wo immer also der Verdienst des Mannes aus-
     reicht, um die Familie zu ernähren, ist es eindeutig Sünde, daß die Frau und Mutter hauptamtlich
     in Verdienst geht." (Fastenhirtenbrief 1957, in: Kirchenblatt 13/11, 17.3.1957, S. 1-3; S. 3).
346 Der Sozialhirtenbrief, S. 19/20, Anm. 13.
347 Der Sozialhirtenbrief, S. 19, Anm. 13.
348 Der Sozialhirtenbrief, S. 24.
349 Der Sozialhirtenbrief, S. 24. Auf den wirtschaftlichen Hintergrund und die ökonomischen Pro-
     blemlagen jener Jahre verweisen Emmerich Tálos/Bernhard Kittel, Sozialpartnerschaft. Zur
     Konstituierung einer Grundsäule der Zweiten Republik, in: Reinhard Sieder/Heinz Steinert/Em-
     merich Tálos (Hg.), Österreich 1945-1995. Gesellschaft, Politik, Kultur, Wien 1995, S. 107-121;
     S. 118/119.
350 Der Sozialhirtenbrief, S. 24, Anm. 17; vgl. dazu auch: Rusch, Gewerkschaft und Sozialhirten-
     brief, wo Rusch einerseits von einer „Sozialpartnerschaft der Arbeitnehmer" spricht (S. 9), die
     den Abbau der Gegensätze innerhalb der Belegschaft zum Ziel haben müsse. Rusch setzte sich
     damit in „Menschen im Betrieb", S. 9-15, ausführlicher auseinander, bezeichnete jene Art der
     Partnerschaft nun aber als „echte[...] Arbeitskameradschaft" (S. 14). Eine zweite Ebene der Part-
     nerschaft betrifft die zwischen Arbeitnehmer und Arbeitgeber, die Rusch als innerbetriebliche
     Angelegenheit betrachtete. Sie müsse ein „besseres Sozialklima" schaffen und könne am besten in
     einem Sozialbetrieb durch eine Gesinnungsgemeinschaft verwirklicht werden. (Vgl. dazu: Rusch,
     Gewerkschaft und Sozialhirtenbrief, S. 10/11).
351 Vgl. dazu: Der Sozialhirtenbrief, S. 24.
352 Der Sozialhirtenbrief, S. 24, Anm. 17.
353 Fenzl, Der „rote" Bischof, S. 47. Vgl. auch: Sauser, Rusch Paul, Sp. 948: „In konservativen Krei-
     sen und z.T. auch in Rom als der ‚rote Bischof' ‚verschrien', hielt er an seiner Linie des großen
     sozialen Engagements fest, die natürlich auch das Ende bedeutete für eine ganz bestimmte Form
     des episkopalen Feudalismus in Österreich [...]."
354 Ingenhaeff, Lehrer, S. 146, verwendete 1981 erstmals diese Begriffe, wahrscheinlich um das in
     den Jahren zuvor ramponierte Image des Innsbrucker Bischofs ein wenig aufzubessern.
355 Alois Stiefvater, Die rote Kirche, in: Welt in Christus 8, März/April 1957, S. 14-21; S. 14. Vgl. dazu
     auch das Schreckbild eines „roten" Bauers: Jakob Blaßnig, Der rote Bauer, in: Tiroler Bauernka-
     lender für das Jahr des Herrn 1955, 42. Jg./Jubiläumsausgabe, S. 331-332.

356 Weiser, Ein Bischof, der zur Schaufel griff, S. 10.

357 Baumgartner, Aus der Verfolgung zu neuer Freiheit, S. 4.

358 Vgl. dazu: Gesellschaftspolitik in Tirol; Bischof besucht Industriewerk; Kirche und Arbeitswelt. Bischof Rusch besuchte die Tirolia-Werke in Schwaz; in: Kirchenblatt 12/45, 5.11.1961, S. 2; 22, 1.6.1969, S. 8.; 49, 7.12.1969, S. 4.

359 Tálos/Kittel, Sozialpartnerschaft, S. 115.

360 Davon sprach KABÖ-Bundessekretär Leopold Summerauer, in: Neue Tiroler Zeitung, 3.4.1986, S. 5.

361 Vgl. dazu und zum folgenden: Alexander, Kirchen und Religionsgemeinschaften, S. 379-483, bes. S. 382-404; Helmut Alexander, „Wir werden nicht Ruhe geben können und wenn es jahrzehntelang dauern sollte." Der Kampf um die Diözesangrenze im Tiroler Unterland, in: Tiroler Heimat 63/1999, S. 287-303 sowie Josef Gelmi, Die Errichtung der Diözesen Bozen-Brixen, Innsbruck-Feldkirch und Feldkirch – Eines der spannendsten Kapitel der neueren Tiroler Kirchengeschichte, in: Alexander/Kriegbaum SJ (Hg.), Bischof Paulus Rusch, S, 100-121.

362 Rusch, Kein heiliges Land, S. 107.

363 H.B. [Heribert Berger], Eine starke Persönlichkeit, in: Kirche 15, 13.4.1986, S. 3.

364 Vgl. dazu: Bischöfliches Ordinariat – Synodenbüro (Hg.), Miteinander für alle. Das Pastoralprogramm der Diözese Innsbruck nach der Synode 1971-1972, Innsbruck o.J. [1974] sowie Werner Kunzenmann, „Miteinander für alle" – Die erste Innsbrucker Diözesansynode (1971-1972), in: Alexander/Kriegbaum SJ (Hg.), Bischof Paulus Rusch, S. 122-130.

365 N.N., Kirche im Gebirge – in Wetter und Wogen der Zeit. Ein Gespräch mit unserem Altbischof Dr. Paul Rusch, in: Kirche 37, 15.9.1985, S. 1-3; S. 1.

366 Ingenhaeff, Lehrer, S. 148.

367 „Er hat bleibende Furchen gezogen". Interview mit Msgr. Viktor Zorzi und Prälat Hermann Nagele, in: Kirche 13, 31.3.1996, S. 4/5, S. 4. [Msgr. Zorzi]. „Es ist richtig, daß ich als junger Bischof als fortschrittlich galt. Ich hatte den lebendigen Kontakt zur Jugend, die mir sogar mit Begeisterung anhing." (Glattauer, Bischof DDr. Paul Rusch).

368 Vgl. dazu: Paul Rusch, Junger Arbeiter wohin? Innsbruck-Wien-München 1953 sowie der kurze Beitrag mit gleichem Titel in: Kirchenblatt 9/47, 22.11.1953, S. 1/2; ebenso: Rusch, Menschen im Betrieb.

369 Kirche 15, 13.4.1986, S. 2.

370 Wiener Diözesanblatt, 17.4.1945, S. 9; zit. nach: Hans Magenschab, Die 2. Republik zwischen Kirche und Parteien, Wien/München 1968, S. 11; vgl. dazu auch: Erika Weinzierl, Der Episkopat, in: Klostermann/Kriegl/Mauer/Weinzierl (Hg.), Kirche in Österreich 1918-1965, Bd. 1, S. 21-77; S. 40.

371 Hirtenwort der österreichischen Bischöfe, in: Wiener Diözesanblatt, 21.9.1945, S. 21; zit. nach: Magenschab, Die 2. Republik zwischen Kirche und Parteien, S. 11.

372 Sweet (OSS), Political Developments in Land Tirol, S. 384.

373 Erika Weinzierl, Kirche und Staat, in: Erika Weinzierl/Kurt Skalnik (Hg.), Das neue Österreich. Geschichte der Zweiten Republik, Graz/Wien/Köln 1974, S. 241-258; S. 242. Vgl. dazu auch: Paul M. Zulehner, Die Kirchen und die Politik, in: Sieder/Steinert/Tálos (Hg.), Österreich 1945-1995, S. 525-536; S. 527.

374 So die Forderung der Katholiken im sog. „Mariazeller Manifest" aus dem Jahre 1952, die auch von der evangelischen Kirche vertreten wurde; vgl. dazu: Karl Schwarz, Vom Mariazeller Manifest zum Protestantengesetz. Kirche(n)-Staat-Gesellschaft. In: Thomas Albrich/Klaus Eisterer/Michael Gehler/Rolf Steininger (Hg.), Österreich in den Fünfzigern, [Innsbrucker Forschungen zur Zeitgeschichte, Bd. 11], Innsbruck-Wien 1995, S. 137-167; hier S. 144 und Gustav Reingrabner, Die evangelische Kirche und der Staat, in: Dieter Knall (Hg.), Auf den Spuren einer Kirche. Evangelisches Leben in Österreich (Wien 1987), S. 81-106; hier S. 100.

375 Baumgartner, Aus der Verfolgung zu neuer Freiheit, S. 3; daraus auch die folgenden Zitate.

376 Vgl. dazu: „Er hat bleibende Furchen gezogen". Interview mit Msgr. Viktor Zorzi und Prälat Hermann Nagele, in: Kirche 13, 31.3.1996, S. 4/5, S. 4. [Msgr. Zorzi]

377 Volksbote 14, 9.4.1950, S. 17/18: Bischof Rusch über „Die Situation der Seelsorge" [Sonderteil der 50-Jahr-Jubiläumsnummer des „Volksboten"].

378 Vgl. dazu auch: Tiroler Bauernzeitung 10, 6.3.1958, S. 3.

379 Vgl. dazu etwa: Rusch, Junger Arbeiter, S. 16/17.

380 Vgl. dazu etwa: Tiroler Nachrichten 214, 16.9.1957, S. 2; 26, 1.2.1958, S. 2.

381 Vgl. dazu: Tiroler Nachrichten 43, 21.2.1958, S. 1; Volksbote 9, 1.3.1958, S. 8; Tiroler Bauernzeitung 10, 6.3.1958, S 3; Tiroler Tageszeitung 71, 27.3.1965, S. 7; Tiroler Nachrichten 72, 29.3.1965, S. 2.

382 Vgl. dazu: Tiroler Tageszeitung 56, 8.3.1958, S. 7, wo der Berichterstatter bemerkte, daß Rusch die angesprochenen Probleme „stark aus der Sicht der Arbeitnehmer" dargestellt habe.

383 Tiroler Nachrichten 90, 18.4.1963, S. 4.

384 Vgl. dazu: Gerhard Steger, Marx kontra Christus? Die Entwicklung der Katholischen Arbeiterjugend Österreichs 1946 bis 1980, S. 74-76 sowie Tiroler Tageszeitung 124, 1.6.1971, S. 3, Kirchenblatt für Tirol 22, 30.5.1971, S. 3; 23, 6.6.1971, S. 3; 24, 13.6.1971, S. 3 u. 8. Ausführlich dazu auch: Rudolf Fallmann, Episkopat, Priesteramt und Katholische Jugend in Tirol. Im Spannungsfeld zwischen Erbe, Anpassung und Fortschritt (1938 bis 1980), phil.Diss. (Manuskript), Innsbruck 2004, S. 192-198. [Erscheint in München 2006]

385 „Er hat bleibende Furchen gezogen." Interview mit Msgr. Viktor Zorzi und Prälat Hermann Nagele, in: Kirche 13, 31.3.1996, S. 4/5; S. 5.

386 Baumgartner, Aus der Verfolgung zu neuer Freiheit, S. 3. Vgl. dazu auch: Rusch, Kein heiliges Land, S. 99/100.

387 N.N., Kirche im Gebirge, S. 1.

388 Baumgartner, Aus der Verfolgung zu neuer Freiheit, S. 3.

389 N.N., Kirche im Gebirge, S. 1.

390 Wolfgang Gritsch, Die Innsbrucker Hochschulgemeinde und die Hochschulseelsorger von 1945-1980, in: Bernhard Hippler (Hg.), Hochschul-Seelsorge im Wandel. Festschrift zum 50-jährigen Bestehen der Kath. Hochschulgemeinde Innsbruck, Innsbruck 1995, S. 37-47; S. 40; die „KHG ist weder eine Territorial- noch eine Personalpfarrei. Der Hochschulseelsorger hat keine Jurisdiktionalgewalt über die Hochschüler, und diese bleiben, auch als Studenten, Mitglieder ihrer Heimatpfarre"; P. Heinrich Leithiger SJ, Hochschulseelsorger von Wintersemester 1959/60 bis Sommersemester 1963, zit. nach: Elisabeth Dörler, Die Entwicklung der Katholischen Hochschulgemeinde Innsbruck seit 1945 [Beiträge zur Österreichischen Studentengeschichte, Bd. 8], Wien 1983, S. 21. Am ehesten kann die KHG wohl als „Quasi-Personalpfarre" verstanden werden; Dörler, Die Entwicklung der Katholischen Hochschulgemeinde, S. 17.

391 Gritsch, Die Innsbrucker Hochschulgemeinde, S. 38.

392 Dörler, Die Entwicklung der Katholischen Hochschulgemeinde, S. 17; vgl. dazu: Gritsch, Die Innsbrucker Hochschulgemeinde, S. 38 u. S. 39.

393 Österreichisches Pastoralreferat, Wissenschaft und Hochschule, Wien, Pro Memoria 23.6.1972; DAI, Bestand Rusch, Mappe 9: Katholische Hochschulgemeinde Innsbruck. Der Vorsitzende – „Primus" – der KHJ arbeitet als stimmberechtigtes Mitglied im Diözesanlaienrat der Apostolischen Administratur Innsbruck-Feldkirch bzw. der Diözese Innsbruck mit.

394 Gritsch, Die Innsbrucker Hochschulgemeinde, S. 38.

395 Dörler, Die Entwicklung der Katholischen Hochschulgemeinde, S. 17/18.

396 Vgl. dazu: Dörler, Die Entwicklung der Katholischen Hochschulgemeinde, S. 25 u. S. 27.

397 Gritsch, Die Innsbrucker Hochschulgemeinde, S. 42.

398 Gritsch, Die Innsbrucker Hochschulgemeinde, S. 42.

399 Emil Kettner, Links – katholisch? In: Flugblätter der Katholischen Hochschulgemeinde Innsbruck, Nr.1/1969, S. 4, zit. nach: Karin Fischbacher, Jugend in Tirol. Jugendkulturen und Jugendpolitik von den fünfziger Jahren bis zur Gegenwart. Eine historische Untersuchung mit besonderer Berücksichtigung der internationalen Entwicklung von Jugendkulturen, phil. Diss. (Manuskript), Innsbruck 1987, S. 141.

400 Bf. Rusch an P. Leithiger, 11.7.1968; DAI, Bestand Rusch, Mappe 46/1: Facultät (theologische).

401 Zit. nach: Unipress SS 1971/1 (Mai 1971); daraus auch die folgenden Zitate. Vgl. dazu auch: Profil 6/3, 15.1.1975, S. 34.

402 Vgl. dazu: Bf. Rusch an den Dekan der theologischen Fakultät [Ferdinand Maaß], 27.9.1967; DAI, Bestand Rusch, Mappe 46/1: Facultät (theologische). Ausführlich dazu die Ausführungen im Kapitel über den „Fall Kripp".

403 Paul Rusch, Waage der Zeit, Waage der Zeit. Erfahrungen, Erkenntnisse, Wege, Innsbruck/Wien 1983, S. 42.

404 Bf. Rusch an P. Leithiger, 11.7.1968; DAI, Bestand Rusch, Mappe 46/1: Facultät (theologische).

405 1967 löste sich der südöstliche, hauptsächlich vom Stamm der christlichen Igbo bewohnte Teil von Nigeria und erklärte als Republik Biafra seine Unabhängigkeit. Darauf hin versuchte Nigeria mit militärischer Hilfe, u.a. aus Großbritannien, die Region zurück zu erobern. Katastrophaler Mangel an Nahrungsmitteln – die Bilder hungernder Kinder gingen damals um die Welt – an Waffen und Versorgungsgütern führten schließlich zum Zusammenbruch und Anfang 1970 zur Kapitulation Biafras. In der Bundesrepublik Deutschland und in Österreich bildeten sich in dieser Zeit zahlreiche Biafra-Gruppen, Aktionskomitees und Menschenrechtsorganisationen zur Unterstützung des biafranischen Volkes.

406 Josef Lins/Karl-Josef Gruber, Kennen Sie „Quick-Kill?" In: Flugblätter der Katholischen Hochschulgemeinde Innsbruck, Nr.2/1969, S. 15; zit. nach: Fischbacher, Jugend in Tirol, S. 142.

407 Lins/Gruber, Kennen Sie „Quick-Kill?", S. 16; zit. nach: Fischbacher, Jugend in Tirol, S. 142.

408 Fischbacher, Jugend in Tirol, S. 142.

409 Dörler, Die Entwicklung der Katholischen Hochschulgemeinde, S. 31/32; Gritsch, Die Innsbrucker Hochschulgemeinde, S. 43.

410 Zum folgenden siehe: Helmut Renöckl, Zur Situation der KHG in der pastoralen Lage der Universität heute, Arbeitspapier, Innsbruck 1970; zit. nach: Dörler, Die Entwicklung der Katholischen Hochschulgemeinde, S. 32-34; daraus auch die folgenden Zitate. Vgl. dazu auch: Gritsch, Die Innsbrucker Hochschulgemeinde, S. 32/33.

411 Hierbei handelte es sich um das nachmalige Studentenheim bzw. ÖH-Gebäude in der Josef-Hirn-Straße, das sich damals gerade im Bau befand.

412 Dörler, Die Entwicklung der Katholischen Hochschulgemeinde, S. 34; vgl. auch: Gritsch, Die Innsbrucker Hochschulgemeinde, S. 43.

413 Dieser Arbeitskreis wurde am 6.11.1969 konstituiert; vgl. dazu: Dörler, Die Entwicklung der Katholischen Hochschulgemeinde, S. 32.

414 Dörler, Die Entwicklung der Katholischen Hochschulgemeinde, S. 35.

415 Vgl. dazu: Dörler, Die Entwicklung der Katholischen Hochschulgemeinde, S. 35 und Gritsch, Die Innsbrucker Hochschulgemeinde, S. 43.

416 P. Lakner an Bf. Rusch, 11.2.1970; DAI, Bestand Rusch, Mappe 46/1: Facultät (theologische).

417 P. Schasching, Rom, an Bf. Rusch, 2.5.1970; DAI, Bestand Rusch, Mappe 46/1: Facultät (theologische).

418 P. Schasching, Rom, an Bf. Rusch, 15.6.1970; DAI, Bestand Rusch, Mappe 46/1: Facultät (theologische).

419 P. Schasching, Rom, an Bf. Rusch, 20.6.1970; DAI, Bestand Rusch, Mappe 46/1: Facultät (theologische).

420 Bf. Rusch an P. Schasching, Rom, 30.6.1970; DAI, Bestand Rusch, Mappe 46/1: Facultät (theologische).

421 Unipress SS 1971/1 (Mai 1971).

422 Unipress SS 1971/1 (Mai 1971).

423 P. Heinrich Suso Braun an „Lieber Kripp!", 12.12.1971; DAI, Bestand Rusch, Mappe 28/3: P. Kripp 1970/71.

424 Unipress WS 1971/72, Nr. 4 (25.1.1972).

425 Der damalige Primus der KHJ Innsbruck, Albert Ruetz, war Mitglied der Synode und Leiter dieser Arbeitsgruppe; vgl. Kirchenblatt 19, 9.5.1971, S. 8 und Kirchenblatt 25, 20.6.1971, S. 6.

426 Vgl. dazu: Die Kirche an der Universität, in: Kirchenblatt 5, 30.1.1972, S. 8; Das Problem Hochschulseelsorge eingehend behandelt, in: Kirchenblatt 45, 5.11.1972, S. 4 sowie den endgültigen Text der auf der Synode erstellten pastoralen Leitsätze und gefaßten Beschlüsse in: Bischöfliches Ordinariat – Synodenbüro (Hg.), Miteinander für alle, S. 51-53.

427 Bischöfliches Ordinariat – Synodenbüro (Hg.), Miteinander für alle, S. 52. Die Beschlußvorlage sah dagegen noch ganz anders aus: „Der Tätigkeit der Gemeinde an der Universität wird vielfach mit Mißtrauen und Argwohn begegnet, weil sie als Herd der Unruhe, gefährlicher Experimente und kirchlichen Ungehorsams gesehen wird. Das veranlaßt Maßnahmen der kirchlichen Leitung, die als autoritär und restriktiv empfunden werden. Dadurch wird der Generationenkonflikt verschärft und das Bild der Kirche bei den Studenten belastet.

Viele, die zur Mitarbeit innerhalb der KHG bereit wären, bedauern, daß man das kritische Bewußtsein der an der Universität Studierenden und Wirkenden nicht genügend berücksichtigt; sie halten Experimente innerhalb akademischer Gruppen für notwendig.

So ist bei vielen Angehörigen der Universität, bei aller Aufgeschlossenheit für Fragen des Glaubens und seine lebendige Verwirklichung, ein Mangel an Kontakt und Vertrauen gegenüber kirchlichen Organen festzustellen, bei größeren Kreisen der Öffentlichkeit und auch bei Vertretern der kirchlichen Leitung ein Mißtrauen gegenüber dem Ungestüm der akademischen Jugend." (Verbesserter Entwurf der Subkommission II/4, „Die Kirche an der Universität", Situation vom 23.10.1972; zit. nach: Dörler, Die Entwicklung der Katholischen Hochschulgemeinde, S. 38.) ebenso: Bischöfliches Ordinariat – Synodenbüro (Hg.), Miteinander für alle, S. 51/52.

428 Bischöfliches Ordinariat – Synodenbüro (Hg.), Miteinander für alle, S. 52.

429 Vgl. dazu: Dörler, Die Entwicklung der Katholischen Hochschulgemeinde, S. 38/39.

430 Die Kirche an der Universität, in: Kirchenblatt 5, 30.1.1972, S. 8.

431 Dörler, Die Entwicklung der Katholischen Hochschulgemeinde, S. 38/39 und Gritsch, Die Innsbrucker Hochschulgemeinde, S. 44.

432 Dörler, Die Entwicklung der Katholischen Hochschulgemeinde, S. 39.

433 Bf. Rusch an Dr. Egon Kapellari, 16.11.1972; DAI, Bestand Rusch, Mappe 9: Katholische Hochschulgemeinde Innsbruck. Späterhin wurde dieses „ordnungsgemäß" von verschiedenen kirchlichen Seiten immer so interpretiert, daß damit ein Wahlmodus nach den Richtlinien für die Wahl zum Pfarrgemeinderat gemeint gewesen sei, wovon Bf. Rusch gegenüber Dr. Kapellari jedoch kein Wort erwähnte!

434 Dazu wurden von HGR und Hochschulseelsorger noch jeweils ein Vertreter von KHJ, CV und ESG kooptiert.

435 Bf. Rusch an Dr. Egon Kapellari, 16.11.1972; DAI, Bestand Rusch, Mappe 9: Katholische Hochschulgemeinde Innsbruck.

436 Vgl. dazu: P. Dr. Günter Stemberger an Bf. Rusch, 17.8.1972; DAI, Bestand Rusch, Mappe 9: Katholische Hochschulgemeinde Innsbruck.

437 Dörler, Die Entwicklung der Katholischen Hochschulgemeinde, S. 43.

438 Flugblätter. Organ der Katholischen Hochschulgemeinde/Arbeitskreis für Information-Konfrontation-Kommunikation, Nr. 1, WS 1972/73 (27.10.1972), S. 9.

439 Flugblätter, Nr. 1 (27.10.1972), S. 11; daraus auch die folgenden Zitate.

440 Nach langen und schwierigen Verhandlungen konnte erst im Mai 1973 mit den notwendigen baulichen Veränderungen begonnen werden.

441 Zit. nach: Wochenpresse 46, 15.11.1972, S. 5.

442 Der § 144 des österreichischen Strafgesetzbuches stellte den Schwangerschaftsabbruch generell unter Strafe; erst unter der SPÖ-Alleinregierung wurde dieser Paragraph in den Jahren 1973 und 1974 reformiert und die Fristenregelung am 1.1.1975 in Kraft gesetzt.

443 Wochenpresse 46, 15.11.1972, S. 5.

444 Wochenpresse 46, 15.11.1972, S. 5.

445 Vgl. dazu: Kirchenblatt 45, 5.11.1972, S. 4.

446 Zum folgenden: „Konsequenzen und Ostoesterreich", in: Flugblätter, Nr. 2, WS 1972/73 (15.11.1972), S. 5-8.

447 Der Hochschulseelsorger der Katholischen Hochschulgemeinde Graz an Bf. Rusch, 4.8.1972; DAI, Bestand Rusch, Mappe 9: Katholische Hochschulgemeinde Innsbruck.

448 Der Hochschulseelsorger der Katholischen Hochschulgemeinde Graz an Bf. Rusch, 13.11.1972; DAI, Bestand Rusch, Mappe 9: Katholische Hochschulgemeinde Innsbruck.

449 Generalsekretariat der Katholischen Hochschuljugend Österreichs an Bf. Rusch, 10.12.1972; DAI, Bestand Rusch, Mappe 9: Katholische Hochschulgemeinde Innsbruck. Dieser Brief ist auch in den Flugblättern Nr. 3, 12.12.1972, S. 3 wiedergegeben.

450 „Worte des ‚Nachsitzenden' der KHJÖ, Dr. Fred Hager, in: Flugblätter Nr. 3, 12.12.1972, S. 4.

451 Bf. Rusch an Dr. Alfred Hager, 12.12.1972; DAI, Bestand Rusch, Mappe 9: Katholische Hochschulgemeinde Innsbruck; daraus auch die folgenden Zitate.

452 Der Hochschulseelsorger der Katholischen Hochschulgemeinde Graz an Bf. Rusch, 11.12.1972; DAI, Bestand Rusch, Mappe 9: Katholische Hochschulgemeinde Innsbruck. – Die kursive Hervorhebung ist im Original unterstrichen!

453 Der Hochschulseelsorger der Katholischen Hochschulgemeinde Graz an Bf. Rusch, 18.12.1972; DAI, Bestand Rusch, Mappe 9: Katholische Hochschulgemeinde Innsbruck.

454 Dörler, Die Entwicklung der Katholischen Hochschulgemeinde, S. 43.

455 Siehe zum folgenden: Unipress, SS 1973/3, 22.5.1973, S. 24-26.

456 Diese „Loyalitätserklärung" umfaßte drei Punkte: „1. Die Katholische Hochschuljugend stellt sich auf den Standpunkt des kirchlichen Glaubens und der kirchlichen Disziplin. 2. Sie wird in Zukunft keine die Loyalität verletzende Kritik mehr öffentlich üben […]. 3. Vertrauliche Besprechungen werden nicht mehr in öffentlichen Briefen bekannt gegeben." (Bf. Rusch an den Primus der KHJ, 18.9.1970, in: Unipress SS 1971/1 (Mai 1971).

457 Dabei handelte es sich um eine Unterschriftenaktion des bischöflichen Ordinariats (verantwortlich dafür zeichnete der damalige Leiter des Seelsorgeamtes, Hermann Nagele), mit der alle „Initiativen, die zur Hebung des Niveaus von Filmen, Fernsehsendungen und Druckerzeugnissen beitragen", begrüßt und die „Anwendung der gesetzlichen Bestimmungen gegen verrohende und pornographische Produkte der Massenmedien" bejaht wurden. Von Ende Januar bis Ende Februar 1971 wurden im Gebiet der Diözese Innsbruck rund 70.000 Unterschriften gesammelt. Vgl. dazu: Kirchenblatt 4, 24.1.1971, S. 8 und Kirchenblatt 9, 28.2.1971, S. 1.

458 „Tiroler Tageszeitung".

459 Unipress, SS 1973/3, 22.5.1973, S. 24-26.

460 Dörler, Die Entwicklung der Katholischen Hochschulgemeinde, S. 43.

461 Dr. Peter Steidl, Die Katholische Hochschulgemeinde Innsbruck, o.D.; DAI, Bestand Rusch, Mappe 9: Katholische Hochschulgemeinde Innsbruck; daraus auch die folgenden Zitate. Zu den in dem Konzept dargelegten Überlegungen wurde Dr. Steidl durch einen Brief Dr. Kapellaris vom 26.4.1973 angeregt.

462 Vgl. dazu: Resolution des KHG-Sekretärs, HGR und der KHJ, in: Unipress, SS 1973/3, 22.5.1973, S. 25/27; ebenso: Dörler, Die Entwicklung der Katholischen Hochschulgemeinde, S. 44; daraus auch die folgenden Zitate.

463 Dr. Peter Steidl an Bf. Rusch, 8.5.1973; DAI, Bestand Rusch, Mappe 9: Katholische Hochschulgemeinde Innsbruck.

464 Dr. Egon Kapellari an Dr. Egon Steidl, 26.4.1973; DAI, Bestand Rusch, Mappe 9: Katholische Hochschulgemeinde Innsbruck; daraus auch die folgenden Zitate.

465 Unipress, SS 1973/3, 22.5.1973, S. 25.

466 Dr. Egon Kapellari an Dr. Egon Steidl, 26.4.1973; DAI, Bestand Rusch, Mappe 9: Katholische Hochschulgemeinde Innsbruck; daraus auch die folgenden Zitate.

467 Handschriftliche Notizen Ruschs auf dem Brief von Dr. Egon Kapellari an Dr. Egon Steidl, 26.4.1973; DAI, Bestand Rusch, Mappe 9: Katholische Hochschulgemeinde Innsbruck.

468 Vgl. zum folgenden: KHG-Dokumentation, 7.5.1973: „Die Flugblätter", „Der Hochschulgemeinderat", „Die KHG-Bibliothek", „Die Schlüssel"; alle: DAI, Bestand Rusch, Mappe 9: Katholische Hochschulgemeinde Innsbruck.

469 KHG-Dokumentation, 7.5.1973: „Die KHG-Bibliothek", DAI, Bestand Rusch, Mappe 9: Katholische Hochschulgemeinde Innsbruck.

470 KHG/HGR an Bf. Rusch, 11.5.1973; DAI, Bestand Rusch, Mappe 9: Katholische Hochschulgemeinde Innsbruck; daraus auch die folgenden Zitate.

471 KHJÖ-Generalsekretariat, Stellungnahme des Generalsekretariates der Katholischen Hochschuljugend Österreichs sowie der Katholischen Hochschuljugend Österreichs an den Hochschulorten Graz, Leoben, Linz, Salzburg und Wien zur Presseaussendung des Hochschulgemeinderates der Katholischen Hochschulgemeinde in Innsbruck vom 8. Mai 1973, 17.5.1973; DAI, Bestand Rusch, Mappe 9: Katholische Hochschulgemeinde Innsbruck; daraus auch die folgenden Zitate.

472 Vgl. dazu: KHJÖ-Generalsekretariat an Bf. Rusch, 100/01, 17.5.1973; DAI, Bestand Rusch, Mappe 9: Katholische Hochschulgemeinde Innsbruck.

473 Dörler, Die Entwicklung der Katholischen Hochschulgemeinde, S. 44.

474 Vgl. dazu: Unipress SS 1973/3, 22.5.1973.

475 Tiroler Tageszeitung 237, 12.10.1973, S. 4.

476 Profil, 4/26, 21.12.1973, Titelseite sowie Profil 6/3, 15.1.1974, S. 36; die Wochenpresse 3, 19.1.1972, S. 6, sprach von einem „Religionskrieg".

477 Vgl. dazu: Blätter der österreichischen Jesuiten, 1.3.1978 [„400 Jahre MK Innsbruck"].

478 Rudolf Fallmann, „Als hätten sie sich an ihren eigenen Geschlechtsteilen verschluckt …" Der Konflikt zwischen Bischof Paulus Rusch und Pater Sigmund Kripp um das „Kennedy-Haus" der Marianischen Kongregation, in: Alexandra Weiss u.a. (Hg.), Gaismair-Jahrbuch 2005. Heimat bist du großer Söhne [Jahrbuch der Michael-Gaismair-Gesellschaft 5/2005], Innsbruck/Wien/München/Bozen 2005, S. 135-143; S. 136.

479 Im Konsult (= Führungsgremium) der MK war mit 94 % beschlossen worden, „das neue Heim dem verstorbenen Präsidenten John F. Kennedy zu widmen", was „auf die heiligenähnliche Verehrung Kennedys im Europa der 60er Jahre schließen" lässt; Rudolf Fallmann, Die Marianische Kongregation (MK) Innsbruck. Vom Ende der 40er Jahre bis in die frühen 70er Jahre des 20. Jahrhunderts. Streiflichter, Diplomarbeit aus Geschichte [Manuskript], Innsbruck 2000, S. 97/98.

480 Fallmann, Als hätten sie sich, S. 136.

481 Fallmann, Als hätten sie sich, S. 136.

482 Fischbacher, Jugend in Tirol, S. 151.

483 Vgl. dazu: Fallmann, Die Marianische Kongregation (MK) Innsbruck, S. 92 ff.

484 Der unmittelbare Vorgesetzte von P. Kripp in Innsbruck war der Rektor des dortigen Jesuitenkollegs, der seinerseits dem Provinzial der Österreichischen Provinz der Gesellschaft Jesu mit Sitz in Wien unterstand.

485 Vgl. dazu: Sigmund Kripp, Abschied von morgen. Aus dem Leben in einem Jugendzentrum. Mit einem Nachwort von Karl Rahner, Düsseldorf 1973, S. 81.

486 Vgl. dazu: John F. Kennedy-Haus (Hg.), Gedanken zur Erziehung. Zusammengestellt von P. Sigmund Kripp SJ, Thaur o.J. [1972], S. 8/9; Kripp, Abschied von morgen, S. 81-85. Bereits in den frühen 1960er Jahren brachten „Artikel über Bundesheer, Sexualität und die Gestaltung kirchlicher Rituale […] das Kennedy-Haus ins Schußfeld der Kritik"; Fischbacher, Jugend in Tirol, S. 148. Sigmund Kripp meinte, daß die Zeitung des Kennedy-Hauses seit ihrem Erschienen „ein rotes Tuch für die Obrigkeiten [war]. Sie konnten es nicht ertragen, daß hier von Jugendlichen oder auch von mir Meinungen vertreten wurden, die ihren ach so richtigen Ansichten widersprachen"; Sigmund Kripp, Als Jesuit gescheitert, Wien 1986, S. 47.

487 Rusch schrieb dazu in seinen Erinnerungen, Waage der Zeit, S. 42: „Diese MK gab auch ein von den jungen Leuten geschriebenes Blättchen heraus. Da regnete es von Angriffen auf die Mittelschulen und deren Lehren; desgleichen von Angriffen auf das Bundesheer. Die Kardinäle wurden als überaltete, rückständige Leute gekennzeichnet. Die Moral, die dort gelehrt wurde, war bereits […] jenseits des Zweifelhaften."

488 Bf. Rusch an P. Rektor Leithiger, 11.7.1968; DAI, Bestand Rusch, Mappe 46/1: Facultät (theologische).

489 Seelsorgeamt Innsbruck (Kanzler Hans-Joachim Schramm) an Bf. Rusch, Zl. 375/68, 9.7.1968; DAI, Bestand Rusch, Mappe 28/1: Kripp-Akt und Kettner, 1968/69.

490 Vgl. dazu: Tiroler Tageszeitung 149, 1.7.1968, S. 6.

491 Vgl. dazu: N.N. (Religionslehrer) an P. Sigmund Kripp, betr. „Engagement" (Abschrift), 1.5.1969; DAI, Bestand Rusch, Mappe 28/1: Kripp-Akt und Kettner, 1968/69.

492 Bf. Rusch an Bürgermeister Alois Lugger, 2.5.1969; DAI, Bestand Rusch, Mappe 28/1: Kripp-Akt und Kettner, 1968/69.

493 Bf. Rusch an Landeshauptmann Eduard Wallnöfer, 2.9.1969; DAI, Bestand Rusch, Mappe 28/1: Kripp-Akt und Kettner, 1968/69.

494 Vgl. dazu: Bf. Rusch an Landeshauptmann Eduard Wallnöfer, 2.9.1969 sowie Bf. Rusch an Bürgermeister Alois Lugger, 2.5.1969; DAI, Bestand Rusch, Mappe 28/1: Kripp-Akt und Kettner, 1968/69. Das neueste Heft von „wir diskutieren" legte Rusch den beiden, in weiten Teilen gleichlautenden Schreiben nicht bei, „um Sie [Landeshauptmann wie Bürgermeister – H.A.] nicht noch mehr zu belasten".

495 Bf. Rusch an Landeshauptmann Eduard Wallnöfer, 2.9.1969; DAI, Bestand Rusch, Mappe 28/1: Kripp-Akt und Kettner, 1968/69; daraus auch die folgenden Zitate.

496 Bf. Rusch an DI N.N., 30.10.1969; DAI, Bestand Rusch, Mappe 28/1: Kripp-Akt und Kettner, 1968/69.

497 Bf. Rusch an P. Provinzial Pilz SJ, Wien, 13.5.1969; DAI, Bestand Rusch, Mappe 28/1: Kripp-Akt und Kettner, 1968/69; daraus auch die folgenden Zitate.

498 Vgl. dazu: Bf. Rusch an P. Provinzial Pilz SJ, Wien, 13.5.1969; DAI, Bestand Rusch, Mappe 28/1: Kripp-Akt und Kettner, 1968/69.

499 Österreichische Provinz S.J. – Provinzialat (P. Pilz) an Bf. Rusch, 12.7.1969; DAI, Bestand Rusch, Mappe 28/1: Kripp-Akt und Kettner, 1968/69.

500 Vgl. dazu: John F. Kennedy-Haus (P. Kripp) an Bf. Rusch, 20.5.1969; DAI, Bestand Rusch, Mappe 28/1: Kripp-Akt und Kettner, 1968/69.

501 Vgl. dazu: Österreichische Provinz S.J. – Provinzialat (P. Pilz) an Bf. Rusch, 12.7.1969; DAI, Bestand Rusch, Mappe 28/1: Kripp-Akt und Kettner, 1968/69. Dieser Brief ist die Antwort auf ein Schreiben von Bf. Rusch an P. Pilz vom 30.6.1969, in dem der Bischof offenbar von der Aussprache mit Kripp berichtete, das in den Akten jedoch nicht enthalten ist. Pilz erwähnt eingangs, dass er von Kripp „auch von dem Gespräch mit Exzellenz" unterrichtet worden sei. P. Rudolf Jarosch SJ, war damals Leiter des Jugendzentrums „Zentrum 9" in Wien.

502 Vgl. dazu: Österreichische Provinz S.J. – Provinzialat (P. Pilz) an Bf. Rusch, 12.7.1969; DAI, Bestand Rusch, Mappe 28/1: Kripp-Akt und Kettner, 1968/69; daraus auch die folgenden Zitate.

503 „Der Konsult war das höchste Gremium der MK, das die Geschicke der Kongregation letztverantwortlich lenkte, wodurch den Jugendlichen ein gewisses Maß an Mitbestimmung gegeben war." (Fallmann, Die Marianische Kongregation (MK) in Innsbruck, S. 36.) Er bestand aus Vertretern der Jugendlichen und den hauptamtlichen Erziehern; vgl. dazu: Kripp, Abschied von morgen, S. 71.

504 Konsultbericht, 3. Juni 1969; Drittes Konsultbuch der Marianischen Mittelschülerkongregation Innsbruck, Jahrgänge 1953-1971 (Kopien eines unveröffentlichten Archivexemplars, von Herrn Mag. Dr. Rudolf Fallmann dankenswerter Weise zur Verfügung gestellt).

505 Vgl. dazu: Österreichische Provinz S.J. – Provinzialat (P. Pilz) an Bf. Rusch, 12.7.1969; DAI, Bestand Rusch, Mappe 28/1: Kripp-Akt und Kettner, 1968/69.

506 „Die Zeitung wurde aufgelassen." (Konsultbericht, 14.10.1969; Drittes Konsultbuch der Marianischen Mittelschülerkongregation Innsbruck, Jahrgänge 1953-1971.)

507 Konsultbericht, 28.10.1969; Drittes Konsultbuch der Marianischen Mittelschülerkongregation Innsbruck, Jahrgänge 1953-1971

508 H.B., Diskussion mit jungen Tirolern abgewürgt, in: Tiroler Tageszeitung 243, 21.10.1969, S. 3.

509 Vgl. dazu: DI N.N. an Bf. Rusch, 26.10.1969; DAI, Bestand Rusch, Mappe 28/1: Kripp-Akt und Kettner, 1968/69.

510 Kirchenblatt für Tirol 47, 23.11.1969, S. 3.

511 Vgl. dazu: Gedächtnisprotokoll über die MK-Veranstaltung am 23.11.1969 [sic!] im Stadtsaal, 29.11.1969 sowie Protokoll von der MK-Elternversammlung Mittwoch 26.11.69, [o.D.]; DAI, Bestand Rusch, Mappe 28/1: Kripp-Akt und Kettner, 1968/69; ebenso: Kripp, Abschied von morgen, S. 92.

512 Fischbacher, Jugend in Tirol, S. 154.

513 Konsultbericht, 9.12.1969; Drittes Konsultbuch der Marianischen Mittelschülerkongregation Innsbruck, Jahrgänge 1953-1971.

514 Bei der offenbar erst später erfolgten Reinschrift des Protokolls über den am 9. Dezember abgehaltenen Konsult, wurde eine entsprechende Eintragung eingefügt: „Wie inzwischen aus gut informierten Kreisen bekannt wird, ist die Jännernummer schon geplant (23. Dez.)"; Konsultbericht, 9.12.1969; Drittes Konsultbuch der Marianischen Mittelschülerkongregation Innsbruck, Jahrgänge 1953-1971.

515 John F. Kennedy-Haus (P. Kripp) an Bf. Rusch, 4.1.1970; DAI, Bestand Rusch, Mappe 28/2: Akt Kripp, 1970.

516 Vgl. dazu die beiden Protokolle der MK-Elternversammlung vom 26.11.1969; DAI, Bestand Rusch, Mappe 28/1: Kripp-Akt und Kettner, 1968/69.

517 Dr. Meinrad Schumacher, geb. am 26.1.1935 in Innsbruck, Priesterweihe am 29.6.1960; Jugendseelsorger und Mittelschulprofessor, seit 1987 altkatholischer Pfarrer für Tirol und Vorarlberg sowie „Gefangenenhausseelsorger".

518 John F. Kennedy-Haus (P. Kripp) an Bf. Rusch, 7.1.1970; DAI, Bestand Rusch, Mappe 28/2: Akt Kripp, 1970.

519 Vgl. dazu: Kripp, Abschied von morgen, S. 93.

520 Wir diskutieren, 24.1.1970, S. 1/2; ebenso: Kripp, Abschied von morgen S. 160-162.

521 Bf. Rusch an Rektor P. Otto Muck, 27.1.1970; DAI, Bestand Rusch, Mappe 28/2: Akt Kripp, 1970; daraus auch die folgenden Zitate.

522 Jesuitenkolleg Innsbruck (P. Muck) an Bf. Rusch, 1.2.1970; DAI, Bestand Rusch, Mappe 28/2: Akt Kripp, 1970; daraus auch die folgenden Zitate.

523 Vgl. dazu das Schreiben des Fachinspektors für den katholischen Religionsunterricht an höheren Schulen der Diözese Innsbruck, Propst Dr. Heinz Huber, an P. Kripp, 31.1.1970; DAI, Bestand Rusch, Mappe 28/2: Akt Kripp, 1970; ebenso: Kripp, Abschied von morgen, S. 162/163. Der Brief

erging zur Kenntnisnahme auch an LH Wallnöfer und LHStv. Prior, an P. Johannes Schasching in Rom, P. Prov. Pilz in Wien und Rektor P. Muck sowie an Direktorinnen und Direktoren Innsbrucker allgemeinbildender höherer Schulen.

524 P. Kettner leitete damals als Hochschulseelsorger die KHG in Innsbruck und stand seit längerem schon auf der Abschußliste von Bischof Rusch; tatsächlich wurde er im September 1970 seiner Funktion enthoben. Vgl. dazu das Kapitel über die Katholische Hochschulgemeinde!

525 Bf. Rusch an P. General Arrupe, 6.2.1970; DAI, Bestand Rusch, Mappe 28/2: Akt Kripp, 1970. „Wegen der Information, daß P. Kettner nicht viel besser sei, merke ich an, daß auch manche andere Patres in der Lehre nicht immer sicher [im Glauben – H.A.] seien, weswegen unsere Priester das Vertrauen in die theologische Fakultät verloren haben und deshalb deren Zustände verändern wollen." (Übersetzung durch den Autor H.A.)

526 Curia Praepositi Generalis Societatis, Roma (P. Arrupe) an Bf. Rusch, 11.2.1970; DAI, Bestand Rusch, Mappe 28/2: Akt Kripp, 1970.

527 N.N. an Pater General der Gesellschaft Jesu Arrupe, Rom, 4.3.1970; DAI, Bestand Rusch, Mappe 28/2: Akt Kripp, 1970; daraus auch die folgenden Zitate.

528 N.N. an P. Provinzial Pilz, Wien, 28.2.1970; DAI, Bestand Rusch, Mappe 28/2: Akt Kripp, 1970.

529 Bf. Rusch an Dekan [Ferdinand Maaß SJ], 27.9.1967; DAI, Bestand Rusch, Mappe 46/1: Facultät (theologische).

530 Vgl. dazu: Emerich Coreth, Das Jesuitenkolleg Innsbruck. Grundzüge seiner Geschichte [Sonderdruck der ZKTh 113/1991, S. 140-213], Wien 1991, S. 66/67: Mitte der 1960er Jahre sollte der Jesuitenorden „nach Weisung des Konzils" erneuert werden, was sich als „äußerst schwierig" gestaltete. „Bisherige Regeln und Normen waren außer Kraft gesetzt, neue Richtlinien fehlten; man mußte den Weg erst finden." Die Veränderungen führten „zu schweren Krisen" und der „unselige Konflikt zwischen ‚konservativ' und ‚progressiv', nicht nur als Generationskonflikt, brach auf. [...] Junge Menschen wurden im Glauben, viele Mitbrüder in ihrer geistlichen Berufung erschüttert."

531 Bf. Rusch an P. Schasching, Rom, 27.4.1970; DAI, Bestand Rusch, Mappe 46/1: Facultät (theologische).

532 Curia Praepositi Generalis Societas Iesu (P. Schasching), Rom, an Bf. Rusch, 2.5.1970; DAI, Bestand Rusch, Mappe 46/1: Facultät (theologische).

533 Vgl. dazu: Bf. Rusch an P. Schasching, Rom, 15.6.1970 sowie Curia Praepositi Generalis Societas Iesu (P. Schasching), Rom, an Bf. Rusch, 20.6.1970; beide: DAI, Bestand Rusch, Mappe 46/1: Facultät (theologische).

534 Bf. Rusch an P. Schasching, Rom, 30.6.1970; DAI, Bestand Rusch, Mappe 46/1: Facultät (theologische).

535 Vgl. dazu: Kennedy-Haus Innsbruck (Hg.), Kasiwai. Shona, Eingeborenensprache in Rhodesien: „Sei gegrüßt!", Innsbruck 1971.

536 Vgl. dazu: Bf. Rusch an P. Schasching, 18.9.1970; DAI, Bestand Rusch, Mappe 28/2: Akt Kripp, 1970; daraus auch die folgenden Zitate.

537 Schisma = Trennung, Spaltung; innerhalb der Kirche ist damit die Nichtanerkennung der jeweiligen Hierarchie gemeint.

538 Bf. Rusch an P. Provinzial Pilz, Wien, 12.7.1971; DAI, Bestand Rusch, Mappe 28/3: P. Kripp 1970/71.

539 Vgl. dazu: Österreichische Provinz S.J. – Provinzialat (P. Pilz) an Bf. Rusch, 20.9.1970 sowie John F. Kennedy Haus (P. Kripp), Erklärung, 6.10.1970; DAI, Bestand Rusch, Mappe 28/2: Akt Kripp, 1970.

540 Vgl. dazu: Konsultbericht vom 19./20.9.1970; Drittes Konsultbuch der Marianischen Mittelschülerkongregation Innsbruck, Jahrgänge 1953-1971.

541 Konsultbericht vom 3.11.1970; Drittes Konsultbuch der Marianischen Mittelschülerkongregation Innsbruck, Jahrgänge 1953-1971; daraus auch die folgenden Zitate.

542 Vgl. dazu: Konsultbericht vom 17.11.1970; Drittes Konsultbuch der Marianischen Mittelschülerkongregation Innsbruck, Jahrgänge 1953-1971.

543 Konsultbericht vom 8.5.1971; Drittes Konsultbuch der Marianischen Mittelschülerkongregation Innsbruck, Jahrgänge 1953-1971.

544 Vgl. dazu: Bischöfliches Ordinariat – Synodenbüro (Hg.), Miteinander für alle; „Pfingsttreffen der KAJ in Innsbruck", in: Kirchenblatt für Tirol 22, 30.5.1971, S. 3 und „Die KAJ muß weiter-

leben! Aber wie?", in: Kirchenblatt 23, 6.6.1971, S. 3 sowie die Berichterstattung in der Tiroler Tageszeitung 124, 1.6.1971, S. 3.

545 Vgl. dazu: Wir diskutieren 11/9, 1.7.1971, S. 1 u. 4.

546 Bf. Rusch an P. Provinzial Pilz, Wien, 12.7.1971; ein fast zur Gänze gleichlautender Brief erging unter gleichem Datum auch an P. Schasching in Rom; beide: DAI, Bestand Rusch, Mappe 28/3: P. Kripp 1970/71. Diesen beiden Schreiben sind auch die folgenden Zitate entnommen.

547 Bf. Rusch, „Gedächtnisprotokoll über die Aussprache zwischen P. Schasching, P. Pilz und mir, stattgefunden am 2. August 1971 im Mutterhaus Zams", (Abschrift); DAI, Bestand Rusch, Mappe 28/3: P. Kripp 1970/71.

548 Vgl. dazu: Wir diskutieren 12/1, 18.10.1971, S. 1/2.

549 Bf. Rusch an P. Provinzial Pilz, Wien, 25.10.1971; DAI, Bestand Rusch, Mappe 28/3: P. Kripp 1970/71.

550 Bf. Rusch an P. General Arrupe, Rom, 25.10.1971; DAI, Bestand Rusch, Mappe 28/3: P. Kripp 1970/71; daraus auch die folgenden Zitate.

551 Da heißt es etwa: „So wie sich die öffentliche Einstellung zur Sexualität wandelt, sind auch die moraltheologischen Aussagen über Geschlechtlichkeit und Partnerschaft im Wandel begriffen. […] Normen, die bis vor wenigen Jahren noch als unantastbar für das geschlechtliche Verhalten von Jugendlichen galten, lassen sich heute nicht mehr halten. In Ansätzen vorhandene neue Normen werden schnell überholt. Für viele beunruhigend – bis man erkennt, daß das Leben, das immer weiter geht, weil es eben Leben ist, sich nicht in ewig gültige starre Formen einengen läßt und die konkrete Norm (ohne die eine Gesellschaft nicht leben kann) nur für eine konkrete Zeitspanne ihre Bedeutung hat." Deswegen „bemühen sich die Erzieher im Kennedy-Haus auch um Beratung in Freundschaftsangelegenheiten. […] Gerade diesen [Gesprächen – H.A.] messen wir große Bedeutung zu, weil sie geeignet sind, die Jugendlichen auf ihre Verantwortung füreinander aufmerksam zu machen. Oft fehlt ihnen ja noch der Weitblick, um die Konsequenzen ihres Handelns vorauszusehen. Voreheliche geschlechtliche Beziehungen einfach zu verbieten, würde auf Unverständnis stoßen; den meisten Buben kann man aber verständlich machen, daß es zum Beispiel mit Liebe nichts zu tun hat, durch geschlechtliche Beziehungen das Mädchen in Angst vor den Eltern zu versetzen; auch begreifen sie, daß die Pille für ein junges Mädchen bedenklich ist und daß sie ein Kind einfach nicht verantworten können. […] Wir bekennen uns im Kennedy-Haus zum Erziehungsexperiment. Das soll ausdrücken, daß wir die zielführende Erziehungsmethode in ehrlicher Offenheit ständig suchen." P. Kripp, Begegnung von Buben und Mädchen – Verehrte Eltern, in: Wir diskutieren 12/1, 18.10.1971, S. 1/2; ebenso: Kripp, Abschied von morgen, S. 109.

552 Curia Praepositi Generalis Societas Jesu (Generalassistent V.T. O'Keefe), Rom, an Bf. Rusch, 11.11.1971; DAI, Bestand Rusch, Mappe 28/3: P. Kripp 1970/71; daraus auch das folgende Zitat. O'Keefe schrieb einleitend, dass er „gegenwärtig von Pater General mit der Erledigung der laufenden Geschäfte beauftragt" worden sei.

553 Österreichische Provinz S.J. – Provinzialat (P. Pilz) an Bf. Rusch, 12.11.1971; DAI, Bestand Rusch, Mappe 28/3: P. Kripp 1970/71.

554 Vgl. zum folgenden: Dr. Hans Weiser/Hans-Joachim Schramm, „Gedächtnisprotokoll über das 1. gemeinsame Gespräch zwischen Eltern und Jugendlichen zum Thema ‚Beziehungen zwischen Buben und Mädchen', Kennedyhaus, 3.11.1971, 20 Uhr; Prof. Dr. Hans Weiser an P. Assistent Schasching, Rom, 7.11.1971 sowie Österreichische Provinz S.J. – Provinzialat (P. Pilz) an Bf. Rusch, 12.11.1971; alle in: DAI, Bestand Rusch, Mappe 28/3: P. Kripp 1970/71. Die Darstellung des Elternabends seitens der MK, in: Wir diskutieren 12/2, 16.11.1972, S. 1/2, wurde vom Bischof offenbar nicht zur Kenntnis genommen.

555 Österreichische Provinz S.J. – Provinzialat (P. Pilz) an Bf. Rusch, 12.11.1971; DAI, Bestand Rusch, Mappe 28/3: P. Kripp 1970/71.

556 Österreichische Provinz S.J. – Provinzialat (P. Pilz) an Bf. Rusch, 12.11.1971; DAI, Bestand Rusch, Mappe 28/3: P. Kripp 1970/71; daraus auch die folgenden Zitate.

557 Bf. Rusch an P. Provinzial Pilz, Wien, 19.11.1971; DAI, Bestand Rusch, Mappe 28/3: P. Kripp 1970/71; daraus auch das folgende Zitat.

558 Bf. Rusch an P. General Arrupe, Rom, 19.11.1971; DAI, Bestand Rusch, Mappe 28/3: P. Kripp 1970/71.

559 Vgl. dazu: Curia Praepositi Generalis Societas Jesu (P. Arrupe), Rom, 30.11.1971; DAI, Bestand Rusch, Mappe 28/3: P. Kripp 1970/71.

560 Handschriftliche Notiz von Bf. Rusch, 27.11.1971; DAI, Bestand Rusch, Mappe 28/3: P. Kripp 1970/71.

561 Österreichische Provinz S.J. – Provinzialat (P. Pilz) an Bf. Rusch, 9.1.1972; DAI, Bestand Rusch, Mappe 28/4: P. Kripp 1972.

562 Wir diskutieren 12/1, 18.10.1971, S. 1.

563 Dr. Hans Weiser/Hans-Joachim Schramm, „Gedächtnisprotokoll über das 1. gemeinsame Gespräch zwischen Eltern und Jugendlichen zum Thema: ‚Beziehungen zwischen Buben und Mädchen', Kennedyhaus, 3.11.1971, 20 Uhr; DAI, Bestand Rusch, Mappe 28/3: P. Kripp 1970/71.

564 Vgl. dazu: John F. Kennedy-Haus (P. Aigner) an Bf. Rusch, 1.12.1971; DAI, Bestand Rusch, Mappe 28/3: P. Kripp 1970/71. Handschriftlich notierte Rusch auf das Schreiben: „3.12: Antwort zu Vertraulichkeit verpflichtet, weswegen ich auf die Sache nicht eingehen kann. R"

565 Österreichische Provinz S.J. – Provinzialat (P. Pilz) an Bf. Rusch, 5.12.1971; DAI, Bestand Rusch, Mappe 28/3: P. Kripp 1970/71.

566 Vgl. dazu: Österreichische Provinz S.J. – Provinzialat (P. Pilz) an Bf. Rusch, 5.12.1971; DAI, Bestand Rusch, Mappe 28/3: P. Kripp 1970/71.

567 Tiroler Tageszeitung 1, 3.1.1972, S. 3.

568 Bf. Rusch an Rektor P. Muck, 24.1.1972, Bf. Rusch an N.N., 24.1.1972 sowie Bf. Rusch an den Apostolischen Nuntius, Opilio Rossi, Wien, 1.2.1972; DAI, Bestand Rusch, Mappe 28/4: P. Kripp 1972: „[…] mußte ich zu dem anderen Mittel der Heiligen Schrift schreiten: ‚Sag es der Gemeinde'."

569 Kirchenblatt für Tirol 2, 9.1.1972, S. 2; kursive Hervorhebungen sind in der Vorlage gesperrt gesetzt.

570 Bf. Rusch an Nuntius Opilio Rossi, Wien, 1.2.1972; ebenso: Bf. Rusch an Rektor P. Muck, 24.1.1972 und an P. Provinzial Pilz, Wien, 7.2.1972; DAI, Bestand Rusch, Mappe 28/4: P. Kripp 1972.

571 N.N., Innsbruck, an Bf. Rusch, 15.1.1972; DAI, Bestand Rusch, Mappe 28/4: P. Kripp 1972.

572 N.N., Innsbruck, an Bf. Rusch, 17.1.1972; DAI, Bestand Rusch, Mappe 28/4: P. Kripp 1972. Die Feststellung, daß Rusch „Schützenhilfe bei einem Schuldirektor" suche ist gewissermaßen ein unbewußtes Wortspiel und entbehrt nicht einer gwissen Ironie, handelte es sich dabei doch vermutlich um den damaligen Direktor des Akademischen Gymnasiums in Innsbruck (1952-1975), Schützenmajor Hofrat Dr. Hans Auer, der wenige Monate später zum Bildungsoffizier des Bundes der Tiroler Schützenkompanien gewählt wurde und diese Funktion bis 1994 ausgeübt hat; vgl. dazu: Wochenpresse 3, 19.1.1972, S. 6.

573 „Die Erzieher des Kennedy-Hauses nehmen Stellung zu den Vorwürfen" (P. Sigmund Kripp SJ, P. Josef A. Aigner SJ, P. Rudolf Kerschbaumer SJ, P. Michael Zacherl SJ, P. Gabriel Gutschi OFM, Fred van der Ven SJ, Dr. Theresia Kripp, Marion Walder, Werner Colorio, Jurij Pfauser, Klaus Rohrmoser); DAI, Bestand Rusch, Mappe 28/3: P. Kripp 1970/71. Im Konsult der MK „waren sich alle einig, dass wir es den Eltern, der falsch informierten Öffentlichkeit und unserem Ruf schuldig sind, die Anschuldigungen zurückzuweisen und zur Vermeidung von Unklarheiten unseren Beitrag zu leisten. Dazu wird unsere Zeitung zur Verfügung stehen, wo auch Jugendliche die Möglichkeit haben, ihre Meinung darzulegen. Klar zu Tage trat, dass der MK an einem Streit mit dem hochwürdigen Herrn Bischof nichts liegt." (Konsult-Protokoll vom Dienstag, 11. Jänner 1972, 4. Konsultbuch der Marianischen Mittelschülerkongregation Innsbruck, 1971- [1978].) In „Wir diskutieren" 12/4, 25.1.1972, S. 1/2 und 12/5, 22.2.1972, S. 1 finden sich ausführliche Berichte und Stellungnahmen zu Ruschs Silvesterpredigt.

574 Jesuitenkolleg Innsbruck (Rektor P. Muck) an Bf. Rusch, 8.1.1972; DAI, Bestand Rusch, Mappe 28/4: P. Kripp 1972; daraus auch die folgenden Zitate.

575 Österreichische Provinz S.J. – Provinzialat (P. Pilz), 9.1.1972; DAI, Bestand Rusch, Mappe 28/4: P. Kripp 1972; daraus auch die folgenden Zitate.

576 Vgl. dazu: Bf. Rusch an Rektor P. Muck, 24.1.1972; DAI, Bestand Rusch, Mappe 28/4: P. Kripp 1972. Dieses Antwortschreiben ist nahezu vollständig auch in Kripp, Als Jesuit gescheitert, S. 55-58 abgedruckt.

577 Bf. Rusch an P. Provinzial Pilz, Wien, 7.2.1972; DAI, Bestand Rusch, Mappe 28/4: P. Kripp 1972; daraus auch die folgenden Zitate. Siehe dazu auch die entsprechenden Ausführungen im Kapitel über den „Fall Schupp".

578 Bf. Rusch an Rektor P. Muck, 24.1.1972; DAI, Bestand Rusch, Mappe 28/4: P. Kripp 1972; Kripp, Als Jesuit gescheitert, S. 57; daraus auch die folgenden Zitate. Ebenfalls, allerdings in einem nicht ganz richtigen Zusammenhang, zitiert bei: Fallmann, Als hätten sie sich, S. 141.

579 Bf. Rusch an P. Provinzial Pilz, Wien, 7.2.1972; DAI, Bestand Rusch, Mappe 28/4: P. Kripp 1972; daraus auch die folgenden Zitate.

580 Ein Beispiel hierfür stellt die Antwort Ruschs an Kripp auf dessen Schreiben vom 9. Januar 1972 dar, die er folgendermaßen einleitete: „Zunächst möchte ich aufmerksam machen: Man kann ein solches Mahnwort auf dreierlei verschiedene Art und Weise beantworten. Zunächst so, daß man sich sagt, ich bin angegriffen worden, also schlage ich zurück. Rein naturhafter Standpunkt. Sodann so, daß man sagt, mein Recht ist verletzt worden, also suche ich es wieder herzustellen. Juristischer Standpunkt. Schließlich so, daß man es als brüderliche Ermahnung annimmt. Biblischer Standpunkt. Sie werden selbst zu entscheiden haben, in welcher Weise es von Ihnen agenommen [sic!] wird." (Bf. Rusch an P. Kripp, 7.2.1972; DAI, Bestand Rusch, Mappe 28/4: P. Kripp 1972.) Die folgenden Antworten, sind in ähnlichem Ton gehalten, wie etwa die auf die Frage, warum er mit Pauschalvorwürfen gegen das Kennedy-Haus an die Öffentlichkeit gegangen sei: „Ich glaube nicht, daß man das, was ich gesagt habe, als Pauschalvorwurf kennzeichnen kann. Ganz konkrete Angaben habe ich deswegen vermieden, um das Kennedyhaus zu schonen." Freilich können Aussagen ohne „konkrete Angaben" auch als Verdächtigungen, Gerüchte, Abstraktionen o.ä. bezeichnet werden!

581 Bf. Rusch an P. Provinzial Pilz, Wien, 20.7.1972; DAI, Bestand Rusch, Mappe 28/4: P. Kripp 1972.

582 Vgl. dazu: N.N., „Gedächtnisprotokoll", 17.1.1972; DAI, Bestand Rusch, Mappe 28/4: P. Kripp 1972.

583 Es handelte sich dabei um „Das Jugendmagazin", das am Samstag, den 15. Januar 1972 im Regionalsender des ORF von 16.30 Uhr bis 17.10 Uhr ausgestrahlt wurde. In „Wir diskutieren" 12/4, 25.1.1972, S. 1/2, wurde ausführlich darüber berichtet.

584 Abschrift der „Rundfunksendung zur Kritik des Bischofs am Kennedyhaus. Jugendmagazin von Studio Tirol; Interviews: Sunhild Rattacher und Otto Mayer, der auch die Sendung gestaltet. Samstag, 15. Jänner 1972"; DAI, Bestand Rusch, Mappe 28/4: P. Kripp 1972. Die folgenden Ausführungen stützen sich ebenfalls auf diese Abschrift.

585 Der „Spiegel" schrieb knapp zwei Jahre später lapidar, daß Rusch „Moral und Unsinn predigte […], als er zu Silvester die Kanzel bestieg"; Der Spiegel 53/1973, S. 59.

586 Bf. Rusch an den Apostolischen Nuntius, Dr. Opilio Rossi, Wien, 1.2.1972; DAI, Bestand Rusch, Mappe 28/4: P. Kripp 1972.

587 Das Kennedy-Haus soll Rusch insgesamt nur vier Mal besucht haben; vgl. dazu: Fallmann, Als hätten sie sich, S. 139. Ob und wie oft der Bischof das Jugendhaus in den ersten Jahren der 1970er betreten hat, konnte nicht festgestellt werden. Im November 1973 warf ein MK-Mitglied dem Bischof vor, daß er „seit mehreren Jahren kein einziges Mal im Kennedyhaus" gewesen sei. (N.N. an Bf. Rusch, 29.11.1973; DAI, Bestand Rusch, Mappe 27/3: Rusch-Kripp.)

588 Vgl. dazu: Bf. Rusch an den Apostolischen Nuntius, Dr. Opilio Rossi, Wien, 1.2.1972; DAI, Bestand Rusch, Mappe 28/4: P. Kripp 1972.

589 Vgl. dazu: P. Pilz, Stellungnahme, 13.3.1972; DAI, Bestand Rusch, Mappe 28/4: P. Kripp 1972; daraus auch die folgenden Zitate.

590 Apostolische Nuntiatur in Österreich (Apost. Nuntius Rossi), Wien, N. 9589, an Bf. Rusch, 15.3.1972; DAI, Bestand Rusch, Mappe 28/4: P. Kripp 1972.

591 Apostolische Nuntiatur in Österreich (Apost. Nuntius Rossi), Wien, N. 9589, an Bf. Rusch, 15.3.1972; DAI, Bestand Rusch, Mappe 28/4: P. Kripp 1972.

592 Bf. Rusch an den Apostolischen Nuntius, Opilio Rossi, Wien, 27.3.1972; DAI, Bestand Rusch, Mappe 28/4: P. Kripp 1972.

593 Bf. Rusch an den Apostolischen Nuntius, Opilio Rossi, Wien, 27.3.1972. Diese Aussage stützt sich auf ein Schreiben aus dem Jesuitenkolleg Innsbruck (P. Croce) an Bf. Rusch, 11.3.1972; DAI, Bestand Rusch, Mappe 28/4: P. Kripp 1972, in dem der Absender seinem Mitbruder Kripp zwar nicht dessen guten Willen absprach, doch habe dieser „sich im Lauf der Zeit in Erziehungsprinzipien verrannt, die gewiß fragwürdig sind". Außerdem versicherte er dem Bischof, daß andere Patres genau so denken würden wie er!

594 Apostolische Nuntiatur in Österreich (Apost. Nuntius Rossi), Wien, N. 9651, an Bf. Rusch, 18.4.1972; DAI, Bestand Rusch, Mappe 28/4: P. Kripp 1972.

595 Vgl. dazu: Wochenpresse 3, 19.1.1972, S. 6; Tiroler Tageszeitung 21, 27.1.1972, S. 3 u. 22, 28.1.1972, S. 3.

596 Vgl. dazu: Jesuitenkolleg Innsbruck (P. Rektor Muck) an Bf. Rusch, 26.1.1972; DAI, Bestand Rusch, Mappe 28/4: P. Kripp 1972.

597 N.N., „Nur für den innerkirchlichen Gebrauch!", 27.1.1972; DAI, Bestand Rusch, Mappe 28/4: P. Kripp 1972.

598 Vgl. dazu: Fallmann, Die Marianische Kongregation (MK) in Innsbruck, S. 90; Fallmann, Als hätten sie sich, S. 139.

599 Bf. Rusch an Erzbischof Augustin Mayer, Rom, 14.2.1972; DAI, Bestand Rusch, Mappe 28/4: P. Kripp 1972. Seine Schilderung der Hintergründe stützte Rusch auf entsprechende Informationen, die ihm ein besorgter Religionslehrer zugeschickt hatte; vgl. dazu: N.N. an Bf. Rusch, 20.1.1972; DAI, Bestand Rusch, Mappe 28/4: P. Kripp 1972. In seinen 1982 erschienenen Erinnerungen ließ Rusch immer noch Bedenken gegen die Zusammenlegung von Buben- und Mädchen-MK anklingen, worüber man, wie er zugestand, aber ja noch reden könne. Generalisierend setzte er jedoch hinzu: „Aber es geschah mehr. Burschen und Mädchen hatten miteinander Verhältnisse mit geschlechtlicher Verbindung. Es kam vor, daß ein Bursche zugleich mit zwei Mädchen geschlechtlich verbunden war. Das bewirkte bei Mädchen wieder Selbstmordversuche." (Rusch, Waage der Zeit, S. 41.)

600 Wenn die „etwas verfrühte Begegnung" der beiden in der Schule oder am Bahnhof geschehen wäre, hätte Rusch konsequenterweise wohl die Absetzung des Direktors oder des Bahnhofsvorstehers fordern müssen!

601 Elternvereinigung am Akademischen Gymnasium, Innsbruck, 4.2.1972 an Bf. Rusch; DAI, Bestand Rusch, Mappe 28/4: P. Kripp 1972. Ein gleichlautender Brief erging an P. Kripp sowie eine Durchschrift an den Direktor des Akademischen Gymnasiums Innsbruck.

602 Vgl. zum folgenden: Bf. Rusch an die Elternvereinigung des Akademischen Gymnasiums, Innsbruck, 21.2.1972; DAI, Bestand Rusch, Mappe 28/4: P. Kripp 1972.

603 Elternvereinigung am Akademischen Gymnasium, Innsbruck, an Bf. Rusch, 31.3.1972; DAI, Bestand Rusch, Mappe 28/4: P. Kripp 1972.

604 Exekutivkomitee des Elternaufsichtsrates des Kennedy-Hauses Innsbruck (N.N./N.N.), o.D. [10.2.1972], an Bf. Rusch; Bf. Rusch; DAI, Bestand Rusch, Mappe 28/4: P. Kripp 1972.

605 Das Gesprächsangebot des Elternaufsichtsrats an den Bischof, um Mißverständnisse und Unklarheiten hinsichtlich der Erziehungsarbeit im Kennedy-Haus zu beseitigen, hat der Bischof ignoriert. In einem Briefkonzept an Provinzial Pilz ist dazu festgehalten: „5) Der Elternrat hat mir einmal geschrieben; ich habe die Bereitschaft zu einer Aussprache erklärt. Ein Gespräch hat jedoch nicht stattgefunden, weil keine Anmeldung [!] eintraf." Der mittlere Teil mit der Erklärung zur Gesprächsbereitschaft ist nachträglich handschriftlich in Klammern gesetzt worden. (Bf. Rusch an Provinzial P. Pilz, Wien, 20.7.1972; DAI, Bestand Rusch, Mappe 28/4: P. Kripp 1972.)

606 John F. Kennedy-Haus (Hg.), Gedanken zur Erziehung, Titelseite.

607 John F. Kennedy-Haus (P. Kripp) an Bf. Rusch, 19.3.1972; DAI, Bestand Rusch, Mappe 28/4: P. Kripp 1972.

608 Vgl. dazu: P. Kripp, Erziehung zur Verantwortung, in: Wir diskutieren 12/8, 26.5.1972, S. 1.

609 Bf. Rusch an Provinzial P. Pilz, Wien, 3.7.1972; DAI, Bestand Rusch, Mappe 28/4: P. Kripp 1972.

610 Vgl. dazu: Bf. Rusch an Provinzial P. Pilz, Wien, 17.7.1972; DAI, Bestand Rusch, Mappe 28/4: P. Kripp 1972.

611 Vgl. zum folgenden: Österreichische Provinz S.J. – Provinzialat (P. Pilz), Wien, 19.7.1972, an Bf. Rusch; DAI, Bestand Rusch, Mappe 28/4: P. Kripp 1972.

612 Gegenüber P. Schasching stellte Rusch dazu lapidar fest, daß hier „eine Erinnerungstäuschung bei P. Pilz" vorliege, er eine solche Zusage „nie gemacht" habe und deshalb auch die Erwiderung des Provinzials nicht gelten lassen könne. (Bf. Rusch an. P. Schasching, Rom, 24.7.1972; DAI, Bestand Rusch, Mappe 28/4: P. Kripp 1972.)

613 Vgl. zum folgenden: Bf. Rusch an P. Provinzial Pilz, Wien, 20.7.1972; DAI, Bestand Rusch, Mappe 28/4: P. Kripp 1972.

614 Vgl. dazu: Österreichische Provinz S.J. – Provinzialat (P. Pilz), Wien, 27.7.1972, an Bf. Rusch; DAI, Bestand Rusch, Mappe 28/4: P. Kripp 1972.

615 Bf. Rusch an P. Provinzial Pilz, Wien, 20.7.1972; DAI, Bestand Rusch, Mappe 28/4: P. Kripp 1972.

616 Vgl. zum folgenden: Bf. Rusch an P. Schasching, Rom, 24.7.1972; DAI, Bestand Rusch, Mappe 28/4: P. Kripp 1972.

617 Vgl. zum folgenden: Österreichische Provinz S.J. – Provinzialat (P. Pilz), Wien, 27.7.1972, an Bf. Rusch; DAI, Bestand Rusch, Mappe 28/4: P. Kripp 1972.

618 Vgl. dazu: P. Schasching, Linz, an Bf. Rusch, 7.8.1972; DAI, Bestand Rusch, Mappe 28/4: P. Kripp 1972.

619 Bf. Rusch, „Besprechung mit Provinzial P. Coreth", 19.9.1972; DAI, Bestand Rusch, Mappe 28/4: P. Kripp 1972.

620 Kripp, Als Jesuit gescheitert, S. 60.

621 Bf. Rusch an Erzbischof Augustin Mayer, Rom, 16.10.1972; DAI, Bestand Rusch, Mappe 28/4: P. Kripp 1972.

622 Bf. Rusch an den Apostolischen Nuntius, Opilio Rossi, Wien, 27.3.1972; vgl. dazu auch: Bf. Rusch an P. Provinzial Pilz, Wien, 20.7.1972; DAI, Bestand Rusch, Mappe 28/4: P. Kripp 1972.

623 „Mandato […] accepto, ea, quae sequuntur in re ‚Kennedyhaus' renuntio" lauteten die Worte, mit denen Rusch sein Schreiben an Kardinal Šeper einleitete; Bf. Rusch an „Eminentissime Princeps", 17.1.1972; DAI, Bestand Rusch, Mappe 28/4: P. Kripp 1972.

624 Informations Catholiques Internationales vom 15.7.1968; begegnung 1/1968, S. 20 ff. (Wachablösung an der Kurie); zit. nach: Josíf R. Grigulevič, Ketzer, Hexen, Inquisitoren (13.-20. Jahrhundert), Teil 2, Berlin (DDR) 1980², S. 502/503.

625 Übersetzung durch den Autor H.A.: „früher die Beste, nun zum schlechteren gewandelt"; Bf. Rusch an „Eminentissime Princeps", 17.1.1972; DAI, Bestand Rusch, Mappe 28/4: P. Kripp 1972; daraus auch die folgenden Zitate.

626 „In diesem Gespräch wird bestätigt, daß von fünf 16 bis 18 Jahre alten Jugendlichen drei sexuelle Beziehungen mit Mädchen haben, auch mit mehreren Mädchen." (Übersetzung durch den Autor H.A.). Wenig später faßte Rusch die bezüglichen Tonbandinterviews in einem Brief an Rektor Muck folgendermaßen zusammen: „Es lief ein Tonband, in dem von fünf befragten Jugendlichen alle sagten, daß sie intime Beziehungen mit Mädchen haben [zwei der Interviewten waren Mädchen! – H.A.], drei aber ausdrücklich erklärten, daß sie geschlechtliche Beziehungen haben. Einer außerdem, daß er mit mehreren Mädchen geschlechtliche Beziehungen habe." (Bf. Rusch an Rektor P. Muck, 24.1.1972; DAI, Bestand Rusch, Mappe 28/4: P. Kripp 1972; Kripp, Als Jesuit gescheitert, S. 56.)

627 Deswegen und weil auch manche Eltern bei ihm „um sich darüber zu beklagen" erschienen seien, habe er in „der Predigt vom 31. Dezember wortwörtlich" verkündet, „damit nicht auch ich" wie er erklärte, „Schuld an diesen Dingen habe!"

628 Sacra Congregatio Pro Doctrina Fidei (Präf. Kard. Šeper), Rom, Prot. N. 8/72, 2.2.1972, an Bf. Rusch; DAI, Bestand Rusch, Mappe 28/4: P. Kripp 1972.

629 Es handelte sich dabei um das apostolische Rundschreiben „Pastorale munus" Papst Pauls VI. vom 30.11.1963, das unter I, 39 das Recht einräumte: „Dimittendi e dioecesi, urgente gravissima causa, sodales singulos religiosis, si eorum Superior maior monitus prospicere neglexerit, re tamen ad Apostolicam Sedem statim delata." (Papst Paul VI., Acta Pauli PP. VI. Litterae Apostolicae Moto Proprio Datae. Facultates et privilegia quaedam Episcopis concedentur, in: Acta Apostolicae Sedis. Commentarium officiale, Annus LVI, Series III, Vol. VI, Vaticano 1964, pp. 5-12; p. 11.).

630 Vgl. dazu auch: Bf. Rusch an den Apostolischen Nuntius, Opilio Rossi, Wien, 27.3.1972; DAI, Bestand Rusch, Mappe 28/4: P. Kripp 1972, worin Rusch mitteilt, die Empfehlung erhalten zu haben, „P. Kripp die Jurisdiktion zu entziehen und die ganze Dokumentation im Amtsblatt zu veröffentlichen".

631 Bf. Rusch an Erzbischof Augustinus Mayer, Rom, 14.2.1972; DAI, Bestand Rusch, Mappe 28/4: P. Kripp 1972.

632 Bf. Rusch an Erzbischof Augustinus Mayer, Rom, 25.5.1972; DAI, Bestand Rusch, Mappe 28/4: P. Kripp 1972; daraus auch die folgenden Zitate.

633 Bf. Rusch an Erzbischof Josef Schröffer, Rom, 25.5.1972; DAI, Bestand Rusch, Mappe 28/4: P. Kripp 1972; daraus auch die folgenden Zitate.

634 Sacra Congregatio pro Religiosis et Institutis Saecularibus (Ebf. Augustin Mayer), Rom, 27.9.1972; DAI, Bestand Rusch, Mappe 28/4: P. Kripp 1972; daraus auch das folgende Zitat.

635　Vgl. dazu und zum folgenden: Bf. Rusch an Erzbischof Augustinus Mayer, Rom, 16.10.1972; DAI, Bestand Rusch, Mappe 28/4: P. Kripp 1972.

636　Vgl. dazu: Kripp, Als Jesuit gescheitert, S. 60.

637　Nach LThK, Bd. 5, Sp. 1103, ist Jurisdiktion die im kanonischen Recht begründete kirchliche Hirtengewalt (potestas regiminis), die nach außen und innen ausgeübt wird. Sie bezeichnet im Unterschied zur römisch-rechtlichen Herkunft des Begriffs nicht nur die Gerichtsgewalt, sondern alle Funktionen der Hirtenvollmacht (Gesetzgebung, Rechtssprechung, Verwaltung). Zur Trägerschaft der Jurisdiktion befähigt das Weihesakrament.

638　Vgl. zum folgenden: Sacra Congregatio pro Religiosis et Institutis Saecularibus (Ebf. Mayer), Rom, Prot. Nr. 2011/72, an Bf. Rusch, 5.6.1973; DAI, Bestand Rusch, Mappe 27/3: Rusch – Kripp. Die Möglichkeit des Jurisdiktionsentzugs gründete kirchenrechtlich jedoch nicht auf dem „Pastorale munus", sondern auf dem Konzilsdekret über die Hirtenaufgabe der Bischöfe „Christus Dominus", vom 28.10.1965; vgl. dazu: Zweites Vatikanisches Konzil, Dekret über die Hirtenaufgabe der Bischöfe – „Christus Dominus" (28.10.1965); (http://theol.uibk.ac.at/itl/252.html).

639　Vgl. zum folgenden (sofern nicht anders belegt): Bf. Rusch an Ebf. Augustinus Mayer, Rom, 4.7.1973; DAI, Bestand Rusch, Mappe 27/3: Rusch – Kripp.

640　Vgl. dazu: Österreichische Provinz S.J. – Provinzialat (P. Coreth), Wien, an Bf. Rusch, 17.7.1973; DAI, Bestand Rusch, Mappe 27/3: Rusch – Kripp.

641　Vgl. dazu: Helmut Knötig/Norbert Kutalek, Repression in der Schule? Dokumentation und Kommentar zum „Fall Larcher" [Pädagogik der Gegenwart, 115], Wien/München 1974, S. 30 ff; S. 193.

642　Tiroler Tageszeitung 154, 6.7.1973, S. 5.

643　Vgl. dazu: Bf. Rusch an Provinzial P. Coreth, Wien, 4.7.1973; DAI, Bestand Rusch, Mappe 28/5: P. Kripp/Schupp 1974. Eine entsprechende Verlautbarung im „Verordnungsblatt für die Diözese Innsbruck" konnte für den gesamten Jahrgang 48/1973 nicht gefunden werden.

644　Bf. Rusch an Provinzial P. Coreth, Wien, 4.7.1973; DAI, Bestand Rusch, Mappe 28/5: P. Kripp/ Schupp 1974; kursive Hervorhebungen sind in der Vorlage gesperrt gesetzt.

645　Vgl. dazu: Wir diskutieren 12/6, 24.3.1972, S. 1. Runggaldier leitete seinen Artikel „Glaubende lächerlich machen" mit folgenden Worten ein: „In der MK gibt es immer mehr Jugendliche, die nach der allgemeinen Auffassung ‚an nichts mehr glauben'." Er bestätigte diese „Auffassung", setzte sich sehr differenziert mit Fragen des Glaubens auseinander und stellte Überlegungen an, wie Jugendliche wieder zum Glauben geführt werden können.

646　Vgl. dazu: S. Kripp, Erziehung zur Verantwortung. Diskussion über die Abtreibung, in: Wir diskutieren 12/8, 26.5.1972, S. 1. In diesem Beitrag stellte Kripp Überlegungen an, wie Abtreibungen vermieden werden können und meinte in diesem Zusammenhang, daß es gar nicht so weit kommen müsse, wenn zuverlässige Verhütungsmittel verwendet werden würden. Darüber – über Verhütung und nicht über Abtreibungsmittel – sollten Jugendliche aufgeklärt werden!

647　Vgl. dazu: Zweites Vatikanisches Konzil, Dekret über die Hirtenaufgabe der Bischöfe – „Christus Dominus" (28.10.1965), 35, 4; (http://theol.uibk.ac.at/itl/252/html).

648　Vgl. zum folgenden: Exekutivkomitee des Elternaufsichtsrates des Kennedyhauses an Bf. Rusch, o.D. [Juni 1973]; Bf. Rusch an N.N. (Exekutivkomitee des Elternaufsichtsrates des Kennedy-hauses), 21.7.1973; Exekutivkomitee des Elternaufsichtsrates des Kennedyhauses an Bf. Rusch, 8.8.1973; Bf. Rusch an Exekutivkomitee des Elternaufsichtsrates des Kennedyhauses, 1.10.1973; Exekutivkomitee des Elternaufsichtsrates des Kennedyhauses an Bf. Rusch; 9.10.1973; alle: DAI, Bestand Rusch, Mappe 27/3: Rusch – Kripp.

649　Rusch stützte sich hierbei auf diverse Zuschriften und legte die Abschrift eines Briefes von N.N. an ihn vom 29.5.1973 seinem Schreiben an N.N. (Exekutivkomitee des Elternaufsichtsrates des Kennedyhauses) vom 21.7.1973 bei.

650　Die Gemeinschaft von Taizé (Communauté de Taizé) ist ein internationaler ökumenischer Männerorden in Taizé in Burgund. Dorthin kamen seit den 1960ern immer häufiger vor allem junge Menschen, besonders auch katholische Jugendgruppen, aus der ganzen Welt, um Ruhe und Einkehr zu finden sowie gemeinsame Glaubenspraxis zu üben.

651　Vgl. zum folgenden: Österreichische Provinz S.J. – Provinzialat (P. Coreth), Wien, an Bf. Rusch, 17.7.1973; DAI, Bestand Rusch, Mappe 27/3: Rusch – Kripp.

652　1967 wurde die Übersetzung seines Buches „Die Kirche" von Rom verboten; Küng hielt sich nicht daran und seine Schriften wurden fortan immer wieder kirchlichen Prüfungen unterzogen bis 1979 der Entzug der kirchlichen Lehrerlaubnis durch die römische Glaubenskongregation erfolgte.

653 Bf. Rusch, Handschriftliche Notizen [o.D.]; DAI, Bestand Rusch, Mappe 27/3: Rusch – Kripp. Das folgende stützt sich ebenfalls auf diese Notizen.

654 Vgl. dazu und zum folgenden: Bf. Rusch an Provinzial Coreth, Wien, 21.7.1973; DAI, Bestand Rusch, Mappe 27/3: Rusch – Kripp.

655 Vgl. dazu: Österreichische Provinz S.J. – Provinzialat (P. Coreth), Wien, an Bf. Rusch, 25.7.1973 und 1.8.1973 sowie „Erklärung" (P. Coreth/P. Kripp), 1.8.1973; alle: DAI, Bestand Rusch, Mappe 27/3: Rusch – Kripp.

656 Vgl. dazu: Bf. Rusch an P. Coreth, Wien, 6.8.1973 sowie Österreichische Provinz S.J. – Provinzialat (P. Coreth), Wien, an Bf. Rusch, 9.8.1973; beide: DAI, Bestand Rusch, Mappe 27/3: Rusch – Kripp.

657 „Erklärung" (P. Coreth/P. Kripp), 9.8.1973; DAI, Bestand Rusch, Mappe 27/2: P. Kripp 1973.

658 Bf. Rusch an P. Coreth, 21.8.1973; DAI, Bestand Rusch, Mappe 27/2: P. Kripp 1973.

659 Österreichische Provinz S.J. – Provinzialat (P. Coreth), Wien, an Bf. Rusch, 9.8.1973; DAI, Bestand Rusch, Mappe 27/2: P. Kripp 1973.

660 Bf. Rusch an P. Coreth, 21.8.1973; DAI, Bestand Rusch, Mappe 27/2: P. Kripp 1973.

661 Österreichische Provinz S.J. – Provinzialat (P. Coreth), Wien, an Bf. Rusch, 8.9.1973; DAI, Bestand Rusch, Mappe 27/3: Rusch-Kripp.

662 Vgl. dazu: Österreichische Provinz S.J. – Provinzialat (P. Coreth), Wien, an Bf. Rusch, 30.10.1973; DAI, Bestand Rusch, Mappe 27/3: Rusch-Kripp; Kripp, Als Jesuit gescheitert, S. 59; Ludwig Kaufmann, Jugendzentrum Kennedy-Haus, in: Orientierung. Katholische Blätter für weltanschauliche Information (Zürich), 37. Jg./Nr. 23/24, 15./31.12.1973, S. 268-272, S. 270.

663 Vgl. dazu: Kripp, Als Jesuit gescheitert, S. 60/61.

664 Kripp, Als Jesuit gescheitert, S. 59.

665 Kripp, Als Jesuit gescheitert, S. 61.

666 „Weiters wurde beschlossen, daß WD wegen Schwierigkeiten (Finanzen, Konsumdenken, Zensor) eingestellt wird." (Konsultbericht vom 15. u. 16.9.1973; 4. Konsultbuch der Marianischen Mittelschülerkongregation Innsbruck, 1971- [1978].) Vgl. dazu auch Kripp, Als Jesuit gescheitert, S. 61, der die Einstellung von „Wir diskutieren" durchaus als Beitrag zur Entspannung der Lage um das Kennedy-Haus verstand.

667 Kripp, Als Jesuit gescheitert, S. 61/62; daraus auch das folgende Zitat.

668 Vgl. dazu: Tiroler Tageszeitung 276, 29.11.1973, S. 5.

669 Kathpress 235, 10.10.1973, S. 4.

670 Österreichische Provinz S.J. – Provinzialat (P. Coreth), Wien, an Bf. Rusch, 30.10.1973; DAI, Bestand Rusch, Mappe 27/3: Rusch-Kripp; daraus auch die folgenden Zitate.

671 Jesuitenkolleg Innsbruck (Walter Croce, J. Felderer, H. Zeller, J. Miller, Joh. Mühlsteiger, P. Victor Nauman, P. Josef Fiedler SJ., Bruno Restel SJ., Arnold Gamper, Jos. A. Jungmann, Fr. Ferd. Dettelbacher, Fr. Eduard Waibl) an P. Provinzial Coreth, Wien, 7.11.1973; DAI, Bestand Rusch, Mappe 46/2: Facultät; daraus auch die folgenden Zitate.

672 Jesuitenkolleg Innsbruck (P. Croce) an Bf. Rusch, 8.11.1973; DAI, Bestand Rusch, Mappe 27/2: P. Kripp 1973; daraus auch die folgenden Zitate. Wenige Tage später äußerte sich ein anderer Jesuitenpater in ähnlichem Sinn: „Wenn die Vertreter der Diözese nicht entschieden ihr Auftreten und die Schwergewichtspunkte nicht klar zum Tragen bringen, kommen sie nicht durch. Es wäre einfach einmal nötig, dem Hause einen päpstlichen Visitator zu schicken. Dann würde manches sich ändern lassen." (N.N., „Buch: Sigm. Kripp", 13.11.1973; DAI, Bestand Rusch, Mappe 27/3: Rusch-Kripp.)

673 Vgl. dazu: Hausparlament des Collegium Canisianum, Innsbruck, „Solidaritätserklärung" [66 Unterschriften], 22.11.1973; DAI, Bestand Rusch, Mappe 27/3: Rusch-Kripp; Kurier, 17.11.1973, S. 7.

674 Kathpress, 29.11.1973; zit. nach: Kaufmann, Jugendzentrum Kennedy-Haus, S. 270.

675 Vgl. dazu: Kurier, 17.11.1973, S. 7; Kirchenblatt 48, 2.12.1973, S. 1.

676 Bf. Rusch an den Apostolischen Nuntius, Opilio Rossi, Wien, 21.1.1974; DAI, Bestand Rusch, Mappe 28/5: P. Kripp/Schupp 1974.

677 Rusch, Bischof unter sechs Päpsten, S. 95.

678 P. Coreth an P. Kripp, 3.12.1973, zit. nach: Kripp, Als Jesuit gescheitert, S. 63-66; S. 65.

679 Bf. Rusch an den Apostolischen Nuntius, Opilio Rossi, Wien, 21.1.1974; DAI, Bestand Rusch, Mappe 28/5: P. Kripp/Schupp 1974.

680 Bf. Rusch, Rom, an „Verehrte Eminenz!", 14.11.1973; DAI, Bestand Rusch, Mappe 46/3: Facultät. Die folgenden Zitate sind ebenfalls diesem Schreiben entnommen.

681 Vgl. dazu: Bf. Rusch an den Apostolischen Nuntius, Opilio Rossi, Wien, 21.1.1974; DAI, Bestand Rusch, Mappe 28/5: P. Kripp/Schupp 1974. – Die folgenden Zitate stammen ebenfalls aus diesem Brief.

682 Vgl. dazu: P. Coreth an P. Kripp, 3.12.1973, zit. nach: Kripp, Als Jesuit gescheitert, S. 63-66; S. 65; ebenso die Erklärung P. Coreths zur Abberufung von Kripp, in: Tiroler Tageszeitung 276, 29.11.1973, S. 5 und Kirchenblatt 49, 9.12.1973, S. 3.

683 Es handelte sich dabei um das „Liebeswerk Kirche in Not – Ostpriesterhilfe", das 1948 von P. Werenfried van Straaten OPraem gegründet wurde. 1964 wurde das Werk direkt dem apostolischen Stuhl unterstellt und P. van Straaten zu dessen Obersten Moderator (Supremus Moderator) ernannt. Vgl. zum folgenden: Werenfried van Straaten, OPraem., Rom, an P. Antonio Mruk, Rom, PE/AV, 4.6.1973; DAI, Bestand Rusch, Mappe 27/2: P. Kripp 1973. P. Mruk (Jg. 1914) war Regionalassistent des Jesuitengenerals für die slawischen Gebiete.

684 N.N., „Cher Père Werenfried" – „Objet: Université d'Innsbruck", o.D.; DAI, Bestand Rusch, Mappe 27/2: P. Kripp 1973. „Wenn wir genaue Statistiken vorlegen könnten, wäre die Bilanz der zunichte gemachten [geistlichen – H.A.] Berufungen katastrophal." (Übersetzung durch den Autor H.A.)

685 „[…] les autorités compétentes s'avèrent incapables de tenir la bride haute"; (N.N., „Cher Père Werenfried" – „Objet: Université d'Innsbruck", o.D.; DAI, Bestand Rusch, Mappe 27/2: P. Kripp 1973).

686 Österreichische Provinz S.J. – Provinzialat (P. Coreth), Wien, an Aiuto alla Chiesa che soffre – Segretario internazionale (P. Werenfried van Straaten, OPraem.), Rom, 30.6.1973; daraus auch die folgenden Zitate. Einer Meinung damit auch: Jesuitenkolleg Innsbruck (Rektor P. Muck) an Aiuto alla Chiesa che soffre – Segretario internazionale (P. Werenfried van Straaten, OPraem.), Rom, 4.7.1973. Eine äußerst heftige Reaktion auf das französische Gutachten erfolgte auch von P. Nikolaus Kehl, der van Straaten u.a. vorwarf, daß dessen „Methoden heute nicht einmal mehr in den Oststaaten" angewendet werden können; Jesuitenkolleg Innsbruck (P. Nikolaus Kehl) an Aiuto alla Chiesa che soffre – Segretario internazionale (P. Werenfried van Straaten, OPraem.), Rom, 2.8.1973: alle: DAI, Bestand Rusch, Mappe 27/2: P. Kripp 1973.

687 Robert Miribung, Regens im Canisianum von 1970 bis 1980.

688 Vgl. dazu: Jesuitenkolleg Innsbruck (Rektor P. Muck) an Aiuto alla Chiesa che soffre – Segretario internazionale (P. Werenfried van Straaten, OPraem.), Rom, 4.7.1973 sowie Collegium Canisianum (Regens P. Robert Miribung), an „P. Werenfried", Rom, 18.7.1973; DAI, Bestand Rusch, Mappe 27/2: P. Kripp 1973.

689 P. v. Straaten, Rom, an P. Muck, Wien, PW/agb, 24.7.1973; DAI, Bestand Rusch, Mappe 27/2: P. Kripp 1973.

690 Aiuto alla Chiesa che soffre – Segretario internazionale (P. Werenfried van Straaten), Rom, an P. A. Mruk S.J., Rom, PW/sch, 5.11.1973; DAI, Bestand Rusch, Mappe 27/2: P. Kripp 1973.

691 Österreichische Provinz S.J. – Provinzialat (P. Coreth), Wien, an P. van Straaten, Rom, 17.11.1973; vgl. dazu auch die Antwort: Aiuto alla Chiesa che soffre – Segretario internazionale (P. Werenfried van Straaten), Rom, an P. Coreth, Wien, PW/sch, 21.11.1973; 27/2: „Und wenn römische, deutsche und österreichische kirchliche Autoritäten, die für dieses Anliegen zuständig sind, in Kenntnis der Sachlage die Richtigkeit meiner Entscheidung bestätigen, kann ich es nicht vermeiden, Ihnen […] weh zu tun."

692 Aiuto alla Chiesa che soffre – Segretario internazionale (P. Werenfried van Straaten), Rom, an P. A. Mruk S.J., Rom, PW/sch, 5.11.1973; DAI, Bestand Rusch, Mappe 27/2: P. Kripp 1973.

693 Vgl. dazu: Tiroler Tageszeitung 276, 29.11.1973, S. 5 und Kirchenblatt 49, 9.12.1973, S. 3.

694 Vgl. dazu: Kripp, Als Jesuit gescheitert, S. 63-66.

695 Vgl. zum folgenden: Tiroler Tageszeitung 279, 3.12.1973, S. 5 sowie Kirchenblatt 49, 9.12.1973, S. 3 u. 6, aus dem die angeführten wörtlichen Zitate – sofern nicht anders belegt – entnommen sind; kursive Hervorhebungen sind in der Vorlage gesperrt gesetzt.

696 Nach „Gotteslob. Gebet- und Gesangbuch" herausgegeben von der Apostolischen Administratur Innsbruck-Feldkirch, das von 1951 bis 1974 aufgelegt wurde und in Gebrauch war, steht

unter „Beichtandacht für Erwachsene – Gewissenserforschung" auf der Seite 129: „Du sollst nicht ehebrechen (6. Gebot). Gott fordert die Reinhaltung der Lebensquelle für die kommenden Geschlechter. Hast Du also dieses Gottesgebot in Verantwortung vor dem kommenden Geschlecht erfüllt oder hast du unkeusch gedacht, schmutzig geredet, unkeusch gehandelt (durch Selbstbefleckung, durch Zuchtlosigkeit außerhalb der Ehe, durch Ehebruch)? Warst du in edler Selbstachtung und vornehmer Ritterlichkeit zurückhaltend gegen das andere Geschlecht oder hast du dich und andere in Gefahr gebracht? War dein eheliches Zusammenleben erfüllt von Ehrfurcht, Liebe und Treue?"

697 Als Beleg für dieses Zitat führte Rusch [1.] Korintherbrief, 6, 9 an.: „Wißt ihr nicht, dass Ungerechte am Reiche Gottes keinen Anteil haben? Gebt euch keiner Täuschung hin! Unzüchtige, Götzendiener, Ehebrecher, Lüstlinge, Knabenschänder, [10] Diebe, Habsüchtige, Trunkenbolde, Gotteslästerer, Räuber werden am Reiche Gottes keinen Anteil haben." (Das Neue Testament, München/Paderborn/Wien 1967)

698 Bf. Rusch an N.N., 14.1.1974; DAI, Bestand Rusch, Mappe 28/5: P. Kripp/Schupp 1974.

699 Kirchenblatt 49, 9.12.1973, S. 6; daraus auch die folgenden Zitate.

700 Allerdings läßt Rusch vollkommen unerwähnt, daß er selbst mit Kripp seit drei Jahren nicht mehr gesprochen hat; vgl. dazu: Österreichische Provinz S.J. – Provinzialat (P. Coreth), Wien, an Bf. Rusch, 17.7.1973; DAI, Bestand Rusch, Mappe 27/3: Rusch – Kripp.

701 So der Name einer Aufsehen erregenden Unterschriftenaktion; vgl. dazu: Tiroler Tageszeitung 279, 3.12.1973, S. 3; 284, 10.12.1973, S. 5 und 286, 12.12.1973, S. 10/11.

702 Vgl. dazu die zahlreichen Artikel in der Tiroler bzw. österreichischen Tagespresse im Dezember 1973 sowie: Kathpress 287, 14.12.1973, S. 1-3, Profil, 4/26, 21.12.1973, Unipress – Sondernummer [Dez. 1973], Unipress Nr. 4, WS 73/74 [Jänner 1974], Der Spiegel 53/1973, S. 59, Adolf Holl, Praktische Theologie im heiligen Land Tirol, in: Profil 4/25, 7.12.1973, S. 16/17 wie auch (ausschließlich pro-Rusch-Stellungnahmen) Kirchenblatt für Tirol 50, 16.12.1973, S. 2 und 51/52, 23.12.1973. Außerdem: Kaufmann, Jugendzentrum Kennedy-Haus, Günter Rombold, Jugend im Konflikt mit der Amtskirche. Die Auseinandersetzung um das Innsbrucker Kennedy-Haus als Symptom, in: Kunst und Kirche. Ökumenische Zeitschrift für Architektur und Kunst, hrsg. vom Arbeitsausschuß des Evangelischen Kirchenbautages und vom Diözesan-Kunstverein Linz, Nr. 1/1974, S. 44/45, L. M. Kantner, Der Fall Kripp und der Jesuitenorden, in: Timor Domini [Stein a. Rhein (CH)], 3/1, 25.2.1974, S. 12, Berthold Hurch/Helmut Dellasega, Der „Fall Kripp", in: Peter Teyml (Red.), Gedenken – Umdenken. Tirol nach 1984, Innsbruck 1985, S. 32-37, Fallmann, Als hätten sie sich.

703 Vgl. dazu: Kripp, Als Jesuit gescheitert, S. 68. Kripp leitete in den folgenden Jahren ein Jugendhaus in der süddeutschen Stadt Fellbach und war von 1980 bis 1984 Professor für Sozialpädagogik an der Fachhochschule Esslingen. 1984 wurde er aus dem Jesuitenorden entlassen. Seit 1985 lebt er in Managua (Nicaragua), als politischer Berater des Sozialministeriums sowie als Erzieher und Sozialpädagoge. Seit seiner Pensionierung widmet er sich einem Projekt zur Entwicklung von alternativem Tourismus („Parque maritimo el Greco") an der Costa Pacifica in Nicaragua. Am 5. November 1998 bekam Kripp das Ehrendoktorat der Universität Klagenfurt verliehen, am 29. Jänner 2005 das Verdienstkreuz der Stadt Innsbruck.

704 Der Kampf gegen häretische Schriften wurde von der Kirche seit dem 4. Jahrhundert geführt und verstärkte sich naheliegenderweise nach der Erfindung des Buchdrucks in enormem Maße. Ein wichtiges Hilfsmittel in diesem Kampf stellte der Index der verbotenen Bücher dar (Index librorum prohibitorum), dessen erste offizielle Ausgabe von der römischen Inquisition unter unmittelbarer Aufsicht Papst Pauls IV. im Jahre 1559 besorgt wurde. Ihr folgten bis zu seiner letzten Ausgabe im Jahre 1948 weitere 31 Indices. Die 1571 eigens geschaffene Indexkongregation wurde 1908 mit dem „heiligen Offizium" vereint, sie als eine Art Zensurbehörde verblieb. Erst 1966 wurde unter dem Einfluß des Zweiten Vatikanischen Konzils die Arbeit am Index eingestellt. Vgl. dazu: Grigulevič, Ketzer, Hexen, Inquisitoren, S. 461-464.

705 Fallmann, Als hätten sie sich, S. 143.

706 Bischof Dr. Paul Rusch: „Zum Fall Schupp", in: Kirchenblatt für Tirol 49, 8.12.1974, S. 2.

707 Vgl. dazu: Konkordat zwischen dem Heiligen Stuhle und der Republik Österreich vom 5. Juni 1933, Art. V, § 3: „Die Ernennung oder Zulassung der Professoren oder Dozenten an den vom Staate erhaltenen katholisch-theologischen Fakultäten wird nur nach erfolgter Zustimmung der

zuständigen kirchlichen Behörde erfolgen." (http://www.kirchen.net/upload/6607_D15-Kon-
kordat1933.pdf)

708   Vgl. dazu: P. Schupp, Brookline (USA), an Bf. Rusch, 30.6.1970; DAI, Bestand Rusch, Mappe 46/1:
      Facultät (theologische).
709   Bischof Dr. Paul Rusch: „Zum Fall Schupp", in: Kirchenblatt für Tirol 49, 8.12.1974, S. 2.
710   Bf. Rusch an P. Schupp, Brookline, 16.7.1970; DAI, Bestand Rusch, Mappe 46/1: Facultät (theo-
      logische).
711   Bischof Dr. Paul Rusch: „Zum Fall Schupp", in: Kirchenblatt für Tirol 49, 8.12.1974, S. 2.
712   P. Lakner an Bf. Rusch, 20.3.1970; DAI, Bestand Rusch, Mappe 46/1: Facultät (theologische); „[…]
      dachte ich das gleiche, was Exzellenz betreffend das Skriptum von P. Schupp […] sagen: ‚Das
      Ganze ist keine katholische Theologie'."
713   Bf. Rusch an N.N., 14.1.1974; DAI, Bestand Rusch, Mappe 28/5: P. Kripp/Schupp 1974.
714   Bf. Rusch an P. Schasching, Rom, 27.4.1970; DAI, Bestand Rusch, Mappe 46/1: Facultät (theolo-
      gische).
715   Vgl. dazu: Curia Praepositi Generalis Societatis Iesu (P. Schasching), Rom, an Bf. Rusch, 2.5.1970;
      DAI, Bestand Rusch, Mappe 46/1: Facultät (theologische).
716   Vgl. dazu: „Hinsichtlich der Skripten von P. Schupp erscheinen folgende Punkte zur Beachtung
      im Sinn des Lehramtes notwendig zu sein: […]", 21.9.1970; DAI, Bestand Rusch, Mappe 28/2:
      Akt Kripp 1970; vgl. dazu auch: P. Schupp, Berkeley, an Bf. Rusch, 17.8.1970; DAI, Bestand Rusch,
      Mappe 46/1: Facultät (theologische) sowie – weitaus distanzierter – „Zur Biographie von Franz
      Schupp", [Interview mit Franz Schupp am 17. Juli 2002], in: Walter Raberger/Hanjo Sauer (Hg.),
      Vermittlung im Fragment. Franz Schupp als Lehrer und Theologe, Regensburg 2003, S. 271-314;
      S. 289/290.
717   Vgl. dazu: Bf. Rusch an Sektionschef Dr. Walter Brunner, Wien, 22.9.1970; DAI, Bestand Rusch,
      Mappe 46/1: Facultät (theologische).
718   Schupps Lehrangebot vom WS 1970/71 bis SS 1974: Vorlesungen: Schöpfung und Heil, Christolo-
      gie – Soteriologie I + II, Glaube – Kultur – Symbol I + II; Seminare: Theologische Theoriebildung,
      E. Troeltsch: Die historische und die dogmatische Methode, Theology and Revolution, Schelling:
      Philosophie und Religion, Drey: kurze Einleitung, Kant: Der Streit mit der theologischen Fakultät,
      Probleme einer Logik der Theologie; dazu: Übungen und Konversatorien zu den Vorlesungen,
      Repetitorien für Diplomanden und Privatissima für Doktoranden; (Vorlesungsverzeichnisse und
      Personalstand der Leopold-Franzens-Universität Innsbruck, Wintersemester 1970/71 bis Som-
      mersemester 1974).
719   Bf. Rusch an P. Schupp, 12.10.1971; DAI, Bestand Rusch, Mappe 46/1: Facultät (theologische);
      vgl. dazu auch: „Zur Biographie von Franz Schupp", S. 290.
720   Religionsprofessor N.N., Innsbruck, an P. Provinzial Pilz, Wien, 8.12.1971; DAI, Bestand Rusch,
      Mappe 28/3: P. Kripp 1970/71.
721   Bf. Rusch an P. Provinzial Pilz, Wien, 7.2.1972; vgl. dazu: Bf. Rusch an „Eminentissime Princeps",
      17.1.1972; beide: DAI, Bestand Rusch, Mappe 28/4: P. Kripp 1972. Aus der Sicht P. Schupps
      stellte sich der geschilderte Vorfall ein wenig anders dar: „Im Gespräch vom 30. Nov. 1971 im
      Kennedy-Haus habe ich die Gottessohnschaft Jesu Christi nicht verneint. Der Wortlaut, den
      ich gebraucht habe, war folgender (als die Frage einige Minuten vor dem festgesetzten Ende
      des Gesprächs gestellt wurde): ‚Diese Frage ist so wichtig, daß es unseriös wäre, darauf in fünf
      Minuten eine Antwort zu geben'. Der Wortlaut bezog sich also eindeutig auf die mangelnde Zeit,
      was auch daraus hervorgeht, daß zu diesem Thema eine eigene Veranstaltung vorgesehen wurde,
      die wahrscheinlich nicht von mir geleitet werden wird, da ich das Publikum gewöhnlich sprach-
      lich und intellektuell überfordere." (Franz Schupp an N.N., Innsbruck, o.D. [Dez. 1971]; DAI,
      Bestand Rusch, Mappe 28/3: P. Kripp 1970/71.) Nachdem sich eine Abschrift dieses Schreiben in
      den Unterlagen des Bischofs findet, dürfte Rusch die Sachverhaltsdarstellung von Schupp auch
      bekannt gewesen sein! Vgl. dazu auch die Leserbriefe in: Wir diskutieren 7, 21.4.1972, S. 2, wo
      u.a. ein 16jähriger MKler die Gedankengänge und Argumentation Schupps sehr plausibel und
      durchaus nachvollziehbar referiert.
722   „Zur Biographie von Franz Schupp", S. 289.
723   „Zur Biographie von Franz Schupp", S. 289; „Ich [P. Schupp – H.A.] kann von Bischof Rusch
      sagen, dass er die Skripten zwar gelesen, aber nicht verstanden hat, worum es mir ging"; („Zur
      Biographie von Franz Schupp", S. 293).

724 „Einführung der Herausgeber", in: Raberger/Sauer (Hg.), Vermittlung im Fragment, S 7-21; S. 11.

725 Kripp, Als Jesuit gescheitert, S. 63.

726 „Einführung der Herausgeber", S. 11. P. Otto Semmelroth stellte in seinem Gutachten im Juli 1970 fest, daß Schupp „ein Potential an geistiger Kraft, Gelehrsamkeit und Darstellungsgabe [besitze], deren Nichteinsatz im Raum der theologischen [sic!] Arbeit zu bedauern wäre"; P. Otto Semmelroth, Gutachten zu den Vorlesungsskripten von P. Franz Schupp S.J., „Erlösung und Glaube" und „Die Taufe und der allgemeine Sakramentsbegriff", Frankfurt a.M., 10.7.1970; DAI, Bestand Rusch, Mappe 46/1: Facultät (theologische).

727 So die Einschätzung Karl Rahners in einem Gutachten über eine Nachschrift der Vorlesung von P. Schupp über die Soteriologie, o.D. [Sommer 1970]; DAI, Bestand Rusch, Mappe 46/1: Facultät (theologische).

728 „Einführung der Herausgeber", S. 11; vgl. dazu auch: Max Strasser, Gedanken von betroffenen Studenten, in: Korrespondenzblatt des Canisianums 109/1 (1974/75), S. 17-17; S. 16.

729 Vgl. dazu: Bf. Rusch an „Eminentissime Princeps", 17.1.1972; DAI, Bestand Rusch Mappe 28/4 – P. Kripp 1972.

730 Profil 5/39, 0.10.1974, S. 11.

731 Bf. Rusch an „Eminentissime Princeps", 21.1.1972; DAI, Bestand Rusch, Mappe 46/3: Facultät: „P. Lakner, dogmaticus emeritus, de hoc scripto [de creatione et saluto – H.A.] dixit, id fere unice philosophicum esse et doctrinam Ecclesiae non continere".

732 Rusch, Waage der Zeit, S. 42.

733 Bischof Dr. Paul Rusch: „Zum Fall Schupp", in: Kirchenblatt für Tirol 49, 8.12.1974, S. 2.

734 Rusch, Waage der Zeit, S. 43; ebenso: Bischof Dr. Paul Rusch: „Zum Fall Schupp", S. 2.

735 Rusch, Waage der Zeit, S. 43. In dem Schreiben an Kardinal Šeper liest sich diese Unterredung folgendermaßen: „Unde P. Schupp iterum ad me vocavi. Inter caetera eum interrogavi, num sententia: Deus est, tantum pro nunc valeat et non pro semper. Qui respondit: debes mihi explicare, qualem conceptum entis supponis! Deinde ego: valente: duo et duo sunt quatuor [sic!]? Et iste: explica mihi, quale systema numerorum habes?"; Bf. Rusch an „Eminentissime Princeps", 21.1.1972; DAI, Bestand Rusch, Mappe 46/3: Facultät.

736 „Zur Biographie von Franz Schupp", S. 290.

737 Bf. Rusch an Erzbischof Dr. Josef Schröffer, Rom, 25.5.1972; DAI, Bestand Rusch Mappe 28/4 – P. Kripp 1972.

738 Vgl. dazu: Sacra Congregatio pro Doctrina Fidei (Präfekt Kardinal Šeper), Rom, Prot. N. 10/72, an Bf. Rusch, 12.2.1972; DAI, Bestand Rusch, Mappe 46/1: Facultät (theologische).

739 Vgl. dazu: Bf. Rusch an Kardinal Franz Šeper, Rom, 28.2.1972, Bf. Rusch an Erzbischof Augustin Mayer, Rom, 25.5.1972 sowie Bf. Rusch an Erzbischof Dr. Josef Schröffer, Rom, 25.5.1972; alle: DAI, Bestand Rusch Mappe 28/4 – P. Kripp 1972.

740 Vgl. dazu: Bf. Rusch an Kardinal König, Wien, 19.6.1972; DAI, Bestand Rusch, Mappe 46/3: Facultät.

741 Zwischen Juni 1972 und September 1974 finden sich zum Fall Schupp nur ganz wenige Unterlagen in den Beständen des Innsbrucker Diözesanarchivs, darunter jedoch kein Schreiben des Wiener Kardinals oder der österreichischen Bischofskonferenz, aus denen irgendwelche Initiativen oder auch nur Stellungnahmen zum Fall Schupp hervorgehen würden; eine Einsichtnahme in Archivalien der Österreichischen Bischofskonferenz wurde dem Autor nicht gewährt.

742 Rusch berichtete am 17.1.1972 an Kardinal Šeper in lateinischer Sprache auftragsgemäß über die Vorgänge im Kennedy-Haus. In diesem Schreiben erwähnte er auch den Diskussionsabend, bei dem Schupp mit der Frage der „Gottessohnschaft" konfrontiert wurde, wodurch Šeper zweifellos auf den Innsbrucker Dogmatikprofessor aufmerksam gemacht wurde, auch wenn damit noch keine formelle Anklage erhoben oder eine Anzeige erstattet worden war. Rusch merkte weiters in seinem Brief als Postskriptum an, daß der Akt über Schupp in Kürze folgen würde. Am 21.1.1972 legte Rusch – ebenfalls in lateinischer Sprache – ausführlich seine Haltung zu Schupps theologischem Verständnis dar. Am 12. Februar 1972 kam eine Antwort aus Rom in deutscher Sprache, worüber Rusch ebenso überrascht wie erfreut war, auch weil Šeper „liebenswürdigerweise in deutscher Sprache" geantwortet hatte (Bf. Rusch an Kardinal Franz Šeper, Rom, 28.2.1972; DAI, Bestand Rusch Mappe 28/4 – P. Kripp 1972). Falls Rusch also schon vor dem 17. bzw. 21.1.1972 (die beiden Briefe an Šeper) von der Glaubenskongregation aufgefordert worden wäre, zum Fall

Schupp entsprechende Unterlagen bereit zu stellen, dann wäre diese Aufforderung wohl zweifellos auch in deutscher Sprache verfaßt gewesen. Damit hätte für Rusch aber keine Notwendigkeit bestanden, seine beiden Briefe in lateinischer Sprache abzufassen. Dies deutet sehr stark darauf hin, daß Rom erst durch die Initiative Ruschs in der Sache Schupp aktiv wurde, auch wenn er immer hervorhob – warum eigentlich? – daß die Glaubenskongregation „ohne sein Zutun" gehandelt hätte. Immerhin war Rusch der richtige Mann für die Glaubenskongregation, wurde er doch gut ein Jahr später zu deren Mitglied ernannt.

743 Vgl. dazu: Kirchenblatt für Tirol 14, 8.4.1973, S. 5; Tiroler Tageszeitung 72, 27.3.1973, S. 4; Osttiroler Bote 14, 5.4.1973, S. 27; Profil 5/39, 9.10.1974, S. 11; in den Annuarii Pontificii ist Rusch in den Jahrgängen 1974 bis 1978 als Mitglied der Glaubenskongregation angeführt. Diesen Aspekt betont auch Schupp, in: „Zur Biographie von Franz Schupp", S. 297.

744 Vgl. dazu: Coreth, Das Jesuitenkolleg Innsbruck, S. 66/67.

745 Vgl. dazu: N.N., „Cher Père Werenfried" – „Objet: Université d'Innsbruck", o.D.; DAI, Bestand Rusch, Mappe 27/2: P. Kripp 1973: „Depuis de nombresues [sic!] années, le R.P. Schupp (titulaire de dogme) fait montre d'une ‚ecumenitis' fort prononcée, en ne consavrant pas moins de 90 pourcent de son temps à l'exposition d'autres réligions. Aussi ses élèves n'oseraient-ils pas affirmer qu'il croit encore lui-même. Le comble a été que l'an passé, en finissant son cours, il a congédié son auditoire en disant que tout ce qu'il avait débité ne représentait, en somme, que des hypothèses …".

746 Dafür spricht etwa auch die Ämtervielfalt des Präfekten der Glaubenskongregation, Kardinal Franjo Šeper, der gleichzeitig auch Mitglied in folgenden päpstlichen Kongregationen war: „Sacra Congregatio pro Episcopis", „Sacra Congregatio de Disciplina Sacramentorum", „Sacra Congregatio pro Clericis", „Sacra Congregatio pro Institutione Catholica"; vgl. dazu: Annuario Pontificio per l'Anno 1973 a 1979, Citta del Vaticano 1973-1979.

747 Österreichische Provinz S.J. – Provinzialat (P. Coreth), Wien, an alle Oberen in der österreichischen Provinz, 11.10.1974; DAI, Bestand Rusch, Mappe 28/5: P. Kripp/Schupp 1974. Vgl. dazu auch: Bischof Dr. Paul Rusch: „Zum Fall Schupp", in: Kirchenblatt für Tirol 49, 8.12.1974, S. 2 sowie Strasser, Gedanken, S. 16 und Profil 5/39, 9.10.1974, S. 10/11.

748 Bf. Rusch, Rom, an „Verehrte Eminenz!", 14.11.1973; DAI, Bestand Rusch, Mappe 46/3: Facultät.

749 Bischof Dr. Paul Rusch: „Zum Fall Schupp", in: Kirchenblatt für Tirol 49, 8.12.1974, S. 2; vgl. dazu auch: Strasser, Gedanken, S. 16, Guy Weirich, Theologie und Kirche im Konflikt sowie Otto Muck, Erwägungen eines betroffenen Mitbruders und Kollegen, beide in: Korrespondenzblatt des Canisianums 109/1 (1974/75), S. 16/17 u. 17/18; weiters: Profil 5/39, 9.10.1974, S. 10/11, Profil 6/3, 15.1.1975, S. 36, „Zur Biographie von Franz Schupp", S. 292-300.

750 Franz Schupp, Begründung meines Ausscheidens aus dem kirchlichen Dienst, Wien, 24.9.1974; DAI, Bestand Rusch, Mappe 28/5: P. Kripp/Schupp 1974. Falls es sich dabei um die von Rusch eingesandten Gutachten Lakners und Semmelroths handelte oder möglicherweise auch die fragwürdige Beurteilung der Innsbrucker Theologischen Fakultät durch den anonymen französischen Gutachter in Betracht gezogen wurde, hält sich die Verwunderung über die Vorgehensweise der Glaubenskongregation bzw. über das Verhalten Šepers in sehr engen Grenzen!

751 Bischof Dr. Paul Rusch: „Zum Fall Schupp", in: Kirchenblatt für Tirol 49, 8.12.1974, S. 2.

752 Österreichische Provinz S.J. – Provinzialat (P. Coreth), Wien, an Bf. Rusch, 22.9.1974; vgl. auch: Österreichische Provinz S.J. – Provinzialat (P. Coreth), Wien, an alle Oberen in der österreichischen Provinz, 11.10.1974; beide: DAI, Bestand Rusch, Mappe 28/5: P. Kripp/Schupp 1974.

753 N.N., „Gutachten zur Theologie von P. Fr. Schupp S.J.", [o.D.]; DAI, Bestand Rusch, Mappe 28/5: P. Kripp/Schupp 1974.

754 Bf. Rusch, Rom, an „Verehrte Eminenz!", 14.11.1973; DAI, Bestand Rusch, Mappe 46/3: Facultät.

755 N.N., „Gutachten zur Theologie von P. Fr. Schupp S.J.", [o.D.]; DAI, Bestand Rusch, Mappe 28/5: P. Kripp/Schupp 1974.

756 N. N. an „Hochwürdiger P. Provinzial", 12.4.1974; DAI, Bestand Rusch, Mappe 28/5: P. Kripp/Schupp 1974.

757 Hierin heißt es u.a.: „Die theologischen Fächer sollen im Licht des Glaubens unter Führung des kirchlichen Lehramtes so gelehrt werden, daß die jungen Theologen die katholische Lehre sorgfältig aus der göttlichen Offenbarung schöpfen, tief in sie eindringen, sie für ihr geistliches Leben fruchtbar machen und sie in ihrem künftigen priesterlichen Dienst verkünden, darlegen

und verteidigen können. Mit besonderer Sorgfalt sollen sie im Studium der Heiligen Schrift, die die Seele der ganzen Theologie sein muß, gefördert werden." – Zweites Vatikanisches Konzil, Dekret über die Ausbildung der Priester – „Optatam totius", Pkt. 16; (http://theol.uibk.ac.at/itl/253.html).

758 N.N. an „Hochwürdiger P. Provinzial", 12.4.1974; DAI, Bestand Rusch, Mappe 28/5: P. Kripp/ Schupp 1974.

759 „Zur Biographie von Franz Schupp", S. 300.

760 Weirich, Theologie und Kirche, S. 15. Nach Rusch war die Wahrung der Anonymität der Gutachter „Auftrag der Ordensleitung"; Bischof Dr. Paul Rusch: „Zum Fall Schupp", in: Kirchenblatt für Tirol 49, 8.12.1974, S. 2.

761 Österreichische Provinz S.J. – Provinzialat (P. Coreth), Wien, an Bf. Rusch, 22.9.1974; DAI, Bestand Rusch, Mappe 28/5: P. Kripp/Schupp 1974.

762 Es wurde vermutet, daß es sich bei einem der beiden Gutachter um Zoltan Alszeghy SJ (1915-1991) handelte, der von 1946 bis 1988 Professor für Dogmatik an der Päpstlichen Universität Gregoriana in Rom war. Hinter dem anderen Gutachten wurde P. Otto Semmelroth vermutet, der jedoch bereits im Zusammenhang mit der Berufung Schupps im Jahre 1970 als Begutachter fungierte, weshalb es unwahrscheinlich ist, daß er neuerlich dafür ausgewählt wurde. Außerdem sind deutliche stilistische Unterschiede in den Formulierungen zwischen dem älteren Gutachten und dem vom April 1974 feststellbar, so daß wohl – wenn es sich bei dem zweiten Gutachter mit hoher Wahrscheinlichkeit um einen der beiden Dogmatiker der Ordenshochschule Frankfurt/St. Georgen gehandelt haben dürfte – eher an P. Aloys Grillmeyer SJ (1910-1998) zu denken ist. Vgl. dazu auch: „Zur Biographie von Franz Schupp", S. 293.

763 „Zur Biographie von Franz Schupp", S. 292/293.

764 Franz Schupp, Begründung meines Ausscheidens aus dem kirchlichen Dienst, Wien, 24.9.1974; vgl. dazu auch: Österreichische Provinz S.J. – Provinzialat (P. Coreth), Wien, an alle Oberen in der österreichischen Provinz, 11.10.1974; beide: DAI, Bestand Rusch, Mappe 28/5: P. Kripp/Schupp 1974.

765 Bischof Dr. Paul Rusch: „Zum Fall Schupp", in: Kirchenblatt für Tirol 49, 8.12.1974, S. 2.

766 Franz Schupp, Begründung meines Ausscheidens aus dem kirchlichen Dienst, Wien, 24.9.1974; DAI, Bestand Rusch, Mappe 28/5: P. Kripp/Schupp 1974; daraus auch das folgende Zitat.

767 Österreichische Provinz S.J. – Provinzialat (P. Coreth), Wien, an alle Oberen in der österreichischen Provinz, 11.10.1974; DAI, Bestand Rusch, Mappe 28/5: P. Kripp/Schupp 1974.

768 Vgl. dazu: Franz Schupp, „Beatissime Pater", Wien, 24.9.1974; DAI, Bestand Rusch, Mappe 28/5: P. Kripp/Schupp 1974: „Franz Schupp […] se propter actiones Sacrae Congregationis de Sancta Fide et propter detractam veniam legendi […] declarare se omnes functiones in Ecclesia reponere et se putare se ab omnibus oneribus a sacra Ordinatione et religiosa professione manantibus liberatum esse".

769 Österreichische Provinz S.J. – Provinzialat (P. Coreth), Wien, an alle Oberen in der österreichischen Provinz, 11.10.1974; DAI, Bestand Rusch, Mappe 28/5: P. Kripp/Schupp 1974.

770 Österreichische Provinz S.J. – Provinzialat (P. Coreth), Wien, an Bf. Rusch, 22.9.1974; DAI, Bestand Rusch, Mappe 28/5: P. Kripp/Schupp 1974. Es handelte sich um den damaligen Assistenten und Dozenten der Philosophie, Hans Czuma SJ, geb. am 20.10.1932 in Brünn. Nach seiner Laisierung zog Czuma nach Salzburg, war und ist Lehrbeauftragter an verschiedenen Instituten der Universitäten Innsbruck, Salzburg und Klagenfurt.

771 Österreichische Provinz S.J. – Provinzialat (P. Coreth), Wien, an Bf. Rusch, 29.9.1974; DAI, Bestand Rusch, Mappe 28/5: P. Kripp/Schupp 1974.

772 Bischof Dr. Paul Rusch: „Zum Fall Schupp", in: Kirchenblatt für Tirol 49, 8.12.1974, S. 2.

773 Franz Schupp, Begründung meines Ausscheidens aus dem kirchlichen Dienst, Wien, 24.9.1974; DAI, Bestand Rusch, Mappe 28/5: P. Kripp/Schupp 1974. Gemeint war damit die Forderung, wonach der wissensmethodologische Stoff in wissenschaftliche Seminarien ausgegliedert werden sollte.

774 Bischof Dr. Paul Rusch: „Zum Fall Schupp", in: Kirchenblatt für Tirol 49, 8.12.1974, S. 2.

775 Bischof Dr. Paul Rusch: „Zum Fall Schupp", in: Kirchenblatt für Tirol 49, 8.12.1974, S. 2.

776 Bf. Rusch, „Geehrter Herr Professor!", 1.10.1974; DAI, Bestand Rusch, Mappe 46/3: Facultät.

777 Bf. Rusch an „Sehr verehrter Herr Sektionschef!", 3.10.1974; DAI, Bestand Rusch, Mappe 46/3: Facultät.

778 Bischof Dr. Paul Rusch: „Zum Fall Schupp", in: Kirchenblatt für Tirol 49, 8.12.1974, S. 2. Schupp war in den folgenden Jahren als wissenschaftlicher Mitarbeiter am Leibniz-Archiv in Hannover tätig (1976-1978) und erhielt 1979 einen Ruf als Professor für Philosophie an die Universität Paderborn. Seit seiner Emeritierung 2002 lebt er in Freiburg i.Br.

779 Bf. Rusch an Kardinal Šeper, Rom, 2.11.1974; DAI, Bestand Rusch, Mappe 46/3: Facultät.

780 Vgl. dazu: Konkordat zwischen dem Heiligen Stuhle und der Republik Österreich vom 5. Juni 1933, Art. V, § 4: „Sollte einer der genannten Lehrer in der Folge seitens der zuständigen kirchlichen Behörde der obersten staatlichen Unterrichtsverwaltung als für die Lehrtätigkeit nicht mehr geeignet bezeichnet werden, wird er von der Ausübung der betreffenden Lehrtätigkeit enthoben." (http://www.kirchen.net/upload/6607_D15-Konkordat1933.pdf)

781 „Resolution der Hörerversammlung an der theol. Fak. Innsbruck", 16.10.1974; DAI, Bestand Rusch, Mappe 28/5: P. Kripp/Schupp 1974.

782 Vgl. dazu: Assistentenverband an der theologischen Fakultät der Universität Innsbruck (Walter Raberger/Hans Rezac), an Bf. Rusch, Provinzial Coreth, Professorenkollegium der theol. Fak. Innsbruck, Kontestation [Zeitschrift der Fakultätsvertretung der Hochschülerschaft an der Theologischen Fakultät der Universität Innsbruck – H.A.], APA, 3.10.1974; DAI, Bestand Rusch, Mappe 28/5: P. Kripp/Schupp 1974 sowie: Tiroler Tageszeitung 239, 14.10.1974, S. 5.

783 Vgl. dazu: Österreichische Provinz S.J. – Provinzialat (P. Coreth), Wien, an alle Oberen in der österreichischen Provinz, 11.10.1974; DAI, Bestand Rusch, Mappe 28/5: P. Kripp/Schupp 1974.

784 Bf. Rusch an Günther Klingenbrunner [Fakultätsvertretung Theologie], 29.10.1974; DAI, Bestand Rusch, Mappe 46/2: Facultät.

785 Vgl. dazu: Österreichische Hochschülerschaft an der Universität Innsbruck – Theologische Fachschaft (Anton Baldauf, Vorsitzender/Günther Klingenbrunner, f.d. Fakultätsvertretung – Theologie), an Bf. Rusch, 15.11.1974 sowie „Rechtsgutachtliche Äußerung zur Frage der Rechtmäßigkeit sog. Vorlesungsstreiks" (Univ.-Prof. Dr. Gerhard Schnorr, Vorstand des Instituts für Arbeits- und Sozialrecht der Universität Innsbruck), 10.11.1974; beide: DAI, Bestand Rusch, Mappe 46/2: Facultät.

786 Vgl. dazu: Bf. Rusch an Günther Klingenbrunner [Fakultätsvertretung Theologie], 9.12.1974; DAI, Bestand Rusch, Mappe 46/2: Facultät.

787 Collegium Canisianum, Innsbruck (P. Robert Miribung SJ, Regens/Josef Niewiadomski, Vorsitzender der Vollversammlung/James Sauer, Pedell/Georg Geiger, Subpedell) an „Sehr geehrter Pater General", 22.10.1974; DAI, Bestand Rusch, Mappe 28/5: P. Kripp/Schupp 1974: „Dieser Brief wurde vom ‚Hausparlament', der gewählten Vertretung der Studenten und Patres des Canisianums am 18. Oktober 1974 einstimmig verabschiedet. Eine Kopie des Briefes ging außerdem an: Pater Assistent Univ.-Prof. Dr. Pater Joh. N. Schasching SJ, die Provinziäle der Deutschen Assistenz, die Delegierten der Deutschen Assistenz zur Generalkongregation, die internen Informationsblätter der Jesuiten, die Redaktion ‚Orientierung', Univ.-Prof. DDr. Pater Franz Schupp SJ, Bischof DDr. Paulus Rusch". Dieser Brief wurde auch im Korrespondenzblatt des Canisianums 109/1 (1974/75), S. 20 und in der Orientierung. Katholische Blätter für weltanschauliche Information (Zürich), 38/22, 30.11.1974, S. 239 veröffentlicht. Siehe dazu auch die redaktionelle Anmerkung „Schützen die Orden ihre Theologen?" (S. 238), wo bei der „Exilierung" unbequemer Ordensleute von Rom bisher immer eine Methode angewendet wurde, die „*so nur auf Ordensleute anwendbar war: nämlich durch Druck auf die Ordensleitung. Diese hatte gegen ihre eigenen Mitglieder Maßnahmen anzuordnen, ohne selber frei, aus eigener Initiative, mit eigenen Mitteln und in eigener Verantwortung den Fall überprüft zu haben. Die Verantwortlichen für das ‚Urteil', wie auch deren Prüfungsverfahren, blieben im Dunkeln: nicht sie hatten für die Maßnahmen grad zu stehen, sondern die Ordensleitung. Sie mußte also so tun, ‚als ob' sie in ihrer internen Leitungsfunktion (der sich der Ordensmann im Sinn der frei gewählten Lebensform und der frei zusammengefügten Gemeinschaft anvertraut hat) tätig werde: in Wirklichkeit trat sie als verlängerter Arm einer anonym wirkenden Macht — des ‚Santo Ufficio' — in Aktion und vollstreckte ein niemals den Betroffenen zugestelltes, ja vielleicht sogar dem Ordensgeneral gegenüber nur angedrohtes Urteil, das als solches geheim bleiben bzw. in gewisser Weise den Betroffenen und dem Orden (um ihres Prestiges in der Kirche willen) ‚erspart' werden sollte."* – Dieser Analyse ist nichts hinzuzufügen!

788 Vgl. dazu: Bf. Rusch an Provinzial P. Coreth, Rom, 23.12.1974; DAI, Bestand Rusch, Mappe 28/5: P. Kripp/Schupp 1974 sowie Vorarlberger Kirchenblatt 7/1, 1.1.1975, S. 7.

789 Vgl. dazu: Bischof Dr. Paul Rusch: „Zum Fall Schupp", in: Kirchenblatt für Tirol 49, 8.12.1974, S. 2. Die Zeitung trägt zwar das Datum vom 8.12.1974, ist aber bereits einige Tage vorher ausgeliefert worden.

790 Vgl. dazu: Dekanat der theologischen Fakultät Innsbruck (P. Rotter), an Bf. Rusch, 6.12.1974; DAI, Bestand Rusch, Mappe 28/5: P. Kripp/Schupp 1974.

791 Vorarlberger Kirchenblatt 7/1, 1.1.1975, S. 7; ebenso: Präsent 50, 12.12.1974, S. 7.

792 Dekanat der Theologischen Fakultät Innsbruck (P. Rotter) an Bf. Rusch, 18.12.1974; DAI, Bestand Rusch, Mappe 28/5: P. Kripp/Schupp 1974.

793 Vgl. dazu: Dekanat der Theologischen Fakultät Innsbruck (P. Rotter) an Bf. Rusch, 8.1.1975; DAI, Bestand Rusch, Mappe 27/1 – Kripp 1975.

794 Bf. Rusch an „Sehr geehrter Herr Dekan", 10.1.1975; DAI, Bestand Rusch, Mappe 27/1 – Kripp 1975.

795 Vgl. dazu: Kathpress 284, 9.12.1974, S. 3.

796 Fakultätsvertretung der Hochschülerschaft an der Theologischen Fakultät der Universität Innsbruck, „Bischof Rusch: ,Zum Fall Schupp'?" [Flugblatt], o.D. sowie Fakultätsvertretung der Hochschülerschaft an der Theologischen Fakultät der Universität Innsbruck, „Aber jetzt dürfen und können wir nicht schweigen", [Flugblatt], o.D.; beide: DAI, Bestand Rusch, Mappe 28/5: P. Kripp/Schupp 1974.

797 Vgl. dazu: Kontestation Nr. 3, WS 1974/75, 13.12.1974.

798 Kathpress 284, 9.12.1974, S. 3.

799 Vgl. dazu: Tiroler Tageszeitung 289, 13.12.1974, S. 3, Kurier 13.12.1974, S. 7, Neue Tiroler Zeitung, 13.12.1974, S. 3.

800 Vgl. dazu: Pressereferat der Diözese Innsbruck, „5. Hörerversammlung", 13.12.1974; DAI, Bestand Rusch, Mappe 28/5: P. Kripp/Schupp 1974.

801 Österreichische Hochschülerschaft an der Universität Innsbruck – Theologische Fachschaft, „Presseaussendung", 16.12.1974; DAI, Bestand Rusch, Mappe 28/5: P. Kripp/Schupp 1974. Daraus auch die folgenden Zitate.

802 Vgl. dazu: Orientierung, 38/22, 30.11.1974, S. 239.

803 Bf. Rusch an Provinzial P. Coreth, Rom, 23.12.1974; DAI, Bestand Rusch, Mappe 28/5: P. Kripp/ Schupp 1974.

804 Bf. Rusch an Provinzial P. Coreth, Rom, 23.12.1974; DAI, Bestand Rusch, Mappe 28/5: P. Kripp/ Schupp 1974.

805 Aiuto alla Chiesa che soffre – Segretario internazionale (P. Werenfried van Straaten), Rom, an P. Robert Miribung, PW/is, 18.12.1974; DAI, Bestand Rusch, Mappe 28/5: P. Kripp/Schupp 1974.

806 Vgl. dazu: Tiroler Tageszeitung 11, 15.1.1975, S. 3.

807 Aiuto alla Chiesa che soffre – Segretario internazionale (P. Werenfried van Straaten), Rom, an P. Robert Miribung, PW/is, 18.12.1974; DAI, Bestand Rusch, Mappe 28/5: P. Kripp/Schupp 1974.

808 Vgl. dazu: ORF-Nachrichten vom 14.1.1975, 13.00 Uhr, Studio Tirol, Red. Josef Kuderna [schriftlicher Auszug aus dieser Nachrichtensendung]; DAI, Bestand Rusch, Mappe 27/1 – Kripp 1975; Tiroler Tageszeitung 11, 15.1.1975, S. 3; Neue Tiroler Zeitung 11, 15.1.1975, S. 3; Kurier vom 15.1.1975, S. 1 u. 4.

809 Tiroler Tageszeitung 12, 16.1.1975, S. 4.

810 Tiroler Tageszeitung 12, 16.1.1975, S. 4.

811 Vgl. dazu: Die Presse vom 16.1.1975, S. 4; Salzburger Nachrichten 12, 16.1.1975, S. 4; Kurier vom 16.1.1975, S. 5;

812 Vgl. dazu die handschriftlichen Notizen von Rusch und den von ihm eigenhändig redigierten Text der Presseaussendung des Informationsdienstes der Diözese Innsbruck, 17.1.1975; alle: DAI, Bestand Rusch, Mappe 27/1 – Kripp 1975.

813 Kirchenblatt 4, 26.1.1975, S. 2; daraus auch die folgenden Zitate, wobei kursive Hervorhebungen in der Vorlage gesperrt gesetzt sind. Vgl. dazu ebenso: Neue Tiroler Zeitung 13, 17.1.1974, S. 3.

814 Kirchenblatt 4, 26.1.1975, S. 2.

815 Salzburger Nachrichten 13, 17.1.1975, S. 4.

816 Davon hatte Rusch Dekan Rotter bereits am 10. Jänner 1975 Mitteilung gemacht und einen Theologen sowie mehrere Assistenten der theologischen Fakultät benannt, die sich „im Sinne des Bürgerlichen Gesetzbuches durch öffentliche Diffamierung strafbar gemacht" hätten (Bf. Rusch an „Sehr geehrter Herr Dekan", 10.1.1975; DAI, Bestand Rusch, Mappe 27/1 – Kripp 1975). Die

beiden Gutachten tragen das Datum vom 2.1.1975 und 9.1.1975; beide: DAI, Bestand Rusch, Mappe 27/1 – Kripp 1975.

817 Vgl. dazu: Lothar Lies, Paulus Rusch und das Zweite Vatikanische Konzil (1959-1965), in: Alexander/Kriegbaum SJ (Hg.), Bischof Paulus Rusch, S. 79-99.

818 Vgl. dazu: König, Paulus Rusch, 35 Jahre Bischof. Ausführlicher dazu: Michaela Kronthaler, Paulus Rusch und die Österreichische Bischofskonferenz, in: Alexander/Kriegbaum SJ (Hg.), Bischof Paulus Rusch, S, 50-68; bes. S. 55-62.

819 Kathpress 62, 1.4.1986, S. 1.

820 Kirchenblatt für Tirol 48, 2.12.1973, S. 3; vgl. dazu auch: Tiroler Tageszeitung 273, 26.11.1973, S. 5.

821 Vgl. dazu: Tiroler Tageszeitung 273, 26.11.1973, S. 5 sowie Kirchenblatt für Tirol 50, 16.12.1973, S. 2 und Amtsblatt der Landeshauptstadt Innsbruck 37/1, Jänner 1974, S. 1/2.

822 Tiroler Tageszeitung 281, 5.12.1973, S. 5; vgl. dazu auch: „Bischof Dr. Paulus Rusch – Ehrenbürger der Stadt Innsbruck", in: Amtsblatt der Landeshauptstadt Innsbruck 37/1 (Jänner 1974), S. 1/2; S. 2.

823 Ingenhaeff, Lehrer, S. 148.

824 Siehe dazu: Horst Schreiber, „Es entspricht der Mentalität des freiheitsliebenden Tirolers, immer klar Farbe zu bekennen." Zur Geschichte, Struktur und Entwicklung der Tiroler Schule 1945-1998, in: Gehler (Hg.), Tirol. „Land im Gebirge", S. 487-566; S. 546-549 sowie Knötig/Kutalek, Repression in der Schule?

825 Kirche 29/27, 8.7.1973, S. 2.

826 Juen/Nussbaumer, Kirche und Land Tirol, S. 222.

827 Meinrad Schumacher, In meines Herzens Einfalt… Persönliche Anmerkungen zur Tiroler Kirchengeschichte der Jahre 1945 bis 1980, Innsbruck 1997, S. 42; vgl. zum „Z6" auch S. 36-44 sowie Fischbacher, Jugend in Tirol, S. 155-158, S. 188-191 und Fallmann, Episkopat, Priesteramt und Katholische Jugend, S. 198-218.

828 Schumacher, In meines Herzens Einfalt, S. 42.

829 Vgl. dazu: Schumacher, In meines Herzens Einfalt, S. 29-31; daraus auch die folgenden Zitate.

830 So in: Profil 6/3, 15.1.1975, S. 29.

831 Kirche 15, 13.4.1986, S. 1 (Nachruf von Bischof Reinhold Stecher).

832 Auch Schumacher, In meines Herzens Einfalt, S. 34, stimmt diesem Bild zu und hält es sogar für möglich, daß Rusch sich vielleicht sogar als Märtyrer gefühlt habe, „anstatt, wie wir es gewünscht hätten, als wendiger Segler in den Stürmen der Zeit."

833 Kathpress 16, 26.1.1981, S. 2; Kirche 48, 27.11.1988, S. 16; vgl. dazu auch: Glattauer, Bischof DDr. Paul Rusch, in: Kurier – Blickpunkt Tirol 115, 25.4.1976, S. 3.

834 König, Paulus Rusch, 35 Jahre Bischof.

835 Kirche 2, 11.1.1981, S. 2.

836 Kurier 249, 8.9.1985, S. 17; vgl. dazu auch: Tiroler Tageszeitung 205, 4.9.1985, S. 3 und Kurier 245, 4.9.1985, S. 17.

837 Bischöfliches Ordinariat Innsbruck. Der Bischofsvikar und Kanzler (Hans-Joachim Schramm) an Bf. Rusch, 27.6.1975; DAI Bestand Rusch, Mappe 56: Rusch – Korrespondenz (amtlich).

838 Vgl. dazu: Erich Gutheinz, Altbischof Dr. Paul Rusch in Zams: Ein Ruhestand mit wenig Ruhe, in: Kirche 4, 24.1.1982, S. 16.

Zeittafel

2.7.1897:   *Hochzeit von Jakob Rusch und Emilie Reichelmeyr in München.*
24.8.1898:   *Geburt von Wolfgang Wilhelm Rusch.*
16.2.1900:   *Geburt von Sofie Rusch.*
4.10.1903:   *Geburt von Peter Paul Rusch.*

1904: Die Bank für Tirol und Vorarlberg (BTV) geht als erste Tiroler Bank aus der Fusion dreier Privatbanken hervor.

Jänner 1906:   *Umzug der Familie Rusch nach Bregenz.*
1909:   *Paul besucht die Knaben-, Volks- und Bürgerschule in Bregenz.*
1910:   *Stationäre Aufnahme von Emilie Rusch im Lungensanatorium Walenstadt-Berg in der Schweiz.*
30.1.1911:   *Mutter Emilie Rusch stirbt in Walenstadt-Berg an Lungentuberkulose.*

Um 1910 ist Tirol immer noch ein Agrarland, über 50 Prozent der Menschen leben von der Landwirtschaft, in Vorarlberg nur rund ein Drittel; vom Dienstleistungssektor ernährt sich in Tirol erst rund ein Fünftel der Bevölkerung, in Vorarlberg etwa ein Viertel.

September 1914:   *Paul besucht die „Königliche Realschule Lindau" in Bayern.*
Mai 1916:   *Einberufung von Wilhelm Rusch zum Kriegsdienst.*
Dezember 1918:   *Bruder Wilhelm kehrt schwerstbehindert aus dem Krieg zurück.*

1914-1918: Zeit des Ersten Weltkrieges: Vor allem in der zweiten Kriegshälfte (etwa ab 1916) führt der Krieg zur Verelendung breiter Massen. Hunger wird zu einem Alltagsphänomen, man beginnt die „Wiederkäuer" zu beneiden. Auch nach Kriegsende leiden die Menschen noch schwer unter Lebensmittelknappheit (vgl. die Hungerkrawalle in Innsbruck noch am 4./5. Dez. 1919). Als Folge des Krieges wird Südtirol von Ost- und Nordtirol getrennt (durch die Ratifizierung des Friedensvertrages von St. Germain am 10. Sept. 1919). Diese politische Trennung hat langfristig auch Auswirkungen auf die kirchlichen Verwaltungsgrenzen.

1918/19: Die sogenannte „Spanische Grippe", die weltweit wütet und in einem Jahr mit mindestens 20 Millionen Toten wesentlich mehr Todesopfer fordert als der gesamte Erste Weltkrieg, trifft auch Tirol schwer. In Innsbruck z.B. sterben in dieser Zeit doppelt so viele Menschen als im „normalen" Durchschnitt. In Vorarlberg, wo die Krankheit Hunderte Todesopfer fordert, wird an manchen Orten wegen der großen Ansteckungsgefahr der Schulbeginn verschoben.

21.1.1920:   *Schwester Sofie Rusch stirbt in Bregenz an Lungentuberkulose.*
15.7.1920:   *Paul schließt seine Schulausbildung in Lindau erfolgreich ab.*
Sommer 1920: *Eintritt in die Bank für Tirol und Vorarlberg in Bregenz.*

Von Nov. 1918 bis Okt. 1920 kommt es in Österreich zu einem „sozialpolitischen Reformwerk", das sich sehen lassen kann. Das Arbeitsrecht, der Arbeiterschutz, die Arbeitszeit (8-Stundentag), etc., sind davon betroffen. Im März 1920 tritt das Arbeitslosenversicherungsgesetz (die „vierte" Säule der Sozialversicherung) in Kraft. Der spätere Bischof Rusch tritt in dieser Zeit (im Sommer 1920) ins „normale" Arbeitsleben ein. Sein Werdegang unterscheidet sich so gesehen von einem Großteil anderer geistlicher Würdenträger.

23.2.1921:   *Vater Jakob Rusch stirbt in Bregenz an Lungentuberkulose.*

1922/23: Zeit der Hyperinflation in Österreich (Höhepunkt im Sommer 1922). Die österreichische Währung wird bis 1923 auf 1 zu 14.000 (!!!) gegenüber dem Wert von 1914 abgewertet. Dies ist ein sozialer SUPERGAU, der von Nichtbetroffenen nur sehr schwer nachvollzogen werden kann. Rusch ist einerseits selber davon betroffen (Erbschaft) und arbeitet andererseits zu dieser Zeit in einer Branche (BTV), wo die „Verarbeitung" einer Hyperinflation hautnah miterlebt wird.

Sommer 1926: *Beendigung des Dienstverhältnisses bei der Bank für Tirol und Vorarlberg in Bregenz.*
Herbst 1926: *Besuch des Bundesrealgymnasiums in Bregenz als Externist.*
7.7.1927:   *Erwerb des Abschluß- und Reifezeugnisses am Bundesrealgymnasium in Bregenz mit dem Prädikat „reif mit Auszeichnung" für das Hochschulstudium.*

4.10.1927: Eintritt in das Theologische Konvikt Canisianum in Innsbruck; Aufnahme des Studiums der Philosophie am Institutum Philosophicum Oenipontanum.

WS 1928/29: Aufnahme des Theologiestudiums in Innsbruck.

1929 ff: Beginn der Großen Weltwirtschaftkrise. Ein weiterer sozialer SUPERGAU beginnt. Diesmal trifft es allerdings nicht das Geldwesen, wie noch Anfang der 1920er Jahre, sondern vor allem den Arbeitsmarkt. Eine in dieser Form nicht bekannte Arbeitslosigkeit bricht über den ganzen Globus herein. Tirol und vor allem das weitaus stärker industrialisierte Vorarlberg werden davon sehr hart getroffen. Höchststand der Arbeitslosigkeit in Tirol: im Winter 1932/33.

14.7.1930: Promotion zum „Doctor Philosophiae Scholasticae".

1931 (15. Mai.): Verlautbarung des päpstlichen Rundschreibens „Quadragesimo Anno" (Sozialenzyklika).

16.,17.,24.1.1933: Paul Rusch erhält Tonsur und die vier niederen Weihen.
23.,25.7.1933: Ordination zum Subdiakon und Diakon.
26.7.1933: Priesterweihe in der Jesuitenkirche in Innsbruck.
30.7.1933: Primizfeier in Lech a.A.

1933 (4. März): Ausschaltung des österreichischen Nationalrates durch Engelbert Dollfuß.

1933 (5. Juni): Ein Staatsvertrag zwischen Österreich und dem Vatikan wird geschlossen (Konkordat).

1933 (29. Mai): Im Deutschen Reich tritt die „1.000-Mark-Sperre" in Kraft, welche es deutschen Gästen erlaubt, nur bei einer Hinterlegung von 1.000 DM nach Österreich zu fahren. Vor allem für den Tiroler Tourismus ist diese Aktion ein weiterer sehr schwerer Schlag.

1933/34: Aushilfe in der Seelsorge in Lech a.A.
7.7.1934: Promotion zum Doktor der Theologie.
September 1934: Kaplan in Hohenems.

Herbst 1935: *Veröffentlichung des ersten Buches von Paul Rusch, „Gott will es!"*

1934 (1. Mai): Die Verfassung des Österreichischen Ständestaates auf der Basis der Sozialenzyklika „Quadragesimo Anno" tritt in Kraft. Sie dauert bis zum „Anschluß" Österreichs im März 1938.

1.10.1936: *Regens des theologischen Internats der Apostolischen Administratur Innsbruck-Feldkirch in Innsbruck.*

1936: J.M. Keynes veröffentlicht sein berühmtes Buch: „Allgemeine Theorie der Beschäftigung, des Zinses und des Geldes". Dieses Buch sollte vor allem nach dem Zweiten Weltkrieg die Wirtschaftspolitik der westlichen Länder für Jahrzehnte verändern und prägen. PS: Auf seine Art hatte Rusch bereits 1935 zu brennenden wirtschaftlichen Themen der Zeit in Buchform Stellung genommen.

1938 (März): „Anschluß" Österreichs an das Deutsche Reich. Das Land wird damit endgültig nationalsozialistisch.

April/Mai 1938: *Sonderaudienz bei Papst Pius XI. in Rom.*

1938 (Juni): Der spätere langjährige Landeshauptmann von Tirol, Eduard Wallnöfer, stellt einen Antrag um Aufnahme in die NSDAP.

15.10.1938: *Ernennung zum Apostolischen Administrator der Apostolischen Administratur Innsbruck-Feldkirch und zum Titularbischof von Lycopolis in der Thebais.*
30.11.1938: *Bischofsweihe in Innsbruck.*
15.12.1938: *Verhaftung des Pfarrers von Götzens, Otto Neururer, wegen „Verhinderung einer deutschen Ehe".*
24.12.1938: *Erlaß des Ministeriums für innere und kulturelle Angelegenheiten in Wien, wonach die Bestellung Ruschs zum Apostolischen Administrator „für den stattlichen Bereich als nicht vollzogen" gilt.*

1938 (9./10. Nov.): „Kristallnacht": Organisierte Pogrome im gesamten Großdeutschen Reich; in Innsbruck werden vier jüdische Mitbürger ermordet.

1939-1945: Mit dem Überfall auf Polen am 1. September beginnt die Zeit des Zweiten Weltkrieges, der in Europa bis Mai 1945 dauert.

10.1.1939: *Unterbindung des dienstlichen Verkehrs mit Dr. Rusch für alle Behörden und Dienststellen im Gau Tirol-Vorarlberg durch Gauleiter Franz Hofer.*
15.1.1939: *Ernennung Dr. Carl Lamperts zum Provikar der Apostolischen Administratur Innsbruck-Feldkirch.*

1939 (Okt.): Im Deutschen Reich wird das „Euthanasieprogramm" verwirklicht. Es stützt sich auf das Gesetz zur „Verhütung erbkranken Nachwuchses" vom 14. Juli 1933, nach dem „unheilbar Kranken der Gnadentod gewährt werden kann".

30.5.1940: *Tod Pfarrer Neururers im KZ Buchenwald.*
12.8.1940: *Aufnahme des Bruders Wilhelm im Pflegeheim der Barmherzigen Schwestern in Lochau.*
August 1941: *Gauverweis für Provikar Lampert.*
27.11.1941: *Hirtenbrief des Österreichischen Episkopats zu „Kirche und Bolschewismus".*

1941 (22. Juni): Überfall des NS-Regimes auf die UdSSR ohne Kriegserklärung.

1942 (20. Jänner): „Wannsee-Konferenz": Festlegung des Programms zur „Endlösung der Judenfrage".

1943: Mit Luftangriffen auf Feldkirch (1. Okt.) und Innsbruck (15. Dez.) setzen bis Kriegsende zahlreiche Bombardierungen von Tiroler und Vorarlberger Ortschaften ein. Hunderte Menschen verlieren dabei ihr Leben.

2.1.1944: *Worte „der Abwehr und der Ablehnung gegenüber dieser Methode der Kriegsführung" in einem Hirtenbrief gut zwei Wochen nach dem ersten Bombenangriff auf Innsbruck.*

8.9.1944: Verurteilung Provikar Lamperts „wegen Spionage" zum Tode.
13.11.1944: Hinrichtung Provikar Lamperts in Halle.

1944 (Febr.): Eduard Wallnöfer wird rückwirkend zum 1.1.1941 unter der Mitgliedsnummer 9 566 289 in die NSDAP aufgenommen.

1945 (Mai): Ende des Zweiten Weltkrieges in Europa. Das soziale Elend, das der Krieg angerichtet hat, dauert aber auch in Tirol und Vorarlberg noch Jahre an.

1946: Rusch veröffentlicht sein Buch „An junge Christen".

1946/48: Die ersten Nachkriegsjahre sind noch geprägt von bitterer Not und Armut (Nahrungsmittelmangel, Energieknappheit, Wohnungsnot etc.) großer Teile der Tiroler und Vorarlberger Bevölkerung. Erst im Herbst 1949 wird ein Großteil der Nahrungsmittelbewirtschaftung aufgehoben.

13.11.1948: Pontifikalrequiem für Provikar Lampert und Beerdigung seiner sterblichen Überreste in Göfis.
1949: „Wachstum im Geiste – Ein Buch priesterlicher Betrachtung" von Bischof Rusch erscheint im Tyrolia Verlag (2. Aufl. 1962).
10.1.1950: Entwurf des „Tiroler Bausteinplans" zur Schaffung von Wohnungseigentum.
19.3.1950: Rusch verkündet im „Hirtenbrief zum Heiligen Jahr" den Plan zum Bau einer „Heilig-Jahr-Siedlung".
11.11.1951: Einweihung der „Heilig-Jahr-Siedlung" in Innsbruck.

1951: Noch immer ist Tirol stark agrarisch geprägt. Mit ca. 37 Prozent leben noch etwa gleich viele Menschen von der Landwirtschaft wie von Industrie und Gewerbe. Erst rund ein Viertel lebt vom tertiären Sektor. Diese Relationen sollten sich in den nächsten Jahrzehnten radikal verändern. 1980, als Rusch als Bischof zurücktritt, leben nur mehr ca. 6 Prozent von der Landwirtschaft, aber schon fast drei Fünftel vom Dienstleistungssektor.

1952: Bischof Rusch wird Vizepräsident der internationalen katholischen Friedensbewegung „Pax Christi" (bis 1971).

1953: „Junger Arbeiter wohin?" von Bischof Rusch erscheint im Tyrolia Verlag.

1953 (Nov./Dez.): Die französischen Besatzungstruppen verlassen Vorarlberg, auch in Tirol bleibt nur mehr eine symbolische Truppenstärke (bis 1955) zurück.

27.4.1955: Einweihung des Innsbrucker Priesterseminars.
14.8.1955: Hirtenbrief: „Fremdenverkehr – Licht- und Schattenseiten – Gefahren und Aufgaben."

1955 ff: Etwa ab Mitte der 1950er Jahre erlebt die Tiroler Wirtschaft für ca. zwei bis drei Jahrzehnte einen Boom, der in der Jahrhunderte langen Geschichte des Landes einmalig ist. Nie vorher hatte sich in der Wirtschaft und Gesellschaft des Landes in so kurzer Zeit so viel verändert wie in diesen Jahren.

16.10.1956: Sozialhirtenbrief der Österreichischen Bischöfe (verlesen am 4. und 11. bzw. 18. November); er erscheint, mit einem Kommentar von Paul Rusch, im Druck im darauf folgenden Jahr.
1958: Das Grundsatzprogramm der Katholischen Arbeiterbewegung, erläutert von Paul Rusch, erscheint in Wien.
1959: „Kirche im Gebirge und anderswo" von Paul Rusch erscheint im Tyrolia Verlag.
1959: P. Sigmund Kripp SJ wird Präses der Marianischen Kongregation (MK) in Innsbruck.
1961: Aufruf Ruschs zur Aktion „Bruder in Not". – „Menschen im Betrieb" von Paul Rusch erscheint in der Schriftenreihe des „Volksboten".
1962: Verleihung des Großen Goldenen Ehrenzeichens mit Stern der Republik Österreich.
11.10.1962: Eröffnung des II. Vatikanischen Konzils.
1963: Verleihung des Ehrenringes des Landes Tirol.
1963: Gründung des Wiener Instituts für Internationale Zusammenarbeit (IIZ).

1963: Eduard Wallnöfer wird Landeshauptmann von Tirol. Gemeinsam mit Bischof Rusch kann man ihn wohl zu Recht zu einem der „Macher" wirtschafts- und gesellschaftspolitischer Weichenstellungen für die 1960er und 1970er Jahre in Tirol zählen.

6.8.1964: *Erhebung der Apostolischen Administratur Innsbruck-Feldkirch zu einer eigenständigen Diözese Innsbruck.*

26.9.1964: *Ernennung zum ersten Diözesanbischof von Innsbruck.*

8.12.1964: *Inthronisation als erster Diözesanbischof von Innsbruck.*

8.12.1965: *Beendigung des II. Vatikanischen Konzils.*

25.6.1967: *Bei der Einweihung der Felbertauernstraße bezeichnet Bischof Rusch die Hansestadt Hamburg als „Sündenbabel".*

1960er Jahre (Mitte): Mehr als die Hälfte der Bevölkerung in der BRD unternimmt bereits eine Urlaubsreise. Ein großer Teil von ihnen fährt auch nach Tirol. Mehr Geld, mehr Autos und mehr Freizeit hatten zu einem massentouristischen Boom geführt, der in der Geschichte bislang einzigartig war.

14.12.1968: *Vorarlberg wird aus dem Gebiet der Diözese Innsbruck herausgelöst und als eigenes Bistum proklamiert.*

1968: „Studentenrevolutionen" quer durch Europa. Eine „Aufbruchsstimmung" entsteht, die auch am religiösen Leben nicht spurlos vorüber geht.

1968: Papst Paul VI. erläßt die Enzyklika „Humanae vitae", was einem Verbot der Empfängnisverhütung gleichkommt. Die Enzyklika ist bis heute gültig.

1969: *„Aktuelle Bibelfragen" von Bischof Rusch erscheint im Tyrolia Verlag.*

1.1.1971: *P. Franz Schupp SJ wird ordentlicher Professor für Dogmatik an der Theologischen Fakultät in Innsbruck.*

1.5.1971: *Eröffnung der ersten Innsbrucker Diözesansynode.*

29.10.1972: *Ende der ersten Innsbrucker Diözesansynode.*

1973: *Berufung in die Römische Glaubenskongregation (bis 1978) durch Papst Paul VI.*

19.5.1973: *Ein Beschluß der Österreichischen Bischofskonferenz hebt die Innsbrucker Katholische Hochschulgemeinde mit sofortiger Rechtswirksamkeit auf.*

20.5.1973: *Bischof Rusch läßt die Räumlichkeiten der KHG schließen.*

15.10.1973: *Bruder Wilhelm stirbt in Lochau.*

27.11.1973: *Abberufung P. Kripps SJ als Leiter des Innsbrucker Kennedyhauses durch den Provinzkonsult der Jesuiten.*

4.12.1973: *Verleihung der Ehrenbürgerschaft der Stadt Innsbruck.*

Juli 1974: *Schließung des Jugendzentrums „Z6" auf Veranlassung von Bischof Rusch.*

1.10.1974: *Entzug der bischöflichen Lehrbefugnis für P. Schupp SJ durch Paul Rusch.*

1973/74: Erste Erdöl-Energiekrise: Die „goldenen" 1950er und 1960er Jahre bekommen einen ersten Einbruch.

1976: *„Christliches Gesellschaftsmodell für die Zukunft" von Paul Rusch.*

13.8.1980: *Ruschs Rücktritt als Bischof von Innsbruck wird von Papst Johannes Paul II. angenommen; er leitet die Diözese als Apostolischer Administrator bis zur Inthronisation seines Nachfolgers weiter.*

25.1.1981: *Weihe Reinhold Stechers zum Innsbrucker Bischof durch Paul Rusch.*

Anfang 1981: *Altbischof Rusch zieht in das Kloster der Barmherzigen Schwestern des hl. Vinzenz von Paul nach Zams um.*

1981: Zum ersten Mal in der Geschichte des Tiroler Fremdenverkehrs wird die 40 Millionengrenze bei den Übernachtungen überschritten.

1983: *Altbischof Rusch legt in seinem Buch „Waage der Zeit – Wege der Zeit" seine Erfahrungen und Erkenntnisse nieder.*

4.9.1985: *Altbischof Rusch spricht sich öffentlich für eine Überprüfung bestimmter Positionen der katholischen Ehe- und Sexualmoral aus und betrachtet das vatikanische Verbot der Empfängnisverhütung „als ein Unglück".*

1986: *„Jesus, unser Bruder. Thematische Leben-Jesu-Meditationen" von Paul Rusch erscheint im Tyrolia Verlag.*

31.3.1986: *Altbischof Rusch stirbt nach kurzer Krankheit in Zams.*

4.4.1986: *Beisetzung Altbischofs Rusch in der Krypta des Innsbrucker Domes.*

1987: Eduard Wallnöfer tritt als Landeshauptmann zurück.

1989 (15. März): Drei Jahre nach Bischof Rusch stirbt auch Eduard Wallnöfer.

Statistische Chiffren zur Apostolischen Administratur Innsbruck-Feldkirch und Diözese Innsbruck (1938 bis zur Gegenwart)

Zusammengestellt von Andreas Exenberger und Josef Nussbaumer

Die in der Folge angeführten Tabellen und Grafiken stellen einen Versuch dar, mit einigen ausgewählten statistischen Daten das kirchliche und religiöse Leben in der Apostolischen Administratur Innsbruck-Feldkirch (vor 1964) respektive in der Diözese Innsbruck (nach 1964), teils auch des gesamten Bundeslandes Tirol seit der Bischofsweihe von Paulus Rusch anno 1938 bis herauf in die Gegenwart in wenigen Chiffren abzubilden. Die angeführten Zahlen sind dabei *cum grano salis* zu betrachten, und gleichen eher Hinweisen als Analysen. Laut Winston Churchill soll man ja nur den Statistiken glauben, die man selber gefälscht hat. Um nicht der Lüge bezichtigt zu werden, haben wir strikt versucht, uns diesem Vorwurf nicht auszusetzen.

Verzeichnis der Tabellen und Grafiken

Tabellen

Grafiken

Kirchenaustritte in der Stadt Innsbruck

1938, das Jahr der Bischofsweihe von Paulus Rusch, war zugleich für Österreich ein recht geschichtsträchtiges Jahr. Eine heute fast vergessene Folge des „Anschlusses" trat auch im kirchlichen Leben auf. Viele Österreicher/innen vertrauten offenbar dem „Tausendjährigen Reich" mehr als dem „Reich Gottes" und traten aus der Kirche aus. Auch im „Heiligen Land" Tirol bestätigte sich dieses Phänomen, wie Grafik 1 für die Stadt Innsbruck recht anschaulich belegt.

Grafik 1:
Kirchenaustritte in der Stadt Innsbruck 1935-1988

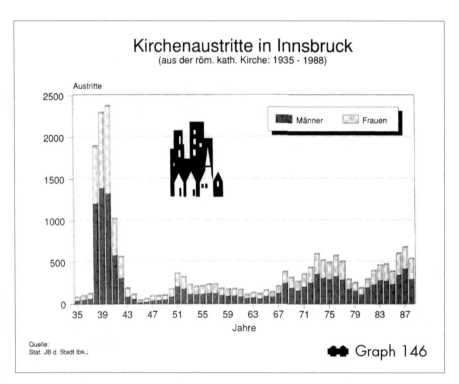

Quelle: Josef Nussbaumer/Johann Staller, Die Graphen von Tirol. Ein sozial- und wirtschaftsstatistisches Bilderbuch von Tirol und Innsbruck, Mayrhofen, 1990.

Entwicklung der „Betreuungsverhältnisse" seit 1938

Wie sich die Zahl der Seelsorgestellen, der Gläubigen und der Diözesanpriester sowie das Betreuungsverhältnis (ohne Ordenspriester im Diözesandienst) seit 1938 entwickelten, kann man Tabelle 1 entnehmen. Von 240 Seelsorgestellen im Jahr 1938 stieg die Anzahl bis 1980, dem letzten Bischofsjahr von Paulus Rusch, auf 294 an; seither sank die Anzahl der Stellen wieder auf rund 285. Da die Zahl der Diözesanpriester von über 440 (1938) bis heute auf gut 200 gesunken ist, hat sich auch das Betreuungsverhältnis (Anzahl der „Schäflein" pro Diözesanpriester) von einem Verhältnis von ca. 1 zu 630 im Laufe der Jahrzehnte auf ca. 1 zu 2.000 verändert (verschlechtert). Mit anderen Worten: heute muss ein Diözesanpriester im Durchschnitt mehr als drei Mal so viele Gläubige betreuen, als noch 1938.

Tabelle 1:
Seelsorgestellen der Diözesan- und Weltpriester seit 1938

Jahr	Seelsorge-stellen	Zahl der „Schäflein"	Zahl der Diö-zesanpriester	Betreuungs-verhältnis
1938	240	277.282	442	1 zu 630
1940	252	278.987	444	1 zu 630
1947	258	316.048	369	1 zu 850
1951	258	309.817	364	1 zu 850
1961	269	342.515	336	1 zu 1000
1970	276	380.936	326	1 zu 1200
1980	294	421.523	283	1 zu 1500
1995	284	413.187	231	1 zu 1800
1999	285	457.440	226	1 zu 2000
2004	285	410.000	214	1 zu 2000

Quelle: Schematismen der Apostolischen Administratur Innsbruck-Feldkirch bzw. der Diözese Innsbruck, diverse Ausgaben; für 2004 TIP vom 3. Dez. 2004, S. 5. Die Differenz zu den unten in Grafik 16 angeführten nur mehr 175 Priestern (Quelle: Addition der im Schematismus 2004 aufgelisteten) dürfte sich einerseits aus Priestern im Ruhestand bzw. andererseits aus Priestern, die nicht direkt in der Seesorge tätig sind, ergeben. Auch bezüglich der Seelsorgestellen divergieren die gegenwärtigen Angaben, so gab es laut Tiroler Tageszeitung v. 22. Dez. 2004, S. 4 nur mehr 271 „Pfarrstellen"; vgl. dazu unten Tabelle 10.

Der Aderlass des Tiroler und Vorarlberger Klerus im Zweiten Weltkrieg

Welch personellen Aderlass die NS-Zeit für den Tiroler (und Vorarlberger) Klerus darstellte, wurde versucht, in Tabelle 2 und 3 zusammenzustellen. Dreißig Namen enthält die Liste derer, die zwischen September 1939 und Mai 1945 entweder von den Nazis ermordet wurden oder im Krieg gefallen sind (15 Gefallene und 15 Ermordete halten sich die Waage). Dabei ist zu berücksichtigen, dass die angeführte Liste keinen Anspruch auf Vollständigkeit erheben kann, da die Quellenlage für die Recherche alles anderes als befriedigend war. Insbesondere sind Vermisste nicht erfasst, die nach 1946 für tot erklärt wurden. Auch jene, die nach 1945 an den Folgen von Krieg oder Gefangenschaft starben, sind *ex definitione* nicht angeführt. Mit anderen Worten: die Zahl der tatsächlichen Opfer liegt wahrscheinlich höher.

Tabelle 2:
Gefallene Priester und Theologen aus Tirol und Vorarlberg (II. Weltkrieg)

Todestag	Name	Funktion	Aus	Alter	gefallen
04.06.1941	Ernst Hotz	Neupriester	k. A.	26	in Athen
13.09.1941	Kaspar Innauer	Kaplan	Bludenz	27	in Finnland
08.11.1941	Donatus Müller	Theologe	Grän	25	im Lazarett gestorben
06.04.1942	Josef Ihler	Hilfspriester	Innerlaterns	26	an der Ostfront
01.05.1942	Franz Josef Bitsche	Benefiziat	Götzis	27	im Norden
31.01.1943	Rudolf Troyer	Neupriester	*k. A.*	25	in Afrika
05.04.1943	Werner Greber	Theologe	Schoppernau	23	an der Ostfront
02.06.1943	Johann Oblasser	Neupriester	*k. A.*	27	an der Ostfront
02.11.1943	Fridolin Rützler	Kaplan	Göfis	31	an der Ostfront
04.04.1944	Rudolf Thaler	Benefiziat	Ludesch	31	in Banja Luka
25.07.1944	Paul Nachbaur	Kaplan	Kennelbach	30	in Finnland
11.08.1944	Paul Fischer	Theologe	Innsbruck	29	an der Ostfront
21.08.1944	Josef Ritter	Kaplan	Dornbirn	36	an der Ostfront
29.11.1944	Georg Plörer	Theologe	Gurgl	27	an der Ostfront
08.02.1945	Alfred Jordan	Kooperator	Prutz	33	in Schlesien

Tabelle 3:
Ermordete Priester und Ordensleute aus Tirol und Vorarlberg (NS-Zeit)

Todestag	Name	Funktion	Aus	Alter	Todesursache
30.05.1940	Otto Neururer	Pfarrer	Piller	58	in Buchenwald zu Tode gefoltert
14.08.1940	Johann Schroffner	Expositus	Thalgau	49	in Buchenwald ermordet
06.03.1941	Hermann Toepfer	Kooperator	Axams	55	an Haftfolgen verstorben
07.07.1941	Josef Zotz	Pfarrer	Musau-Pinswang	39	mysteriös „ertrunken"
26.02.1942	Felix Gredler	Dekan	Mayrhofen	49	in Dachau verstorben (Entkräftung)
21.08.1942	Franz Reinisch	Seelsorger	Feldkirch	39	hingerichtet (Eidverweigerung)
28.01.1943	Vinzenz Pedevilla	Kooperator	Neustift im Stubaital	41	an Haftfolgen verstorben
13.08.1943	Jakob Gapp	Kooperator	Wattens	46	hingerichtet (Hochverrat)
13.06.1944	Gereon (Josef) Außerlechner	Laien-bruder	Kartitsch	39	in Dachau mysteriös „verstorben"
11.09.1944	Alois Grimm	Seelsorger	Külsheim	58	hingerichtet (Wehrkraftzersetzung)
18.09.1944	Johann Steinmayr	Kaplan	St. Magdalena/Gsies	53	hingerichtet (Wehrkraftzersetzung)
13.11.1944	Dr. Carl Lampert	Provikar	Göfis	50	hingerichtet (Hochverrat)
14.12.1944	Ludwig Brunner	Direktor i.R.	Vomp	74	in der Haft verstorben
13.02.1945	Josef Pontiller	Kaplan	Dölsach	55	hingerichtet (Hochverrat)
28.02.1945	Johann Schwingshackl	Seelsorger	Ried bei Welsberg	57	nach Todesurteil verstorben

Quelle: Schematismus von 1945; Tschol/Reiter, Liste der verhafteten Priester und Ordensleute, S. 332-350; Gelmi, Geschichte der Kirche, S. 510-521 sowie diverse Artikel aus dem BBKL. Hinweis: *k. A.* steht für „keine Angabe".

Ordensmitglieder während der Bischofszeit Rusch 1938-1980

Die Tabellen 4 und 5 und Grafik 2 versuchen, einen ganz rudimentären Überblick über die Entwicklung der Zahl der Ordensmitglieder (Männer- und Frauenorden) in der Apostolischen Administratur Innsbruck-Feldkirch bzw. Diözese Innsbruck zu geben. Dabei ist es wichtig, zu berücksichtigen, dass bei der Gesamtzahl für die Jahre 1938 bis 1961 die Ordensmitglieder in Vorarlberg mitgezählt wurden. Vor 1961 ist es beinahe unmöglich, die „exakte" Zahl der Ordensmitglieder, die nur der heutigen Diözese Innsbruck zuzuteilen wären, herauszuschälen. Hier wurden nur die Daten wiedergegeben, wie sie in den einzelnen Schematismen veröffentlicht wurden, wobei generell festzuhalten ist, dass ja die „geographischen" Grenzen von Ordensprovinzen, vielfach nicht mit Diözesangrenzen übereinstimmen. Mit anderen Worten: Von einer Überinterpretation solcher Daten sei dringend gewarnt, allerdings gilt *cum grano salis* auch hier, dass der schon oben festgestellte Rückgang von Diözesanpriestern auch bei den Orden feststellbar ist. Dies ist auch ersichtlich, wenn man die Entwicklung einzelner Orden betrachtet.

Grafik 2: Ordensangehörige 1938-1980

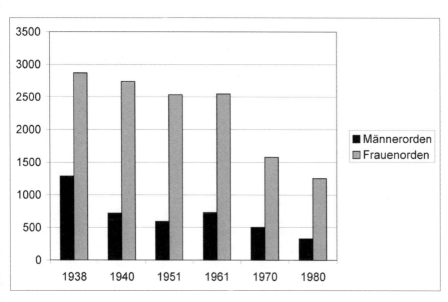

Quelle: Schematismen, diverse Ausgaben.

Tabelle 4:
Ordensangehörige 1938-1980

Jahr	Männerorden	davon Novizen	Frauenorden	davon Novizinnen
1938	1.286	71	2.870	142
1940	720	39	2.740	128
1951	595	5	2.533	232
1961	730	6	2.548	86
1970	501	14	1.577	22
1980	326	9	1.251	11

Quelle: Schematismen, diverse Ausgaben.

Tabelle 5:
Angehörige ausgewählter Orden 1938-1980

Jahr	Männer			Frauen		
	Jesuiten	Franzis-kaner (Schwaz)	Prämon-stratenser (Wilten)	Barmherzige Schwestern (Innsbruck)	Barmherzige Schwestern (Zams)	Ursulinen (Inns-bruck)
1938	195	204	60	812	766	77
1940	...	148	48	746	755	73
1951	112	106	50	615	584	54
1961	202	109	40	604	556	48
1970	...	109	39	362	409	47
1980	57	84	34	288	305	28

Quelle: Schematismen, diverse Ausgaben; Anmerkung: die Zahl der Jesuiten bezieht sich 1938 und 1980 nur auf Innsbruck, 1951 und 1961 auf Innsbruck und Feldkirch.

Paulus Rusch und seine Nachfolger

Seit der Ernennung von Paulus Rusch zum Bischof wurde die Diözese Innsbruck von weiteren drei Diözesanbischöfen (Reinhold Stecher, Alois Kothgasser und Manfred Scheuer) und interimistisch von einem Diözesanadministrator (Ernst Jäger) geleitet.

Tabelle 6:
Bischöfe der Apostolischen Administratur Innsbruck-Feldkirch und der Diözese Innsbruck von 1938 bis heute

JAHR	AMTSINHABER (Funktion)
1938-1964	Paulus Rusch (als Apostolischer Administrator)
1964-1980	Paulus Rusch (als Diözesanbischof)
1980-1997	Reinhold Stecher
1997-2002	Alois Kothgasser
2002-2003	Ernst Jäger (als Diözesanadministrator)
seit 2003	Manfred Scheuer

Die Religions-Hochburgen in Tirol

Bevor wir uns der Veränderung der Religionszugehörigkeit im Bundesland Tirol im letzten halben Jahrhundert zuwenden wollen, möchten wir hier einen Blick auf die „Hochburgen" bestimmter Religionsbekenntnisse werfen. Das ist insbesondere spannend, wenn man sie mit sozio-strukturellen Merkmalen in Beziehung setzt. Noch immer sind etwa in einigen Tiroler Gemeinden mehr als 99 Prozent der Bevölkerung römisch-katholisch. Von einer geographischen Zufallsverteilung kann dabei aber keine Rede sein. Die „Top 5" in dieser Hinsicht bestehen aus drei Gemeinden im Osttiroler Oberland (dem „Herrgottswinkel Österreichs", wie manche meinen) und zwei Gemeinden in inneralpinen Seitentälern in Nordtirol. Das Gegenteil trifft auf Innsbruck zu, der bei weitem größten Gemeinde des Landes, wo der Anteil „ohne Bekenntnis" außergewöhnlich hoch ist. Auch die Statistiken der übrigen Religionsgemeinschaften geben vergleichbare Aufschlüsse über die Bevölkerungsstruktur. Muslimische Hochburgen sind zugleich jene Gemeinden mit dem höchsten Bevölkerungsanteil an türkischen Zugewanderten, für orthodoxe gilt dasselbe im Hinblick auf „jugoslawische" (vor allem serbische und bosnische) Zugewanderte. Schließlich deutet sowohl der Anteil der evangelischen ChristInnen wie auch der Menschen ohne Bekenntnis auf Gemeinden mit hohem deutschen Bevölkerungsanteil hin (wie Jungholz, Walchsee oder die Gegend um Kitzbühel).

Tabelle 7:
Hochburgen bestimmter Religionsbekenntnisse im Bundesland Tirol 2001

Religion	Gemeinde	Anzahl	Anteil
Röm.-katholisch	Ausservillgraten	976	99,9
	Vals	502	99,6
	Brandberg	347	99,4
	Sillian	2.066	99,2
	Abfaltersbach	611	99,2
Muslimisch	Fulpmes	638	16,4
	Pfaffenhofen	148	13,3
	Reutte	677	11,8
	Telfs	1.429	11,1
	Mieders	157	9,9
Evangelisch	Walchsee	268	13,1
	Jungholz	24	7,6
	Reith bei Kitzbühel	95	6,0
	Pfafflar	7	5,0
	Kitzbühel	422	4,9
Orthodox	Grän	64	10,7
	Seefeld in Tirol	251	8,1
	Reith bei Seefeld	50	4,5
	Pfafflar	6	4,3
	Tannheim	45	4,2
ohne Bekenntnis	Jungholz	55	17,4
	Innsbruck	13.756	12,1
	Pinswang	49	11,0
	Kitzbühel	939	11,0
	Reith bei Kitzbühel	163	10,2

Quelle: Amt der Tiroler Landesregierung, Die Tiroler Bevölkerung, Innsbruck, 2004, S. 39.

Religionszugehörigkeit im Bundesland Tirol 1951 und 2001

Was die in den Grafiken 3 und 4 schlaglichtartig eingefangene religiöse Struktur des Bundeslandes Tirol anbelangt, so ist festzuhalten, dass etwa bis Anfang der 1980er Jahre der Katholizismus eine fast absolute Monopolstellung einnahm. Weit über 90 Prozent der Bevölkerung des Bundeslandes waren Mitglieder der Römisch-Katholischen Kirche. In den letzten zwei Jahrzehnten beginnt diese Monopolstellung allerdings zu bröckeln. Laut Volkszählung 2001 bekannten sich „nur" mehr 83,4 Prozent der Bevölkerung zum Katholizismus. Auch die evangelische Kirche hatte Einbußen zu verkraften. Waren 1951 noch drei Prozent „protestantisch", so waren es seit 1991 nur mehr 2,4 Prozent. Heute ist mit über 5 Prozent der Anteil „ohne Religionsbekenntnis" schon fast dreimal so hoch wie deren Anteil vor einem halben Jahrhundert, ein dramatischer Anstieg, den Grafik 5 besonders unterstreicht. Auch der Anteil der „sonstigen" Angaben (zur einen Hälfte „keine Angabe", zur anderen Hälfte andere Religionsbekenntnisse, vor allem orthodoxe ChristInnen) hat sich deutlich auf etwa 5 Prozent erhöht. Zudem haben die Angehörigen islamischer Religionsgemeinschaften mit rund 4 Prozent (2001) die ProtestantInnen überflügelt. Wenn die Entwicklung in den nächsten Jahrzehnten so anhält wie seit 1981, so könnte in der Tat in der religiösen Struktur eine Veränderung eintreten, die seit Jahrhunderten ohne Beispiel ist.

Grafik 3:
Religionszugehörigkeit im Bundesland Tirol 1951

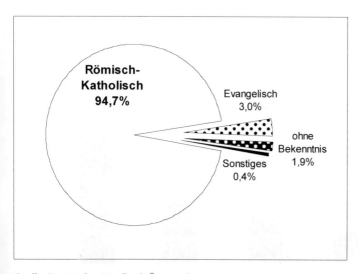

Quelle: Statistisches Handbuch Österreich.

Grafik 4:
Religionszugehörigkeit im Bundesland Tirol 2001

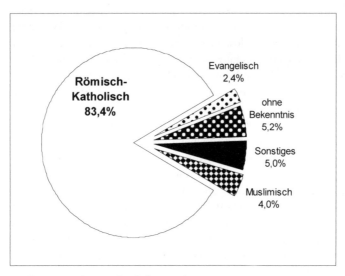

Quelle: Statistisches Handbuch Österreich.

Grafik 5:
Entwicklung der Personen „ohne Bekenntnis" im Bundesland Tirol 1971-2001

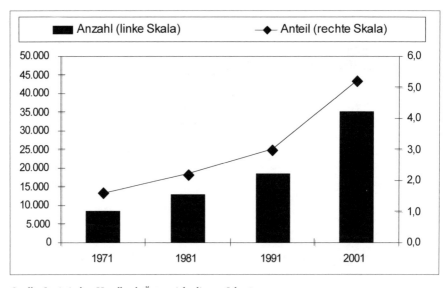

Quelle: Statistisches Handbuch Österreich, diverse Jahrgänge.

Die Entwicklung der Katholisch-Theologischen Fakultät in Innsbruck 1947-2004

Die Zahl der Studierenden an der Katholisch-Theologischen Fakultät (siehe dazu Grafik 6) stieg von 1947 kontinuierlich bis Ende der 1950er Jahre an, stagnierte dann während der 1960er Jahre, erlebte 1968-70 und nochmals 1973-75 veritable Einbrüche, um sich dann bis 1990 wieder nach oben zu bewegen. Der Anteil der ausländischen Studierenden (siehe dazu Grafik 7) ging dabei von etwa zwei Drittel während der 1950er und 1960er Jahre auf weniger als ein Drittel (1983-90) zurück. Besonders fällt der Rückgang zwischen 1972 und 1975 ins Auge, als der Anteil ausländischer Studierender dauerhaft unter die Hälfte auf nur noch etwa 44 Prozent fiel, ehe er 1980 nochmals dramatisch (um 5 Prozent in einem einzigen Jahr) abnahm. Offenbar spielte bei diesem Strukturwandel auch die „Schuppaffäre" eine nicht unerhebliche Rolle.

1951 scheint auch erstmals eine Frau in der Hochschulstatistik der Katholisch-Theologischen Fakultät auf (vorher freilich wurden Männer und Frauen nicht getrennt erfasst). Die Anzahl der weiblichen Studierenden blieb aber noch lange sehr gering, 1961 etwa waren nur 3 von fast 500 Studierenden Frauen. Der echte Aufschwung kam erst Ende der 1970er Jahre, als die Steigerung der Studierendenzahl größtenteils auf das Konto von Frauen ging, die ihren Anteil in den folgenden Jahren von weniger als 10 Prozent auf mehr als 25 Prozent steigern konnten.

Seit Anfang der 1990er Jahre steht für die statistischen Aufzeichnungen die Zahl der belegten Studien im Mittelpunkt, nicht mehr die der Studierenden. Was für die Vergleichbarkeit der Daten schlecht ist, weil Trends in der Zahl der Studien nicht unbedingt auch Trends in der Zahl der Studierenden entsprechen müssen, ist zugleich verständlich. Ein wichtiger Grund für die Umstellung dürfte die Zunahme von Doppelstudien sein, die eine Zurechnung der Studierenden auf die Fakultäten immer mehr erschwert hat. Der Rückschluss auf die Zahl der Studierenden ist aber jedenfalls nicht mehr ohne weiteres möglich. Universitätsweit studierte etwa 1991 jede/r Studierende noch 1,2 Studien, 2003 hingegen bereits 1,4, wobei diese Werte von Fakultät zu Fakultät sehr unterschiedlich sein können. Interessant ist aber, dass trotz der so oft kolportierten „Massenuniversität" die belegten Studien auf der Katholisch-Theologischen Fakultät seit 1991 im Wesentlichen rückläufig sind, wobei der Rückgang durch die langsam steigende oder zumindest in etwa gleich bleibende Anzahl der von Frauen und von Ausländer/innen belegten Studien etwas gedämpft wird. Hinzuweisen ist noch auf den Absturz um fast ein Viertel im Studienjahr 2001/02, der auf die Einführung der Studiengebühren zurückzuführen ist. Der Anteil der durch Ausländer/innen belegten Studien näherte sich während der 1990er Jahre übrigens wieder der 40 Prozent-Marke (Tendenz weiter steigend).

Grafik 6:
Gesamtzahl der Studierenden an der Katholisch-Theologischen Fakultät in Innsbruck 1947-1992

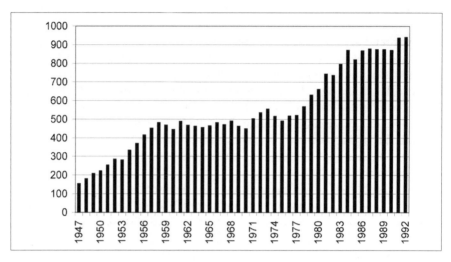

Quelle: Statistisches Handbuch Innsbruck, diverse Jahrgänge (Zahlen für das jeweilige Wintersemester 1947/48 bis 1992/93, nur für 1967 und 1977 wegen Nichtverfügbarkeit ausnahmsweise für das Sommersemester).

Grafik 7:
Entwicklung der Zahl und des Anteils der ausländischen Studierenden an der Katholisch-Theologischen Fakultät in Innsbruck 1951-1992

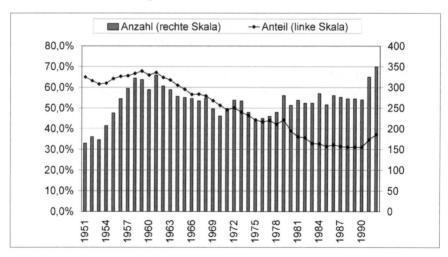

Quelle: Statistisches Handbuch Innsbruck, diverse Jahrgänge (Zahlen für das jeweilige Wintersemester1951/52 bis 1992/93, nur für 1967 und 1977 wegen Nichtverfügbarkeit ausnahmsweise für das Sommersemester).

Grafik 8:
Entwicklung der Zahl und des Anteils der weiblichen Studierenden
an der Katholisch-Theologischen Fakultät in Innsbruck 1951-1992

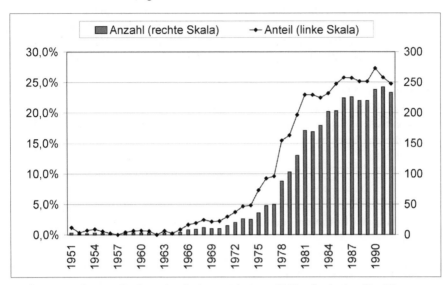

Quelle: Statistisches Handbuch Innsbruck, diverse Jahrgänge (Zahlen für das jeweilige Wintersemester1951/52 bis 1992/93, nur für 1967 und 1977 wegen Nichtverfügbarkeit ausnahmsweise für das Sommersemester).

Grafik 9:
Entwicklung der belegten Studien an der Katholisch-Theologischen Fakultät
in Innsbruck 1991-2003

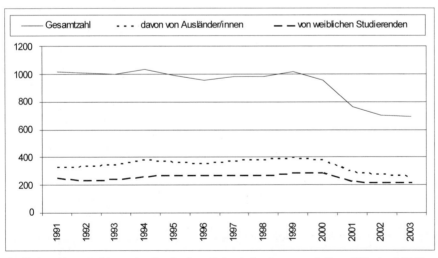

Quelle: http://www2.uibk.ac.at/studienabteilung/de/statistiken/gesamtstatistiken_2003w.html (Zahlen immer für das jeweilige Wintersemester).

Kommunionen in der Stadt Innsbruck

Grafik 10 zeigt eine Besonderheit, die selbst Statistikversierte überraschen dürfte. Dabei geht es nicht primär um den Inhalt der Grafik selbst, sondern vielmehr darum, was man früher alles an statistischen Daten gesammelt hat. So wurden etwa im Handbuch der Stadt Innsbruck auch die bei den Messfeiern verteilten Kommunionen ausgewiesen. Wie exakt diese Daten sind, kann – nicht nur wegen der vielen Lücken in den Daten – natürlich heute nicht mehr festgestellt werden. Der Trend (angedeutet durch die gepunktete Linie) ist hingegen seit Mitte der 1970er Jahre eindeutig. Die ausgeteilten Kommunionen gehen zurück, ja Ende der 1980er Jahre wird sogar die Berichterstattung darüber eingestellt. Ist auch dies ein Signal dafür, dass in diesem Bereich die Entwicklung aus Sicht der Kirche besorgniserregend zu werden begann?

Grafik 10:
Entwicklung der Kommunionen in der Stadt Innsbruck 1956-88

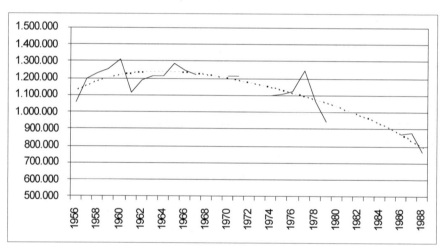

Quelle: Statistisches Handbuch Innsbruck, diverse Jahrgänge; Achtung! Man beachte, dass die Grafik wegen der Klarheit der Darstellung erst bei einer Anzahl von 500.000 Kommunionen beginnt!

Kirchenaustritte und Messbesuch

Ein vor allem für die Finanzierung kirchlicher Belange sehr schmerzhaftes Phänomen wird in Grafik 11 abgebildet: Es handelt sich dabei um die Kirchenaustritte im Bundesland Tirol seit 1963. Ein Ausritt aus der Römisch-Katholischen Kirche war in den 1960er Jahren noch ein relativ seltenes Ereignis, bis 1984 waren es immer (abgesehen von den schon erwähnten besonderen Jahren nach 1938) weniger als 1.000 Personen. Erste Anzeichen vermehrter Austritte zeigen sich um die Mitte der 1970er Jahre. Dies könnte mit den Ereignissen, wie sie in diesem Buch beschrieben sind (vor allem der „Krippaffäre") zusammenhängen. In den 1980er Jahren ist dann eine beinahe permanente Zunahme von Austritten feststellbar. Einen ersten Höhepunkt bildet 1995 mit über 2.500 Austritten. Der Grund dafür liegt aber nicht in Tirol, sondern in einer Affäre um den damaligen Kardinal Hans Hermann Groër in Wien. Der bisherige Spitzenwert der Austrittswelle war 2004 mit über 3.000 erreicht. Wieder lag der Grund wohl nicht in Tirol, sondern in den Ereignissen rund um den damaligen Bischof Kurt Krenn in der Diözese St. Pölten. Insgesamt sind allein in diesem Jahr etwa gleich viele Menschen in Tirol aus der Katholischen Kirche ausgetreten, wie während der gesamten 1960er Jahre. In solchen Zahlen steckt zweifellos eine (Kirchenbeitrags-)Zeitbombe.

Grafik 11:
Kirchenaustritte im Bundesland Tirol 1963-2004

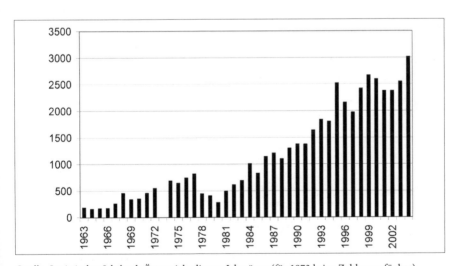

Quelle: Statistisches Jahrbuch Österreich, diverse Jahrgänge (für 1973 keine Zahlen verfügbar).

Bei einer Analyse des Messbesuchs im Österreichvergleich zeigen sich teils große Unterschiede zwischen den Diözesen. Die Zahl derer, die zumindest jeden Sonntag zur Kirche gehen, schwankt zwischen mehr als 31 Prozent (in Vorarlberg) und weniger als 6 Prozent (in Kärnten). Fast ebenso sehr schwankt die Zahl der „Total-verweigerer" zwischen weniger als einem Achtel (in Salzburg) und mehr als einem Drittel (in Wien). Innsbruck entspricht weitgehend dem Österreichweiten Durch-schnitt, die Zahl der sehr regelmäßigen Kirchgänger und der Nichtgänger hält sich ziemlich genau die Waage.

Tabelle 8:
Messbesuch in Österreich 2000 nach Diözesen (in Prozent)

	mehrmals pro Woche	jeden Sonntag	mindestens einmal monatlich	mehrmals pro Jahr	(fast) nie
GESAMT	**3,3**	**18,6**	**19,3**	**37,0**	**21,7**
Wien	4,6	15,5	13,9	31,1	34,9
Sankt Pölten	0,6	25,3	25,1	31,3	17,6
Eisenstadt	3,3	20,2	23,8	35,0	17,7
Graz-Seckau	3,8	10,8	19,7	47,3	18,4
Linz	2,5	27,0	27,3	30,7	12,7
Gurk-Klagenfurt	0,7	5,0	17,7	51,3	25,3
Salzburg	4,1	22,9	16,1	45,1	11,7
Innsbruck	**1,6**	**24,0**	**19,5**	**31,3**	**23,6**
Feldkirch	12,4	19,0	3,7	42,5	22,5

Quelle: Österreichische Religionsstudie 2000, Daten dankenswerterweise zur Verfügung gestellt von Univ.-Prof. Dr. Hermann Denz.

Das Kirchenvolksbegehren 1995 und Tirol

Innsbruck liegt hingegen im Spitzenfeld bei den Unterzeichner/innen des Kirchenvolksbegehrens 1995. Nur in der Diözese Feldkirch unterzeichneten prozentuell mehr Katholik/innen, und nur in Innsbruck überwog in einer Umfrage die Zahl der „sicheren" Unterzeichner/innen die der offenen Gegner/innen des Begehrens. Dabei freilich fällt auf, dass in Innsbruck (wie in den meisten anderen Diözesen) die Zahl der angeblich „sicheren" Unterzeichner/innen die der tatsächlichen deutlich überwog.

Tabelle 9:
Unterzeichner/innen des Kirchenvolksbegehrens 1995 nach Diözesen

	Anzahl der Katholik/innen	Anteil der Kirchgänger/innen	Anteil der KVB-Unterzeichner/innen unter den Katholik/innen	Anteil der KVB-Unterzeichner/innen unter den Kirchgänger/innen	Laut Umfrage „sichere" KVB-Unterzeichner/innen	Laut Umfrage KVB-Gegner/innen
GESAMT	**6.129.755**	**19,1**	**7,9**	**41,6**	**12,7**	**27,1**
Feldkirch	296.042	20,3	10,2	51,9	10,0	30,0
Innsbruck	**477.914**	**23,6**	**9,7**	**40,9**	**21,4**	**19,6**
Sankt Pölten	632.306	24,4	9,4	38,0	6,9	19,5
Linz	1.127.411	23,4	8,7	37,2	15,8	31,6
Salzburg	522.535	17,4	7,7	44,3	6,4	11,5
Wien	1.396.177	15,6	7,5	49,0	13,8	33,0
Graz-Seckau	980.885	14,3	7,0	48,9	9,3	26,7
Eisenstadt	229.780	28,9	6,1	20,9	18,2	33,3
Gurk-Klagenfurt	466.705	13,9	5,3	37,8	14,7	22,1

Quelle: Hermann Denz, Kirche, in: Franz Mathis /Wolfgang Weber (Hg.), Vorarlberg. Zwischen Fußach und Flint, Alemannentum und Weltoffenheit [Schriftenreihe des Forschungsinstituts für politisch-historische Studien der Dr.-Wilfried-Haslauer-Bibliothek, Bd. 6: Geschichte der österreichischen Bundesländer seit 1945, hrsg. von Herbert Dachs, Ernst Hanisch, Robert Kriechbaumer, Bd. 4], Wien/Köln/Weimar 2000, S. 305-325; S. 318.

Priestermangel oder gar Priestersterben in Tirol?

In Tirol sind derzeit bereits fast ein Viertel der Pfarrstellen unbesetzt. Der Trend ist weiter steigend und eine Umkehr ist in der Statistik nicht zu erkennen. Ein Vergleich des Lebensalters der heute aktiven Priester mit dem der männlichen Tiroler Bevölkerung (über 25 Jahren, denn jüngere Priester sind – noch? – unmöglich), weist eine Schieflage auf (siehe Grafik 12). Der Anteil der Unter-40-jährigen ist unter den Priestern deutlich geringer als in der Gesamtbevölkerung, demgegenüber ist der Anteil der Priester in den Altersgruppen zwischen 60 und 74 deutlich überdurchschnittlich.

Dieses schon heute hohe Durchschnittsalter der Priesterschaft führt zu einer ungünstigen Sterbeverteilung. Grafik 13 zeigt das Sterbealter der in den letzten vierzig Jahren verstorbenen Diözesanpriester. Der älteste wurde 106 Jahre, die meisten Priester aber starben mit etwa 75. Auch wenn man die österreichische Sterbetafel von 2002 zur Errechnung der (statistisch!) noch zu erwartenden Lebensjahre der heute aktiven Priester heranzieht (siehe Grafik 14), muss man ein düsteres Resümee ziehen. Denn etwa die Hälfte der aktiven Priester wird statistisch gesehen in den nächsten 15 Jahren den Weg alles Irdischen gehen müssen.

Auch die Entwicklung der Priesterweihen ist im großen Stil rückläufig (nur in den letzten Jahren ist eine leichte Erholung spürbar). Wie Grafik 15 zeigt, liegt die Priesterweihe für die meisten der heute noch aktiven Geistlichen bereits an die vierzig Jahre zurück, während in den letzten fünfzehn Jahren der Fünfjahresschnitt nur noch zwischen 1,2 und 2,4 lag. Auf Basis dieser Spannweite und der statistischen Überlebenswahrscheinlichkeit der heute aktiven Priester haben wir in Grafik 16 eine kleine Modellrechnung angestellt, die den Verantwortlichen sehr zu denken geben müsste. Demnach ist mit einem weiteren massiven Priesterschwund zu rechnen. Die Zahl der Diözesanpriester wird auf annähernd 100, pessimistisch geschätzt sogar auf kaum 75 absinken, wenn es nicht zu einer massiven Trendwende kommt.

Tabelle 10:
Unbesetzte Pfarrstellen im Bundesland Tirol 2004

	Pfarrstellen	unbesetzt	in Prozent
Bundesland Tirol	331	78	23,6 %
davon			
Diözese Innsbruck	271	59	21,8 %
Diözese Salzburg	60	19	31,7 %

Quelle: Tiroler Tageszeitung vom 22. Dez. 2004, S. 4.

Grafik 12: Lebensalter der Diözesanpriester der Diözese Innsbruck verglichen mit der männlichen Gesamtbevölkerung des Bundeslandes Tirol (Anteile an den Über-25-jährigen)

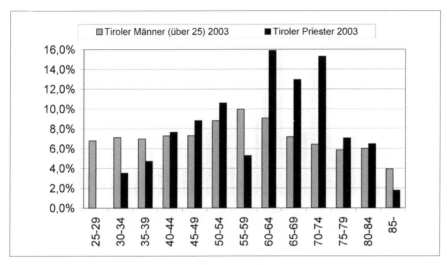

Quelle: Schematismus 2004 und Statistik Austria
(http://www.statistik-austria.at/fachbereich_03/bevoelkerung_tab2.shtml); eigene Berechnung.

Grafik 13: Sterbealter der Diözesanpriester der Diözese Innsbruck 1964-2003

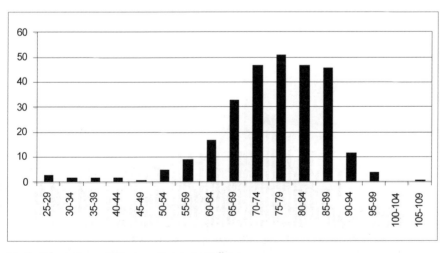

Quelle: Schematismus 2004, eigene Zusammenstellung.

271

Grafik 14: Statistisch zu erwartende Sterbeverteilung der noch aktiven Diözesan-priester der Diözese Innsbruck 2005-2050

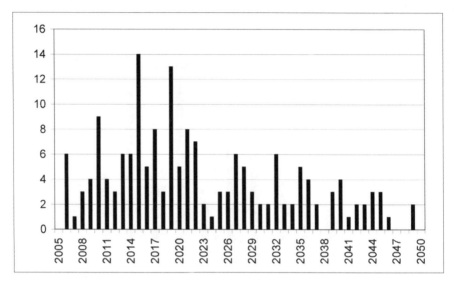

Quelle: Schematismus 2004 und Statistik Austria (http://www.statistik-austria.at/fachbereich_03/ Stt2000_2002.xls) für die aktuelle Sterbetafel; eigene Berechnung. Grafik 14 ist im Zusammenhang mit Grafik 15 zu sehen und insofern nur ein modellhaftes zeitverschobenes Spiegelbild davon. De facto wird sich die Sterbeverteilung natürlich anders ereignen.

Grafik 15: Jahr der Priesterweihe noch lebender Diözesanpriester der Diözese Innsbruck (Stand Dezember 2003)

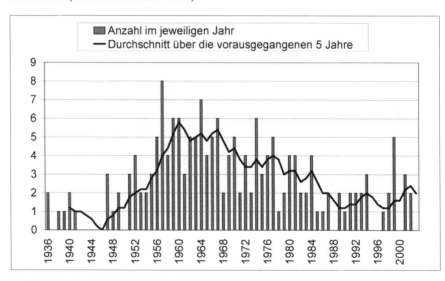

Quelle: Schematismus 2004; eigene Berechnung.

Grafik 16:
Prognose der Zahl der Diözesanpriester für die Diözese Innsbruck bis 2031

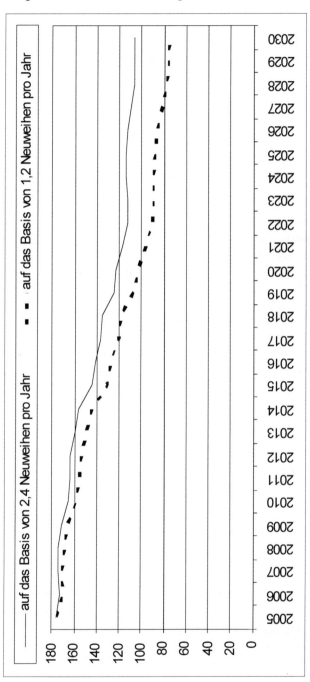

Quelle: eigene Berechnung.

Abkürzungen

a.A.	am Arlberg
ALB	Archiv der Landeshauptstadt Bregenz
a.M.	am Main
Anm.	Anmerkung
APA	Austria Presse Agentur
ARGE	Arbeitsgemeinschaft
A.T.	Altes Testament
B.	Bayern
BBKL	Biographisch-Bibliographisches Kirchenlexikon
Bd.	Band
Bf.	Bischof
BG	Bezirksgericht
BH	Bezirkshauptmannschaft
BRD	Bundesrepublik Deutschland
ABSZ	Archiv der Barmherzigen Schwestern des hl. Vinzenz von Paul, Mutterhaus zu Zams
BK	Bischofskonferenz
BTV	Bank für Tirol und Vorarlberg
bzw.	beziehungsweise
can.	Canon (Regel)
Cand. theol.	Candidatus Theologiae
CIC	Codex Iuris Canonici (Sammlung von Bestimmungen und Vorschriften für das kirchliche Leben und des Kirchenrechts)
Cod.	Codex, Codices
CV	Cartellverband (Dachverband katholischer farbentragender Studentenverbindungen)
CZ	Tschechien
DAI	Diözesanarchiv Innsbruck
dass.	dasselbe
DBE	Deutsche Biographische Enzyklopädie
ders.	Derselbe
dgl.	dergleichen
DI	Diplom-Ingenieur
Diöz.	Diözese
Diss.	Dissertation
d.J.	dieses Jahr(es)
d.M.	dieses Monats
Dok.	Dokumentation
Dr.	Doktor
DDr.	Doktor, Doktor
Dr. iur.	Doctor Jurisprudentiae (Doktor der Rechtswissenschaften)

Dr. iur. can.	Doctor Juris Canonici (Doktor des kanonischen Rechts)
Dr. phil.	Doctor Philosophiae (Doktor der Philosophie)
Dr. theol.	Doctor Theologiae (Doktor der Theologie)
dzt.	derzeit
Ebd.	Ebenda
Ebf.	Erzbischof
e.h.	eigenhändig
ESG	Evangelische Studenten Gemeinde
f.	folio (Blatt, Seite)
Fak.	Fakultät
ff.	folgende
Fr.	Frater (Bruder)
geb.	geboren
gest.	gestorben
Gestapo	Geheime Staatspolizei
H	Heft
Hg.	Herausgeber, Herausgeberin
HGR	Hochschulgemeinderat
H.H.	Hochwürden Herr
HIK	Hochschüler im Kennedy-Haus
hl.	heilig (e, er)
HMK	Marianische Hochschülerkongregation
Hochw.	Hochwürden
HoJu	Hochschuljugend (= Katholische Hochschuljugend)
HR	Hofrat
hrsg.	herausgegeben
ICV	Innsbrucker Cartell-Verband
i.B.	in Bayern
i.R.	im Ruhestand
i.T.	in Tirol
Jg.	Jahrgang
k.A.	keine Angabe(n)
KA	Katholische Aktion
KABÖ	Katholische Arbeitnehmerbewegung Österreichs
Kard.	Kardinal
KAS	Konsistorialarchiv Salzburg
kgl.	königlich
KHG	Katholische Hochschulgemeinde
KHJ	Katholische Hochschuljugend
KHJÖ	Katholische Hochschuljugend Österreichs
k.k.	kaiserlich-königlich
Ktn.	Kärnten
KV	Kartellverband (Dachverband katholischer nicht farbentragender Studentenverbindungen)
KZ	Konzentrationslager

LHStv.	Landeshauptmann-Stellvertreter
LR	Landesrat
LThK	Lexikon für Theologie und Kirche
M.A.	Magister Artium bzw. Magistra Artium; auch: Master of Arts
Mag.	Magister, Magistra
m.E.	meines Erachtens
MK	Marianische Kongregation
m.p.	manu propria (mit eigener Hand, eigenhändig)
Msgr.	Monsignore
N., Nr.	Nummer
N.F.	Neue Forschungen bzw. Neue Folge
N.N.	nomen nominandum (der zu nennende Name [wird zur Anonymisierung einzelner Personen verwendet]); auch: nomen nescio (den Namen weiß ich nicht – Name ist nicht bekannt)
NÖ	Niederösterreich
Nov.	November
NS	Nationalsozialismus
NSV	Nationalsozialistische Volkswohlfahrt
OFM	Ordo Fratrum Minorum (Orden der Minderen Brüder = Franziskaner)
OFMCap	Ordo Fratrum Minorum Capuccinorum (Orden den Minderen Brüder der Kapuziner)
o.D.	ohne Datum
ÖH	Österreichische Hochschülerschaft
ÖVP	Österreichische Volkspartei
o.J.	ohne Jahr
o.O.	ohne Ort
OÖ	Oberösterreich
OPraem	Ordo Paemonstratensis (Orden der Praemonstratenser)
o.Prof.	ordentlicher Professor, Ordinarius
ORF	Österreichischer Rundfunk
OSB	Ordo Sancti Benedicti (Orden des Hl. Benedikt = Benediktinerorden)
OSS	Office of Strategic Services (US-amerikanischer Geheimdienst)
OZ	Offenes Zentrum
P	Pater
phil.	philosophisch (e, er)
Präf.	Präfekt
Prof.	Professor
Prot.	Protokoll
P.S.	Postskriptum (Nachtrag)
S	Schilling; Santa, Santo
SAC	Societas Apostolatus Catholici (Gesellschaft des Katholischen Apostolates = Pallottiner)
SD	Sicherheitsdienst

SDB	Salesianer Don Boscos
SJ	Societas Jesu (Gesellschaft Jesu = Jesuiten)
SM	Societas Mariae (Gesellschaft Mariä = Marianisten)
sog.	sogenannte
Sp.	Spalte
SPÖ	Sozialistische Partei Österreichs; seit 1991: Sozialdemokratische Partei Österreichs
Sr.	Schwester; Seiner
SS	Sommersemester
StA	Stadtarchiv
Stmk.	Steiermark
theol.	theologisch(e)
TKJR	Tiroler Kaiserjäger Regiment
TU	Technische Universität
u.	und
u.a.	unter anderem
UAI	Universitätsarchiv Innsbruck
Ufr.	Unterfranken
Univ.	Universität
usf.	und so fort
usw.	und so weiter
Vat.	Vatikan, Vatikanum
vgl.	vergleiche
VLA	Vorarlberger Landesarchiv
Vol.	Volumen (Band, Schriftrolle)
Wd	„Wir diskutieren" – Schülerzeitung der Marianischen Mittelschülerkongregation, Innsbruck
weltl.	weltlich
WS	Wintersemester
Z.	Ziffer
zit.	zitiert
ZKTh	Zeitschrift für Katholische Theologie
z.T.	zum Teil

Quellen und Literatur

Archivalien

Diözesanarchiv Innsbruck (DAI)

Akten der NS-Zeit 1938-1945 und Nachkriegszeit 1945-1947

Mappe 4/3: Politische Verfolgungen
Mappe 6/5: Priesterseminar Canisianum 1938/39
Mappe 9/1: Jugendvereine vor 1938

Bestand Rusch

Mappe 9: Katholische Hochschulgemeinde Innsbruck
Mappe 27/3: Rusch-Kripp
Mappe 28/1: Kripp-Akt und Kettner, 1968/69
Mappe 28/2: Akt Kripp, 1970
Mappe 28/3: P. Kripp 1970/71
Mappe 28/4: P. Kripp 1972
Mappe 28/5: P. Kripp/Schupp 1974
Mappe 46/1: Facultät (theologische)
Mappe 46/2: Facultät
Mappe 46/3: Facultät
Mappe 54: Persönliches
Mappe 56: Korrespondenz (amtlich)
Mappe 58: Hammerle – NS-Akte
Mappe 61a: Schreiben an die jew. H.H. GV (1943/1946-1980)

Archiv der Marianischen Mittelschülerkongregation(MK), Innsbruck

Drittes Konsultbuch der Marianischen Mittelschülerkongregation Innsbruck, Jahr-gänge 1953-1971 [Kopien eines unveröffentlichten Archivexemplars, von Herrn Mag. Dr. Rudolf Fallmann dankenswerter Weise zur Verfügung gestellt].

Archiv der Theologischen Fakultät der Universität Innsbruck

Gutachten über die Dissertationen, Nr. 400-500
Liber suffragiorum Examinum Rigorosorum ab anno 1901-1968

Archiv des Instituts für christliche Philosophie der Theologischen Fakultät der Universität Innsbruck

Protokollbuch des Institutum Philosophicum Oenipontanum, Bd. II, 1922-1959

Archiv des Collegium Canisianum, Innsbruck

Stammbuch 1925-1929
Stammbuch 1930-1935

Stadtarchiv Innsbruck (StA Innsbruck)

Cod. 871 u. 872: Gespräch über die nationalsozialistische Zeit in Tirol, geführt am 18. Juli 1978. Gesprächsteilnehmer: Bischof DDr. Paul Rusch, Propst Dr. Heinz Huber, Univ.-Prof. Dr. Josef Riedmann, Archivdirektor Dr. Franz-Heinz Hye, Rektor Mons. Viktor Zorzi [Transkript].
Cod. 904: Gespräch über die nationalsozialistische Zeit in Tirol, geführt am 21. März 1979. Gesprächsteilnehmer: Monsignore Bernhard Praxmarer, Dekan in Hall i.T., Univ.-Prof. Dr. Josef Riedmann, Archivdirektor Dr. Franz-Heinz Hye [Transkript].

Universitätsarchiv Innsbruck (UAI)

Nationale der Philosophischen Fakultät, WS 1927/28 und SS 1928
Nationale der Theologischen Fakultät, WS 1928/29 bis SS 1934

Archiv der Wohnungsbau- und Siedlungsgesellschaft „Neue Heimat Tirol", Innsbruck

Bestand Landesrat Heinz, 53. Mappe: Arbeiter-Kammer-Tag, 13.3.1950

Tiroler Landesarchiv, Innsbruck (TLA)

Landesrats-Handakten, LR Tschiggfrey, Fasz. 4

Archiv der Barmherzigen Schwestern des hl. Vinzenz von Paul, Mutterhaus zu Zams (ABSZ)

Erinnerungsalbum an Bischof DDr. Paul Rusch

Vorarlberger Landesarchiv, Bregenz (VLA)

Verfachbuch Montafon 1887, 1893
BH Bludenz H 5/1887
BH Bludenz Sch. 140, G 126/187

BH Bludenz, Einlaufprotokoll 1894, Eprot 11/62
BH Bregenz Sch. 84, Gew. 808/1907
BH Bregenz Gew. 645/1907
BH Bregenz Kanzl. 24/1908
BG Bregenz A 153/21 VL
Militärisches Grundbuchblatt für Wilhelm Rusch

Archiv der Landeshauptstadt Bregenz (ALB)

Schulakten 10, Schulmatrik: Mädchenschule des Frl. Waldner

Pfarramt St. Gallus, Bregenz

Sterbebuch der Pfarre St. Gallus 1915 bis 1922

Archiv des Katholischen Arbeitervereins Hohenems, Hohenems

Protokollbuch der Wohn- und Siedlungsgesellschaft in Hohenems (1936-1969)

Konsistorialarchiv Salzburg (KAS)

Waitz Franz Josef, Dr. Sigismund Waitz – Fürstbischof in schwerster Zeit. Sein Leben und sein Wirken nach seinen Aufzeichnungen und vorhandenem Quellenmaterial; KAS 19/39 – Waitz

Archiv der Erzdiözese Wien

Mitteilungen des Oesterreichischen Episkopates zur Frage: „Kirche und Bolschewismus"; Pfarrexemplar der Pfarre Braunsdorf

Stadtarchiv München

Polizeimeldebogen, PMB R 290

Bundesarchiv Berlin

Bestand R 5101: Reichsministerium für kirchliche Angelegenheiten

Gedruckte Quellen

Adreß-Buch der Landeshauptstadt Bregenz, 1910-1915, 1925, 1928, 1934.

Amt der Tiroler Landesregierung, Die Tiroler Bevölkerung, Innsbruck, 2004.

Annuario Pontificio per l'Anno 1960, 1973-1979, Città del Vaticano 1960, 1973-1979.

Die Bauhütte. Halbmonatsblatt für das konzession. Baugewerbe des Landes Vorarlberg. Organ der 6 Genossenschaften der Bau-, Maurer-, Steinmetz- und Zimmermeister der drei politischen Bezirke des Landes. Organ des Bundes der Zimmermeister und der Bau- und Maurermeister des Landes, Bregenz, 1. Jg., Nr. 1 bis 2. Jg. Nr. 13 vom 6.6.1914 bis 4.12.1915.

Bischöfliches Ordinariat – Synodenbüro (Hg.), Miteinander für alle. Das Pastoralprogramm der Diözese Innsbruck nach der Synode 1971-1972, Innsbruck o.J. [1974].

Bundesverband der Katholischen Arbeitnehmer-Bewegung (KAB) Deutschlands (Hg.), Texte zur katholischen Soziallehre. Die sozialen Rundschreiben der Päpste und andere kirchliche Dokumente, mit einer Einführung von Oswald von Nell-Breuning SJ, Kevelaer ⁵1982.

Caritas des Apostolischen Administratur Innsbruck (Hg.), Wohnbau ist Dombau. Vom Wirken der Caritas im Jahre 1950. Die Heilig-Jahr-Siedlung (Innsbruck o.J. [1950]).

Dokumentationsarchiv des österreichischen Widerstandes (Hg.), Widerstand und Verfolgung in Tirol 1934-1945. Eine Dokumentation, Bd. 2, Wien/München 1984.

Festschrift zum 455-jährigen Bestehen der ehemaligen Lateinschule zu Lindau und zum 125-jährigen Bestehen der ehemaligen Handels- und Gewerbeschule bzw. Realschule zu Lindau, beide heute vereint im Bodensee-Gymnasium Lindau (B) und Jahresbericht über das Schuljahr 1983/84, Lindau 1984.

Jahres-Bericht des k.k. Staatsgymnasiums in Bregenz für die Schuljahre 1909/10-1917/18, Bregenz 1910-1918.

Jahres-Bericht über die Königl. Realschule mit Handelsabteilung und die Gewerbl. Fortbildungsschule zu Lindau i.B. für die Schuljahre 1914/15-1916/17, Lindau 1915-1917.

Jahres-Bericht über die Realschule mit vier Lateinklassen und Handelsabteilung und die Gewerbliche Fortbildungsschule zu Lindau i.B. für das Schuljahr 1918/19, Lindau 1919.

Labenbacher Gertrud, Tiroler Bibliographie, Heft X: Dissertationen-Verzeichnis der Universität Innsbruck, Bd. II: Theologische Fakultät, Rechts- und Staatswissenschaftliche Fakultät, Medizinische Fakultät [Beihefte zu Tiroler Heimat], Innsbruck-Wien 1986.

Nussbaumer Josef/Johann Staller, Die Graphen von Tirol. Ein sozial- und wirtschaftsstatistisches Bilderbuch von Tirol und Innsbruck, Mayrhofen, 1990.

Österreichisches Statistisches Zentralamt, Die Entwicklung der Verbraucherpreise seit 1900 [Beiträge zur Österreichischen Statistik, H 956], Wien 1990.

Papst Paul VI., Acta Pauli PP. VI. Litterae Apostolicae Moto Proprio Datae. Facultates et privilegia quaedam Episcopis concedentur [„Pastorale munus" (30.11.1963)], in: Acta Apostolicae Sedis. Commentarium officiale, Annus LVI, Series III, Vol. VI, Vaticano 1964.

Rösch Augustin, Kampf gegen den Nationalsozialismus. Herausgegeben von Roman Bleistein, Frankfurt a.M. 1985.

Schematismus des Welt- und Ordensklerus der Apostolischen Administratur Innsbruck-Feldkirch, 8. Ausgabe 1935 bis 21. Ausgabe 1961.

Schematismus des Welt- und Ordensklerus der Diözese Innsbruck, 22. Ausgabe 1966 bis 25. Ausgabe 1975.

Schematismus der Diözese Innsbruck, 26. bis 31. Ausgabe, Innsbruck 1980 bis 2004.

Statistisches Handbuch der Stadt Innsbruck (diverse Jahrgänge).

Statistisches Jahrbuch der Republik Österreich (diverse Jahrgänge).

Vorlesungsverzeichnis und Personalstand der Leopold-Franzens-Universität Innsbruck (diverse Semester).

Internetquellen

Konkordat zwischen dem Heiligen Stuhle und der Republik Österreich vom 5. Juni 1933; http://www.kirchen.net/upload/6607_D15-Konkordat1933.pdf

Österreichische Gesellschaft für Politikberatung und Politikentwicklung, Armuts- und Reichtumsbericht für Österreich, Wien 2004; http://www.spoe.at/bilder/Armuts_und_Reichtumsbericht.pdf

Statistik Austria, http://www.statistik-austria.at/fachbereich_03/bevoelkerung_tab2.shtml

Statistik Austria, http://www.statistik-austria.at/fachbereich_03/Stt2000_2002.xls

Universität Innsbruck, http://www2.uibk.ac.at/studienabteilung/de/statistiken/gesamtstatistiken_2003w.html

Zweites Vatikanisches Konzil, Dekret über die Hirtenaufgabe der Bischöfe – „Christus Dominus" (28.10.1965); http://theol.uibk.ac.at/itl/252.html

Zweites Vatikanisches Konzil, Dekret über die Ausbildung der Priester – „Optatam totius"; http://theol.uibk.ac.at/itl/253.html.

Periodika (diverse Jahrgänge und Nummern)

Amtsblatt der Landeshauptstadt Innsbruck

Blätter der österreichischen Jesuiten, 1.3.1978 [„400 Jahre MK Innsbruck"]

Flugblätter. Organ der Katholischen Hochschulgemeinde/Arbeitskreis für Information-Konfrontation-Kommunikation, Nr. 1, Ws 1972/73 (27.10.1972) bis Nr. 5, WS 1972/73 (2.6.1973)

Innsbrucker Stadtzeitung

Katholisches Sonntagsblatt (Brixen)

Kathpress
Kirchenblatt für Tirol und Vorarlberg (1/1945 bis 8/1969)
Kirchenblatt für Tirol (9/1969 bis 39/1980)
Kirche. Wochenblatt der Diözese Innsbruck (seit 40/1980)
Kontestation [Zeitung der Fakultätsvertretung der Hochschülerschaft an der Theologischen Fakultät der Universität Innsbruck]
Korrespondenzblatt des Canisianums
Kurier
Münchner Neueste Nachrichten
Neue Tiroler Zeitung
Orientierung. Katholische Blätter für weltanschauliche Information
Präsent. Österreichische Wochenzeitung
Profil. Das unabhängige Magazin Österreichs
Der Spiegel
Die Quelle
tip – Die Innsbrucker Zeitung
Tiroler Bauernkalender
Tiroler Sonntagsblatt (Kufstein)
Tiroler Nachrichten
Tiroler Tageszeitung
UniPress
Verordnungsblatt für das Gebiet der Apostolischen Administratur Innsbruck-Feldkirch
Verordnungsblatt für die Diözese Innsbruck
Der Volksbote. Unabhängiges österreichisches Wochenblatt
Vorarlberger Kirchenblatt
Vorarlberger Landeszeitung
VorarlbergerVolksblatt
Welt in Christus
Wir diskutieren [Zeitung der Mittelschülerkongregation Innsbruck]
Wochenpresse

Bücher, Schriften und Aufsätze von Paul Rusch (Auswahl)

Wurzeln und Anfänge der allegorischen Liturgieerklärung in Morgen- und Abendland, theol. Diss., Innsbruck 1935 (Manuskript).

Gott will es. Zur sozialen Gerechtigkeit, Innsbruck/Wien/München 1935.

An junge Christen, Innsbruck/Wien/München 1946.

Arbeit und Beruf, in: Die Quelle, Juni 1947, S. 83-86.

Die katholische Bewegung, Sinn, Aufgabe und Organisation, in: Die Quelle, Oktober 1947, S. 145-147.

Bischof Paulus an die Männer [Hirtenbrief vom 21.1.1948], in: Kirchenblatt 4/8, 22.2.1948, S. 1-3. [= Über die Katholische Bewegung, in: Die Quelle, 2/4 (April 1948), S. 49-50.]

Katholische Sozialreform, Feldkirch o.J. [1948]. [Dgl. bereits in: Kirchenblatt 2/25, 23.6.1946, S. 1/2; 2/26, 30.6.1946, S. 7; 2/27, 7.7.1946, S. 6/7.]

Technik und Gewissen, in: Die Quelle, 2/3 (März 1948), S. 33-36.

Der soziale Friede. Jahreslosung der katholischen Bewegung, in: Die Quelle, 2/11 (November 1948), S. 200-202.

Soziale Reform: Ein Plan für Österreich, in: Die Quelle, 3/2 (Februar 1949), S. 27-29; 3/4 (April 1949), S. 83; 3/5 (Mai 1949), S. 101/102.

Wachstum im Geiste – Ein Buch priesterlicher Betrachtung, Innsbruck/Wien/München 1949 (2. Aufl. 1962).

Was hat die Caritas mit dem Wohnbau zu tun?, in: Caritas der Apostolischen Administratur Innsbruck (Hg.), Wohnbau ist Dombau. Vom Wirken der Caritas im Jahre 1950. Die Heilig-Jahr-Siedlung, (Innsbruck o.J. [1950]), S. 4/5.

Gebärde und Antlitz des Papstes, in: Die Quelle, 4/7,8 (Juli/August 1950), S. 146-147.

Die praktischen volksliturgischen Anliegen in unserem Kirchengebiet, in: Die Quelle, 5/10 (Oktober 1951), S. 223-224.

Neue soziale Ziele, in: Die Quelle, 6/7 (Juli 1952), S. 165-171.

Junger Arbeiter wohin? Innsbruck/Wien/München 1953.

Sozialsystem und Sozialbewegung, in: Die Quelle, 7/3 (März 1953, S. 45-47.

[Der Bischof über die Jugendarbeitslosigkeit, in: Die Quelle, 7/6 (Juni 1953), S. 21-22.]

[Wiederverchristlichung des Arbeiterstandes, in: Die Quelle, 8/7 (Juli 1954), S. 58.]

Geweihte Gemeinschaft, in: Die Quelle, 9/11 (November 1955), S. 2-9.

Der Sozialhirtenbrief der österreichischen Bischöfe. Herausgegeben im Auftrag der Bischofskonferenz und mit Kommentar versehen von Bischof Dr. Paul Rusch, Innsbruck/Wien/München 1957.

Völkerfrieden, in: Welt in Christus 11, September/Oktober 1957, S. 50-53.

Gewerkschaft und Sozialhirtenbrief, in: Welt in Christus, 15/1958, S. 9-12.

Grundsatzprogramm der Katholischen Arbeiterbewegung, erläutert von Bischof Dr. Paulus Rusch [Schriftenreihe der Katholischen Arbeiterbewegung Österreichs, H. 1], Wien 1958.

Kirche im Gebirge und anderswo, Innsbruck/Wien/München 1959.

Familie am Sonntag, in: Die Quelle, Winter 1960/4, S. 5-8.

Menschen im Betrieb. [Sehen – Urteilen – Handeln, Schriftenreihe des „Volksboten" Nr. 8], Innsbruck/Wien/München 1961.

Das Apostolat des Arbeiters, in: Welt in Christus 32, März/April 1961, S. 5-10 u. 33, Mai/Juni 1961, S. 4-9.

Vom Bauernland zum Industrie- und Fremdenverkehrsland, in: Katholische Arbeiterbewegung Tirol (Hg.), Handbuch für den christlichen Arbeiter, Innsbruck o.J. [1961], S. 2-5.

Mariologische Wertungen, in: Zeitschrift für katholische Theologie 85/2 (1963), S. 129-161.

Die kollegiale Struktur des Bischofsamtes, in: Zeitschrift für katholische Theologie 86/3 (1964), S. 257-285.

Erziehung zur Demokratie, in: Katholischer Tiroler Lehrerverein (Hg.), Beiträge zur Grundsatzbildung, 2. Teil: Erziehung zur Demokratie [Schriftenreihe „Der Lehrer in der Zeitenwende", H. 8], Innsbruck o.J. [1964], S. 15-23.

Vorrede zum „Decretum de presbyterorum ministerio et vita" (Dekret über Dienst u. Leben der Priester), 1966.

Erziehung und Bildung zwischen Glauben und Unglauben, in: 36. Jahresbericht des Bischöflichen Gymnasiums Paulinum in Schwaz, 1968/69, S. 3-9.

Aktuelle Bibelfragen, Innsbruck/Wien/München 1969.

Vermenschlichung der Betriebe soll weiter angestrebt werden, in: Tirolia Information 8/11 (Mai 1969), [Sonderausgabe – Berichte von der großen Tirolia-Jubiläumsfeier], S. 11.

Erinnerungen an Pater Jungmann, in: Balthasar Fischer/Hans-Bernhard Meyer (Hg.), J.A. Jungmann. Ein Leben für Liturgie und Kerygma, Innsbruck/Wien/München 1975, S. 123-125.

Christliches Gesellschaftsmodell für die Zukunft, Innsbruck 1976.

Die Kirche von Innsbruck. Eine Darstellung ihrer äußeren Geschichte, in: Stadtgemeinde Innsbruck (Hg.), Innsbruck 1956-1981. Dr. Alois Lugger zum 25jährigen Bürgermeisterjubiläum gewidmet, Innsbruck, o.J. [1981], S. 27-33.

Waage der Zeit – Wege der Zeit. Erfahrungen, Erkenntnisse, Wege. Geleitwort von Bischof Dr. Reinhold Stecher, Innsbruck/Wien/München 1983.

Kein heiliges Land, in: ORF-Landesstudio Tirol (Hg.), Tirol. Was ist das eigentlich? Eine Auswahl der ORF-Sendungen zum Gedenkjahr 1809-1984, Innsbruck 1984, S. 98-109.

Bischof unter sechs Päpsten, in: Reimmichls Volkskalender (Innsbruck), 63/1984, S. 91-96.

40-Jahr-Gedächtnis für Provikar Lampert, in: Kirche 48, 25.11.1984, S. 2.

3. Mai 1945: Altbischof Paul Rusch erinnert sich, in: Kirche 18, 5.5.1985, S. 5 [dgl. etwas ausführlicher: Erinnerung an den 3. Mai 1945, in: Kirche 18, 30.4.1995, S. 16].

Jesus, unser Bruder. Thematische Leben-Jesu-Meditationen, Innsbruck/Wien/München 1986.

Biographische Artikel, Lexikonbeiträge, Interviews, Würdigungen und Nachrufe

Alexander Helmut, Rusch, Peter Paul, in: Neue Deutsche Biographie (NDB), Bd. 22, Berlin 2005, S. 295.

–.–, Bischof DDr. Paul Rusch (1903-1986) – Eine biographische Skizze, in: Helmut Alexander/Bernhard Kriegbaum SJ (Hg.), Bischof Paulus Rusch. Wächter und Lotse in stürmischer Zeit, Innsbruck 2004, S. 9-31.

Altermann Rosa, Erinnerungen … zum 10. Todesgedenken an Bischof Dr. Paulus Rusch, gestorben am 31. März 1986, in: Bote der Tiroler Kapuziner 79/3 (1996), S. 88-96.

Amman Adolf, Christus dem König unser ganzes Leben. Unser Oberhirte Dr. Paulus Rusch 25 Jahre Priester – 20 Jahre Bischof, in: Die Quelle, Herbst 1958, S. 3-5.

Baumgartner Hans, Aus der Verfolgung zu neuer Freiheit. Ein Weg voller Dornen und Hoffnungen.[Interview mit Paul Rusch], in: Land der Dome. Österreich nach 1945 – Kirche und Staat im Wiederaufbau. [Sonderbeilage der Kirchenzeitung 18, 5.5.1985], S. 2-4.

Berger Heribert, Bischof Paul Rusch. 70 Jahre – 40 Jahre Priester – 35 Jahre Bischof, in: Präsent 47, 22.11.1973, S. 7.

–.–, Künder des Wortes und Hirte des Bistums. Zum 40jährigen Bischofsjubiläum von DDr. Paulus Rusch, Bischof der Diözese Innsbruck, in: Kirchenblatt 48, 26.11.1978, S. 1 u. 3.

H.B. [Heribert Berger], Eine starke Persönlichkeit, in: Kirche 15, 13.4.1986, S. 3.

Forcher Michael, „Die Tiroler sind keine Helden". Innsbruck: Bischof Rusch über die NS-Zeit, in: Kurier, 317, 15.11.1978, S. 14.

–.–, „Seine Exzellenz bleibt den Tirolern unbequem", in: Kurier 321, 19.11.1978, S. 12.

Gelmi Josef, Rusch Paul, in: Erwin Gatz (Hg.), Die Bischöfe der deutschsprachigen Länder: 1785/1803 bis 1945, Berlin 1983, S. 637-638.

–.–, Rusch Paul, in: Lexikon für Theologie und Kirche (LThK) Bd. 8 (1999), S. 1370.

–.–, Rusch, Paul (1903-1986), in: Erwin Gatz (Hg.), Die Bischöfe der deutschsprachigen Länder 1945-2001. Ein biographisches Lexikon, Berlin 2002, S. 273-276.

Glattauer Herbert O., Bischof DDr. Paul Rusch, in: Kurier – Blickpunkt Tirol 115, 25.4.1976, S. 3.

Glatthaar Gustav, Das Leben Christus dem König. Wir freuen uns mit unserem Bischof Paulus, in: Die Quelle, Winter 1963/4, S. 28/29.

–.–, Herzliche Glückwünsche Vorarlbergs, in: Kirchenblatt für Tirol und Vorarlberg 50, 15.12.1963, S.6.

Gutheinz Erich, Altbischof Dr. Paul Rusch in Zams: Ein Ruhestand mit wenig Ruhe, in: Kirche 4, 24.1.1982, S. 16.

Huber Heinz, Bischof Dr. Paulus Rusch vollendet sein 50. Lebensjahr, in: Tiroler Tageszeitung 227, 3.10.1953, S. 6.

–.–, Geist und Tat. Exzellenz Dr. Paulus Rusch 20 Jahre Bischof, in: Kirchenblatt für Tirol und Vorarlberg 14/48, 30.11.1958, S. 2.

–.–, Sorge um die neue Bischofsstadt, in: Kirchenblatt für Tirol und Vorarlberg 24/48, 1.12.1968, S. 3.

Knabl Franz, DDr. Paulus Rusch: Geburtstag und 40jähriges Bischofsjubiläum, in: Innsbrucker Stadtzeitung, 11/3, Nov. 1978, S. 44/45.

König Franz, Paulus Rusch, 35 Jahre Bischof, 40 Jahre Priester zum 70. Geburtstag, in: Tiroler Tageszeitung 272, 24.11.1973., S. 10.

Kolb Ernst, Der Zeit immer etwas voraus: Bischof Paulus Rusch, in: ders., Glaube, Wissenschaft, Politik als Aufgabe und Verpflichtung. Ausgewählte Reden und Aufsätze, hrsg. von Herbert Schambeck und Eugen Thurnher, Bregenz [1982], S. 735-738.

Kunzenmann Werner, Das literarische Schaffen unseres Bischofs, in: Kirchenblatt für Tirol und Vorarlberg 50, 15.12.1963, S.8.

Mair Johann A., Einsamer Fels im Strom der Zeit, in: Präsent 15, 10.4.1986, S. 6.

N.N., Kirche im Gebirge – in Wetter und Wogen der Zeit. Ein Gespräch mit unserem Altbischof Dr. Paul Rusch, in: Kirche 37, 15.9.1985, S. 1-3.

Paterno August, Zum Gedenken an Paulus Rusch, in: Neue Vorarlberger Zeitung, 5.4.1986, S. 3/4.

Rusch, Paulus, in: Österreich Lexikon, Bd. 2, Wien 1995, S. 303.

Sauser Ekkart, Rusch Paul, in: Biographisch-Bibliographisches Kirchenlexikon (BBKL), Bd. 8, Herzberg 1995, Sp. 947-950.

–.–, Rusch Paul, in: Deutsche Biographische Enzyklopädie (DBE), Bd. 8 (1998), S. 474.

Schramm Hans-Joachim, Bischof DDr. Paul Rusch. Bischof der Bewährung und des Aufbruchs, 1903-1986, in: Hans Humer/Werner Kunzenmann (Hg.), Große Gestalten der Kirche in Tirol. Lebensbilder, Innsbruck 2002, S. 96-99.

Stark [Franz Josef], Kirchlicher Aufbau seit 1945, in: Kirchenblatt für Tirol und Vorarlberg 14/48, 30.11.1958, S. 2/3.

–.–, Kirchliche Neubauten durch Initiative des Oberhirten, in: Kirchenblatt für Tirol und Vorarlberg 50, 15.12.1963, S. 7/8.

Stecher Reinhold, Bischof im Wandel der Zeiten, in: Tiroler Schule. Fachzeitschrift des Katholischen Tiroler Lehrervereins 83/10, Nov./Dez. 1973, S. 1-4.

–.–, 35 Jahre Bischof Paulus, in: Kirchenblatt für Tirol 49, 9.12.1973, S. 2.

–.–, Bischof Rusch – ein Fels in der Brandung der Zeit, in: Kirche 15, 13.4.1986, S. 1/2.

Steinkelderer Josef, Bischof der helfenden Liebe, in: Kirchenblatt für Tirol und Vorarlberg 50, 15.12.1963, S. 7.

[Stratmann Ludwig], Vom Völkerapostel – Name und Geist, in: Kirchenblatt für Tirol und Vorarlberg 50, 15.12.1963, S. 6.

Überbacher Johann, Der janusköpfige Hirte – Paulus Rusch, in: Echo, 5. Jg., Oktober-Ausgabe (25.9.2003), S. 78-82.

Vallaster Christoph, Paul Rusch (1903-1986), in: ders., Die Bischöfe Vorarlbergs, Dornbirn 1988, S. 59-62.

Weingartner Josef, Zehn Jahre Bischof, in: Die Quelle, 2/11 (November 1948), S. 197-199.

Weiser Hans, Die Kirche Österreichs geprägt, in: Kirche 15, 13.4.1986, S. 2.

–.–, Ein Bischof, der zur Schaufel griff, in: Tiroler Tageszeitung 272, 24.11.1973., S. 10.

Weiskopf Michael, Klerus und Volk gratulieren, in: Kirchenblatt für Tirol und Vorarlberg 50, 15.12.1963, S. 5.

Wieser Heinz, Vor 50 Jahren: Paulus Rusch wird zum Bischof geweiht, in: Kirche 48, 27.11.1988, S. 16.

Literatur

Albrich Thomas/Arno Gisinger, Im Bombenkrieg. Tirol und Vorarlberg 1943-1945 [Innsbrucker Forschungen zur Zeitgeschichte, Bd. 8], Innsbruck 1992.

Alexander Helmut/Bernhard Kriegbaum SJ (Hg.), Bischof Paulus Rusch. Wächter und Lotse in stürmischer Zeit, Innsbruck 2004.

Alexander Helmut, 100 Jahre „Rerum novarum". Editorial, in: Geschichte und Region/Storia e regione 2/1 (1993), S. 5-12.

–.–, Kirchen und Religionsgemeinschaften in Tirol, in: Michael Gehler (Hg.), Tirol. „Land im Gebirge": Zwischen Tradition und Moderne [Schriftenreihe des Forschungsinstituts für politisch-historische Studien der Dr.-Wilfried-Haslauer-Bibliothek, Bd. 6: Geschichte der österreichischen Bundesländer seit 1945, hrsg. von Herbert Dachs, Ernst Hanisch, Robert Kriechbaumer, Bd. 3], Wien/Köln/Weimar 1999, S. 379-483.

–.–, „Wir werden nicht Ruhe geben können und wenn es jahrzehntelang dauern sollte." Der Kampf um die Diözesangrenze im Tiroler Unterland, in: Tiroler Heimat 63/1999, S. 287-303.

Andergassen Albert, Heilig-Jahr-Siedlung und „Tiroler Bausteinplan", in: Caritas der Apostolischen Administratur Innsbruck (Hg.), Wohnbau ist Dombau. Vom Wirken der Caritas im Jahre 1950. Die Heilig-Jahr-Siedlung, Innsbruck o.J. [1950], S. 11-12.

Beer Lothar, Die Geschichte der Bahnen in Vorarlberg, Bd. 1, Hard 1994.

Beneder Emmerich, Die Kirche des Bundeslandes Tirol. In: Martha Heizer/Louis Oberwalder/Egon Pinzer (Hg.), Tirol. Geschichte, Zeitgeist, Visionen, Thaur 1995, S. 406-409.

Biederlack Josef, Die sociale Frage. Ein Beitrag zur Orientierung über ihr Wesen und ihre Lösung, Innsbruck 1895 (10. Aufl. 1925).

Bleistein Roman, Lebensbild, in: Augustin Rösch, Kampf gegen den Nationalsozialismus. Herausgegeben von Roman Bleistein, Frankfurt a.M. 1985, S. 11-54.

Coreth Emerich, Das Jesuitenkolleg Innsbruck. Grundzüge seiner Geschichte [Sonderdruck der ZKTh 113/1991, S. 140-213], Wien 1991.

–.–, Die Theologische Fakultät in Innsbruck. Ihre Geschichte und wissenschaftliche Arbeit von den Anfängen bis zur Gegenwart [Veröffentlichungen der Universität Innsbruck, Bd. 212], Innsbruck 1995.

Denz, Hermann, Kirche, in: Franz Mathis /Wolfgang Weber (Hg.), Vorarlberg. Zwischen Fußach und Flint, Alemannentum und Weltoffenheit [Schriftenreihe des Forschungsinstituts für politisch-historische Studien der Dr.-Wilfried-Haslauer-Bibliothek, Bd. 6: Geschichte der österreichischen Bundesländer seit 1945, hrsg. von Herbert Dachs, Ernst Hanisch, Robert Kriechbaumer, Bd. 4], Wien/Köln/Weimar 2000, S. 305-325.

Diözese Feldkirch (Hg.), Provikar Dr. Carl Lampert. Zeuge in gnadenloser Zeit. Dokumentation, Innsbruck 1999.

Diözese Innsbruck (Hg.), Pfarrer Otto Neururer. Ein Seliger aus dem KZ. Dokumentation, Innsbruck ³2004.

Dörler Elisabeth, Die Entwicklung der Katholischen Hochschulgemeinde Innsbruck seit 1945 [Beiträge zur Österreichischen Studentengeschichte, Bd. 8], Wien 1983.

Dünser Manfred, Politischer Katholizismus in Vorarlberg. Katholische Aktion und Katholische Männerbewegung 1920-1990 [Schriftenreihe der Rheticus-Gesellschaft 27], Feldkirch 1991.

Egger Gernot, Vernichtung „lebensunwerten Lebens", in: Johann-August-Malin-Gesellschaft (Hg.), Von Herren und Menschen. Verfolgung und Widerstand in Vorarlberg 1933-1945 [Beiträge zu Geschichte und Gesellschaft Vorarlbergs, 5], Bregenz 1985, S. 207-213.

Erb Rainer/Albert Lichtblau, „Es hat nie einen jüdischen Ritualmord gegeben." Konflikte um die Abschaffung der Verehrung des Andreas von Rinn, in: Zeitgeschichte 17/3 (1989), S. 127-162.

Fallmann Rudolf, Die Marianische Kongregation (MK) Innsbruck. Vom Ende der 40er Jahre bis in die frühen 70er Jahre des 20. Jahrhunderts. Streiflichter, Diplomarbeit aus Geschichte (Manuskript), Innsbruck 2000.

–.–, Episkopat, Priesteramt und Katholische Jugend in Tirol. Im Spannungsfeld zwischen Erbe, Anpassung und Fortschritt (1938 bis 1980), phil. Diss. (Manuskript), Innsbruck 2004. [Erscheint in München 2006]

–.–, „Als hätten sie sich an ihren eigenen Geschlechtsteilen verschluckt …" Der Konflikt zwischen Bischof Paulus Rusch und Pater Sigmund Kripp um das „Kennedy-Haus" der Marianischen Kongregation, in: Alexandra Weiss u.a. (Hg.), Gaismair-Jahrbuch 2005. Heimat bist du großer Söhne [Jahrbuch der Michael-Gaismair-Gesellschaft 5/2005], Innsbruck/Wien/München/Bozen 2005, S. 135-143.

Fasching Edwin, 2x7 Jahre. Eine kleine Kirchengeschichte Vorarlbergs der Kriegs- und Nachkriegszeit nach Tagebuchaufzeichnungen von Dr. Edwin Fasching, in: Die Quelle 1952, Sonderheft Vorarlberg, S. 130-135.

Fenzl Annemarie, Der „rote" Bischof, in: Helmut Alexander/Bernhard Kriegbaum SJ (Hg.), Bischof Paulus Rusch. Wächter und Lotse in stürmischer Zeit, Innsbruck 2004, S, 32-49.

Fischbacher Karin, Jugend in Tirol. Jugendkulturen und Jugendpolitik von den fünfziger Jahren bis zur Gegenwart. Eine historische Untersuchung mit besonderer Berücksichtigung der internationalen Entwicklung von Jugendkulturen, phil. Diss. (Manuskript), Innsbruck 1987.

Fresacher Bernhard, Gedächtnis im Wandel. Zur Verarbeitung von Traditionsbrüchen in der Kirche (Salzburger Theologische Studien 2), Innsbruck-Wien 1996.

–.–, Anderl von Rinn. Ritualmordkult und Neuorientierung in Judenstein 1945-1995, Innsbruck-Wien 1998.

Fried Jakob, Nationalsozialismus und katholische Kirche in Österreich, Wien 1947.

Fußenegger Jakob, Zeitzeuge eines Jahrzehnts – 1938 bis 1948. Ein Priester erzählt, Dornbirn 1988.

–.–, (Hg.), KZ-Lagerdekan Georg Schelling – 200 Briefe aus dem KZ, Dornbirn 1991.

Gehler Michael (Hg.), Tirol. „Land im Gebirge: Zwischen Tradition und Moderne" [Schriftenreihe des Forschungsinstituts für politisch-historische Studien der Dr.-Wilfried-Haslauer-Bibliothek, Bd. 6: Geschichte der österreichischen Bundesländer seit 1945, hrsg. von Herbert Dachs, Ernst Hanisch, Robert Kriechbaumer, Bd. 3], Wien/Köln/Weimar 1999.

Gelmi Josef, Die Kirche Tirols seit 1918, in: Anton Pelinka/Andreas Maislinger (Hg.), Zeitgeschichte. 2. Teil: Wirtschaft und Kultur (=Handbuch zur neueren Geschichte Tirols, Bd. 2), Innsbruck 1993, S. 443-463.

–.–, Geschichte der Kirche in Tirol. Nord-, Ost- und Südtirol, Innsbruck-Wien/Bozen 2001.

–.–, Die Errichtung der Diözesen Bozen-Brixen, Innsbruck-Feldkirch und Feldkirch – Eines der spannendsten Kapitel der neueren Tiroler Kirchengeschichte, in: Helmut Alexander/Bernhard Kriegbaum SJ (Hg.), Bischof Paulus Rusch. Wächter und Lotse in stürmischer Zeit, Innsbruck 2004, S, 100-121.

Goebel Bernardin, Auf sieben Stufen zum Altar. Besinnung auf die Weiheliturgie, Regensburg 1962.

Griesl Gottfried, Die Priesterbildung, in: Ferdinand Klostermann/Hans Kriegl/Otto Mauer/Erika Weinzierl (Hg.), Kirche in Österreich 1918-1965, Bd. 1, Wien/München 1966, S. 78-84.

Grigulevič Josif R., Ketzer, Hexen, Inquisitoren (13.-20. Jahrhundert), Teil 2, Berlin (DDR) 1980[2].

Gritsch Wolfgang, Die Innsbrucker Hochschulgemeinde und die Hochschulseelsorger von 1945-1980, in: Bernhard Hippler (Hg.), Hochschul-Seelsorge im Wandel. Festschrift zum 50-jährigen Bestehen der Kath. Hochschulgemeinde Innsbruck, Innsbruck 1995, S. 37-47.

Hanisch Ernst, Der österreichische Katholizismus zwischen Anpassung und Widerstand (1938-1945), in: Zeitgeschichte 15/5 (1988), S. 171-179.

Hinteregger August, Gedanken zur vorliegenden Arbeit, in: Vorarlberger Priester-MK (Hg.), Vorarlberger Priester in den Jahren der Bedrängnis, 1938-1945, o.O., 1988, S. 4-5.

Hippler Bernhard (Hg.), Hochschul-Seelsorge im Wandel. Festschrift zum 50-jährigen Bestehen der Kath. Hochschulgemeinde Innsbruck, Innsbruck 1995.

Holl Adolf, Praktische Theologie im heiligen Land Tirol, in: Profil 4/25, 7.12.1973, S. 16/17.

Hurch Berthold/Helmut Dellasega, Der „Fall Kripp", in: Peter Teyml (Red.), Gedenken – Umdenken. Tirol nach 1984, Innsbruck 1985, S. 32-37.

Hypo-Bank Tirol (Hg.), Sozialer Wohnbau in Tirol. Historischer Überblick und Gegenwart. Katalog für eine Ausstellung, Innsbruck 1987.

Ingenhaeff Wolfgang, Lehrer, Richter, Hirten. Die Bischöfe Tirols, Innsbruck 1981.

John F. Kennedy-Haus (Hg.), Gedanken zur Erziehung. Zusammengestellt von P. Sigmund Kripp SJ, Thaur o.J. [1972].

Juen Johann/Josef Nussbaumer, Kirche und Land Tirol, in: Heinz Fischer/Susanne Preglau-Hämmerle (Hg.), Heile Welt in der Region? Beiträge zum politischen und sozialen System Tirols [Schriftenreihe der Michael-Gaismair-Gesellschaft 3], Bregenz 1983, 178-228.

Juen Walter H., Dr. Carl Lampert. Diener Gottes, Provikar der Apostolischen Administratur Innsbruck-Feldkirch (1894-1944), in: Jan Mikrut (Hg.), Blutzeugen des Glaubens. Martyrologium des 20. Jahrhunderts, Bd. 3. Diözesen: Feldkirch, Innsbruck, Graz, Salzburg, Wien 2000, S. 11-36.

Kantner L. M., Der Fall Kripp und der Jesuitenorden, in: Timor Domini [Stein a. Rhein (CH)], 3/1, 25.2.1974, S. 12.

Katholischer Arbeiterverein Hohenems (Hg.), Festschrift 100 Jahre Katholischer Arbeiterverein Hohenems, Hohenems o.J. [1995].

Kaufmann Ludwig, Jugendzentrum Kennedy-Haus, in: Orientierung. Katholische Blätter für weltanschauliche Information [Zürich], 37. Jg./Nr. 23/24, 15./31.12.1973, S. 268-272.

Kemmerling-Unterthurner Ulrike, Die Katholische Jugendbewegung in Vorarlberg 1918 bis 1938 [Vorarlberg in Geschichte und Gegenwart, Bd. 5], Dornbirn 1991.

Kennedy-Haus Innsbruck (Hg.), Kasiwai. Shona, Eingeborenensprache in Rhodesien: „Sei gegrüßt!", Innsbruck 1971.

Knötig Helmut/Norbert Kutalek, Repression in der Schule? Dokumentation und Kommentar zum „Fall Larcher" [Pädagogik der Gegenwart, 115], Wien/München 1974.

Köfler Gretl, Auflösung und Restitution von Vereinen, Organisationen und Verbänden in Tirol [Veröffentlichungen der Österreichischen Historikerkommission. Vermögensentzug während der NS-Zeit sowie Rückstellungen und Entschädigungen seit 1945 in Österreich, Bd. 21/3], Wien/München 2004.

Kofler Martin, Osttirol im Dritten Reich 1938-1945, Innsbruck 1996.

Kremsmair Josef, Nationalsozialistische Maßnahmen gegen Katholisch-theologische Fakultäten in Österreich, in: Maximilian Liebmann/Hans Paarhammer/Alfred Rinnerthaler (Hg.), Staat und Kirche in der „Ostmark" [Veröffentlichungen des Internationalen Zentrums für Grundfragen der Wissenschaften Salzburg, N.F., Bd. 70], Frankfurt a.M./Berlin/Bern u.a. 1998, S. 133-169.

Kripp Sigmund, Abschied von morgen. Aus dem Leben in einem Jugendzentrum. Mit einem Nachwort von Karl Rahner, Düsseldorf 1973.

-.-, Als Jesuit gescheitert, Wien 1986.

Kronthaler Michaela, Die Entwicklung der Österreichischen Bischofskonferenz. Von den ersten gesamtbischöflichen Beratungen 1849 bis zum Ende des Zweiten Vatikanischen Konzils, in: Sekretariat der Österreichischen Bischofskonferenz (Hg.), 150 Jahre Österreichische Bischofskonferenz 1849-1999, Wien 1999, S. 33-97.

-.-, Die Würde des menschlichen Lebens, insbesondere die „Euthanasie"-Problematik und Tötung von „Geisteskranken", in gemeinsamen Hirtenbriefkonzepten und Denkschriften des deutschen und österreichischen Episkopats (1938-1945), in: Sonia Horn/Peter Malina (Hg.), Medizin und Nationalsozialismus – Wege der Aufarbeitung [Wiener Gespräche zur Sozialgeschichte der Medizin], Wien 2001, S. 59-84.

-.-, Paulus Rusch und die Österreichische Bischofskonferenz, in: Helmut Alexander/Bernhard Kriegbaum SJ (Hg.), Bischof Paulus Rusch. Wächter und Lotse in stürmischer Zeit, Innsbruck 2004, S. 50-68.

Kunst in Verruf 1900-1950 [Ausstellungskatalog des Vorarlberger Landesmuseums in Bregenz], Bregenz 1976.

Kunzenmann Werner, Das Ende einer Legende, in: Diözese Innsbruck (Hg.), Judenstein. Das Ende einer Legende, Innsbruck 1995, S. 63-111.

–.–, Carl Lampert – Sein Weg von der Administratur zum Hinrichtungsraum, in: Diözese Feldkirch (Hg.), Provikar Dr. Carl Lampert. Zeuge in gnadenloser Zeit. Dokumentation, Innsbruck 1999, S. 25-68.

–.–, „Miteinander für alle" – Die erste Innsbrucker Diözesansynode (1971-1972), in: Helmut Alexander/Bernhard Kriegbaum SJ (Hg.), Bischof Paulus Rusch. Wächter und Lotse in stürmischer Zeit, Innsbruck 2004, S. 122-130.

–.–, Otto Neururer. Seliger, Priester und Märtyrer (1882-1940), in: Jan Mikrut (Hg.), Blutzeugen des Glaubens. Martyrologium des 20. Jahrhunderts, Bd. 3. Diözesen: Feldkirch, Innsbruck, Graz, Salzburg, Wien 2000, S. 77-85.

Längle Ernst, Kleinsiedlungen, in: Die Quelle, Mai 1947, S. 70-73.

Langer Michael, „Blutbegier'ge Judenhunde streichen durch dies fromme Land ..." Ritualmordwahn und Tiroler Volksfrömmigkeit, in: Diözese Innsbruck (Hg.), Judenstein. Das Ende einer Legende, Innsbruck 1995, S. 31-62.

Lechner Stefan, Zwangssterilisationen von „Erbkranken" im Reichsgau Tirol-Vorarlberg 1940-1945, in: Geschichte und Region/Storia e regione 6/1997, S. 117-161.

Leitner Franz, Kirche und Parteien in Österreich nach 1945. Ihr Verhältnis unter dem Gesichtspunkt der Äquidistanzdiskussion [Politik- und Kommunikationswissenschaftliche Veröffentlichungen der Görres-Gesellschaft, Bd. 4], Paderborn/München/Wien/Zürich 1988.

Leugers Antonia, Gegen eine Mauer bischöflichen Schweigens. Der Ausschuß für Ordensangelegenheiten und seine Widerstandskonzeption 1941 bis 1945, Frankfurt a.M. 1996.

Liebmann Maximilian/Hans Paarhammer/Alfred Rinnerthaler (Hg.), Staat und Kirche in der „Ostmark" [Veröffentlichungen des Internationalen Zentrums für Grundfragen der Wissenschaften Salzburg, N.F., Bd. 70], Frankfurt a.M./Berlin/Bern u.a. 1998.

Lies Lothar, Paulus Rusch und das Zweite Vatikanische Konzil (1959-1965), in: Helmut Alexander/Bernhard Kriegbaum SJ (Hg.), Bischof Paulus Rusch. Wächter und Lotse in stürmischer Zeit, Innsbruck 2004, S. 79-99.

Luger Hermann, Die Synode lacht. Mit Zeichnungen von Werner Moll, Innsbruck 1973.

Lugger Klaus, Die gemeinnützige Wohnungswirtschaft in Tirol [Tiroler Wirtschaftsstudien, 41], Innsbruck 1989.

Magenschab Hans, Die 2. Republik zwischen Kirche und Parteien, Wien/München 1968.

Moeller Norbert, Moderner Kirchenbau im Raum Innsbruck seit 1945 [Veröffentlichungen des Innsbrucker Stadtarchivs, N.F. 14], Innsbruck 1983.

Moritz Stefan, Grüß Gott und Heil Hitler. Katholische Kirche und Nationalsozialismus in Österreich, Wien 2002.

Muck Otto, Erwägungen eines betroffenen Mitbruders und Kollegen, in: Korrespondenzblatt des Canisianums 109/1 (1974/75), S. 17/18.

Neugebauer Wolfgang, Zwangssterilisierung und ‚Euthanasie' in Österreich 1940-1945, in: Zeitgeschichte 19/1,2 (1992), S. 17-28.

Neuhäusler Johann, Kreuz und Hakenkreuz. Der Kampf des Nationalsozialismus gegen die katholische Kirche und der kirchliche Widerstand. Erster Teil, München 1946.

Nussbaumer Johann Konrad, Festführer zur Sankt-Gebhard-Tausendjahrfeier, Bregenz 1949.

Nussbaumer Josef, Sozial- und Wirtschaftsgeschichte Tirols 1945-1985. Ausgewählte Aspekte [Tiroler Wirtschaftsstudien, 42], Innsbruck 1992.

Oesch Albert, P. Michael Hofmann S.J., Regens des Theologischen Konviktes Canisianum in Innsbruck, Innsbruck 1951.

Parson Horst-Herbert, Gesichter des sozialen Wohnbaues in Tirol, in: Hypo-Bank Tirol (Hg.), Sozialer Wohnbau in Tirol. Historischer Überblick und Gegenwart. Katalog für eine Ausstellung, Innsbruck 1987, S. 12-23.

Plattner Irmgard, Kultur und Kulturpolitik, in: Michael Gehler (Hg.), Tirol. „Land im Gebirge: Zwischen Tradition und Moderne" [Schriftenreihe des Forschungsinstituts für politisch-historische Studien der Dr.-Wilfried-Haslauer-Bibliothek, Bd. 6: Geschichte der österreichischen Bundesländer seit 1945, hrsg. von Herbert Dachs, Ernst Hanisch, Robert Kriechbaumer, Bd. 3], Wien/Köln/Weimar 1999, S. 223-312.

Podhradsky Gerhard, Das Dominikanerinnenkloster Altenstadt. Geschichte, Professen, Regesten, Feldkirch 1990.

Pohl Heinrich, Das Institutum Philosophicum Oenipontanum, in: Zeitschrift für Katholische Theologie 80/1958, S. 184-192.

Raberger Walter/Hanjo Sauer (Hg.), Vermittlung im Fragment. Franz Schupp als Lehrer und Theologe, Regensburg 2003.

Reinelt Egon, Die Auswahl der Siedler für die Heilig-Jahr-Siedlung, in: Caritas der Apostolischen Administratur Innsbruck (Hg.), Wohnbau ist Dombau. Vom Wirken der Caritas im Jahre 1950. Die Heilig-Jahr-Siedlung, Innsbruck o.J. [1950], S. 24/25.

Reingrabner Gustav, Die evangelische Kirche und der Staat. In: Dieter Knall (Hg.), Auf den Spuren einer Kirche. Evangelisches Leben in Österreich, Wien 1987, S. 81-106.

Riedmann Josef, Das Bundesland Tirol (1918 bis 1970), [Geschichte des Landes Tirol, Bd. 4/II], Bozen/Innsbruck-Wien, 1988.

Rombold Günter, Jugend im Konflikt mit der Amtskirche. Die Auseinandersetzung um das Innsbrucker Kennedy-Haus als Symptom, in: Kunst und Kirche. Ökomenische Zeitschrift für Architektur und Kunst, hrsg. vom Arbeitsausschuß des Evangelischen Kirchenbautages und vom Diözesan-Kunstverein Linz, Nr. 1/1974, S. 44/45.

Sauer Walter, Loyalität, Konkurrenz oder Widerstand? Nationalsozialistische Kultuspolitik und kirchliche Reaktionen in Österreich 1938-1945, in: Emmerich Tálos/Ernst Hanisch/Wolfgang Neugebauer/Reinhard Sieder (Hg.), NS-Herrschaft in Österreich. Ein Handbuch, Wien 2000, S. 159-186.

Sauser Ekkart, Neururer, Otto, in: Biographisch-Bibliographisches Kirchenlexikon (BBKL), Bd. 6, Herzberg 1993, Sp. 652-653.

–.–, Orsenigo Cesare, in: Biographisch-Bibliographisches Kirchenlexikon (BBKL), Bd. 21, Nordhausen 2003, Sp. 1136-1140.

Schasching Johann, Josef Biederlack und die soziale Frage, in: Zeitschrift für Katholische Theologie 80/1958; S. 211-225.

–.–, Kirche und soziale Frage, in: Ferdinand Klostermann/Hans Kriegl/Otto Mauer/ Erika Weinzierl (Hg.), Kirche in Österreich 1918-1965, Bd. 1, Wien/München 1966, S. 241-257.

Scherlacher Beatrix, Widerstand und Verfolgung der Konservativen und der Kirche in Nordtirol 1938-1945, phil. Diss. (Manuskript), Wien 1984.

Schredt Franz X., Logbuch der Tiroler Pfadfinder, Innsbruck 1982.

Schreiber Horst, Die Machtübernahme. Die Nationalsozialisten in Tirol 1938/39 [Innsbrucker Forschungen zur Zeitgeschichte, Bd. 10], Innsbruck 1994.

–.–, „Es entspricht der Mentalität des freiheitsliebenden Tirolers, immer klar Farbe zu bekennen." Zur Geschichte, Struktur und Entwicklung der Tiroler Schule 1945-1998, in: Michael Gehler (Hg.), Tirol. „Land im Gebirge: Zwischen Tradition und Moderne" [Schriftenreihe des Forschungsinstituts für politisch-historische Studien der Dr.-Wilfried-Haslauer-Bibliothek, Bd. 6: Geschichte der österreichischen Bundesländer seit 1945, hrsg. von Herbert Dachs, Ernst Hanisch, Robert Kriechbaumer, Bd. 3], Wien/Köln/Weimar 1999, S. 487-566.

Schwarz Karl, Vom Mariazeller Manifest zum Protestantengesetz. Kirche(n)-Staat-Gesellschaft, in: Thomas Albrich/Klaus Eisterer/Michael Gehler/Rolf Steininger (Hg.), Österreich in den Fünfzigern [Innsbrucker Forschungen zur Zeitgeschichte, Bd. 11], Innsbruck-Wien 1995, S. 137-167.

Stecher Reinhold, Dein Herz gedenkt der Schrecken ..., in: Das Fenster 22/44 (1988), S. 4351-4352.

Steger Gerhard, Der Brückenschlag. Katholische Kirche und Sozialdemokratie in Österreich, Wien/München 1982.

–.–, Marx kontra Christus? Die Entwicklung der Katholischen Arbeiterjugend Österreichs 1946 bis 1980, Wien 1983.

Steinringer Johann, Seminar auf Wanderschaft. Geschichte des Seminars von Brixen bis Hötting, in: In Christo. Berichte aus dem Priesterseminar in Innsbruck 1, Dezember 1953, S. 4-7.

Stiefvater Alois, Die rote Kirche, in: Welt in Christus 8, März/April 1957, S. 14-21.

Strasser Max, Gedanken von betroffenen Studenten, in: Korrespondenzblatt des Canisianums 109/1 (1974/75), S. 17-17; S. 16.

Sweet Paul R. (OSS), Political Developments in Land Tirol, 15.6.1945, in: Oliver Rathkolb (Hg.), Gesellschaft und Politik am Beginn der Zweiten Republik. Vertrauliche Berichte der US-Militäradministration aus Österreich in englischer Originalfassung, Wien/Köln/Graz 1985, S. 374-385.

Tálos Emmerich/Bernhard Kittel, Sozialpartnerschaft. Zur Konstituierung einer Grundsäule der Zweiten Republik, in: Reinhard Sieder/Heinz Steinert/Emmerich Tálos (Hg.), Österreich 1945-1995. Gesellschaft, Politik, Kultur, Wien 1995, S. 107-121.

Tranquillini Ernst, Das „Wachsende Haus" in der Heilig-Jahr-Siedlung, in: Caritas der Apostolischen Administratur Innsbruck (Hg.), Wohnbau ist Dombau. Vom Wirken der Caritas im Jahre 1950. Die Heilig-Jahr-Siedlung (Innsbruck o.J. [1950]), S. 19-21.

Tschol Helmut, Otto Neururer. Priester und Blutzeuge, Innsbruck ²1983.

–.–, Die katholische Kirche, in: Dokumentationsarchiv des österreichischen Widerstandes (Hg.), Widerstand und Verfolgung in Tirol 1934-1945. Eine Dokumentation, Bd. 2, Wien/München 1984, S. 1-284.

Tschol Helmut/Johann Reiter, Liste der verhafteten Priester und Ordensleute, in: Dokumentationsarchiv des österreichischen Widerstandes (Hg.), Widerstand und Verfolgung in Tirol 1934-1945. Eine Dokumentation, Bd. 2, Wien/München 1984, S. 332-350.

Vonach Anton, Das Bregenzer Gymnasium. Werdegang u. Entwicklung 1895-1949, Bregenz 1950.

Vorarlberger Priester-MK (Hg.), Vorarlberger Priester in den Jahren der Bedrängnis, 1938-1945, o.O., 1988.

Walser Gaudentius, Mein Leben für Christus. Provikar Msgr. Dr. Carl Lampert, o.O., 1981.

–.–, Carl Lampert – Sein Leben und sein Wirken für die Kirche, in: Diözese Feldkirch (Hg.), Provikar Dr. Carl Lampert. Zeuge in gnadenloser Zeit. Dokumentation, Innsbruck 1999, S. 9-24.

Walser Harald, Anpassung und Widerstand: Vorarlbergs Kirche im NS-Staat, in: Johann-August-Malin-Gesellschaft (Hg.), Von Herren und Menschen. Verfolgung und Widerstand in Vorarlberg 1933-1945 [Beiträge zu Geschichte und Gesellschaft Vorarlbergs, 5], Bregenz 1985, S. 110-126.

Wanner Gerhard, Kirche und Nationalsozialismus in Vorarlberg [Schriften zur Vorarlberger Landeskunde, Bd. 9], Dornbirn 1972.

–.–, Kirche und Nationalsozialismus in Vorarlberg, in: Maximilian Liebmann/Hans Paarhammer/Alfred Rinnerthaler (Hg.), Staat und Kirche in der „Ostmark" [Veröffentlichungen des Internationalen Zentrums für Grundfragen der Wissenschaften Salzburg, N.F., Bd. 70], Frankfurt a.M./Berlin/Bern u.a. 1998, S. 451-471.

Wechner Bruno, Die Apostolische Administratur Innsbruck-Feldkirch, in: Österreichisches Archiv für Kirchenrecht 3/1952, S. 69-85.

Weinzierl Erika, Der Episkopat, in: Ferdinand Klostermann/Hans Kriegl/Otto Mauer/Erika Weinzierl (Hg.), Kirche in Österreich 1918-1965, Bd. 1, Wien/München 1966, S. 21-77.

–.–, Kirche und Staat, in: Erika Weinzierl/Kurt Skalnik (Hg.), Das neue Österreich. Geschichte der Zweiten Republik, Graz/Wien/Köln 1974, S. 241-258.

–.–, Österreichische Priester über den katholischen Widerstand gegen den Nationalsozialismus. Ergebnisse einer Umfrage, in: Erika Weinzierl, Ecclesia semper reformanda. Beiträge zur österreichischen Kirchengeschichte im 19. und 20. Jahrhundert, Wien/Salzburg, 1985, S. 331-341.

–.–, Widerstand, Verfolgung und Zwangsarbeit, in: Rolf Steininger/Michael Gehler (Hg.), Österreich im 20. Jahrhundert. Ein Studienbuch in zwei Bänden, Bd. 1:

Von der Monarchie bis zum Zweiten Weltkrieg, Wien/Köln/Weimar 1997, S. 411-463.

–.–, Kirche und Demokratie in Österreich 1918-1945, in: Ulrich H.J. Körtner (Hg.), Kirche – Demokratie – Öffentlichkeit. Ort und Auftrag der Kirchen in der demokratischen Gesellschaft, Innsbruck-Wien 2002, S. 47-64.

Weirich Guy, Theologie und Kirche im Konflikt, in: Korrespondenzblatt des Canisianums 109/1 (1974/75), S. 16/17.

Zulehner Paul M., Die Kirchen und die Politik, in: Reinhard Sieder/Heinz Steinert/Emmerich Tálos (Hg.), Österreich 1945-1995. Gesellschaft, Politik, Kultur, Wien 1995, S. 525-536.

Personenregister

Paul Rusch ist aus naheliegenden Gründen nicht eigens im Personenregister berücksichtigt; für Sigmund Kripp und Franz Schupp sind nur solche Seiten eigens angeführt, auf denen sie außerhalb „ihrer" Kapitel erwähnt wurden; Vorwort, Vorbemerkung und Fußnotentexte wurden nicht in das Register mit einbezogen.

Amann Rosina, verehel. Lampert (1853-1921), Mutter von Carl Lampert 42

Anderl von Rinn (Andreas Oxner), (1459-1462) angebliches Ritualmordopfer, um den sich in Judenstein ein umfassend gepflegter Kult entwickelte 70, 72

Aquin Thomas von (1224/25-1274), Kirchenlehrer, Theologe, Philosoph 35

Arrupe Pedro SJ, geb. am 14.11.1907, gest. am 5.2.1991; General der Gesellschaft Jesu von 1965 bis 1981 122, 1124, 126, 127, 129, 154, 181, 186, 187, 189

Außerlechner Gereon (Josef) OPraem, geb. am 4.9.1904 in Kartitsch, Laienbruder in Wilten; gest. am 13.6.1944 (im KZ Dachau angeblich an den Folgen eines Fliegerangriffs, tatsächlich wahrscheinlich an denen von Mißhandlungen gestorben) 256

Baumeister Georg, Architekt in Bregenz 16

Berg Karl, geb. am 27.12.1908 in Radstadt, gest. am 31.8.1997 in Salzburg, Priesterweihe am 29.10.1933; vom 26.12.1972 bis 5.9.1988 Erzbischof von Salzburg 181

Bernhard von Clairvaux, geb. 1090 in Fontaines-les-Dijon (Burgund), gest. am 20.8.1153 in Clairvaux, trat 1112 in das Kloster Citeaux ein, gründete 1115 das Kloster „lichtes Tal" (= Clairvaux), den Ausgangspunkt der Zisterzienserbewegung 75

Bertram Adolf, geb. am 14.3.1859 in Hildesheim, gest. am 6.7.1945 auf Schloß Johannesberg (Diöz. Breslau), Priesterweihe 1881; 1917 Fürstbischof von Breslau, seit 1916 Kardinal und seit 1919 Vorsitzender der Fuldaer Bischofskonferenz 47

Biederlack Josef SJ, (1845-1930), Dozent (1882), ao. Prof. (1890), o.Prof. für Kirchenrecht, Moral- und Pastoraltheologie 1895-1930 68

Bielowski Michael, geb. am 18.6.1953 in Innsbruck; 1. Vizebürgermeister der Landeshauptstadt Innsbruck seit 30.10.2002 172

Bitsche Franz Josef (1915-1942), Priester aus Vorarlberg; an der Eismeerfront gefallen 255

Braun Heinrich Suso OFMCap (1910-1977), Hochschulseelsorger in Innsbruck vom WS 1945/46 bis SS 1953 und vom WS 1971/72 bis SS 1972; mehr als drei Jahrzehnte Prediger im Tiroler Rundfunk 99, 100, 109

Brunner Ludwig, geb. am 21.7.1870 in Vomp, Direktor i.R. in Innsbruck; gest. am 14.12.1944 (wegen weit zurückliegender, angeblicher sittlicher Vergehen zu zwei Jahren verschärften Kerker verurteilt, in der Männerstrafanstalt Garsten an Lungenentzündung und Sepsis gestorben) 256

Budamair Alois, geb. am 2.10.1887 in Virgen, gest. am 16.8.1971 in Virgen, Priesterweihe am 29.6.1913; Stadtpfarrer und Dekan von Lienz vom 30.7.1939 bis 11.9.1966 88

Cardijn Josef, geb. am 13.11.1882 in Schaerbeck bei Brüssel, gest. am 25.7.1967 in Löwen, Priesterweihe 1906; Begründer der christlichen Arbeiterbewegung, seit 1965 Kardinal 90, 93

Churchill Winston Leonard Spencer (1874-1965), Premier- und Verteidigungsminister Großbritanniens von 1940 bis 1945 und von 1951 bis 1955; 1953 Nobelpreis für Literatur 251

Coreth Emerich SJ, geb. am 10.8.1919 in Raabs an der Thaya, seit 1937 im Jesuitenorden; 1955-1989 Univ.-Prof. für Christliche Philosophie in Innsbruck 1957/58 und 1968/69 Dekan der Katholisch-Theologischen Fakultät Innsbruck sowie 1969-1971 Rektor der Universität Innsbruck, 1961-1967 Rektor des Jesuitenkollegs in Innsbruck, 1972-1977 Provinzial der Österreichischen Ordensprovinz der Jesuiten 143, 150, 154-157, 160-163, 166, 168-170, 170, 182-186

Croce Walter SJ, geb. am 22.7.1912 in Innsbruck, gest. am 22.11.2004 in Zams; Nachfolger von P. J.A. Jungmann auf dem Lehrstuhl für Pastoraltheologie samt Homiletik und Katechetik in Innsbruck von 1957 bis 1977 148, 148, 166

Dander Franz SJ (1901-1991), Professor für Scholastische Philosophie und spekulative Dogmatik 26, 27, 29

Dollfuß Engelbert (1892-1934), 1932 bis 1934 österreichischer Bundeskanzler und Außenminister; schuf mit der Maiverfassung 1934 einen autoritären Ständestaat 59, 244

Donat Josef SJ (1868-1946), 1905 a.o. Prof., 1911 o.Prof. für Christliche Philosophie 26, 27

Dorsch Emil SJ (1867-1934), Professor für Apologetik und Fundamentaltheologie 1911-1934 27

Draxl Urban, geb. am 3.2.1874 in Fohnsdorf (Stmk.), gest. am 17.11.1959 in Mötz, Priesterweihe am 25.7.1897; Provikar für den Tiroler Teil der Apostolischen Administratur Innsbruck-Feldkirch vom 1.7.1921 bis 15.1.1939 35, 40, 52,

Faulhaber Michael, geb. am 5.3.1869 in Klosterheidenfeld (Ufr.), gest. am 12.6.1952 in München, Priesterweihe 1892; 1917 Erzbischof von München und Freising, seit 1921 Kardinal 47, 49

Fenzl Annemarie, Leiterin des Wiener Diözesanarchivs, langjährige Sekretärin des Wiener Erzbischofs, Kardinal Franz König 85

Fischer Paul (1914-1944), Theologe aus Tirol; an der Ostfront gefallen 255

Fuetscher Lorenz SJ (1894-1935), Professor für Scholastische Philosophie und Dogmatik seit 1923 26, 27

Gächter Paul SJ (1893-1983), 1926 Habilitation, 1946, o. Prof. für Neues Testament und semitische Sprachen 27

Galen, Graf Clemens August von, geb. am 16.3.1878 auf Burg Dinklage, gest. am 22.3.1946 in Münster, Priesterweihe 1904; seit 1933 Bischof von Münster, 1946 Kardinal; 9.10.2005 selig gesprochen 50

Gapp Jakob SM, geb. am 26.7.1897 in Wattens, Kooperator in Breitenwang, Aufenthalte in Frankreich und Spanien, Verhaftung an der spanisch-französischen Grenze; gest. am 13.8.1943 (wegen Hochverrats zum Tode verurteilt und in Berlin-Plötzensee hingerichtet) 256

Gatterer Alois SJ (1886-1953), 1924 Habilitation, 1929 a.o. Prof. für Scholastische Philosophie (Naturphilosophie und naturwissenschaftliche Fächer); 1933 Berufung an die päpstliche Sternwarte in Castel Candolfo 26

Gatterer Michael SJ (1862-1944), Professor für Katechetik, Liturgik und Homiletik (samt Pädagogik) 27

Greber Werner (1920-1943), Theologe aus Vorarlberg; an der Ostfront gefallen 255

Gredler Felix, geb. am 27.7.1892 in Mayrhofen, Dekan in Altenmarkt; gest. am 26.2.1942 (im KZ Dachau an Entkräftung gestorben) 256

Greiter Franz (1896-1972); 1951-1956 Bürgermeister von Innsbruck 51

Grimm Alois SJ, geb. am 24.10.1886 in Külsheim, seit 1926 Professor an der Stella Matutina in Feldkirch; 1938 Aushilfe in der Pfarre Tisis; gest. am 11.9.1944 (Todesurteil wegen Wehrkraftzersetzung und defätistischer Äußerungen, in Brandenburg-Görden hingerichtet) 256

Gröber Conrad, geb. am 1.4.1872 in Meßkirch, gest. am 14.2.1948 in Freiburg, Priesterweihe 1897; seit 1932 Erzbischof von Freiburg 50

Groër Hans Hermann OSB, geb. am 13.10.1919 in Wien, gest. am 24.3.2003 in St. Pölten, Priesterweihe am 12.4.1942; vom 15.7.1986 bis 14.9.1995 Erzbischof von Wien, seit 28.6.1988 Kardinal 267

Guarinoni Hippolyt (1571-1654), Volksschriftsteller, Arzt im Damenstift und Stadtphysikus zu Hall 70

Haffner August (1869-1941), Professor für semitische und orientalische Sprachen 27

Hammerl Josef, geb. am 11.12.1915 in Zams, Priesterweihe am 26.10.1941; vom 1.1.1960 bis 19.9.1966 Kanzler der Apostolischen Administratur Innsbruck-Feldkirch bzw. der Diözese Innsbruck, danach bis 19.9.1989 Generalvikar der Diözese Innsbruck 88

Hitler Adolf (1889-1945), seit 1933 Kanzler des Deutschen Reiches und „Führer" des deutschen Volkes 39

Hofer Andreas, geb. am 22.11.1767 in St. Leonhard im Passeier (Südtirol), gest. am 20.2.1810 in Mantua (hingerichtet); Oberkommandant von Tirol während der Erhebungen gegen die bayerische Herrschaft im Jahre 1809 und von August bis Oktober 1809 auch Landesregent von Tirol 142

Hofer Franz (1902-1975), Landeshauptmann und Gauleiter sowie Reichsstatthalter von Tirol-Vorarlberg 1938/1940-1945 33, 37, 38, 43, 46, 246

Hofer Stefan SJ, Spiritual im Canisianum (1971/72) 169

Hofmann Michael SJ (1860-1946), Regens im Canisianum von 1900 bis 1918 und von 1925 bis 1938, unterrichtete an der theologischen Fakultät in Innsbruck als Dozent

Oblasser Johann (1916-1943), Priester aus Tirol; an der Ostfront gefallen 255

Orsenigo Cesare, geb. am 13.12.1973 in Villa San Carlo (Comosee) gest. am 1.4.1946 in Eichstätt, Priesterweihe 1896; seit 25.3.1930 Nuntius in Berlin 37, 38, 42

Oxner Andreas --> Anderle von Rinn 70

Pacelli Eugenio -> Pius XII.; 1920-1930 Apostolischer Nuntius für das Deutsche Reich, seit 1930 Kardinalstaatssekretär 36

Pangerl Franz SJ (1879-1937), Professor für Kirchengeschichte und christliche Kunstgeschichte an der theologischen Fakultät in Innsbruck seit 1917 25, 27

Paul VI. (1897-1978), Papst seit 1963 165-167, 180, 191, 249

Pedevilla Vinzenz, geb. am 5.5.1901 in Neustift/Stubai, Kooperator in Thaur; gest. am 28.1.1943 (erlitt in der Haft in Innsbruck einen Blinddarmdurchbruch, starb nach seiner Haftentlassung in Kolsass) 256

Piffrader Josef, Bildhauer, geb. am 17.9.1882 in Klausen (Südtirol), gest. am 10.2.1958 in Salzburg 16, 17

Pilz Johann Chrysostomus SJ, geb. am 16.1.1916 in Unterwinden bei St. Valentin (NÖ), gest. am 12.8.1983 in Mühllacken (OÖ); 1957-1961 Rektor des Jesuitenkollegs in Innsbruck; 1966-1972 Provinzial der Österreichischen Jesuitenprovinz 122, 123, 125, 127, 128, 130, 132—136, 138, 139, 141, 143, 147-149, 154, 157

Pittermann Bruno, geb. am 3.5.1905 in Wien, gest. am 19.9.1983 in Wien; Vorsitzender der SPÖ von 1957 bis 1967, Vizekanzler von 1957 bis 1966 88

Pius XI. (1857-1939), Papst seit 1922 36, 37, 68, 69, 75, 245

Pius XII. (1876-1958), Papst seit 1939 35, 36, 50, 76

Plörer Georg (1917-1944), Theologe aus Tirol; an der Ostfront gefallen 255

Pontiller Josef OSB, geb. am 4.11.1889 in Dölsach, Kaplan in Ungarn; gest. am 13.2.1945 (Todesurteil wegen Wehrkraftzersetzung, Feindbegünstigung und Rundfunkverbrechen, in München-Stadelheim hingerichtet) 256

Praxmarer Bernhard, geb. am 31.12.1912 in Innsbruck, gest. am 16.10.2001 in Hall, Priesterweihe am 25.7.1937; 1938 Cand. theol. und Landessekretär der Pfadfinder in Tirol; vom 8.9.1957 bis 1.9.1991 Dekan und Pfarrer von Hall 35, 38, 40

Prior Fritz (1921-1996), Landeshauptmannstellvertreter und Landesrat für Schule und Kultur (1965-1989), Präsident des Landesschulrates (1966-1994) 118

Rahner Karl SJ, geb. am 5.3.1904 in Freiburg i.Br., gest. am 30.3.1984 in Innsbruck; 1922 Eintritt in den Jesuitenorden; 1948-1964 Inhaber des Lehrstuhls für dogmatische Theologie in Innsbruck, 1964-1967 Professor für Christliche Weltanschauung und Religionsphilosophie in München, 1967-1971 Ordinarius für Dogmatik und Dogmengeschichte in Münster; 1962-1965 Berater von Kardinal König am II. Vatikanischen Konzil und offizieller Konzilstheologe 105, 166, 174, 177, 178

Ratzinger Josef, geb. am 16.4.1927 in Marktl am Inn, Priesterweihe am 29.6.1951; vom 24.3.1977 bis 15.2.1982 Erzbischof von München und Freising, seit 27.6.1977 Kardinal, Präfekt der römischen Glaubenskongregation von 1981 bis 2005, seit 19.4.2005 Papst Benedikt XVI. 191

Reichelmeyr Emilie Franziska, verehel. Rusch (1868-1921), Mutter von Paul Rusch 13, 242

Reinisch Franz SAC (Pallottiner) geb. am 1.2.1903 in Feldkirch, Seelsorger bei Passau; gest. am 21.8.1942 (Todesurteil wegen Verweigerung des Soldateneids – Wehrkraftzersetzung, in Brandenburg hingerichtet) 256

Renn Konrad, geb. am 25.7.1881 in Krumbach, gest. am 9.9.1959 in Hohenems, Priesterweihe am 29.6.1907, seit 1.3.1920 Pfarrer in Hohenems 30

Riedmann Josef, Jg. 1940; o. Prof. für mittelalterliche Geschichte und Historische Hilfswissenschaften an der Universität Innsbruck seit 1982; Verfasser mehrerer Standardwerke zur Geschichte Tirols 48

Ritter Josef (1908-1944), Priester aus Vorarlberg; an der Ostfront gefallen 255

Rohracher Andreas, geb. am 31.5.1892 in Lienz, gest. am 6.8.1976 in Altötting, Priesterweihe am 25.5.1915; 15.10.1933 Weihbischof, 17.7.1938 Generalvikar, 15.7.1939 Kapitelvikar der Diözese Gurk-Klagenfurt (bis 1945); 3.2.1943 Wahl zum Fürsterzbischof von Salzburg, 20.6.1969 freiwillige Resignation 39, 41, 47

Rossi Opilio, geb. am 14.4.1910 in New York, gest. am 9.2.2004 in Rom; Priesterweihe am 11.3.1933, von 1961 bis 1976 Apostolischer Nuntius in Österreich 88, 140-142

Rotter Hans SJ, am 6.10.1932 in Hemhof bei Rosenheim; 1970-2001 Ordinarius für Moraltheologie, 1974/75 Dekan der Katholisch-Theologischen Fakultät in Innsbruck 134, 151, 169, 187

Rützler Fridolin (1912-1943), Priester aus Vorarlberg; an der Ostfront gefallen 255

Rumpf Horst, Jg. 1930; 1971-1975 Professor für Erziehungswissenschaften an der Universität Innsbruck, danach bis 1996 an der Universität in Frankfurt/Main 139

Runggaldier Edmund SJ, geb. am 24.8.1946 in St. Ulrich/Gröden, 1966 Eintritt in den Jesuitenorden; 1970 bis 1972 Präfekt im Kennedyhaus in Innsbruck und Redakteur der MK-Zeitschrift „Wir diskutieren", seit 1990 Ordinarius für christliche Philosophie an der theologischen Fakultät in Innsbruck 158

Rusch Emilie Franziska, geb. Reichelmeyr (1868-1911), Mutter von Paul Rusch 14-16, 242

Rusch Johann Jakob (1857-1921), Vater von Paul Rusch 13-17, 68, 242, 243

Rusch Sofie (1900-1920), Schwester von Paul Rusch 14, 17-19, 242, 243

Rusch Wolfgang Wilhelm (1898-1973), Bruder von Paul Rusch 14, 17, 18, 242, 246, 249

Santeler Josef SJ (1888-1968), 1926 Habilitation, 1946-1954 o. Prof. für Christliche Philosophie an der theologischen Fakultät in Innsbruck 26, 27

Sbandi Pio SJ, geb. am 21.6.1927 in Neapel; 1972 Dozent, 1975-1995 o.Prof. für Pastoralpsychologie in Innsbruck 134

Schasching Johannes SJ, geb. am 10.3.1917 in St. Roman (OÖ), seit 1937 Mitglied der Gesellschaft Jesu; 1954-1966 Professor für Sozialethik in Innsbruck; 1961-1966 Provinzial des Gesellschaft Jesu in Österreich; 1966 Rektor des Germanikums in Rom; 1967-1991 Lehrtätigkeit an der päpstlichen Universität Gregoriana in Rom; 1969-1980 Assistent im Generalat des Jesuitenordens für die deutschen Provinzen 99, 127-132, 134, 148, 149, 154, 157, 168, 174

Scheuer Manfred, geb. am 10.8.1955 in Haibach ob der Donau (OÖ), Priesterweihe am 10.10.1980; seit 21.10.2003 Bischof von Innsbruck 259

Schlagenhaufen Florian SJ (1892-1969), 1927 a.o. Prof., 1936-1957 Professor für Apologetik und Dogmatik bzw. Fundamentaltheologie an der theologischen Fakultät in Innsbruck 27

Schmitt Albert SJ (1871-1948), 1905 Dozent, 1914-1938 Professor für Moral- und Pasto-

raltheologie an der theologischen Fakultät in Innsbruck 27

Schoenegger Arthur SJ (1877-1970), 1919 Habilitation, Professor für Kirchenrecht an der theologischen Fakultät in Innsbruck bis 1947 27

Schramm Hans-Joachim, geb. am 24.6.1915 in Berlin, gest. am 30.1.2002 in Innsbruck, Priesterweihe am 29.6.1939; Kanzler der Diözese Innsbruck vom 19.9.1966 bis 1.11.1992 134, 135, 197

Schröffer Josef, geb. am 20.2.1913 in Ingolstadt, gest. am 7.9.1983 in Rom, Priesterweihe am 28.10.1928; 1948 Bischof von Eichstätt, 1967-1983 Sekretär der Kongregation für die Seminarien und Universitäten; 1968 Erzbischof, 1976 Kurienkardinal 153, 154

Schroffner Johann, geb. am 10.5.1891 in Thalgau/Sbg., Expositus in Oberndorf bei Kitzbühel; gest. am 14.8.1940 (im Bunker des KZ Buchenwald durch eine Benzininjektion „verstorben") 256

Schumacher Meinrad, geb. am 26.1.1935 in Innsbruck, Priesterweihe am 29.6.1960; Jugendseelsorger und Mittelschulprofessor, seit 1987 altkatholischer Pfarrer für Tirol und Vorarlberg sowie „Gefangenenhausseelsorger" 125, 131, 159, 193, 194

Schupp Franz SJ, geb. am 3.11.1936 in Wien, 1962 Eintritt in den Jesuitenorden, 1971-1975 o.Prof. für Dogmatik an der theologischen Fakultät in Innsbruck 138, 141, 142, 151-153, 158, 169, 170, 193, 249, 250, 263

Schwarz Franz, geb. am 4.11.1867 in Kauns, gest. am 26.5.1949, Priesterweihe am 29.6.1892; Dekan und Pfarrer in Flaurling seit 1.5.1921, Regens der Diözesan-Theologen in Innsbruck vom 1.10.1934 bis 30.9.1936 31

Schwingshackl Johann SJ, geb. am 4.5.1887 in Ried bei Welsberg (Pustertal), Seelsorger in Bad Schallerbach/OÖ; gest. am 28.2.1945 (wegen Hochverrats zum Tode verurteilt, zuvor in München-Stadelheim verstorben) 256

Semmelroth Otto SJ, geb. am 1.12.1912 in Bitburg, gest. am 24.9.1979 in Offenbach, 1932 Eintritt in den Jesuitenorden; Professor für Exegese an der Philosophisch-theologischen Hochschule St. Georgen bei Frankfurt; 1962-1965 Berater des Mainzer Bischofs und nachmaligen Kardinals Hermann Volk (1903-1988) am II. Vatikanischen Konzil 174, 177, 179

Šeper Franjo, geb. am 2.10.1905 in Osijek, gest. am 30.12.1981 in Rom, Priesterweihe am

303